SOLTANDO SORBOS DE VIDA

Entrevistas Cuba en el exilio (1998-2013)

COLECCIÓN POLYMITA

EDICIONES UNIVERSAL, Miami, Florida, 2017

LUIS DE LA PAZ

SOLTANDO SORBOS DE VIDA

Entrevistas Cuba en el exilio (1998-2013)

Copyright © 2017 by Luis de la Paz

Primera edición, 2017

EDICIONES UNIVERSAL
P.O. Box 450353 (Shenandoah Station)
Miami, FL 33245-0353. USA
(Desde 1965)

e-mail: ediciones@ediciones.com
http://www.ediciones.com

Library of Congress Catalog Card No.: 2017943583
ISBN-10: 1-59388-286-6
ISBN-13: 978-1-59388-286-0

Composición de textos: María Cristina Zarraluqui

Diseño de la cubierta: Luis García Fresquet

Foto del autor en cubierta: José Abreu Felippe

..

Todos los derechos
son reservados. Ninguna parte de
este libro puede ser reproducida o transmitida
en ninguna forma o por ningún medio electrónico o mecánico,
incluyendo fotocopiadoras, grabadoras o sistemas computarizados,
sin el permiso por escrito del autor, excepto en el caso de
breves citas incorporadas en artículos críticos o en
revistas. Para obtener información diríjase a
Ediciones Universal.

Índice

Para poner en
contexto estas entrevistas 7
Daína Chaviano 12
José Baserva Soler 15
Herberto Dumé 18
Ángel Cuadra 21
René Touzet 24
Ramón Alejandro 28
José Abreu Felippe 31
Zenaida Manfugás 35
Héctor Santiago 39
Pedro Pablo Peña 42
Luis Zalamea 46
Roberto Cazorla 49
José Bedia 53
Carlos Victoria 56
Mario Ernesto Sánchez 59
José A. Albertini 63
Matías Montes Huidobro 66
Armando de Armas 69
Alejandro Ríos 72
Pío E. Serrano 76
Octavio R. Costa 80
Baruj Salinas 83
Enrique Encinosa 86
Nedda G. de Anhalt 89
Mireya Robles 95
Teresa María Rojas 98
Reinaldo Bragado Bretaña 101
Nicolás Abreu Felippe 104
Amelia del Castillo 107
Esteban Luis Cárdenas 111

Pedro Monge Rafuls 114
William Navarrete 118
Luis J. Botifoll 123
Eddy Campa 127
Yovani Bauta 131
Enrique Ros 135
María Elena Cruz Varela 138
Eduardo Michaelsen 141
Rafael Bordao 144
Felipe Lázaro 147
Juan Manuel Salvat 151
José María Mijares 155
Reinaldo García Ramos 159
Hugo Consuegra 163
Julio Hernández Miyares 166
Julio Matas 169
Juan Cueto 173
Lesbia Orta De Varona 176
Eduardo G. Noguer 179
Gladys Zaldívar 183
Ernesto García 187
Armando Álvarez Bravo 190
Rodrigo de la Luz 194
Elio Alba Buffill 197
Raúl de Cárdenas 201
Eduardo Manet 205
Humberto López Morales 209
Rina Lastres 212
Francisco Morín 216
Maya Islas 219
Manuel C. Díaz 223
Rogelio Llopis 227

Gina Pellón 230	Aida Levitán 333
Teresa Dovalpage 234	Carlos Pintado 336
Joaquín Gálvez 238	Armando Añel 339
Manuel Vázquez Portal 242	Eddy Díaz Souza 342
Rodolfo Martínez Sotomayor 246	Ena Columbié 346
José Manuel González Llorente ... 250	Miguel Ordoqui 349
José Sánchez Boudy 254	Alejandro Fonseca 353
Luis Mario 258	Mariela A. Gutiérrez 357
Mario Martín 262	Delio Regueral 360
Uva de Aragón 266	Elena Tamargo 363
Orlando Rossardi 270	Omar Santana 367
Josefina Leyva 274	Félix Luis Viera 371
Nena Acevedo 278	Yoshvani Medina 373
Juan Roca 281	Carlos Alberto Montaner 377
Daniel Fernández 285	Modesto Arocha 380
Ariel Remos 289	Rolando Jorge 383
Denis Fortún Bouzo 292	Eduardo Padrón 385
Rolando D. H. Morelli 296	Juan Sí González 387
Asela Torres 301	Manuel Ballagas 390
Rosendo Rosell 304	Carmen Karin Aldrey 393
Cristina Rebull 308	Ernesto Díaz Rodríguez 396
Odette Alonso 311	George Riverón 399
Tony López 314	Magali Alabau 402
May Betancourt 318	Ulises Regueiro 405
Rolando Moreno 322	Índice alfabético
José Lorenzo Fuentes 326	de entrevistados 409
Heriberto Hernández Medina 330	Índice Onomástico 411

Para poner en contexto estas entrevistas

Desde la primaria atesoré la idea de ser periodista, poder entrevistar personas interesantes, con vida vivida, con cosas que decir. En aquellos primeros años no tenía un propósito claro de lo que deseaba; solo que algo me impulsaba a ello, a conversar, escuchar y preguntar.

Todo este impulso periodístico comenzó en la escuela, donde escribía algunas noticas para ser leídas en el matutino. En una ocasión, mi plantel fue escogido para transmitir por radio una proclama que yo escribí con la maestra y leí en la radio: «Los alumnos de la escuela primaria Albert Einstein nos solidarizamos con el heroico pueblo de Vietnam en su lucha contra el imperialismo yanqui». Fue mi primer y único trabajo periodístico en Cuba, y mi primer y único panfleto.

Después «entrevistaba» a una vecina, una señora muy mayor que recordaba con asombrosa lucidez los episodios de la guerra de independencia y la esclavitud. Ella era hija de esclavos. Yo le preguntaba detalles y ella siempre reía y me contaba cosas, muchas de las cuales no entendía, pero ese diálogo de alguna manera influyó en mi vocación.

Años después quise ingresar a la escuela de periodismo, pero la carrera no me la «dieron» porque no reunía los méritos revolucionarios necesarios. Con el paso del tiempo agradecí el rechazo, pues me liberé de tal vez, muy probablemente sí, de escribir notas laudatorias como requiere el periodismo oficial cubano.

Ya en el exilio estudiar me resultaba mucho más complejo por razones económicas, de idioma y las prioridades que demanda llegar a un nuevo país y empezar de cero, siendo ya un adulto.

Aunque hice algunos intentos –fui a varias estaciones de radio buscando trabajo de redactor, sin tener éxito–, el destino un día se puso de mi lado y, gracias a varias personas, en este orden: la pianista Zenaida Manfugás, la asistente del Dr. Horacio Aguirre, fundador y propietario de Diario Las Américas, Rita Navarro, y el propio

Dr. Aguirre que me dio la oportunidad, comencé en 1996 a escribir de una manera algo irregular, pero con una frecuencia ascendente para el Diario.

En 1998, cuando la escritora Daína Chaviano gana el Premio Azorín de Novela por *El hombre, la hembra y el hambre*, llamo por teléfono al periódico y pido hablar con el poeta Luis Mario, que además de Jefe de Redacción, era el editor de la página de Literatura y Arte de Diario Las Américas. Me le presenté (me contestó que sabía quién yo era), le hice saber lo importante que resultaba para los cubanos exiliados el premio a Daína y le pedía encarecidamente que no dejara escapar la noticia, y que la divulgara en el periódico. Su respuesta fue: ¿la quieres escribir tú? La idea me entusiasmó y me aterrorizó a la vez. Le pregunté qué quería que hiciera y me expresó: hazla como te parezca mejor. Sólo la necesito aquí el jueves, añadió.

El resultado fue que localicé a Daína, le propuse una entrevista. Le envié 5 preguntas que me respondió con rapidez, y le llevé a Luis Mario las tres páginas de la entrevista, que encabecé como «5 preguntas a Daína Chaviano», donde el número 5 aparecía mucho más grande que el resto del texto.

Unos días después, llamé por teléfono nuevamente a Luis Mario para darle las gracias y me propuso hacer de las entrevistas una serie mensual, el último domingo de cada mes. Así comenzaron las «5 preguntas» que estuve escribiendo hasta febrero del 2013, cuando el nuevo director del periódico, el español Manuel Aguilera, me despidió, tras varios encontronazos que tuve con la joven Beatriz Mendoza, a quien él había nombrado al frente de las páginas culturales, y que hacía ostentación de una gran incultura y desinformación. Para ella: la farándula era cultura.

De manera que tras casi 17 años escribiendo para Diario Las Américas, su suplemento cultural La Revista del Diario, y 15 años haciendo la columna de las «5 preguntas», quedé fuera del periódico. Por suerte, una carta a Maru Antuñano, a el Nuevo Herald fue suficiente para que me abriera generosamente las puertas de ese periódico, donde escribo desde ese mismo año 2013 hasta el presente.

Puesto en marcha el proyecto de las 5 preguntas comenzaron a aparecer figuras importantes de la cultura y el arte. Las respuestas que recibía a mi breve cuestionario descubrían la vida, los avatares, las inquietudes y sueños de mis entrevistados. También sus temores. Con el paso del tiempo, se fue haciendo un tejido de respuestas donde era una constante recurrente la temática cubana, el exilio, la vida cultural en Miami, la libertad, los planes para el futuro y la ilusión de regresar a Cuba, a una Cuba libre.

La visión de mis entrevistados me ha permitido preparar *Soltando sorbos de vida: entrevistas (1998-2013)*, una selección de las que realicé durante esos 15 años, donde trato de atrapar, ya en la distancia, de nuevo esos diálogos, y retomar el ambiente de una época, sus personajes más relevantes, hasta las referencias a lugares ya desaparecidos, pero que dejaron una huella en la vida de Miami y en particular en la de los cubanos.

Este libro recoge la mayoría de las «5 preguntas». Dejé fuera alrededor de 50, para evitar hacerlo más voluminoso, además, porque algunas eran muy circunstanciales, promocionando algún evento en particular. A pesar de eso, muchas veces aprovechaba algo nuevo relacionado con el entrevistado, para que las preguntas dieran paso a la actualidad del momento, como podía ser la publicación de un libro, un concierto, la inauguración de una exposición o el estreno de una obra de teatro.

Aquí reúno 113 entrevistas. Todas hechas a cubanos, menos una, que decidí incluir porque el colombiano Luis Zalamea, en su novela *El círculo del alacrán*, nos entrega uno de los textos más reveladores y logrados sobre el exilio cubano; incluso, la considero el primer intento notable de la aún muy esperada novela del exilio cubano.

Algunas entrevistas fueron grabadas, otras resultado de las notas tomadas durante conversaciones telefónicas. La mayoría las hice por escrito. El criterio escogido para conformar *Soltando sorbos de vida* ha sido la fecha de publicación, mes y año. Las entrevistas van de manera ascendente, desde la primera a la escritora Daína Chaviano, en marzo de 1998, hasta la última, al fotógrafo Ulises Regueiro, en febrero del 2013. Al final de cada una he añadido una nota complementaria: «Después de la entrevista», donde dejo constancia brevemente de qué ocurrió después con el entrevistado. Esa coletilla es breve, concisa y no refleja la totalidad del trabajo realizado a posteriori, pero sí brinda una idea general de esa continuidad.

Algo que arroja este libro es que algunos escritores dejaron proyectos inconclusos o sus libros anunciados nunca han aparecido, en ocasiones no se sabe qué pasó con ellos, lo que hace todavía más triste el final de esos autores, en particular de los que han muerto. Vale destacar que se notará la ausencia de figuras importantes de la cultura cubana que por diferentes motivos no entrevisté. Como siempre ocurre, hay personas que declinaron la invitación, otras no alcancé a entrevistarlas.

Finalmente, creo que este libro cumple con algo que me expresó la escritora Nedda G. de Anhalt, quien es una brillante entrevistadora: «las entrevistas deben sufrir la prueba del añejo». Creo que estas «5 preguntas», pasaron la prueba.

Luis de la Paz
en Miami, febrero de 2017

LITERATURA Y ARTE

5 preguntas a Daína Chaviano

Por Luis de la Paz

Por muchos años la literatura cubana escrita en el exilio, no ha recibido de las casas editoriales más importantes del mundo la acogida y la atención que merece, salvo, desde luego, contadas excepciones. Se ha tenido que aguardar varias décadas para que nuestros autores, y sus obras, que es lo realmente trasciende y queda, reciban el reconocimiento que por méritos propios les pertenece, pero que por política se les ha negado. Mientras los autores en la diáspora creaban de una manera febril obras de gran valor, y las publicaban pagándose las ediciones, los renombrados concursos literarios y las casas editoriales generalmente sólo se hacían eco de las obras escritas en la isla, por autores oficiales, en algunos casos disfrazados de críticos al régimen. Por fortuna esta realidad ha ido cambiando, e incluso se podría esperar una pronta ofensiva por parte de Cuba, para contrarrestarla, aunque hay que reconocer, que la dictadura ha perdido casi por completo la credibilidad y el respaldo del que por mucho tiempo gozó.

El más reciente de esos reconocimientos, el Premio Azorín de Novela –el cuarto premio en importancia en España–, lo recibió Daína Chaviano, una escritora cubana radicada en Miami, ciudad capital del exilio y donde insólitamente nunca había recaído un premio de tanto prestigio.

1. ¿Quién es Daína Chaviano?

–Nací en La Habana en 1957 y llegué a Estados Unidos en 1991. Soy Licenciada en Lengua y Literatura Inglesa en la Universidad de La Habana. En Cuba publiqué varios libros: Los mundos que amo, que obtuvo un premio literario en 1979, cuando aún estudiaba mi carrera. Después publiqué Amoroso planeta, Historias de hadas para adultos, Fábulas de una abuela extraterrestre y El abrevadero de los dinosaurios. Ya en el exilio, publiqué un poemario titulado Confesiones eróticas y otros hechizos, el único de mis libros que puede conseguirse en las librerías de esta ciudad... hasta que salga la nueva novela, claro.

2. ¿Qué nos puede decir de la novela premiada El hombre, la hembra y el hambre?

–Es una obra sobre las tres hambres que ha padecido mi generación: el hambre de comida, el hambre de amor y el hambre espiritual. Los personajes son jóvenes que tratan de encontrarse a sí mismos; son criaturas perdidas en esa maraña social que les ha tocado vivir, en la cual creyeron y de la cual se han ido desencantando por diversas vías. Pero es, sobre todo, una novela en búsqueda espiritual y amorosa.

3. En los últimos tiempos, el largamente esperado reconocimiento para los escritores cubanos dispersos por el mundo, dispersión que incluye a aquellos que han vivido como exiliados dentro de la propia isla, ha comenzado a hacerse sentir. Dulce María Loinaz y Guillermo Cabrera Infante fueron galardonados con el Cervantes. Mientras tanto Zoé Valdés impactó al jurado del Planeta. Un premio llegó tan

DAÍNA CHAVIANO Foto: Carlos Félix

lejos como a Hawai, para tocar a otro cubano exiliado, Matías Montes Huidobro. Después en México Andrés Jorge gana el Joaquín Mortiz y Eliseo Alberto, el Alfaguara. Ahora usted recibe El Azorín. ¿Cree usted que ha llegado el momento para los escritores cubanos exiliados en Miami, que habían sido hasta ahora ignorados?

–Yo creo que un premio como el Azorín, entregado a un escritor en Miami (haya sido yo o cualquier otro), posee un significado para la cultura del exilio miamense. Yo lo veo como la primera grieta que se le ha hecho a esa especie de muro de contención que gravitaba sobre la literatura escrita por exiliados cubanos en esta ciudad. Y es también un indicio de que los tiempos y las opiniones del mundo con respecto a Miami están cambiando.

4. ¿Qué puntos de contacto ve usted entre su generación y la del Mariel?

–Creo que a ambas generaciones nos une la tristeza de aquello que pudo ser y que fue traicionado. Pero también nos une la esperanza de una futura reconstrucción y unión física con la isla. Y subrayo el adjetivo "física" porque pienso que los exiliados nunca se han separado espiritualmente de su tierra ni de los que dejaron atrás. Ha sido gracias al exilio, que ha sabido conservar casi con fiereza sus raíces, que ha defendido a capa y espada sus tradiciones, que quienes hemos nacido y llegado después hemos podido conocer –una vez fuera de la isla– esa historia que nos fue escamoteada. Al menos yo, que salí de Cuba sin querer saber nunca más de ella, me he vuelto una enamorada de mi isla y, sobre todo, de mi ciudad. Amo a La Habana por encima de todas las cosas. Y esta frase que puede parecer un rezo o una oración se ha vuelto realidad en el exilio.

5. ¿Cuáles son sus nuevos proyectos?

–Estoy escribiendo una cuarta novela... Pero no quiero adelantar nada sobre ella, ni siquiera el título que ya lo tengo, porque soy una piscian que ve la creación como una cuestión de energías. Y esas energías creativas deben manejarse en silencio y con respeto, lejos de la publicidad, con el mismo cuidado con que una bruja maneja sus dotes mágicas. La creación es como un hechizo y, por tanto, una tarea solitaria y casi subversiva.

DAÍNA CHAVIANO (escritora)

Por muchos años la literatura cubana escrita en el exilio, no ha recibido de las casas editoriales más importantes del mundo la acogida y la atención que merece, salvo, desde luego, contadas excepciones. Se ha tenido que aguardar varias décadas para que nuestros autores, y sus obras, que es lo que realmente transciende y queda, reciban el reconocimiento que por méritos propios les pertenece, pero que por política se les ha negado. Mientras los autores en la diáspora creaban de una manera febril obras de gran valor, y las publicaban pagándose las ediciones, los renombrados concursos literarios y las casas editoriales generalmente sólo se hacían eco de las obras escritas en la Isla, por autores oficiales, en algunos casos disfrazados de críticos al régimen. Por fortuna esta realidad ha ido cambiando, e incluso se podría esperar una pronta ofensiva por parte de Cuba, para contrarrestarla, aunque hay que reconocer, que la dictadura ha perdido casi por completo la credibilidad y el respaldo del que por mucho tiempo gozó.

El más reciente de esos reconocimientos, el Premio Azorín de Novela –el cuarto premio en importancia en España–, lo recibió Daína Chaviano, una escritora cubana radicada en Miami, ciudad capital del exilio y donde insólitamente nunca había recaído un premio de tanto prestigio.

¿Quién es Daína Chaviano?
Nací en La Habana en 1957 y llegué a Estados Unidos en 1991. Soy Licenciada en Lengua y Literatura Inglesa en la Universidad de La Habana. En Cuba publiqué varios libros: *Los mundos que amo*, que obtuvo un premio literario en 1979, cuando aún estudiaba mi carrera. Después publiqué *Amoroso planeta, Historias de hadas para adultos, Fábulas de una abuela extraterrestre* y *El abrevadero de los dinosaurios*. Ya en el exilio, publiqué un poemario titulado *Confesiones eróticas y otros hechizos*, el único de mis libros que puede conseguirse en las librerías de esta ciudad... hasta que salga la nueva novela, claro.

¿Qué nos puede decir de la novela premiada *El hombre, la hembra y el hambre*?

Es una obra sobre las tres hambres que ha padecido mi generación: el hambre de comida, el hambre de amor y el hambre espiritual. Los personajes son jóvenes que tratan de encontrarse a sí mismos; son criaturas perdidas en esa maraña social que les ha tocado vivir, en la cual creyeron y de la cual se han ido desencantando por diversas vías. Pero es, sobre todo, una novela de búsqueda espiritual y amorosa.

En los últimos tiempos, el largamente esperado reconocimiento para los escritores cubanos dispersos por el mundo, dispersión que incluye a aquellos que han vivido como exiliados dentro de la propia Isla, ha comenzado a hacerse sentir. Dulce María Loynaz y Guillermo Cabrera Infante fueron galardonados con el Cervantes. Mientras tanto Zoé Valdés impactó al jurado del Planeta. Un premio llegó tan lejos como a Hawaii, para tocar a otro cubano exiliado, Matías Montes Huidobro. Después en México Andrés Jorge gana el Joaquín Mortiz y Eliseo Alberto, el Alfaguara. Ahora usted recibe El Azorín. ¿Cree usted que ha llegado el momento para los escritores cubanos exiliados en Miami, que habían sido hasta ahora ignorados?
Yo creo que un premio como el Azorín, entregado a un escritor de Miami (haya sido yo o cualquier otro) posee un significado especial para la cultura del exiliado miamense. Yo lo veo como la primera grieta que se le ha hecho a esa especie de muro de contención que gravitaba sobre la literatura escrita por exiliados cubanos en esta ciudad. Y es también un indicio de que los tiempos y las opiniones del mundo con respecto a Miami están cambiando.

¿Qué puntos de contacto ve usted entre su generación y la del Mariel?
Creo que a ambas generaciones nos une la tristeza de aquello que pudo ser y que fue traicionado. Pero también nos une la esperanza de una futura reconstrucción y unión física con la Isla. Y subrayo el adjetivo «física» porque pienso que los exiliados nunca se han separado espiritualmente de su tierra ni de los que dejaron atrás. Ha sido gracias al exilio, que ha sabido conservar casi con fiereza sus raíces, que ha defendido a capa y espada sus tradiciones, que quienes hemos nacido y llegado después hemos podido conocer –una vez fuera de la Isla– esa historia que nos fue escamoteada. Al menos yo,

que salí de Cuba sin querer saber nunca más de ella, me he vuelto una enamorada de mi Isla y, sobre todo, de mi ciudad. Amo a La Habana por encima de todas las cosas. Y esta frase que puede parecer un rezo o una oración se ha vuelto realidad en el exilio.

¿Cuáles son sus nuevos proyectos?
Estoy escribiendo una cuarta novela... Pero no quiero adelantar nada sobre ella, ni siquiera el título que ya lo tengo, porque soy una pisciana que ve la creación como una cuestión de energías. Y esas energías creativas deben manejarse en silencio y con respeto, lejos de la publicidad, con el mismo cuidado con que una bruja maneja sus dotes mágicas. La creación es como un hechizo y, por tanto, una tarea solitaria y casi subversiva.

(marzo de 1998)

DESPUÉS DE LA ENTREVISTA, publicó la cuarta novela, y muchas otras con notable éxito. También los premios literarios para ella, y otros cubanos de Miami, siguen en ascenso.

JOSÉ BASERVA SOLER (músico)

Es difícil no encontrar el nombre de Baserva Soler en los programas de música cubana que con frecuencia se ofrecen en los teatros de Miami, y no podría ser de otra manera, pues este pianista y arreglista ha acompañado a los más valiosos cantantes de música popular, tanto en Cuba como en el destierro, a donde llegó en 1960, joven y vital, cargado de fuerza creadora y unos deseos tremendos de trabajar, y de dar a conocer los más brillantes temas escritos en esa tierra que, con toda precisión, Colón llamó la más hermosa que ojos humanos vieron.

Baserva Soler estudió en el Conservatorio Provincial de Música de Oriente y se perfeccionó en el Instituto Musical Julliard, en la ciudad de Nueva York, donde estudió armonía, composición y dirección de orquesta. Además, bajo la tutela del Maestro alemán Edward Stewerman completó importantes estudios. En Cuba debutó como profesional en La Habana, en el año 1957, de la mano de dos grandes del arte, el actor Otto Sirgo y el Maestro Osvaldo Farrés.

Ya sea en Nueva York o en Chicago, en San Francisco o en Miami, en teatros o en la penumbra de lujosos piano bar, siempre que escuchamos suaves y evocadoras melodías que estremecen el alma, que penetran profundo y desatan emociones, el intérprete de esos temas ha de ser, sin duda alguna, el Maestro Baserva Soler, nombre que al pronunciarlo, nos evoca a Cuba.

Cuando se inauguró el canal 47 de televisión en Nueva York, usted fue su director musical y trabajó al lado de Gaspar Pumarejo y José Ignacio Lanza, entre otros símbolos del panorama artístico cubano. ¿Qué experiencias resaltan de esa etapa de su vida?
La experiencia y los recuerdos son innumerables. La inauguración de los programas de Gaspar Pumarejo por el canal 47 de televisión, se produjo con un regio espectáculo que se presentó en el Symphony Hall, el domingo 18 de diciembre de 1966. El show contó con las actuaciones de, entre otros, Blanca Rosa Gil, Carmita Jiménez, Dinorah Ayala, Hugo Leonel Vaccaro, Marta Casañas, Miguel de Grandy Jr. y un servidor, que con mi orquesta acompañé toda la variedad. Estuve como director musical de Gaspar hasta 1970 que él

trasladó su programación para el canal 3 en Ciudad Guatemala. Me propusieron entonces la dirección musical del programa *Buenas noches*, que iba a salir al aire por el canal 47 con José Ignacio Lanza y otro programa musical con Rita Medina, *Randevouz en Nueva York*. Pasé entonces a formar parte de ambos. Debo aclarar que Gaspar Pumarejo y mi querida amiga Mirta Silva, ambos desaparecidos, fueron los pioneros de la televisión hispana en Nueva York. Conservo un recuerdo muy especial de agradecimiento para alguien que ocupó un lugar predominante en esa etapa de mi vida, y cuya amistad perduró hasta el día de su muerte: Miguelito Valdés, «Mr. Babalú». Su amistad me proporcionó mucha experiencia, satisfacciones y sus consejos siempre fueron sabios. Fue un hombree de una calidad humana increíble. Yo diría que tanto él, como la señora Celia Cruz, son seres fuera de serie.

Usted ha acompañado al piano a valiosos artistas. ¿Podría mencionar algunos momentos y personajes que más le han impactado?
Todos. Cada artista tiene su propio encanto, unos con más personalidad escénica y otros con más carisma o ángel. Una de las actuaciones que más me han impactado ha sido acompañar los Cuatro Pianos con el Maestro René Touzet.

¿Qué opina usted de la música llamada salsa?
La salsa es una mezcla de distintos ritmos de la música cubana que para su mercadeo en Europa, Asia y Estados Unidos se le llamó así. Pero es obvio que es un producto derivado de la música cubana.

Sabemos que recientemente ofreció un concierto en Nueva York, ciudad donde a usted se le quiere, se le admira y se le respeta muchísimo, tanto por la comunidad cubana, como por la puertorriqueña o la dominicana. ¿Podría hablarnos de ese concierto y de ese público?
Mira, el comité de amigos de la destacada compositora puertorriqueña Irma Morillo, es el que auspicia ese evento que por lo general se hace anualmente. Mi amistad con Irma data desde mis inicios en el año 1958 en La Habana, ciudad donde ella comenzó a componer. Ha sido una amistad sincera, diáfana, de mutuo respeto y en todos sus proyectos yo figuro en primera línea. Es una de mis grandes y

predilectas amigas y me siento muy orgulloso de su amistad. Durante los 28 años que viví en Nueva York aprendí a convivir con boricuas, dominicanos, argentinos, colombianos, etc. Siempre dejé entre ellos una estela de afecto y respeto mutuo. Ese es el motivo de que los conciertos o espectáculos en que yo intervengo en esa ciudad se llenen de personas de todas las nacionalidades.

Usted salió al exilio en 1960, lo que lo convierte prácticamente uno de los fundadores de esta parte de la historia que nos ha tocado vivir. ¿Piensa en el regreso y lo persigue la nostalgia?
Yo nunca he estado ausente de Cuba, la tengo siempre en mi corazón; pero como hombre leal y honesto que soy, amante de la libertad y la democracia, fiel creyente de la iglesia y de Dios, viviré siempre agradecido a esta gran nación que me dio hospitalidad y abrigo. El regreso, no lo sé. Sueño con ver a Cuba libre para el bienestar de los cubanos de allá que carecen de todo y viven amordazados en un país que antes fue orgullo de América. Cuando eso llegue, habrá tiempo para pensarlo.

(abril de 1998)

DESPUÉS DE LA ENTREVISTA, el maestro ha seguido sobresaliendo como pianista acompañante de grandes figuras. Escribió sus memorias en dos entregas, *Cuatro décadas de un pianista en el exilio* y *Mi vida, Nueva York y mis recuerdos*.

HERBERTO DUMÉ (director teatral)

Cuando me refiero a Dumé, me gusta decir «El Gran Dumé», y no podría ser de otra manera, pues a este actor y director teatral cubano, en el que continuamente comprobamos el desafío profesional y la transgresión escénica, hay que agradecerle el mantener vivo y en alto, el teatro cubano exiliado. Haciendo un teatro serio, valiente y de extraordinaria riqueza creativa, Dumé se propuso, desde los inicios de su carrera, que se tomara el teatro cubano con la seriedad que merece, y lo logró, llevando a escena obras de Carlos Felipe, Rolando Ferrer y Fermín Borges, entre otros.

Poseedor de una larga trayectoria, Herberto Dumé fundó en Cuba el *Grupo Guernica* con el que representó obras de autores del patio y de García Lorca, Bernard Shaw y Bertolt Brecht, entre otros, con lo que fue levantando y solidificando el prestigio, la honestidad y la magia que hoy acompaña su nombre. De esa etapa creativa, sobresale la adaptación de *Las impuras* de Miguel de Carrión, con la que, según Rine Leal, «el teatro cubano alcanza la mayoría de edad».

En el exilio, a donde llegó en 1965, fundó el Dumé Spanish Theatre, llevando a escena a Eurípides, Arrabal, Beckett, Valle-Inclán y Camus, junto a cubanos como José Triana, Matías Montes, y Aberlardo Estorino. Ese ciclo en las famosas *salitas* de Nueva York, resultó la antesala de su compañía actual, Gran Teatro Cubano, radicada en Miami, donde hace énfasis en la promoción del teatro cubano más sobresaliente. *María Antonia, Exilio, Réquiem por Yarini, En busca del paraíso y Balada de un verano en La Habana*, hablan del énfasis y de la importancia que para este director tiene el regreso a sus raíces, el profundizar en su mundo. Sin duda alguna Dumé resulta más personal y más universal, en la medida que su teatro se adentra más en lo cubano.

Muchos recuerdan a Dumé en recitales de poemas, declamando entre otros muchos a Vallejo, Genet y Lezama. ¿Cuándo volveremos a verlo en uno de esos recitales?
Pronto. Nunca abandonaré a mis poetas. Gracias a Walt Whitman, León Felipe y Vladimiro Maiakovsky entré en los escenarios y pude comunicarme con los otros. Ellos han sido mis maestros y mis guías.

Los buenos poetas penetran dulcemente en la conciencia, se duermen y cuando despiertan, conquistan plenamente al hombre.

El teatro en Miami ha tenido que confrontar dificultades de todo tipo. ¿Ve usted alguna solución a corto plazo?
La médium de *Ladrón de bicicletas*, de Vittorio de Sica, dice: *Puedes encontrar tu bicicleta a la salida de esta casa o no encontrarla nunca.* En los Estados Unidos de América se puede crear el mejor grupo de teatro en español del mundo. Existe el talento y el dinero, pero los «hombres malos» no quieren que esto suceda, le tienen miedo a una cultura y a un idioma que consideran invasor. Octavio Paz dijo: *La misión histórica y espiritual de la minoría hispana en la democracia norteamericana consiste en expresar* LA VISIÓN OTRA *del mundo y del hombre que representan nuestra cultura y nuestra lengua.* La existencia de un grupo teatral, en este país, sólo puede lograrse a través de la taquilla y de una forma continuada. Tiene que ser un teatro comercial, como lo es el teatro de *Broadway*. Hacen falta productores y dinero. Creo que nunca encontraremos la bicicleta.

Hay dos tendencias, que no son nuevas, desde luego, pero que no por ello dejan de ser recurrentes. Algunos directores se toman licencias a la hora de llevar a escena obras que fueron concebidas de una manera específica, alterando en algunos casos, si no la esencia, al menos el espíritu original de la pieza. La otra es que habiendo tantas obras de teatro de calidad, algunas jamás representadas, se conviertan poemas, cuentos o novelas, en piezas para escenificar. Me gustaría conocer su opinión al respecto.
Los directores que cambian el mensaje de la obra casi siempre son escritores frustrados que no se atreven a escribir y sólo pueden comunicar sus problemas a través del otro. El director profesional es el que interpreta y traduce el mensaje al público. Puede cambiar la forma, siempre que ésta ayude al mejor entendimiento de la obra, pero jamás el mensaje. Por otro lado, nunca se podrá evitar que un director se enamore de una novela, un poema, o un cuento y lo quiera llevar a escena.

El próximo viernes 22 estrena usted *Faramalla* en el Teatro Manuel Artime. ¿Qué nos puede decir de la obra y de los actores?

Cuando estudiamos *La loca de Chaillot,* de Giraudoux, en nuestro grupo en Nueva York, en el año de 1971, se me ocurrió que la idea de salvar París podría revisarse y convertirse en otra idea: la de salvar la humanidad de ésos que ostentan el poder, de tal manera que dicha ostentación sofoca a los mansos y a los afligidos. De este estudio se creó *Faramalla* que es una charla artificiosa, una *estravaganza*, una comedia y una realidad. Y contestando la segunda parte de su pregunta, gracias a los actores es que se mantiene vivo el ritual teatral. Los actores siempre han tenido mi mayor respeto. Ellos son el verdadero teatro. Es por esto que a veces, la misión del crítico se torna miserable al intentar destruir un trabajo de amor sin conocer el ritual. Los actores, aun el más pobre de sus intérpretes, ocupa el escenario y su espacio por derecho propio y ninguna crítica o comentario malvado debe hacer temblar a esta raza inmortal de *malditos*.

¿En sus planes para el futuro continuará haciendo énfasis en el teatro cubano exiliado?
Continuaré haciendo énfasis en el teatro exiliado, no por exiliado, sino porque creo que es un teatro de calidad. Entre mis planes futuros siempre estarán ellos presentes. También estarán en mis proyectos futuros Ibsen, D'Annunzio y Valle Inclán. Ojalá que «las mujeres enloquecidas de amor» como Juana de Arco, nos consigan dinero y un espacio para continuar nuestros rituales...

(mayo de 1998)

DESPUÉS DE LA ENTREVISTA. Dumé falleció en Miami el 8 de abril de 2003. Había nacido en La Habana en 1929. Aunque limitó su trabajo, mantuvo un lento desempeño como director. No volvió a ofrecer otro recital poético.

ÁNGEL CUADRA (poeta y ensayista)

En Ángel Cuadra se resume una azarosa vida que por desgarradora y cruel, duele profundo. Baste decir que este poeta cubano padeció por quince años el devastador rigor de la prisión política castrista, para que podamos al menos intuir, muy superficialmente, lo que puede representar para un hombre, el sufrimiento y la angustia, de ver pasar el tiempo, y rápidamente la vida, tras las más sórdidas prisiones que ha conocido este continente.

A pesar de todas las desventuras que le ha tocado enfrentar, Cuadra ha demostrado ser un hombre que no cede espacio al tiempo. En la actualidad se desempeña como profesor de español en Miami, ejerce el periodismo para este Diario y encabeza el Ex-Club, organización que agrupa a los exprisioneros políticos cubanos. Además forma parte de la junta directiva de la Feria del Libro de Miami y recientemente ha sido nombrado presidente del Pen Club de Escritores Cubanos en el Exilio.

Su labor creativa le ha valido varios premios literarios en Cuba, España y Estados Unidos. Su obra, parte de la cual escribió en prisión incluye *Peldaño, Impromptus, Fantasía para el viernes, Esa tristeza que nos inunda y Réquiem violento por Jan Palach*, entre otros títulos.

La experiencia de estar encerrado en una prisión resulta una realidad asoladora. Aunque no deseo despertar recuerdos perturbadores, es ineludible preguntarle qué representa para un hombre, especialmente si es un poeta, pasar quince años en la cárcel.

La prisión, más que una realidad asoladora, comienza por ser una irrealidad. Es como un submundo insospechado en que uno se ve tirado de súbito, y que la conciencia se niega a aceptar como real, sino como una pesadilla de la que se ha de despertar. El preso, entonces, se encuentra en un desajuste vital entre lo presente objetivo absurdo, de lo que no se siente parte, y la noción del mundo normal recientemente perdido que, espiritual o inconscientemente, sigue habitando. Hasta que llega un momento de aceptación de la circunstancia a nivel de conciencia, y uno se incorpora a ese otro mundo asumiéndolo como su realidad. El preso político se reafirma en su convicción ideológica que lo llevó a esta situación. Y comienza entonces, con esa razón, una especie de crecimiento espiritual, en el que uno se descubre a sí mismo en el acoplamiento de su vida pasada y la presente. Empieza a rectificar errores y a definir conceptos, a mirarse hacia dentro en diálogo con uno mismo. Descubre el valor de las pequeñas cosas y empieza a restarle importancia a esas cosas materiales por las que los seres humanos se afanan demasiado. Se ponen de manifiesto los verdaderos valores, que son las virtudes que están en la persona en sí. Se ven de cerca la pequeñez y la grandeza de las gentes. Y se refuerza el sentido de solidaridad con sus semejantes. Lograr eso, es «crecer», como digo antes. Y de ello depende volver en triunfo a la vida o salir de la cárcel resentido y traumatizado. La poesía ayuda mucho al que la lleva consigo, porque le permite canalizar el dolor en la dirección de la belleza.

Tras mucho esfuerzo se logró que el Pen Club Internacional concediera una filial para los escritores cubanos exiliados. ¿Qué representa para los autores cubanos en el destierro este reconocimiento?
Una filial del Pen Club para escritores cubanos exiliados, que se nos concedió por el voto unánime de más de 90 representaciones internacionales en la Asamblea General de Edimburgo, tiene un significado extraordinario para los escritores cubanos en el destierro. Tal concesión no han podido obtenerla los escritores que, dentro de Cuba, constituyen la cultura oficial al amparo y servicio del gobierno. El Pen Club defiende y propicia la libertad de expresión y creación, como presupuestos de la genuina cultura. El conceder ese mérito y ese derecho a los escritores cubanos del exilio, significa que el mundo intelectual libre considera que en la obra de esos escritores está mejor representada la más genuina nación cultural cubana.

Se sabe que el Pen que usted preside ha dado pasos para reclamar la libertad de escritores en prisión. ¿Cuáles han sido esos pasos?
Nuestro compromiso, ante la asamblea en Edimburgo, fue el de luchar y abogar por la libertad de expresión y creación en Cuba. De inicio, apoyamos la gestión que llevaba a cabo el Comité de Escritores en Prisión, con su sede en Londres, por el respaldo del poeta Reinaldo Soto, entonces preso en Cuba, después suministramos datos a ese Comité para su gestión sobre otros cuatro escritores cuando esta

institución hizo una moción de condena al gobierno cubano, por su acoso y represión continuada contra los periodistas independientes en Cuba. Y, finalmente, nos dirigimos al Vaticano, en el mismo sentido, antes de la visita del Papa a Cuba, para que el Sumo Pontífice incluyera el asunto en su agenda para dicha visita.

En el realmente poco tiempo que lleva instituido el Pen Club de Miami, se han llevado a cabo varios eventos culturales. ¿Nos puede hablar de ellos y de los planes futuros?
Estamos en los pasos iniciales. La primera actividad cultural fue la invitación a un destacado intelectual uruguayo, Alberto Britos Serrat, que nos dio una conferencia muy interesante sobre la literatura *negra* en su país. Después vino un homenaje de rememoración a Jorge Mañach, quien fue fundador del Pen Club en Cuba por los años 40. Y más reciente fue una actividad con la presencia de los escritores cubanos venidos por el Mariel y el significado que tuvo esa emigración. Tuvimos, además el acto de presentación e intercambio con dos novelistas cubanos recientemente premiados en Europa, Matías Montes Huidobro (Premio Café Gijón) y Daína Chaviano (Premio Azorín), que tuvo lugar en la Librería Universal. Otros proyectos futuros serán de intercambio con escritores de otras comunidades en la Florida.

Cuando llegue el momento de regresar a Cuba, qué es lo primero que le gustaría hacer al llegar a La Habana.
Después de recorrer los lugares conocidos, amados y añorados por la nostalgia, se impone ir al encuentro con la juventud y, en ella, con los escritores cubanos nuevos, muchos de ellos, marginados de la cultura oficial, que enfrentarán la tarea de trazar los rumbos de la cultura cubana del futuro.

(junio de 1998)

DESPUÉS DE LA ENTREVISTA, la vida de Cuadra como activista político y escritor ha mantenido una continuidad sostenida. En el 2000 publica *José Martí: análisis y conclusiones;* ese mismo año *Diez sonetos ocultos*; el importante poemario *De los resúmenes y el tiempo* (2003). Es ganador del Premio Los Amantes de Teruel.

RENÉ TOUZET (pianista y compositor)

Pienso que quizás porque la comunicación más perfecta entre el pianista y su instrumento brote en el silencio, los pianistas que he conocido resulten formidables conversadores. Esta observación que se me antoja un tanto curiosa, muy probablemente ilustre la atracción mágica y la armoniosa comunión entre el lenguaje de las notas y los acordes y el de las palabras vivas. En esta definición queda atrapado el Maestro René Touzet, uno de los músicos cubanos más brillantes de este siglo, que disfruta conversando de Cuba, y de su música, que es también decir Cuba. Rodeado de libros, partituras y de un hermoso barco que adorna su lugar de trabajo, fluye una conversación donde es ineludible mencionar su canción *No te importe saber*, que lo lanzó a la fama, así como otras grandes y universales, como *Cada vez más, La noche de anoche, Tu felicidad, Me contaron de ti* y *Anoche aprendí*, melodías que evoca con una sonrisa cómplice y que alude a profundas vivencias.

Nacido en La Habana en 1916, ya en 1932 René Touzet había terminado sus estudios de piano, solfeo y teoría en el Conservatorio Alberto Falcón. A lo largo de los años de aprendizaje y perfeccionamiento, tomó diferentes cursos con los profesores César Pérez Sentenat y Joaquín Nin, así como con los prestigiosos compositores Mario Castelnuovo-Tedesco y Hal Overtone. Terminados sus estudios funda su propia orquesta, con la que comenzó una ascendente carrera, que lo ha llevado a tocar en importantes ciudades como San Francisco, Los Angeles, Nueva York, Las Vegas y Miami. Como pianista tocó con Desi Arnaz y Xavier Cugat, entre otras luminarias.

Durante su extensa y prolífera vida, el Maestro Touzet ha escrito más de 600 composiciones de temas popular y clásico, que abarcan una inusitada gama de matices que van desde el sentimiento musicalizado con extraordinaria belleza y sencillez, hasta las armonías más arriesgadas y difíciles. Desde trovadores como Guyún, hasta intérpretes inimitables como Bola de Nieve, Miguelito Valdés, Olga Guillot y Vicentico Valdés, pasando por estrellas internacionales como Lucho Gatica, Pedro Vargas o hasta el mismísimo Frank Sinatra, han sembrado su música por todos los rincones del planeta, lo que es también regar un poco la cubanía y la universalidad que derrocha el Maestro Touzet. Sus 40 danzas y una contradanza recogidas en un libro, quedan para la historia de su invaluable legado.

Su carrera musical ha sido muy prolífera y exitosa. ¿Nos podría señalar algunos de los momentos más importantes en su intensa vida creativa?
El primer momento importante en mi carrera musical sucedió al cumplir los 16 años, cuando gané por unanimidad el primer premio de piano al graduarme en el Conservatorio Alberto Falcón en La Habana. Poco tiempo después competí con mi orquesta para el trabajo de tres meses de invierno en la temporada de El Gran Casino Nacional, competencia que gané y estuve ofreciendo la música con mi orquesta de 15 profesores. Otro momento emocionante fue cuando Miguelito Valdés, nuestro gran cantante, me llamó para decirme: René, te voy a grabar *No te importe saber*, ¿quieres presenciar la grabación? Desde luego, le dije con mucha alegría que sí. Lo acompañaba la orquesta Casino de la Playa. Fue muy emocionante para mí el ver mi primera obra grabándose. En otra ocasión estando yo en Colombia subí a mi habitación donde estaba puesto el radio y con gran sorpresa oigo a nuestra Mamá Rufino, que entonces era Mercedes Villaverde, Beba, para sus amistades, cantando una de mis primerísimas canciones, *Desilusión*. Me emocioné tanto que tuve que acostarme inmediatamente. Otra vez en Cuba, 1943, escuché a Bing Crosby, cantando *No te importe saber*, en español, y un poco después a Frank Sinatra la misma canción en inglés, *Let me Love you Tonight*. También tuve el placer de acompañar a Jorge Negrete en *No te importe saber*, al ser cantada por primera vez en el Teatro Nacional. Todo esto me sucedió a muy temprana edad, y por eso lo recuerdo con gran cariño. De mi carrera cuando salí de Cuba, que cubre varias décadas, sería interminable el tratar de mencionar tantas y tan variadas emociones, como sucede en la vida de un artista.

¿Qué emociones experimenta un compositor al ver que una canción como *No te importe saber*, escrita en 1937, mantiene su vigencia, y continuamente resurge en nuevas voces?
Escrita en un tranvía que iba de La Habana al Biltmore Club, ha sido mi canción más grabada. Me gustaría mejor mencionar a las decenas de artistas que me honraron con su interpretación, como Vicentico

Valdés, Daniel Riolobos, Marco Antonio Muñiz, Miguelito Valdés, Lucho Gatica, Fernando Álvarez, Frank Sinatra, Xavier Cugat, Olga Guillot, Bola de Nieve, Gustavo Rojas, Pedro Vargas, René Cabell, Irene Farach, Andy Russell, Chamaco García, Tania Martí, Bing Crosby, Elena Burke, Peggy Lee, Fernando Fernández, Roberto Capó, Marta Pérez, Armando Pico, Renée Barrios, Ariel Remos y Mara y Orlando, para sólo mencionar al azar algunos nombres.

¿Qué nos puede adelantar del concierto que ofrecerá el próximo domingo 9 de agosto en la Universidad de Miami?
Actualmente me dedico más a escribir composiciones para piano de música seria como preludios, impromptus, caprichos, estudios, danzas, y dominando ese espectro mi *Sonata Romántica en Do*, que interpreta magistralmente nuestro joven pianista David de Armas. Ésta, mi obra pianística, será interpretada por cinco pianistas cubanos a saber: Olga Díaz, Rodolfo Brito, Gilbert Macías, Dennis Fradera y David de Armas. En realidad estoy muy satisfecho de la reacción que ha habido de nuestro público para este concierto.

Cuba posee una rica, aunque no extensa, nómina de Maestros como Lecuona, Cervantes y Saumell que han incursionado en la danza y la contradanza. Usted viene a sumarse a esa tradición con el libro *Música cubana para piano*, que reúne 40 danzas y una contradanza. ¿Qué nos podría comentar al respecto?
Existía la contradanza en Europa en el siglo XVIII, y a través de los escasos medios de comunicación que había en esa época, llegó a Cuba, y allí, los pocos músicos que había la cubanizaron, y surgió un compositor, Manuel Saumell, que escribió 93 contradanzas. Después de él hubo autores que trataron este género, pero en menor cuantía, y poco a poco, espontáneamente surgió la danza, que se diferencia de la contradanza en quelas células rítmicas de la mano izquierda comprenden dos compases en la danza, cuando la contradanza, casi siempre, usa un solo compás que se repite. También el tiempo de la danza es un poco menos rápido. Yo, honrando a mis antecesores he escrito una contradanza dedicada a Saumell, una danza a Cervantes y otra a Lecuona. En total he escrito 100 danzas.

Con el próximo año termina el siglo y el milenio. ¿Tiene usted algún proyecto para esa celebración?

En el próximo año de 1999 habrá algunas sorpresas. Ofreceremos nuestro concierto número cuatro en la Universidad de Miami, y en el Dade County Auditorium nuestro concierto con los 4 pianos de cola, cuyo título será *Adiós Siglo XX*. La sorpresa es que habrá otro CD con 15 danzas interpretadas por un gran pianista, William Tawson, y un CD donde yo interpretaré mis propias canciones al piano y cantaré un número titulado *Mi piano y yo*.

(julio de 1998)

DESPUÉS DE LA ENTREVISTA, el pianista continuó ofreciendo conciertos y siendo aclamado por el público por su labor como pianista y compositor. Falleció en Miami el 15 de junio del 2003, a los 86 años de edad.

RAMÓN ALEJANDRO (artista plástico)

Quizás el mayor logro de un creador sea que su obra evolucione, perfeccionándose en la medida que su mundo interior se enriquece con vivencias de todo tipo, que con el tiempo se van asentando, depositando en torno a lo vivido cierta calma. Tal vez por ello la obra del pintor cubano Ramón Alejandro trae, como en una cruzada, impresionantes artefactos que se aproximan cautelosamente a la tierra y tras descubrir lo fértil y lo bello, se funden, se integran a la naturaleza. Muy joven, cuando comenzó su formación pictórica, viajó intensamente por el misterioso estado de Minas en Brasil, los Andes y la Patagonia, España y Grecia, Egipto y Turquía, hasta detenerse finalmente en Francia, ciudad que después de muchos años dejó para venir a vivir a Miami, sin duda alguna la más cubana de las ciudades que le evocan la Isla, y su barrio de la Víbora donde nació... donde nacimos...barriada habanera cargada de luz propia, colores intensos, lomas como la del Mazo, poderosas sombras y flamboyanes imponentes. De esa reflexión con el trópico se nutre una de las tendencias más interesantes de la plástica de Ramón Alejandro, pintor que ocupa un importantísimo lugar en el panorama de la pintura cubana y cuyos cuadros forman parte del Museo de Arte Moderno y del Centro de Arte Contemporáneo, ambos en París. De los frutos más obstinadamente caribeños y de la vegetación silvestre y la tierra poderosa, brota su pintura, que flota, es intensa como un torrencial aguacero de mayo, se adentra y serpentea por sensuales laberintos, penetra en la pulpa con goce, haciendo estallar extrañas y fértiles texturas.

Ganador en dos ocasiones, en los años setenta, de la prestigiosa beca Cintas, Ramón Alejandro relata cómo las extrañas máquinas que inicialmente reflejaba su pintura se sostenían en el aire, en un espacio abierto e infinito, fueron nutriéndose del paisaje –después de una estancia en el sur de Marsella–, y poco a poco ese panorama, esa vegetación, esas planicies, fueron adquiriendo presencia, mientras que, simultáneamente, se independizaban, crecían en su obra y se manifestaban en su trabajo. Luego de un viaje a Venezuela, dice el pintor, comenzó a sentir el deseo de trabajar la fruta.

El hecho de haber dejado su casa y su país a los 17 años, para convertirse en trotamundos en busca del origen de las formas y

las texturas, supongo que de alguna manera marcó su vida. ¿En qué medida su obra ha reflejado esos momentos?
Tanto para pintar como para escribir hay que vivir primero, si no, no hay nada que decir y el oficio solo no basta para que un público se interese en tu obra. Para mí la pintura es tan importante, que durante años no me atreví a pintar. Grabé en metal 3 años para aprender a dibujar con rigor antes de coger el pincel. Ya para entonces me había asentado en París y mi vagabundeo que duró 10 años cesaba. La pintura exige sosiego, una vida disciplinada. Todo lo que soy y lo que he vivido es el material que utilizo. Mi vida vagabunda debe de haberme dejado la melancolía que dan los espacios abiertos y las grandes distancias.

La tendencia más recurrente de su obra en los últimos años tiene una sensualidad y unos aires tropicales, caribeños, cubanos, digamos que hasta viboreños. ¿Canaliza usted esa corriente de sensualidad de la materia, con la carga que conlleva de recuerdos, nostalgias, alegrías y hasta alguna que otra frustración, como un regreso a sus orígenes?
Tengo la suerte de recordar vivamente la exaltación que las primeras percepciones de mi vida me causaron. Eso es lo que pinto, la emoción que me causó ver las maravillas que me rodeaban de niño, el tomar consciencia de ver y comenzar a ejercer el mirar. Como nací en Cuba, por supuesto que es esa Cuba vista por un ojo virgen la que aparece.

Hace poco tiempo comenzó a revelarse como editor de libros, los cuales usted mismo ilustra. Su colección *Baralanube* ha publicado a Armando Álvarez Bravo, Esteban Luis Cárdenas y Néstor Díaz de Villegas, entre otros. ¿Qué nos puede decir de la colección y sus proyectos?
También publiqué a Lorenzo García Vega y a Antonio José Ponte. Quiero llenar el vacío que la indiferencia por la poesía entre los editores causa. A mí me gusta atravesar la obra de un poeta y cargarme de su manera de ver el mundo, diversa de la mía. Me enriquece y provoca imágenes nuevas, me saca de mi ensimismamiento, así evoluciona mi pintura, afina mi lenguaje. Seguiré publicando en la medida que mi pintura se siga vendiendo bien y me permita afrontar el gasto y la pérdida de dinero, pues la indiferencia del público me

garantiza que publicar poesía nunca será rentable. Quisiera representar el abanico más amplio de poesía posible entre nosotros, donde hay mucha y muy buena. Para mí la poesía es tan importante como la música y la pintura.

Después de vivir en Francia por muchos años ha decidido radicarse en Estados Unidos. ¿Ya no tiene París la luz precisa, o es que descubrió en Miami nuevos matices, nuevas tonalidades?
Yo no vine a Miami por la luz, sino por el elemento humano. Como quiero vivir en Cuba lo que más se acerca es Miami, el pueblo está bien presente aquí, esta es otra Cuba, la vegetación, las nubes, la comida, la lengua. Por todo eso vine a Miami, a eso me apego, a lo que conocí y viví antes de iniciar estos 38 años de exilio voluntario, la intensidad de nuestras relaciones humanas es lo que más me faltó en Francia.

¿Si tuviera que aconsejar a un joven pintor, que le sugeriría que no hiciera?
Nunca dar gato por liebre. Acordarse de que toda moda pasa rápido y que la calidad de la pintura queda. Siempre pintar libremente, por gusto, cueste lo que cueste. ¡Pintura o Muerte! La pintura es como la poesía o la música, razón suficiente para dar sentido a una vida. Sinceridad y perseverancia para desarrollar la habilidad en el oficio y el deseo de que la obra quede como enriquecimiento para el público es lo necesario. No dejarse llevar por la facilidad. El público es ingenuo y se contenta con poco, pero pintar así no vale la pena. Sólo lo difícil estimula y da satisfacción a la larga. La libertad es lo que más vale en la vida y para ser libres tenemos primero que ser sinceros.

(agosto de 1998)

DESPUÉS DE LA ENTREVISTA, Alejandro indistintamente ha residido en París, La Habana y nuevamente en Miami. Ha mantenido su carrera como pintor, pero desde el 2005 ha comenzado a escribir una serie de unas siete a diez novelas, «vagamente autobiográficas». Ya ha publicado *Adua la pedagoga* y *La familia Calandraca*.

JOSÉ ABREU FELIPPE (escritor)

No importa cuál sea el género en que se exprese, poesía, teatro o novela, descubrimos –sentimos–, que la obra de José Abreu Felippe brota desde esos profundos e insospechados laberintos del alma, acompañada siempre por un poderoso acento lírico, un desgarramiento intenso y una asombrosa lucidez, capaz de ver –sentir–, las cosas que parecen más complicadas e inexpugnables, como obvias. Confiesa haber comenzado a escribir desde muy joven, prácticamente por aquellos días negros en que se dictaba la doctrina «dentro de la revolución todo, fuera de la revolución nada». Desde ese entorno funesto para los escritores cubanos, comenzó su labor creadora, literalmente enterrando sus manuscritos en el patio de su casa. Tal vez ese escribir y esconder, etapa que agrupó a muchos escritores, sitúa a Abreu Felippe como parte de una generación de escritores que flota extraviada, más bien imprecisa, en el panorama cultural cubano.

Sus libros comenzaron a conocerse después de salir de la Isla al exilio en 1983. Ha publicado poesía, *Orestes de noche* y *Cantos y Elegías;* novela, *Siempre la lluvia* –finalista en el concurso Letras de Oro–, y que se desarrolla durante la etapa del Servicio Militar Obligatorio; y teatro, *Amar así*, pieza que recoge la desesperación y la angustia de los días del éxodo del Mariel y *Teatro*, libro de reciente aparición que reúne cinco piezas.

Algunos escritores cubanos con los que he hablado y que comenzaron escribiendo poesía en Cuba, dicen que una vez que dejaron la Isla su habilidad para escribirla sufrió un golpe devastador. Pienso en esas conversaciones con los amigos cuando veo que el último libro de poesía que usted publicó, *Cantos y Elegías*, fue en 1992 ¿Ha sentido usted también ese aludido abandono de la poesía?
Parece que en algunos casos ha funcionado así, pero no creo que sea la regla. Más bien todo lo contrario, porque el exilio es ante todo un desgarramiento, algo que lacera los surcos por donde fluye la poesía que entonces tiende a desbordarse, a hacerse presencia ineludible. En mi caso, cuando he sentido esa presencia siempre he intentado aproximármele. Soy de esas personas obsoletas que todavía piensan

que la poesía está relacionada con un estado de percepción especial que algunos llaman inspiración. No creo en la poesía construida. Prefiero la confrontación estremecedora y el balbuceo honesto. Conservo muchas de esas torpes confrontaciones en una gaveta, las he ido agrupando y quizás en un futuro formen parte de algo que pienso titular *El tiempo afuera*. Ahora, publicar es otra cosa. Por otro lado volviendo al principio, no creo que se pueda abandonar la poesía. Si acaso, es ella la que nos abandona.

Uno de los temas que con más fijación recorre su obra es el de la muerte; usted generalmente la llama ELLA, y esa ELLA es perturbadora y lacerante. En su novela *Siempre la lluvia*, por ejemplo, permanece como un símbolo perenne, siendo incluso la aparente conductora de las tres jornadas en que está dividida la novela. ¿A qué se debe esa obsesión con la muerte?
Pienso como los antiguos que la muerte y la vida son dos caras de un mismo monstruo. Esa polaridad está en todas las culturas, tanto primitivas como modernas. No lo entiendo como una obsesión, sino como la búsqueda de una pregunta que no encaja en ninguna de las respuestas conocidas. Siempre he pensado en la muerte como en una entidad femenina que al final acabará asumiendo el rostro de la madre. Tal vez por eso la llame de esa forma.

Usted acaba de publicar en España un libro de teatro que recoge cinco piezas. ¿Qué nos puede hablar de ese libro?
Es un libro que he dado a conocer con mucho miedo. El teatro es lo que más se aproxima a la poesía, pero con la dificultad de que las ideas, o las imágenes, deben materializarse, adquirir rostros y cuerpos y las palabras voces que las hagan audibles. Como si fuera poco los cuerpos y las voces van a complementarse con objetos que pueden evocar algo odiado o querido. También hay luces y sombras. Y música. Me produce escalofríos, es como para salir huyendo. Pero ahí está. Son cinco piezas, tres de las cuales están agrupadas en un tríptico. Aunque las cinco son independientes entre sí, creo que la muerte las recorre a todas. Y también el tiempo y sus corolarios. Y el deseo.

El gobierno cubano ha emprendido en los últimos años una avanzada cultural y el exilio cubano no ha sabido, o no ha que-

rido, o no ha podido contrarrestar esa ofensiva. ¿Qué podría hacerse para que los artistas cubanos exiliados logren el reconocimiento que su labor y la calidad de sus obras merecen?
No sé qué se podría hacer. El gobierno cubano está formado por una Cosa que se hace llamar Fidel Castro de difícil comprensión. Esa Cosa lleva cuarenta años empeñada en la destrucción minuciosa y sistemática de Cuba, y casi lo ha conseguido. Pienso que si en los últimos tiempos ha emprendido una avanzada cultural contra el exilio se debe al apoyo de unos cuantos intelectuales –de alguna forma hay que llamarlos, como diría Reinaldo Arenas–, tanto de dentro como de fuera de la Isla, que con una desvergüenza estomacal y bancaria digna de su patrocinador, se dedican a bailar como les piden que sea el baile. Esos intelectuales que comercian con sus principios y su dignidad –si es que los tienen–, me producen náuseas. En cuanto al reconocimiento, al final siempre las aguas toman su nivel. La morralla quedará por el camino y lo que deba brillar, brillará. Mientras tanto los artistas cubanos exiliados, como usted los llama, deben seguir haciendo lo único que pueden hacer, una obra honesta.

Se dice que Miami es una provincia más de Cuba, ¿qué nos puede decir de esa afirmación?
Los cubanos, como cualquier otro grupo de exiliados, han tratado de recrear su mundo. De hecho, al menos para mí, como cubano, Miami, con sus virtudes y defectos, es el único lugar del planeta que considero habitable. Aquí nunca me he sentido extranjero. Creo que ya es bastante. Y también que ahí terminan los puntos de contacto. Aquello es un infierno con Satanás incluido y esto es un país normal. Aquí soy libre de escribir lo que me viene en ganas sin preocuparme por la autocensura tan de moda entre la inmensa mayoría de los escritores de la Isla que publican en el extranjero. Si tengo dinero, puedo viajar sin pedirle permiso a nadie y comprar el libro que desee leer. Tampoco esto es el paraíso, pero al menos te permiten reventar en paz. Yo no pido mucho más.

(septiembre de 1998)

DESPUÉS DE LA ENTREVISTA, el escritor concluyó y publicó, el eje central de su obra, la pentalogía *El olvido y la calma*. También se hizo realidad *El tiempo afuera,* que se alzó con el Premio Gastón Baquero, en España. Su labor ha sido sostenida con *Cuentos mortales, De vuelta, El tiempo a la mitad, Tres piezas, 121 lecturas* y la selección *Poesía exiliada y pateada.*

ZENAIDA MANFUGÁS (pianista concertista)

Aunque no se lo pregunté a Zenaida Manfugás, sospecho que cuando los días son más fríos y el cielo está más triste allá, en Elizabeth, New Jersey donde vive, ella se sienta a su piano y llena de música el silencio de la ciudad, la que ella disfruta llamándola «cementerio con semáforo», para luego estallar es una chispeante risa. Me hubiera gustado preguntarle también por ese amor infinito que ella siente por la música, por su dedicación, disciplina y profesionalismo. Tampoco le pregunté cómo se logra dejar profundas huellas en la audiencia, cómo se arranca una ovación del público, cómo se gana la admiración y el respeto. Lo que sí le pregunté, no se me podía pasar algo tan importante, es cómo lograba hacer emerger la Isla cada vez que interpretaba la música cubana, cómo al entrar en sus manos, puede transmitir tanto sentimiento, nostalgia, melancolía y grandeza... y su respuesta fue una mirada dulce, una sonrisa apenas esbozada y un silencio cargado de luz...

Usted es una mujer que ha vivido intensamente, lo que quiere decir que ha tenido, como todo ser humano, momentos claros y oscuros, me gustaría escucharle decir algo de su confrontación con la vida.
Mi vida ha sido de constante confrontación. En un medio hostil, indiferente, clasista, y por lo tanto racista, han sido más los momentos oscuros que los claros. He podido ser pianista porque mi madre, gran pianista y pedagoga, se empeñó en comenzar a enseñar a todas sus hijas, el mismo día que cumplíamos los 5 años. Ella fue una adelantada de la pedagogía moderna. Así que cuando yo tenía 7 años tocaba ya dos conciertos: el de la Coronación y el 1ro de Beethoven. Trascurrieron 9 años de lucha, batallas y al fin, de adolescente, gracias al tesón obsesivo del Maestro Gonzalo Roig, debuté en la Banda Municipal, con un arreglo que él mismo hizo, del Concierto en La menor de Grieg. Luego obtuve una beca del Ministerio de Educación, pero pasaron más de 3 años antes de poder viajar. Para ese entonces ya me sabía, y podía tocar, más de 30 conciertos. Cinco meses después de haber llegado a España, debuté tocando el 1ro.de Beethoven, no obstante que mi llegada tuvo un mal comien-

zo. Al asistir, invitada por un amigo a una recepción en la Embajada Cubana, un 20 de mayo, fecha de la independencia de Cuba, me recibió el embajador, textualmente con esta expresión: *una negra más*. Por tal motivo, harta de mis luchas en Cuba, juré no poner más los pies en una dependencia cubana, y así lo he cumplido.

Usted goza de esa dicha, que muy pocos pueden ostentar, de ser una Gloria de Cuba, ¿qué es ser una Gloria de Cuba?
Mi nombre es Zenaida Elvira y todos mis viejos amigos y compañeros de estudio así me llaman. *Gloria, genial y fabulosa*, etc., se han usado y abusado entre nosotros. Eso no me halaga por lo tanto, salvo de quién venga. No me creo tal cosa, aunque sí pertenezco a la historia de mi país, porque como pianista toco un repertorio extensísimo, que abarca todas las sonatas de Beethoven (que he tocado en dos ocasiones, y esto pocas veces sucede), la obra de Chopin, Schumann y Brahms, casi completa, sin contar la música cubana de todos los tiempos. He hecho estrenos de composiciones de Guastavino (al cual no conozco y me ha dedicado piezas y no quisiera que muriera sin verle), del chileno Orrego Salas. Y la música española, que aprendí de mi madre que tocaba Goyescas, Iberias, y me ayudó a ser premiada en el *Concurso Internacional Pilar Ballona* de música española. Pero lo mismo me ocurrió con un libro con la obra de Harold Gramatges, que fue mi profesor de armonía, y que en el debut le estrené 2 piezas, y ahí también se me ignoró, pero eso no es extraño. Si a Brindis de Salas, genial violinista que obtuvo honores que ningún cubano ha obtenido, condecoraciones, caballero y violinista de la corte del emperador de Alemania, etc.; Manuel (Lico) Jiménez, profesor y director del Conservatorio de Leipzg ¿quién los honra y mienta? Jorge Bolet, uno de los pianistas más grandes de este siglo, que era un titán del piano, o Julio Gutiérrez, inspirado compositor ¿quién ha escrito páginas, ni recordado en sus aniversarios, para que las generaciones nuevas los conozcan? Nadie. No son políticos, que esos sí, que no quedan; pasan, la mayoría de las veces, sin pena ni gloria.

Háblenos del Premio ala Mujer del Año que le acaba de entregar el canal Gems Televisión.
La Mujer del Año (Música) de Gems Televisión me sorprendió. Fui recomendada por Marlene Urbay, la persona que menos yo espera-

ba que se acordara de mí, fue la responsable de ese premio, muy prestigioso. La televisión en español es mala, mediocre, y la mayor de las veces, obscena y sensacionalista. No la veo, pero Gems (no porque me premió), tiene muy buenos programas, variados, culturales y de entretenimiento. Para mí, doblemente agradecida, porque la TV es un medio que en Cuba y aquí, me ha ignorado. No existo, ni he sido noticia para ellos. Espero que alguna vez, sus televidentes sepan quién soy a través de sus programas.

Cuando usted sale al escenario y se sienta al piano, ejecuta un curioso ritual de concentración: se contempla las uñas, pasa con suavidad un pañuelo sobre el teclado, mira por sobre el hombro al público, hasta que finalmente desborda toda la energía que le brota del alma, ¿podría hablarnos de ello?
Ese *ritual*, como tú le llamas, yo lo desconocía hasta que se hicieron videos. Pues es inconsciente en mí, y no sé por qué lo hago. Cuando me aplauden a rabiar lo pienso dos veces para levantarme, pero obedece en parte a que espero silencio total en la sala. El saludo tardío –y hay muchos artistas que lo solicitan–, el mío, es espontáneo. ¿Te contesté?

Entre sus planes y conciertos para el futuro, ¿hay alguno que la traiga por Miami?
No tengo planes para Miami. La crítica que me hizo James Roos cuando toqué con la Sinfónica del Nuevo Mundo, urgía a que se me oyera de nuevo. Al día siguiente de la crítica recibí una carta de la orquesta dándome las gracias y deseándome buena suerte y... adiós. Bueno, estas cosas pasan, porque a nosotros ni se nos quiere, respeta, ni teme... ¡Ah, si fuera yo una norteamericana...! Las sociedades donde hay cubanos no me tienen en cuenta y las otras que trabajan en la 7ma. provincia, o la capital del exilio, tampoco. Organizarme los conciertos yo, no. Sólo con dinero, buscando unas buenas relaciones públicas sería diferente. Los políticos constantemente organizan actos, comidas y desayunos, para recaudar fondos para sus campañas, pues sin él, tienen que retirarse. Bueno, a mí me pasa lo mismo. Aún no tengo un CD. ¿Dónde están los ricos y los patriotas? ¿Dónde los mecenas? Bueno... si en Cuba no los vi, aquí... tampoco.

(octubre de 1998)

DESPUÉS DE LA ENTREVISTA, sus conciertos seguían llenando las salas de música. La Fundación Apogeo que preside el escritor Baltasar Santiago Martín, le realizó un merecido homenaje en el 2010. La pianista falleció en Elizabeth, New Jersey, en mayo del 2012.

HÉCTOR SANTIAGO (dramaturgo)

Héctor Santiago es un hombre absolutamente rebelde e intransigente, y eso se refleja en su obra. Padeció persecución en Cuba. Soportó acoso, censura y por último prisión en la tristemente célebre UMAP (Unidades Militares de Ayuda a la Producción), una suerte de campos de concentración al estilo nazi, con cercas electrificadas, abusos sistemáticos y asesinatos. De esa angustiosa etapa de su vida ha perdurado una actitud casi paranoica, al extremo de rechazar llenar papeles, firmar documentos o tomarse fotos.

De su obra, que es lo que verdaderamente quedará del hombre, brota un profundo sentimiento humano. En ella se aprecia un riguroso quehacer de recopilación de la realidad cubana de las últimas cuatro décadas, que con un minucioso trabajo de investigación ha llevado a sus libros para que sirva –ha dicho en varias ocasiones–, como una crónica de los sufrimientos del cubano bajo la dictadura de Fidel Castro.

Aunque escribe novela y cuento, su actividad fundamental se sitúa en el teatro. Su obra *Vida y pasión de la peregrina*, sobre la vida de Gertrudis Gómez de Avellaneda, fue ganadora del Premio Letras de Oro, en 1995. Otras de sus piezas, *Balada de un verano en La Habana* y *En busca del paraíso*, ambas llevadas a escena por Dumé en Miami, hablan de un trabajador incansable y de un hombre herido por la tragedia de su patria.

Usted asistió durante el último Festival de Teatro de Miami al estreno de *La peregrina*. ¿Qué sensación experimenta un dramaturgo cuando ve una obra suya en escena?
El escribano comprueba cuánto de su oficio fracasó o triunfó. El hombre sabe que de su paso por la tierra dejó algo más que comer, defecar y dormir. El artista ve sus largos años de lucha recompensados. El cubano ve a qué formidable cultura pertenece. El exiliado siente la tristeza de no poder llevar sus obras a su país. El teatrista se enorgullece de haber sido tan bien montado y recibido.

De la vida siempre brotan momentos ineludibles, algunos golpean, otros engrandecen al hombre. ¿Podría mencionar particularmente alguno?

Llevo en mi rostro la cicatriz de un bayonetazo que me dio un teniente en la UMAP, por negarme, con las manos desnudas, a regar cal viva como fertilizante en un campo cañero. En 1979 me lo encontré en la Octava Avenida de New York. Mi reacción humana fue cogerlo por el cuello. Mi reacción más allá de lo humano fue darle la mano y decirle: «Bienvenido al país de la libertad que tanto odió». En ese momento supe cuánto había crecido como hijo de Dios. A nivel de ejecutor yo lo perdoné. Ahora, en ambas orillas, aún me queda por perdonar a los que apoyaron la UMAP con su silencio, los que la aplaudieron y sobre todo; los que la inventaron. De ese encuentro surgió mi obra *El loco juego de las locas*, ya publicada, que escribí con las entrañas, y que considero una de mis mejores piezas.

Usted está escribiendo una serie de obras bajo el título general de *Crónicas contemporáneas*. En ese ciclo se aborda la tragedia que padece el cubano, no como un intenso discurso político, sino a través de los conflictos humanos. Háblenos de ese proyecto.
Ese ciclo abarca desde la historia directa de Cuba hasta la revolución francesa, Auschwitz, Galileo Galilei, etc. Es un gran mural donde el tema único es el efecto sobre los humanos de los horrores de este siglo, la redención del hombre y la incansable búsqueda de la libertad. En esas 16 obras Cuba siempre está, directa o indirectamente. Ahora escribo sobre la Operación Pedro Pan, sobre el horror poco conocido de los Cayos de Guanahacabibes y también de la reconcentración forzosa de los campesinos de la provincia de Las Villas, hacia Ciudad Sandino en Pinar del Río. No podemos olvidar, a ver si el espanto no se repite.

El teatro es también foco de la ofensiva cultural de la dictadura cubana contra el exilio. ¿Qué se podría hacer para detenerla, o al menos para neutralizarla?
Recientemente el tirano reconoció que había infiltrado espías en el exilio. Ahora nosotros tenemos que denunciar a los espías culturales. Se han dado dos becas de $35,000, a escritores oficialistas de la Isla, para escribir sobre el tema del «reencuentro», pero fue en el exilio, en 1990, con *Alguna cosita que alivie el sufrir* de René Alomá que el tema se abordó. Hay muchas obras con esa temática sin estrenar en este lado y ningún dramaturgo identificado como exiliado recibe beca alguna. En New York las organizaciones liberales han dado

más de $100,000 para el proyecto «CUBA» que está montando obras de allá, y trayendo grupos oficialista de la Isla. Si en el exilio hay un millón y medio de cubanos y cada uno diera un dólar, con ese millón y medio pudiéramos mostrar al mundo la otra cara de la moneda tan planificadamente silenciada, e indiferentemente desapoyada por nosotros mismos. Apoyar a la cultura del exilio es también un acto de repudio, y no hay que tirar sillas ni huevos.

En una entrevista publicada en Cuba, un director cubano que vive en Miami afirmó, entre otras cosas, que el verdadero teatro cubano es el que se escribe en la Isla, que el del exilio está contaminado. ¿Qué nos puede decir del teatro que se escribe y se hace en el exilio?
Ahora que hay ciertos artistas coqueteando con la dictadura, ofreciendo conferencias en la Isla, y hasta mandando sus obras que son premiadas en concursos literarios oficialistas, mi posición es que cada uno haga con su conciencia lo que le dé la gana. Ya la historia juzgará. Pero hay algunas infamias a las que hay que salirles al paso. Primero, al irnos, nos negaron la ciudadanía, después –y ahora–, la identidad cultural pues nos íbamos a «yankyzar». El 99 por ciento de la obra de Martí, por ejemplo, se escribió fuera de Cuba y no hay nada más cubano que ese legado literario. Nuestro teatro es tan cubano, que en Cuba se dejó morir el teatro bufo-vernáculo y en el exilio está vivo. Ahora saldrá un libro «contaminado» de teatro afrocubano escrito en el exilio, temática prohibida por muchos años en Cuba y que allá en la Isla apenas se produce. Por otro lado, si escribimos muy «cubano» nos acusan de nostálgicos. De todas maneras lo importante es atacarnos. Pero nosotros además de la cubanía, poseemos la universalidad de quien ha dejado atrás los muros de la aldea, y la libertad de no tener leyes que repriman nuestra obra. Si la libertad es «contaminante» entonces que me ensucie hasta el alma.

(noviembre de 1998)

DESPUÉS DE LA ENTREVISTA, sus obras siguen subiendo a escena con notable éxito, entre ellas, *El día que se robaron los colores* (1999), *Pasiones y mordazas de Sor Juana Inés de la Cruz* (2000), *Madame Camille escuela de danza* (2000), *El milagro de madame Kirovska* (2012) y *Lágrimas negras* (2012). Además, la novela *La memoria del agua* (2008).

PEDRO PABLO PEÑA (bailarín y coreógrafo)

Si en algún lugar se encuentra la cultura cubana es en el Creation Art Center, porque desde su fundación ha sido el enlace por excelencia de los movimientos artísticos de Miami. En sus predios, ya sea un minúsculo espacio en la Avenida 27, o un enorme teatro en el corazón de La Pequeña Habana, las puertas de esa institución fundada originalmente como Creation Ballet, siempre ha respaldado el quehacer de los amantes de la danza, el arte y la literatura.

Como es natural toda fundación tiene un alma, y Pedro Pablo Peña es la persona que ha levantado con enorme voluntad, talento y dedicación ese centro, que junto al Miami Hispanic Ballet constituyen lo que bien podría llamarse la sólida columna, del quehacer cultural hispano de Miami.

Pedro Pablo Peña, estudió ballet y danza con Ana Leontieva, Azari Plisetsky, Ramiro Guerra y Luis Trápaga. Ha bailado para reconocidas compañías, el Ballet Nacional de Cuba, Ballet de la Ópera y Teatro Musical de La Habana. Se desempeñó como coreógrafo en el Taller Coreográfico de La Habana y el Teatro Musical de La Habana, donde fue, en ambos casos, su director. Su extenso trabajo abarca el Ballet Master and Choreographer of Ballet Studes, y Afro-Cuban Ballet, entre otros importantes trabajos coreográficos.

Se sabe bastante de su meritoria labor como coreógrafo, pero muy poco se habla de su enfrentamiento diario con la vida. ¿Quién es Pedro Pablo Peña?
Es una pregunta difícil, ya que diariamente hay que afrontarla y a veces no es muy fácil. Soy una persona de fe y aunque a veces decaigo, vuelvo y recargo las energías. Dios siempre ha estado conmigo y como dicen algunos críticos, soy muy afortunado pues tengo mi gran *ángel* que es mi guía y mi celoso protector. Soy religioso, sencillo, honesto y muy exigente conmigo y también con los demás. Reclamo siempre mucha disciplina, constancia y dedicación. Sin estas cosas no creo que en ninguna carrera o profesión se puedan lograr las metas que te propongas. Me he sacrificado mucho. Empecé de cero cuando llegué a los Estados Unidos y he podido gozar

de una posición respetable, por mi capacidad y conocimientos. A esto hay que agregarle la ayuda que siempre he recibido de muchas personas que han creído en mi trabajo.

El Creation Art Center y el Miami Hispanic Ballet son dos realidades que se ha sostenido gracias a su dedicación personal, y su amor por al arte. Háblenos un poco de esas dos instituciones.
Creation Art Center es una organización que le brinda espacio a los distintos grupos teatrales de calidad artística existentes en nuestra ciudad. Directores de la talla de Dumé, Alberto Sarraín y Rolando Moreno, entre otros, han trabajado y trabajan en colaboración con el centro, así como directores invitados que han presentado lo mejor del teatro cubano y mundial. El centro ofrece clases de teatro para jóvenes en cursos intensivos. Estos cursos brindan a sus estudiantes no solo la oportunidad del aprendizaje general de la técnica teatral, sino también del contacto con el público a través de las funciones que hacemos semestralmente en el Teatro Artime, donde tenemos nuestra sede. Por su parte Miami Hispanic Ballet es una compañía de danza que acoge a bailarines profesionales, principalmente hispanos, para que tengan la posibilidad de proseguir su carrera en Estados Unidos. Se han hecho galas donde se han presentado por primera vez figuras importantísimas de ballet, entre ellas el primer bailarín cubano Jorge Esquivel, y las primeras bailarinas Rosario Suárez «Charín» y Dagmar Moradillos. La primerísima bailarina argentina Paloma Herrera, del American Ballet Theater, junto al primer bailarín Danian Wotzel, del New York City Ballet, así como primeros bailarines del Teatro Colón de Argentina, entre otros. De nuestra escuela han surgido valores que hoy gozan de una posición en el campo de la danza. Nosotros también ofrecemos clases de ballet para niños desde los cinco años, abarcando distintos niveles. Tenemos a la profesora, Soledad Blanquita Lezcano, y para el mes de enero tendremos la oportunidad de contar con la participación de la destacada profesora cubana, recién llegada de Europa, Zenaida Romero, que fue una de mis profesoras en Cuba, por lo cual es para mí de gran satisfacción hoy, poderle brindar mi escuela.

El Festival de Ballet que usted organiza crece y alcanza renombre. Díganos más de ese proyecto internacional.

El Festival Internacional de Ballet de Miami actualmente es uno de los eventos culturales más importantes que se celebran en la ciudad. Las más prestigiosas compañías del mundo, sus principales estrellas y directores, se dan cita cada septiembre, junto a importantes críticos especializados, en el Teatro Jackie Gleason de Miami Beach, para disfrutar de un lenguaje que no tiene idioma, ni barreras: la danza. Este año pudimos contar con la presencia de periodistas de El País de España, la revista Balleto 2000 de Italia, Dance Magazine de New York, La revista People de New York, así como la prensa acreditada localmente. Vale destacar que el Festival estableció en 1998 el Premio a la Excelencia Artística, que se le entregó al destacado bailarín cubano-americano Fernando Bujones, una de las figuras más importantes del ballet mundial. El Festival ha llegado para quedarse, y ya ha logrado su propio espacio.

A pesar de ser los latinoamericanos una parte importante del sur de la Florida, hay cierto distanciamiento de este grupo hacia las actividades culturales, ¿qué se podría hacer para motivar más al público por el arte?
Yo creo que esta situación ha ido mejorando, pero aún se puede hacer más. Somos nosotros, los artistas, y creadores responsables, los que debemos trabajar para que el público responda. Debemos llevar a cabo una labor seria y de calidad, donde el entretenimiento sea también cultural. Creo que nuestros políticos tienen que entender que la cultura es parte de la existencia misma de la ciudad. Si se canalizara más ayuda gubernamental, así como de la empresa privada en proyectos vinculados al desarrollo cultural de esta ciudad, sin lugar a duda viviríamos en un lugar mucho mejor. Abrir más teatros, desarrollar nuevas actividades es lo que se necesita, no lo que está sucediendo ahora, que se cierran los pocos que tenemos y se cortan las contribuciones. Espero poder ver el resurgir del arte, y que se valore nuestro trabajo y esfuerzo.

¿Qué planes tiene su organización para el año 1999?
Si nos mantenemos en el Teatro Artime, llevaremos una sólida programación de teatro a lo largo del año, con atractivas producciones para el público. Continuaremos con el desarrollo de la escuela de teatro, así como la de ballet. El Miami Hispanic Ballet proseguirá sus presentaciones y galas, y desde luego, con la cuarta edición del

Festival Internacional de Ballet de Miami, que vendrá lleno de grandes sorpresas.

(diciembre de 1998)

DESPUÉS DE LA ENTREVISTA. El Festival de Ballet que organiza cada año es un referente cultural de Miami. Desde hace algunos años dirige el Miami Hispanic Cultural Arts Center, complejo cultural multidisciplinario y esencial en el panorama cultural de la ciudad.

LUIS ZALAMEA (escritor)

Periodista, funcionario internacional, publicista, agente de turismo, empresario, comentarista gastronómico. Un sin fin de empleos define la vida cargada de vivencias de Luis Zalamea, escritor que creció, en su Bogotá natal, como parte de una familia de escritores e intelectuales de gran prestigio. Ha vivido en Bogotá, Buenos Aires, México; y en Estados Unidos, en las ciudades de Nueva York, donde completó su formación académica, lo que le ha valido poder escribir en inglés, y finalmente en Miami, donde reside por más de 30 años.

La obra de Zalamea abarca poesía, *Réquiem neoyorquino y otros poemas* (1956), *Colombia: la presencia permanente* (1960), *Generación del Alba* (1961), *Voces en el desierto* (1984). Las novelas *The Hours of Giving* (1966), *El círculo del alacrán* (1990), *Las guerras de la champaña* (1992), *Un quijote visionario* (1994) y *De la mesa y sus placeres* (1997). También ha incursionado en el ensayo, con la obra bilingüe *España omnipresente en la Florida/Spain onmipresent in Florida* (1978).

Hace poco durante un encuentro con escritores colombianos tuve la oportunidad de escuchar a Zalamea, quizás el escritor colombiano más importante que reside en el sur de la Florida, leer fragmentos de *El círculo del alacrán*, novela donde se hace un interesante retrato de una familia de cubanos exiliados en Miami. Algunos críticos se han apresurado a señalar esta obra como «la novela del exilio», y digo apresurado porque por desgracia la tragedia que ha traído al cubano al destierro aún no termina. Pero sin duda alguna esta obra ha gozado de una sólida acogida, sobre todo por su humor, y porque aborda y profundiza en algunos casos con sumo acierto en la personalidad del cubano, sus hábitos, y hasta en sus manías y prácticas religiosas.

Con *El círculo del alacrán* usted explora el mundo del exilio cubano de Miami, ¿qué lo motivó a escribir esa novela?
Por estar casado con una cubana, he compartido durante más de 30 años, «desde afuera y desde adentro», el fenómeno *sui géneris* del exilio cubano. Algunos críticos apuntan que hasta la fecha no se ha escrito una novela tan universal sobre el tema, a pesar de que la logró un escritor no cubano. Y se sigue vendiendo casi diez años

después de su publicación. Por ello me ronda la idea de escribir: «Lo que no dije en *El Círculo del Alacrán*».

En las notas biográficas de sus últimos libros sólo se alude muy someramente a sus primeros cuadernos de poesía, como *Réquiem neoyorquino*, publicado en 1956. ¿Se siente usted distante de esa etapa de su obra creativa?
A pesar de los años transcurridos desde su publicación, *Réquiem neoyorquino* me sigue sorprendiendo como obra augural. Los demás libros de poesía de esa época (1956-66) no me inspiran los mismos sentimientos. ¿Qué poeta no quisiera haber dejado inéditos ciertos libros?

El Pen Club cubano ha realizado varios encuentros con autores de otras comunidades. Usted participó en el encuentro con escritores colombianos. ¿Qué opina de este tipo de actividad?
Toda actividad que genere interés en nuestra incipiente literatura miamense es encomiable, sobre todo si participan en ella escritores de distintos orígenes nacionales.

A través de la historia la literatura y la gastronomía han cruzado sus caminos en más de una ocasión. Pienso en Petronio y su banquete de Trimalción, y más recientemente en Laura Esquivel, Zoé Valdés, y hasta en su propio libro *De la mesa y sus placeres*. ¿Podríamos hablar de una moda culinaria en la literatura actual?
Quizás debido a la tradición puritana estadounidense de «comer para vivir y no vivir para comer», en la literatura de los últimos 50 años a nivel mundial se han subestimado los detalles gastronómicos, que para mí son tan importantes como los sicológicos, eróticos e incluso históricos. Me complace intentar ahora con Isabel Allende, Laura Esquivel y otros el rescate de los valores culinarios en la literatura.

Usted escribe tanto en inglés como en español, lo que quiere decir que domina ambas lenguas y conoce ambas culturas. ¿Qué tiene de positivo, o negativo, esa comunión cultural?
Lo positivo es leer a fondo a los grandes maestros en su idioma original y poder traducirlos. Lo negativo es tratar de abarcar demasiado, y a la postre «quedarse sin el pan y sin el queso». En mi caso

personal la versión fonética en inglés que hice del 111 Nocturno de Silva me ha deparado no pocas satisfacciones. (Como toparme con ella por casualidad en la Internet).

(enero de 1999)

DESPUÉS DE LA ENTREVISTA. Otros libros integran la bibliografía de este escritor, entre ellos *Memorias de un diletante*, su autobiografía. Zalamea falleció en Miami en el 2013.

ROBERTO CAZORLA (escritor)

Conversar con este cubano de Ceiba Mocha, pequeño pueblo en las inmediaciones de, a mi juicio, una de las más hermosas ciudades cubanas, Matanzas, es de un gran gozo, pues Roberto Cazorla habla con ganas, con descarnada sinceridad, dejando entrever en todo momento a un hombre que ha vivido experiencias desgarradoras, pero que ha sabido asimilarlas, dosificarlas para no sucumbir. Cazorla parece ser un niño enorme, amistoso, desbordado, tierno. Es una de esas raras personas, de las que tan pocas quedan ya, que al conocerlas, se convierten de pronto en un amigo que ha de ser desde ese preciso instante, alguien entrañable.

Actor desde muy joven, narrador agudo y sobre todo poeta, Roberto Cazorla, es poseedor de una rica y sólida obra literaria, que lo ha llevado a publicar más de una decena de libros, en su mayoría de poesía.

Usted es fundamentalmente un poeta. ¿Cómo visualiza su poesía?
Soy un poeta visceral. Para mí escribir poesía es un tormento. Salvo raras excepciones he escrito un poema feliz. Cada verso es una herida que me abre la piel. Reflejo en ella mi entorno. Algunos dicen que mi poesía tiene un mensaje social. Odio ese calificativo, porque me huele a comunismo. Toda obra de arte es social desde que pasa a las manos de otro, pero no en el sentido que algunos le quieren dar a la palabra «social». Durante mi estancia en Chicago (década del 60) escribí el libro de poemas (por el cual me gustaría que me recordaran) *Subir de puntos* y fue criticado por cierto sector del exilio de Miami. En él narro mi odisea en una factoría, rodeado de monstruos, donde tenía que aparentar que era más macho que nadie cargando y descargando camiones, evitando que supieran que yo era poeta porque me hubieran quemado vivo. Para aquellas bestias ser poeta equivalía a ser afeminado.

¿Qué piensa de la acogida que han tenido en los últimos años los escritores cubanos en España, donde usted lleva viviendo tanto tiempo?

Todos los escritores tienen derecho a ser distribuidos. Pero en España existe partidismo en este asunto. Cualquiera del régimen de Castro de los que dicen: *lo bueno es vivir en La Habana, publicar fuera, viajar y ganar dólares*, en este país tiene una promoción que ni Pablo Neruda en su época. Eso no ocurre con los escritores exiliados, menos con los de Miami porque, Miami, para la mayoría de los españoles representa lo peor de nuestro exilio. Somos la peste. Si eres del régimen comunista –o juegas a serlo– en España tienes la mejor campaña publicitaria del mundo.

En su libro *Ceiba Mocha* hay una carga personal muy intensa que trasluce una dolorosa desolación. Me gustaría escucharle hablar de esa obra.
Ceiba Mocha era un libro que me había prometido escribir a mí mismo. Son los primeros 12 años de mi vida, que los pasé en aquel pueblo. No tuve niñez ni adolescencia. Me pasaba el tiempo huyendo del entorno, especialmente de mi padre, que era el ser más cruel que he conocido en mi vida. Disfrutaba torturando a mi madre, y mi madre era mi adoración. Terminé de escribirlo en 1984. No quise publicarlo mientras viviera mi madre. Porque ella era un personaje clave; además en él hago confesiones de mi niñez que le hubieran podido herir. Era sublime como una paloma, pero apenas sabía escribir. Lloré mucho. Fue horrible volver a proyectar aquella película en la pantalla de mi mente. También *Ceiba Mocha* ha sido «condenado» por algunos exiliados de Miami. Hay gentes tan cobardes que no se atreven a mirarse dentro de sí mismos y tiene miedo verse en el espejo que le resulta *Ceiba Mocha*. Estoy orgulloso de ese libro porque me quité de encima el peso de una tapia que me hundía. *Ceiba Mocha* será una trilogía de mi vida en Matanzas y en La Habana. Pero ya me cansé de cambiarles los nombres a los personajes, irán con sus nombres y apellidos.

Su primera pasión fue el teatro. ¿Qué ha pasado con el actor que había –hay–, en usted?
Cuando yo tenía 9 años repartía los once periódicos a los suscriptores que había en Ceiba Mocha. Todas las tardes iba a la carretera central y recogía el paquete con 15 ejemplares que tiraba un ómnibus de la Flecha de Oro. Pero antes de repartirlo, leía desde la primera hasta la última página. Estaba al corriente de todos los movi-

mientos artísticos de La Habana. Soñaba con ser actor. Cuando me trasladé a Matanzas viajaba dos veces a la semana a la capital para estudiar Arte Dramático. Fundé en Matanzas el grupo Atenas, con el que representábamos obras en los centros culturales y por los pueblos de la provincia. En nuestro repertorio contábamos con obras tan diversas como *La ramera respetuosa*, y en teatro arena, debido a que no teníamos dinero para los decorados. Cuando la hiena del Caribe (léase Fidel Castro) se apoderó de Cuba, yo estaba en muy buen momento como actor. La última obra que protagonicé con María de los Ángeles Santana fue *El bello Antonio* (*La Mamma*). Cuando llegué a España no se permitía otro acento que el castellano puro. Sí trabajé en novelas de *Radio Madrid* para emisiones hispanoamericanas. Además hice doblaje. Éramos un grupo formado por Teté Blanco, Violeta Jiménez, Juan Caña, Armando Martínez y Osvaldo Álvarez. La poesía evitó que yo muriera de nostalgia por el teatro.

¿Se percibe el exilio más doloroso desde España, o es en Miami donde esa carga es más desgarradora?
El exilio duele estés donde estés. Pero en España, como en el resto de Europa, es más doloroso para un cubano. Hasta hace 3 o 4 años, en España, era imposible encontrar una yuca, un aguacate, frijoles negros, o cualquier manjar de nuestra comida. Para mí esas cosas son vitales. Y no es materialismo, sino criollismo. Desde muy joven conocía parte de la historia de esos países europeos. Cuando llegué a España conocí los monumentos, palacios, castillos... He estado en Francia, Alemania, Portugal e Italia, y en todas partes veo lo mismo: castillos, catedrales mohosas, frías, tristes, deprimentes, donde el sol siempre está en huelga. La primera vez te emociona ver tantos siglos reunidos, pero con el tiempo, tanta humedad te llega hasta los tuétanos. Es tremendo. Insoportable. Sigo añorando el mar, el azul de nuestro cielo, el verde. No sé si en Miami será más desgarrador porque nunca he estado en ella más de 21 días y los he disfrutado. También me dicen que no es lo mismo visitarla como turista... Por un batido de mamey o de papaya sigo llorando en Europa. Lo mismo que por las palmas reales y los flamboyanes. Si me muero en Europa, sería una mala jugada que Dios me hiciera. Soy más caribeño que una cotorra o que un sinsonte. Cuando Curzio Malaparte

se refería a este continente lo llamaba *Europa marchita*. Pienso igual.

(febrero de 1999)

DESPUÉS DE LA ENTREVISTA. La producción de Cazorla ha sido intensa. Su obra reúne cerca de 30 libros, entre narrativa y poesía. Algunos de sus libros tienen títulos muy sonoros. A la fecha más actual, su más reciente libro es *Ciudadano de un archipiélago de ternura* (2014).

JOSÉ BEDIA (artista plástico)

Lleva el pelo largo, en ocasiones suelto, otras recogido. Tiene la piel oscura, india tal vez, ojos claros y generalmente viste pulóver con imágenes que evocan alguna distante y apartada reservación de indios americanos, ya sea en Arizona, Colorado, Wyoming o Dakota del Sur. Cuando habla atrae la atención de todos los que lo escuchan porque está lleno de anécdotas vividas y posee un peculiar y agudo sentido del humor. Este hombre es José Bedia, uno de los pintores jóvenes cubanos, cuyo quehacer creativo ocupa uno de los primeros planos de la plástica internacional.

Su obra es una constante búsqueda que escarba con la pericia y la minuciosidad de un arqueólogo, en el alma ancestral del hombre fragmentada en miles de pueblos dispersos por la tierra. Así, el porte de una oscura silueta que sobresale en una especie de ánfora africana, un árbol, una canoa o un remo de Oceanía, un paisaje, un grupo de hombres tal vez labriegos de una tribu en Samoa, máscaras fértiles, la estela de una talla de marfil policromada, borrosas sombras de pinturas rupestres, conjuros iluminados de los Mares del Sur, pieles minuciosamente trabajadas al fuego, la marca casi circular o concéntrica que ha dejado la llama de una antorcha en el techo de una cueva, calderos de polvos y clavos sudorosos y desde luego, las vastas praderas de América, con sus misterios y sus ritos, su enriquecida en una suerte de agujero negro –la vida y la muerte en silenciosa complicidad– que todo lo devora y lo retorna mezclado, autorreciclado, convertido en algo definitivo: el arte de José Bedia.

Artista de sólida formación académica, estudió en la Academia de San Alejandro en La Habana, y en el Instituto Superior de Arte (ISA). Su obra, muy cotizada en el mercado, forma parte de la colección permanente de importantes museos del mundo.

Usted acaba de inaugurar una amplia muestra en la Universidad Internacional de la Florida, donde en general sobresalen los grises y los colores planos. Háblenos de esa exhibición.
Es una exhibición que resulta como una pequeña retrospectiva, casi de forma casual, porque son trabajos con los que nos hemos ido quedando (digo hemos porque son de nosotros, como familia), re-

presentativos de distintos periodos míos. Abarca diferentes temáticas: la presencia afrocubana, los elementos indígenas y el éxodo. Los trabajos resultan ser monocromáticos y planos porque su origen está en pequeños apuntes en blanco y negro, que son la base de muchos de mis trabajos.

En su obra prevalece un marcado sincretismo entre lo indio, lo negro y lo blanco, creando piezas cubiertas de símbolos religiosos y mágicos. ¿Por qué esa recurrente exploración de lo primitivo en su obra?
Más que primitivo, que es un término que no acepto, son influencias de distintas culturas «tradicionales» con las cuales he querido conectarme y de las cuales he querido deliberadamente recibir sus influencias. En sentido general el artista moderno ha hecho introspección del arte a través del mismo y dentro del arte occidental y han surgido multitud de estilos e influencias como una especie de *autofagia* del mismo arte y sus antecesores inmediatos.

Yo he querido mirar a otras culturas o formas de arte que ni siquiera alcanzan esa categoría, pero que están allí y que pienso que tienen una gran riqueza. Por eso, desde el principio, he querido ser el mediador o el heredero voluntario de un saber ancestral que está fragmentado y disgregado en distintos lugares y momentos y que voy recombinando de tiempo en tiempo como el que arma un rompecabezas con fragmentos antiguos y heteróclitos.

Las denominadas «instalaciones» son obras que se crean, se ejecutan y finalmente, en muchos casos, desaparecen. ¿Cuál es su concepción sobre esta clase de arte efímero?
La instalación tiene el encanto de lo perecedero que sólo se ejecuta para una ocasión especial como puede ser una puesta en escena, un baile o un altar. Son inatrapables y sin embargo creo que tienen más posibilidades expresivas que muchas pinturas y esculturas convencionales. También hay materiales que se usan en ellas que tienen un valor expresivo y simbólico, que no pueden ser sustituidos con su representación, por lo tanto hay que usarlos en bruto, tal cual son.

¿Ejecuta usted alguna rutina de trabajo?
No tengo rutina de trabajo, pinto cuando quiero y a veces sin horarios ni límite de tiempo. Quizás lo único que hago rutinariamente es

escuchar música mientras trabajo, mucha música tradicional cubana sobre todo.

Usted que está tan inmerso en las culturas indígenas, ¿qué piensa del asentamiento Tequesta recién hallado en Miami?
El llamado círculo de los Tequesta de pronto eleva a Miami a categoría de asentamiento prehistórico, sacándonos de la inercia en la cual muchos han visto esta ciudad, con poco o ningún vínculo con algo realmente histórico, prosaicamente nueva, superficial y hedonista. Finalmente, y casi por fortuna, del centro mismo de esta urbe surge, como por milagro, algo maravilloso, definitivamente antiguo, que destila un conocimiento y un saber (entre otras cosas astronómico), que todavía está por develársenos en su totalidad y que dará mucho que hablar y que constituye un bien común, y no de nadie en específico, y que con suerte y con ganas será patrimonio de próximas generaciones.

La controversia que ha surgido alrededor de la intención de remover el hallazgo (vulgarmente como los *slide* de una pizza en *delivery*), no creo que merezca más discusión, si no fuera para destacar una vez más cuánto hay que hacer todavía por la cultura y la historia en esta ciudad, y cuán impúdicamente incultos y ordinarios pueden llegar a ser algunas de las personas a las cuales les confiamos decisiones y mando. Se han creado falsas alarmas de lo que significaría para nuestra economía privarnos de la posibilidad de contar con un edificio más, invocando demagógicamente el interés colectivo y del «pueblo». Tengo, al igual que muchos aquí, muy malos recuerdos de haber oído invocar esa palabra en vano. Afortunadamente creo que ya se han tomado medidas para su preservación por individuos más preclaros, y la llamada desdeñosamente «piedra» (que no es tal, sino todo un sitio arqueológico), permanecerá allí por mucho más tiempo cuando ya nadie se acuerde de los «seborucos» de turno que en nuestros días intentaron removerla.

(marzo de 1999)

DESPUÉS DE LA ENTREVISTA. Premios, exhibiciones colectivas y personales, además, impactantes instalaciones, consolidan su vitalidad expresiva.

CARLOS VICTORIA (escritor)

Resulta asombroso sentir las imágenes, percibir las vibraciones, palpar las palabras, que emanan de un complejo proceso mental, cuyo resultado es la creación artística, eso que me gusta llamar el más luminoso acto de magia que puede emerger del hombre. Por ello cuando leo *Las sombras en la playa*, el primer libro de relatos de Carlos Victoria, o *La travesía secreta*, su más ambiciosa novela, de inmediato pienso, desde esa magia exquisita, cómo el escritor proyecta pausadamente las ideas, embellece los rasgos de un personaje, perfila minuciosamente los detalles de una casa destartalada en Camagüey, la ciudad natal de Victoria, el entorno de un flamboyán en los alrededores de un aserradero. Me detengo a reflexionar en Abel, el protagonista de *La ruta del mago*, novela de la que acaba de aparecer la versión francesa, en Natán Velázquez, el conductor de *Puente en la oscuridad*, novela por la que recibió en 1993 el Premio Letras de Oro, o en el propio Marcos Manuel, figura central de *La Travesía secreta*. Pienso cómo elabora el andamiaje de una playa y la arena de Miami Beach, de donde brota un hermoso relato, para luego sumergirse en una Habana en ruinas. De esos elementos y de sutilezas profundas, se compone la obra literaria de este escritor cubano exiliado

Carlos Victoria llegó a Estados Unidos durante el éxodo del Mariel, y es el escritor vivo de esa generación cuya obra ha alcanzado mayor resonancia. En Cuba fue expulsado de la Universidad de La Habana, donde estudiaba literatura inglesa, acusado de «diversionismo ideológico», extraña forma de represión del estado cubano, para intentar silenciar a aquéllos que se apartaban del riguroso orden establecido. Carlos, al igual que el resto de sus contemporáneos sufrió un constante acoso, quizás la característica que mejor define a su generación de escritores.

Estamos en mayo, mes que evoca con mayor intensidad el éxodo del Mariel, porque fue precisamente en esos días cuando hubo más afluencia de refugiados. ¿Cómo recuerda esos momentos?
Llegué precisamente a Cayo Hueso un 31 de mayo de 1980, hecho trizas. Mis últimos años en Cuba se caracterizaron por un progresivo deterioro mental y emocional, y los días antes de mi salida de la

Isla, con toda la violencia de los actos de repudio y la incertidumbre de si sería posible escapar de allí, me acabaron de dar el golpe de gracia. Luego la transición a esta nueva vida fue cuesta arriba, porque por increíble que parezca, una de las cosas más difíciles de asumir es la libertad. Pero sabía que el paso que había dado era el único posible. Y con el tiempo la gratitud borró la angustia. O por lo menos una gran parte de la angustia.

Es usted el autor «marielito» que más éxitos y resonancia ha alcanzado en los últimos años. ¿Lo pone ese liderazgo, si se podría llamar así, en un compromiso con el resto de la generación de escritores que usted representa?
El éxito y la resonancia son siempre relativos. Yo empecé a escribir continuamente desde que tenía 12 años, tal vez menos, y publiqué mi primer libro a los 42, hace seis años. Es decir, que el sombrero, o más bien el sombrerito, llegó cuando no había cabeza. Cuando hablan de mí como escritor, o cuando mencionan mis pocos logros, me parece que están hablando de otra persona. Y la verdad es que ni me siento ni nunca me he sentido líder de nada. Pero sí me gustaría que los escritores de mi generación, algunos de un enorme talento, tuvieran el reconocimiento que merecen. Y por supuesto que me siento comprometido a ayudarlos, si es que un ciego puede ayudar a otros.

Su obra, ya era hora, ha sido traducida, y cuentos suyos han aparecido en antologías de distintos países. Lo más reciente es la versión francesa de *La ruta del mago* Háblenos un poco de ella.
La novela *La ruta del mago*, que publicó Ediciones Universal aquí en Miami en 1997, acaba de salir en la editorial francesa Actes Sud, en una nueva colección de escritores hispanoamericanos dirigida por Zoé Valdés y Alzira Martins, y en una excelente traducción de la profesora francesa Liliane Hasson. A estas tres mujeres les debo esa edición, y quiero expresar aquí mi agradecimiento a ellas.

En toda su obra se puede distinguir un mundo sórdido, donde los personajes generalmente transitan por situaciones extremas, sin escape. ¿De dónde surge esa desesperanza recurrente?
Las personas en situaciones extremas viven y reaccionan con una autenticidad que es raro encontrar en las situaciones «normales» de

la vida, y pongo las comillas porque a veces es difícil precisar qué es normal. Lo que quiero decir es que en la vida cotidiana todos nos protegemos con máscaras y armaduras, y sólo cuando nos hallamos en callejones sin salida esas máscaras y esas armaduras se desintegran, poniendo al descubierto cómo somos, dejándonos en carne viva. A mí me interesa esa visión genuina, esos momentos de total desamparo.

¿En qué proyectos está trabajando en la actualidad?
Mencionaste la soga en casa del ahorcado. Por primera vez desde mi adolescencia me encuentro paralizado. Tengo dos proyectos de novelas en los que no he podido avanzar. Quiero creer, me hace falta creer, que se trata de una etapa transitoria, que ha estado marcada por muchos problemas personales que no vale la pena explicar. Para mí vivir es escribir, por ridícula que suene la frase. Mientras tanto tomo notas, escribo breves bosquejos de personajes e ideas, tratando de sobrellevar lo mejor que puedo mi papel de muerto.

(abril de 1999)

DESPUÉS DE LA ENTREVISTA. El escritor falleció en Miami en el 13 de octubre del 2007 víctima de un cáncer en el colon y una aparente mala práctica médica. Dejó una obra sólida y sigue siendo un referente como uno de los narradores cubanos más importantes.

MARIO ERNESTO SÁNCHEZ (director teatral)

Cuando se aproxima junio no es fácil localizar, hablar, o atraer la atención de Mario Ernesto Sánchez, pues en esos días concentra todos sus sentidos, toda su energía, en ultimar los detalles del Festival Internacional de Teatro Hispano que viene organizando ya desde hace 14 años. Evento cultural que intenta traer a Miami, aunque sea por apenas un par de semanas, algunas de las más sobresalientes agrupaciones locales e internacionales, y danza de vanguardia. Y como estamos casi en junio, no es fácil conversar con este actor de cine, teatro, televisión, director, escritor y empresario, que habla con desbordante emoción y satisfacción personal de las 14 producciones y los 9 países que estarán representados en la XIV edición del Festival que comienza el 4 de junio en el Teatro Avante.

Mario Ernesto salió de Cuba siendo apenas un muchacho durante la Operación Pedro Pan, formándose en un entorno donde se mezcla lo hispano con lo anglo. De la experiencia del desarraigo ha escrito *Matecumbe*, obra impactante con la que abrió el X Festival de Teatro, en 1995. El vivir, crecer y moverse en un mundo bicultural, lo ha motivado, ya desde su etapa de estudiante de FIU, a llevar a escena también obras en inglés.

Como fundador y director artístico de Teatro Avante, ha recibido premios, reconocimientos y sus producciones las ha llevado a México, Costa Rica, España, Japón, Argentina, Brasil, entre otras naciones, pero sin lugar a duda, su mayor éxito, su más importante labor, es la de organizar y mantener vivo el Festival Internacional de Teatro Hispano de Miami.

Se impone hablar no sólo del XIV Festival que está por comenzar, sino también de lo que ha representado para usted todos estos años dedicados por entero a organizar el festival de teatro
El festival comenzó en 1986 con el objetivo de recaudar fondos para fomentar y mejorar el teatro hispano de Miami. Éramos entonces 12 compañías, de las cuales tristemente sólo quedan 3. Organizar un festival de teatro no es nada fácil, ya que estás lidiando con seres humanos muy ponderables, la mayoría con pocos recursos económicos y grandes dificultades. El festival toma lugar en un país donde el español asusta bastante, es el único en su clase de los Esta-

dos Unidos y las dificultades casi se convierten en imposibilidades. Pero hay que hacerlo porque representa nuestra existencia, representa nuestra cultura hispana y engrandece nuestras raíces, además para que nuestros hijos sepan en el próximo milenio por qué estuvimos aquí.

Con la experiencia y el renombre que ha alcanzado el Festival, ¿no cree usted que es hora de proyectarlo como un evento competitivo, donde se premie la mejor producción, el más destacado director, y que los actores reciban también algún reconocimiento?
Cualquier competencia sana, bien intencionada y honesta es beneficiosa para todos los involucrados y sobre todo para el público en el caso del teatro, sin embargo, para que eso ocurra el juez, y el que decida, tiene que ser Dios.

Usted como director trabaja tanto en español como en inglés. Hay algo particularmente engorroso al hacer teatro hispano para un público americano, o digámoslo de otra manera, qué escollos encuentra un hispano para hacer teatro en inglés
Creo que hacer teatro en inglés es igual a hacerlo en español, lo que cambia es quién escribió la obra. Cuando la obra es hispana y tiene esa pasión, esa emoción, esa sangre que nos corre a nosotros tan caliente por las venas, es bastante engorrosa hacerla en inglés. Porque el inglés resulta ser más frío, más realista, se basa mucho en textos, mientras que el teatro hispano tiene muchas más metáforas, imágenes, por lo menos el teatro que me gusta más hacer a mí. El teatro en inglés se dedica más a estudiar una época, a explorar la sicología de los personajes, a hacer crítica social. Desde luego ese es un tipo de teatro americano, pues existen también cosas muy buenas, alegóricas, cargadas de imágenes y metáforas. En esencia, lo engorroso es llevar al americano a tu mundo, y por ende al actor, sobre todo cuando se dirige.

Usted vino a Estados Unidos muy joven, fue incluso parte de la Operación Pedro Pan, de la cual surgió su obra *Matecumbe: el vuelo de un Pedro Pan*. ¿Cómo se puede canalizar el conflicto, si es que existe en su caso, de crecer, educarse, participar e incluso asimilarse a una cultura que no es precisamente la propia?

Yo estoy firmemente convencido que muchas de las cosas de lo que soy ahora fue por aquello. Fue un momento muy difícil en nuestras vidas, sobre todo para los que estuvimos en Matecumbe. En Cuba un muchacho de 15 años es un niño, al que todavía los padres le llevan el desayuno a la cama, por ello el cambio fue brutal. Toda aquella operación se hizo con las mejores intenciones, pero se les fue de las manos. Se esperaban 200 y fuimos 14,000 muchachos los que vinimos, y nos tuvimos que convertir en hombres y madurar en 24 horas. A mí me mandaron a Montana, junto al Canadá, donde hay un frío insoportable, entonces qué pasa, no sólo tienes que madurar sino que tienes que asimilar esa cultura. El cambio fue rápido y no había opciones, lo asimilas o pereces. Creo que muchas habilidades y muchas cosas que tengo en mi carácter fueron aprendidas en 24 horas allí en Matecumbe. Y aunque he asimilado esta cultura, hablo inglés, soy ciudadano americano, y todo lo demás... pero que va... soy hispano, soy cubano, sobre todo soy guajiro con mucha honra y dignidad, no se lo niego a nadie y quisiera, si Dios me ayuda, no perder jamás mi acento cuando hablo inglés.

Se ha acusado a Miami de tener una pobre vida cultural. Existen festivales como éste, pero al terminar decae significativamente el teatro serio por el resto del año. ¿Cómo usted vislumbra el futuro cultural de Miami en lo que a teatro se refiere?
Todos tenemos que comprender que cuando los hispanos llegamos a Miami, sobre todo los cubanos, vinimos con una mano alante y otra atrás, cualquier pueblo de este globo al que le ocurra eso no puede estar pensando en artes escénicas, ni en pintura. Tiene que estar pensando en vivienda, en comida, en una educación para sus hijos, que es lo más importante. Pero claro, las cosas han cambiado, ya todo eso está más o menos solucionado, en la mayor parte de los cubanos, entonces ya podemos pensar en otras cosas, y no sólo en nuestras necesidades básicas. Ahora se está haciendo el Performing Art Center, en Biscayne. Se ve un increíble resurgimiento del público, las carteleras en los periódicos son más amplias, los eventos que se están haciendo en Miami crecen. Todo eso me da cierta esperanza, aunque en el caso del teatro siempre existe aquello del elitismo. Los que hacemos teatro tenemos que alcanzar al público, con un buen texto, una buena obra, un buen elenco, una buena dirección,

una buena producción, de forma tal que sea algo que guste, satisfaga y retenga al espectador.

(mayo de 1999)

DESPUÉS DE LA ENTREVISTA. El festival de teatro creado por Sánchez, es otro de los referentes culturales de Miami, que ha celebrado 31 ediciones.

JOSÉ A. ALBERTINI (escritor)

No hay nada más terrible para un hombre que ama la libertad y la justicia que ir a parar a la cárcel por defender sus ideas, por no dejarse apabullar por los opresores. Este es el caso del escritor cubano José Antonio Albertini, que pasó varios años en las sórdidas prisiones castristas por defender su compromiso con la emancipación total del hombre.

Llegó al exilio en febrero de 1980, hecho que podría situarlo dentro de la llamada Generación del Mariel, grupo de artistas que se vinculan a través del éxodo marítimo de abril del 80, y que por extensión agrupa a los creadores que abandonaron la Isla en torno a ese hecho histórico. Pero más allá de clasificaciones generacionales, que pueden estar regidas por ciertos convencionalismos, lo importante es la obra literaria, que es lo que realmente trasciende.

Albertini ha publicado *Tierra de extraños* (Miami, 1983), *A Orillas del paraíso* (México, 1990) y *Cuando la sangre mancha* (Miami, 1995). Sus novelas tienen el fuerte sabor de las grandes aventuras del hombre. En ellas se aborda con rigor la problemática de los marginados y los valores humanos.

Nacido en Santa Clara, región central de Cuba, desde muy joven se dedicó a luchar por la democracia, vinculándose a los grupos de resistencia urbana y ayudando con medicinas y mensajes a los alzados en la sierra del Escambray.

En la actualidad Albertini ocupa un importante cargo en el Pen Club de Miami, y conduce junto al Doctor Salvador Lew el programa de radio La Peña Azul, a través de WWFE-670, una de las tribunas cubanas en el exilio que aboga por la libertad de Cuba, y donde se abordan los temas de actualidad.

Usted es vicepresidente del PEN Club de Escritores Cubanos en el Exilio. ¿Cuáles han sido las experiencias acumuladas en el poco tiempo que lleva constituida la filial en Miami?
Muchas y todas fructíferas. Haber obtenido para el exilio la sede del Pen Club de Escritores Cubanos, es una muestra incontrovertible de que en la Cuba actual reina una tiranía que amordaza y prostituye la libertad de creación. Otro logro importante lo constituye la labor tesonera del poeta Ángel Cuadra, presidente actual de nuestro Pen

Club. Cuadra ha propiciado el entendimiento intelectual entre las diferentes generaciones de creadores que integran nuestra diáspora. Tampoco debemos olvidar los actos culturales que fomentamos con otras comunidades de intelectuales iberoamericanos donde ellos conocen nuestras realidades y nosotros las de ellos. En definitiva, las experiencias son formidables y cada día que pasa crece más la comprensión y el entendimiento.

***Cuando la sangre mancha* es su obra más reciente y extensa. Háblenos de ese libro.**
Es una obra que concibo como un doloroso reclamo de libertad. Libertad absoluta que no deja espacio para pensamientos o ideologías impuestas por otros. En mi novela la actuación traumática y desgarradora de los personajes demuestra algo que leí hace mucho tiempo: «Las gentes no deberíamos unirnos por las ideas, sino por los sentimientos». Aunque parezca paradójico, en mi concepto, es una obra de amor absoluto.

¿Qué opina de la literatura cubana del exilio?
Es la que está preservando y salvando nuestra tradición y continuidad que se remontan a un Cirilo Villaverde y un José Martí. Aquí atesoramos la memoria intelectual y siempre viva de Lino Novás Calvo, Enrique Labrador Ruiz, Lydia Cabrera, Reinaldo Arenas, René Ariza, Gastón Baquero, Eugenio Florit y tantos otros que harían el recuento interminable. Y aunque colegas de otros países piensen que es una afirmación exagerada o kafkiana los escritores cubanos sabemos que en la Isla, en exilio interno, murieron José Lezama Lima y Virgilio Piñera... Ah, disculpa, pero se me olvidaba mencionar a Jorge Mañach. Son tantos... pero tantos.

¿Cómo le gustaría que fuera el futuro cultural para Cuba, cuando los escritores oficiales, que tanto daño han hecho, sean sólo un triste recuerdo?
De libertad absoluta y nunca olvidar el enorme daño que los «escritores castristas» le han ocasionado, no sólo a la creación, sino también a la dignidad humana. Un escritor que se respete tiene la obligación de la sinceridad, al margen del color de sus ideas. La prostitución de la literatura oficialista lacera la inteligencia de toda una época.

¿Trabaja en algún nuevo proyecto literario?
En una novela cuya trama transcurre dentro de una comunidad aledaña a un cementerio. Los protagonistas son el enterrador y su ayudante. Los personajes son sencillos pero con una enorme comprensión intuitiva sobre la vida y lo que llamamos muerte. Para ellos el bien y el mal resultan elementos naturales y necesarios, si de lograr un equilibrio se trata.

(julio de 1999)

DESPUÉS DE LA ENTREVISTA, publicó *El entierro del enterrador*, la mencionada novela relacionada con un cementerio, que es, quizás, su mejor novela, así como *Allá donde los ángeles vuelan* y *El día de viento*. Conduce un programa cultural en el Canal 17 de la televisión pública de Miami.

MATÍAS MONTES HUIDOBRO
(escritor y dramaturgo)

Con su laboriosa y persistente labor, ejerciendo por muchos años la tarea de profesor y viviendo exiliado en Hawaii, el escritor Matías Montes Huidobro ha contribuido con su obra literaria y estudios académicos, al enriquecimiento, y también al reconocimiento, de la literatura cubana. Como investigador del teatro, del cual es toda una autoridad, se le debe uno de los trabajos más serios que se conocen para su entendimiento, *Persona, vida y máscara en el teatro cubano*, publicado en 1973.

Matías Montes es un incansable trabajador, que ha incursionado con éxito en la poesía, el cuento, la novela, el ensayo y hasta en el periodismo. Ha dirigido la Editorial Persona, y es junto a su esposa Yara, el director de la «Matías and Yara Montes Foundation», institución dedicada a la divulgación de la literatura cubana. Su novela *Esa fuente de dolor*, ganadora del importante premio Café Gijón en España, acaba de aparecer con notable acogida por parte de la crítica.

¿Cree usted que a partir del Premio Café Gijón ganado por usted y el Azorín, por Daína Chaviano se ha acentuado el interés por los escritores cubanos exiliados?
Espero que sí, particularmente en el exilio que con frecuencia es el que menos se interesa. En mi caso, por ejemplo, en 1975 el Fondo de Cultura de México publicó mi novela *Desterrados al fuego*, que recibió Primera Mención en un concurso del Fondo. Después tuvo una excelente traducción al inglés bajo el título de *Qwert and the Wedding Gown*. Conocida por una élite intelectual, la novela tuvo una recepción magnífica. Virgil Suárez, escritor cubanoamericano a quien no conocía, la reseñó para The Philadelphia Enquirer, comparándola, quizás exageradamente, con la novelística de Camus, Sartre y Sunskind; otros han mencionado a Gogol y Kafka. Aquí no se escribió ni jota. Ojalá que estos premios y otros que se concedan lleven a una justa valoración, a una lectura en firme que trascienda el nivel de las novedades editoriales.

***Esa fuente de dolor* se desarrolla a finales de los años 50, o sea, en un momento crucial para la historia de Cuba, de forma tal**

que podría constituir una novela «puente», entre las vicisitudes y la corrupción de una época, y lo que ocurriría después del 1959. ¿Por qué escogió ese momento para su novela?

La historia de Cuba en el siglo XX ha sido una gran catástrofe. Que los últimos cuarenta años hayan sido apocalípticos y representen el paroxismo de la crueldad y la tortura, no quiere decir que los anteriores fueran «el paraíso perdido». Tenemos que empezar por darle la cara al desastre. Los novelistas de la primera generación republicana estuvieron escribiendo una y otra vez sobre el tema; también los dramaturgos. Como se desprende de tu pregunta, los cincuenta (que viví de cerca como el protagonista) representan un «puente» entre las frustraciones republicanas y el desastre total castrista, razón de más para esta incursión narrativa.

¿Por qué define usted su novela como expresionista?

El término «expresionista» está subrayado en el titular que apareció en un periódico de Gijón, pero no creo que lo dijera con una intención tan total y definitoria. Nunca me he considerado un escritor realista: la realidad es el trampolín para la ficción. Me interesa la realidad exterior en la medida que pueda ser internalizada en un proceso consciente o subconsciente que represente el yo que uno es y el otro, el mundo en que uno vive, el ser colectivo. Paradójicamente, en este proceso transformativo nos acercamos a la médula de la realidad. Esto es particularmente aplicable a la realidad político-patológica del nazismo, el estalinismo, el fascismo, el comunismo y, naturalmente, el castrismo; que son, en sí mismas, «expresionistas».

Usted ha incursionado en géneros tan distantes como la poesía y el ensayo, la novela y el teatro. ¿Se considera usted fundamentalmente un dramaturgo?

El género que escribo en el momento en que lo escribo determina lo que soy, fundamentalmente, al escribir. Interpreto al escritor que está frente a la página en blanco con idéntico entusiasmo frente a cada género literario. Un buen actor no interpreta siempre el mismo personaje.

¿Cuál es el futuro de la editorial *Persona* que usted dirigió durante sus años en Hawaii? Además, háblenos de la «Matías and Yara Montes Foundation».

Editorial Persona y Anales Literarios (que es el proyecto de la Matías y Yara Montes Foundation) han sido dos esfuerzos quijotescos, titánicos y frustrantes. La aventura editorial está por el momento en estado de parálisis; esperamos que resurja de sus cenizas cuando tengamos fuerzas para revivirla. La segunda es un proyecto de divulgación de la cultura cubana. Como Yara y yo corremos con todos los gastos, salvo una ayuda mínima ofrecida por un pequeño puñado de subscriptores, decidimos llevarla adelante como lo que es, una publicación sin fines lucrativos. El primer número reunió por primera vez una información crítico-bibliográfica sobre la dramaturgia cubana en el exilio. El segundo número reúne la más completa información ensayística sobre la contribución de las poetas cubanas que más han trabajado y publicado poemarios en el destierro, aunque justo es decir que no ha despertado mucho interés, inclusive entre las poetas. De todos modos, ahí queda la información en las bibliotecas y es nuestro humilde granito de arena para dejar constancia del trabajo de nuestros escritores. El próximo número será dedicado a la narrativa.

(agosto de 1999)

DESPUÉS DE LA ENTREVISTA, Trabajador incansable, Montes Huidobro no cesa de investigar, analizar y escribir sobre el teatro cubano y su historia. La serie *Cuba detrás del telón*, ya va por cuatro tomos. Como autor ha publicado, entre ellos, *La Avellaneda, una y otra vez* (teatro, 2014).

ARMANDO DE ARMAS (escritor)

Este escritor de Santa Clara, de unos 40 años, mirada siempre al acecho y visión transgresora, vivió en Cuba marginado, soportando los constantes acosos de la policía. Rebelde con causa, astuto. Como buen creador, como buen artista, ha sabido deslizarse entre las palabras y las acciones. Escapó de la Isla con su familia en un barco bajo una balacera ensordecedora, burlando la guardia costera cubana. Ahora vive exiliado en Miami, donde ya ha escrito varias novelas.

De Armas se sitúa como una de las voces más frescas y originales de la literatura cubana de los 90. Quienes lo conocen y han leído su libro de relatos *Mala jugada*, saben que en gran medida sus personajes tienen mucho de él. Al conversar confiesa su atracción por las novelas de caballería, cuyos elementos se hacen sentir en lo que escribe. De Armas afirma: que la aristocracia y el hampa tienen cosas en común. El *Amadís de Gaula*, dechado de virtudes caballerescas es hijo ilegítimo, de modo que en el germen mismo de la caballería está la picardía. Un escudero, continúa elaborando Armando –valga decir fue una de las piezas claves para la creación del Pen Club de Escritores en el Exilio–, que solía ser un pícaro, podía ordenarse caballero a la muerte de su amo si demostraba valor.

Entre referencias caballerescas, vasos de vino barato y buen humor, se abre una conversación con alguien que, como diría Stefan Zweig, ha vivido momentos claros y oscuros.

En su libro *Mala jugada* se recogen elementos de lo que muchos llaman la Cuba de los 90. Háblenos del libro y de esa literatura.
En *Mala jugada* están las historias del eternal combate entre monikongos y vikingos. Caballería y picaresca, los contrarios y sus iguales. Un canto, un grito, un alarido desde el fondo de la pirámide totalitaria a la búsqueda desesperada, a veces grotesca, de la libertad. Atmósfera de suspenso, juego en el tiempo, violencia, sexo; personajes que se mueven en las sombras, entre la pesadilla y el sueño, locos y enchumbados en alcohol (para vivir en Cuba hay que estar loco o borracho, dicen, y ellos están las dos cosas); guapos, proxenetas y prostitutas lo suficientemente lúcidos como para no creerse el cuento del comunismo, para feroces defender su individualidad

frente al aparato colectivista; lúcidos como para no reconocerse perdidos, para saber que perdidos están los monikongos, y golpear furtivamente. Ellos serán cualquier cosa, menos comunistas. Ellos son la furia que estalla y toma La Habana aquel 5 de agosto del 94, ellos tomarán la Isla. Parodiando a Stendhal, la literatura de los 90 es como el espejo que al pasar refleja la carretera y la cuneta; pero como Cuba es la cuneta, sin carretera, bueno, pues ahí la tienes reflejada. Zoé Valdés lo logra nítidamente en *La nada cotidiana*. De las mujeres que escriben en el ámbito continental, Zoé es probablemente la voz más auténtica; suerte de la cuneta total.

La revista alemana Lettre acaba de publicar un extenso trabajo suyo donde narra su odisea para escapar de Cuba. Háblenos de ese trabajo, y de lo que representa poder llegar a lectores europeos.
Un tiroteo infernal en la fuga del infierno. El bote en que nos trasladamos hacia el barco se hunde. Mimí (mi esposa), salva de las aguas el manuscrito de *Mala jugada*, dos novelas y varios ensayos, un enorme mamotreto envuelto en nailon. Ella nada con aquello en una mochila a su espalda. Persecución de película, helicópteros y todo. Mil millas de travesía por el Golfo de México, desde un punto en la costa sur de Cuba. Eso es lo que intenté narrar en 34 apretadas cuartillas para la revista Lettre. A un escritor le pasan cosas para que las escriba, o las busca tal vez, no sé. Un escritor, según entiendo la literatura, debería verle la cara a la muerte más de una vez; con honor, claro. Lettre me había publicado ya *El regreso de Osvaldito el loco*, uno de los relatos de *Mala jugada*. El año pasado presenté el libro en Berlín, ante un público joven, interesado en conocer la otra visión de Cuba. Lettre es una revista de izquierda, pero ha sido respetuosa con mi punto de vista. Frank Berbrich, el director, es uno de los pocos europeos que no sienta cátedra sobre Cuba; sino que escucha. Tengo la suerte de contar con uno de los mejores traductores al alemán, si no el mejor: el intelectual Ulrich Kunsmann.

Usted lleva relativamente poco tiempo en el exilio. Desde el punto de vista cultural, cómo ve el exilio cubano y qué piensa de los intelectuales que no han roto con el régimen y viajan a Miami.
Resulta duro hacer cultura cuando no se tiene tierra bajo los pies (publiqué *Mala jugada* gracias a la sensibilidad del Ex-Club); pero

la cultura huye espantada de donde no hay libertad. En el exilio se ha preservado lo más sano de la Cultura Nacional, y ha triunfado contra la indiferencia o la hostilidad. Con respecto a los escritores oficiales, por mí que vengan, el problema estaría en tomarse con seriedad a gente que no puede ejercer criterios propios. Por otra parte, aconsejo a los de acá que estén en el intercambio, ojo avizor; podrían intercambiar con un sacatripas o un torturador, dado que Vecino Alegret es el Ministro de Educación Superior en Cuba.

Más allá del compromiso con su propia obra, cuál cree usted que deba serla responsabilidad de un creador.
No servir tiranías, sería bastante. Comprometerse con la libertad, sería lo ideal. Contrariamente a lo que suele creerse los creadores, intelectuales en general, no son esos alados defensores de la libertad y la democracia. Las plagas más dañinas que han asolado el siglo XX –esos socialismos de la izquierda y de la derecha, que son el nazismo y el comunismo–, fueron creadas, planificadas y ejecutadas por intelectuales.

Díganos algo de sus proyectos literarios.
Publicar *La tabla*, escrita en Cuba. Estructura compleja; un proyecto ambicioso. Podría resultar la Novela de la Revolución. Narra la historia de un tipo que, como yo, se defeca olímpicamente en la revolución, y en los que la hicieron; un asere que reflexiona en un cabaret en tanto planea escapar de la Isla de un modo violento y espectacular como, curiosamente, lo hago yo cinco años después. Debo tener cuidado con lo que escribo, suele cumplirse. Publicar otras 6 novelas que tengo escritas. Y escribir, siempre escribir.

(septiembre de 1999)

DESPUÉS DE LA ENTREVISTA. Logró publicar *La tabla* en 2008, así como otros libros: *Caballeros en el tiempo, Mitos del antiexilio* y *Los naipes en el espejo*. Es analista del América TV, Canal 41 de Miami.

ALEJANDRO RÍOS
(periodista y estudioso del cine cubano)

Alejandro Ríos es un hombre bien informado y su conversación resulta interesante. Habla fluido, sin embargo sus palabras están rigurosamente pensadas. Nos revela que estudió hasta el cuarto grado en Hialeah «cuando todavía no había muchos cubanos allí», y que su familia regresó a Cuba en 1962 como repatriada. En los años 90 esa misma familia, por diferentes caminos vuelve a Estados Unidos.
Ríos es graduado en Historia del Arte por la Universidad de La Habana, especializándose en literatura latinoamericana. Trabajó muchos años en el Instituto Cubano del Libro, y ha estado vinculado al cine, la televisión, la radio y la prensa en Cuba. Habla con satisfacción de Cinema Paradiso, programa de radio donde fungía de comentarista y de Entre Nosotros y ¿Qué se Edita? de carácter cultural, por televisión.

En medio de una amplia conversación manifiesta que «mi obsesión con Cuba es estrictamente cultural». Además afirma con un goce en la voz que «cada vez que yo me pueda mover para hacer avanzar a un cubano en el ámbito cultural, ahí estaré». Hay, por su parte, dos temas que son ineludibles con Alejandro Ríos: La Feria Internacional del Libro de Miami, de la cual es uno de sus organizadores, y el Ciclo de Cine Cubano, que dirige en el Miami Dade Conmunity College, donde exhibe material fílmico de Cuba o relacionado con la Isla.

Cómo ha evolucionado la Feria del Libro en general y, en particular, en lo que a la participación de autores del patio se refiere.
Mi experiencia con la Feria se reduce a siete años de sus 16 de existencia. Considero, sin embargo, que está desembarazada de ese sentimiento de «omblígo del mundo» que anima a muchos eventos realizados en los Estados Unidos. La idiosincrasia de Miami, para llamar de alguna manera una circunstancia muy especial, es universal y la Feria está permeada de esa característica, afortunadamente. Por una serie de cifras y hechos es la Feria del Libro más importante de los Estados Unidos y no tiene un perfil mercantil como era de

esperar. Se autofinancia con la ayuda desinteresada de numerosas entidades, sus actividades no se cobran y está diseñada para el lector.

Los autores locales siempre han contado con el respaldo de la Feria, tal vez no en la medida que desearíamos. Resulta necesario recordar que es un cónclave «internacional» y bajo ningún concepto podemos dejar que se vuelva un encuentro provinciano, lo cual no correspondería con su razón de ser. Debe haber muy pocas omisiones de autores locales importantes en los programas de la Feria. La calidad suele ser la visa para acceder a las actividades del evento.

¿Cómo evaluaría usted la literatura de los hispanos en Miami?
En términos de exilios y emigraciones, Miami no podría emular, por ejemplo, con la oleada de intelectuales españoles que nutrió al escenario cultural mexicano como consecuencia de la Guerra Civil. De tal forma, la responsabilidad literaria de la comunidad, como muchas otras responsabilidades, ha descansado durante unas cuantas décadas sobre los hombros del numeroso exilio cubano. Además, ese segmento intelectual alienado de su país de origen ha debido batallar denodadamente contra la demonización internacional que conlleva la oposición a una dictadura de izquierda. Es ahora que importantes escritores cubanos de Miami son publicados por casas editoriales poderosas, luego de ser inconsecuentemente ignorados durante años. El resto de los autores hispanos también se abre paso con dificultad. El mundo editorial sigue siendo de autogestión y la infraestructura que favorece el florecimiento de la literatura y sus consumidores sigue siendo inconveniente en Miami.

¿Cómo surge el Ciclo de Cine Cubano y cuál es su objetivo fundamental?
En 1992 me encontraba en México impartiendo conferencias sobre el desarrollo del cine cubano realizado después de 1959. Sobre todo me interesaba analizar cómo una cinematografía nacida para elogiar el proceso revolucionario, terminaba por comentarla críticamente en sus mejores ejemplos.

Fue ese mismo año que agoté las justificaciones y reservas personales para permanecer en Cuba y decidí exiliarme en los Estados Unidos. Al poco tiempo tuve la suerte de encontrar trabajo en Miami Dade Community College, bajo la supervisión directa de quien era entonces el presidente del Recinto Wolfson, el Dr. Eduardo J. Padrón, hombre de visión, un demócrata esencial abierto a todas las ideas. Le sugerí entonces crear un foro crítico para analizar la producción cinematográfica de sello cubano realizada en cualquier sitio del mundo, aceptó la idea y lo que empezó como un experimento con 20 o 30 asistentes ha derivado en un evento esperado por muchos que puede convocar hasta 500 personas en una jornada. El objetivo es simple: otra ventana abierta a la necesidad que existe de información y conocimiento sobre Cuba. En este caso mediante la imagen que, como sabemos, vale por mil palabras.

Se van a cumplir 10 años de la caída del Muro de Berlín. ¿Cómo percibió usted ese acontecimiento?
Parece que fue ayer, tan grabado quedó en mi mente la jornada gloriosa a pesar de estar en Cuba y no tener referencias visuales directas como las que el resto del mundo disfrutaba en vivo y en directo. Se habla mucho de las derivaciones negativas del hecho. Los pensadores nunca están conformes, hay que especular sobre «la cuarta pata del gato». Yo me quedo con las otras tres que inclinan la balanza hacia un nuevo amanecer de la humanidad, sin intromisiones siniestras en la individualidad y respeto pleno «al otro». Desde entonces la historia de la humanidad es antes y después de la caída del muro. Mi nuevo milenio empezó ese día.

Hubo en Cuba un movimiento intelectual disidente bastante fuerte, fruto en parte de la perestroika, con atrevidas exposiciones de pintura –en una de ellas se pisaba la imagen del Che Guevara–. También en cine Juan Sí, Crespo, Abad, entre otros, lanzaron cortos como *Un día cualkiera*, *El informe*, etc., por los cuales algunos de ellos sufrieron represión y cárcel. Háblenos de esa etapa.
Los ochenta, década prodigiosa y convulsa para el movimiento cultural cubano dentro de la Isla fue como un atisbo de la esperanza. Los jóvenes tomaron la iniciativa y sacudieron, definitivamente, el letargo y la grisura donde la coacción institucional había colocado las manifestaciones del arte y la literatura. Las entidades del gobierno intentaron coquetear con las iniciativas del «hombre nuevo» y se encontraron en una encrucijada peligrosa. Los jóvenes educados por la revolución resultaron ser irreverentes e iconoclastas, no se despersonalizaron en aras de un dogma. Las artes plásticas y el cine

estuvieron a la vanguardia de un movimiento que puso los intocables mitos revolucionarios en solfa. Ante la imposibilidad de un adoctrinamiento más sofisticado, la respuesta volvió a ser represiva y los intelectuales encontraron vías para escapar al exilio.
Aquella atmósfera herética, sin embargo, ha influido hasta nuestros días, incluso en creadores de pasadas generaciones. No creo que Gutiérrez Alea ni Fernando Pérez hubieran realizado sus más recientes obras sin el empujón de los jóvenes.

(octubre de 1999)

DESPUÉS DE LA ENTREVISTA. Su gran labor como estudioso del cine cubano, lo tiene al frente del programa La mirada indiscreta, en el Canal 41 de Miami.

PÍO E. SERRANO (escritor y editor)

El salón donde el poeta Pío E. Serrano recibe a los amigos en Madrid es pequeño, pero muy acogedor, como ha de ser el lugar de trabajo de un escritor, que a su vez es editor, pues desde 1990 dirige la Editorial Verbum. Mientras conversa, sin dejar de prestar suma atención a las palabras y las ideas que se manejan, extrae de una gaveta una pipa que coloca ceremoniosamente sobre el escritorio, extiende una funda donde guarda la parafernalia necesaria para preparar la fumada. Despacio limpia todo residuo de picadura, destupe, sopla, apisona el tabaco fresco, prende fuego, succiona profundo –el aroma impregna intensamente el ambiente–, y satisfecho se relaja, se echa atrás y continúa la charla sobre literatura, política, y las dificultades que confrontan los escritores cubanos exiliados.

Pero antes de entrar en esos tópicos me habla de San Luis, su pueblo natal en la provincia de Oriente. Cuenta de sus estudios de filología hispánica y de las conferencias y cursos que ha impartido en diversas universidades europeas. Yo sé que estuvo vinculado a los movimientos literarios El Puente y El Caimán Barbudo, y de eso también conversamos. Desde luego que la revista Encuentro, que fundó en Madrid junto a Jesús Díaz es un tema sumamente interesante, pero yo prefiero preguntarle de *A propia sombra*, *Primer cuaderno de viaje*, *Segundo cuaderno de viaje* y *Poesía reunida*, es decir, conversar de su obra, de sus triunfos personales.

Háblenos de su poesía, y díganos si podemos esperar un *Tercer cuaderno de viaje*.
Mi poesía se mueve lenta, como aquel caracol en el rectángulo del que hablaba Lezama. No soy precisamente lo que se llama un autor prolífico y, por tanto, los impulsos poéticos me sobrevienen de manera muy lenta y larvada. Como usted sabe, mis libros se forman por aluvión, en un moroso deshojar, en una reposada degustación del objeto poético; nunca he cedido a la tentación del «libro unitario», confieso que carezco de ese prolongado aliento épico o lírico. La poesía se produce en mí como un relumbrón, un descubrimiento aparentemente inmediato pero que en resquicios ocultos de mi interior se ha ido cociendo a fuego lento. En una gaveta de mi escritorio,

como capas geológicas, se van acumulando los poemas que, alguna vez, formarán el tercer cuaderno de viaje.

Verbum se ha abierto paso en el mundo editorial español gracias a la calidad de los libros publicados. ¿Cómo nació su editorial?
Editorial Verbum nació en 1990 en un momento de mi vida en que debí optar por poner en el mercado de trabajo mis conocimientos del mundo editorial o arriesgarme a fundar un nuevo proyecto propio con absoluta libertad para su ideación, con sus goces y sus sombras, también con sus inevitables riesgos. Haber podido contar entonces con la insuperable colaboración de Aurora Calviño, Administradora de la editorial, fue un factor decisivo para que el proyecto fuera realidad y que haya tenido continuidad. A nuestro fondo de textos relativos a la enseñanza del español hemos añadido algunas breves colecciones especializadas: Ensayo, Teatro, Narrativa y Poesía. En todas ellas hemos querido privilegiar, en primer lugar, la presencia cubana, además de la hispanoamericana y española. Para nosotros es un orgullo poder presentar en nuestro catálogo títulos tan relevantes como *La Habana* de José Lezama Lima, *Poesía Completa* de Gastón Baquero, *Cartas de Severo Sarduy*, *Cartas a Eloísa y otra correspondencia* de Lezama, los volúmenes de *Teatro* de José Triana y de José Abreu Felipe, o los excelentes volúmenes de ensayos, sobre poesía de José Olivio Jiménez y sobre Lydia Cabrera de Mariela Gutiérrez, entre otros. Ahora preparamos la edición de los *Diarios* de Lezama Lima.

Su editorial ha creado un premio literario en honor a Gastón Baquero. Denos detalles del concurso.
El Premio Internacional de Poesía Gastón Baquero nació de la idea de perpetuar, en lo posible, el nombre de un gran poeta y a la vez un gran olvidado. Por una suma de razones varias, la altura poética de Baquero no ha alcanzado todavía el alto reconocimiento que merece. Este premio y otros proyectos que impulsamos, entre ellos su traducción a otras lenguas, servirá a ese propósito. Al año siguiente de la muerte de Baquero se falló el primer premio, que correspondió a un poeta español radicado en Nueva York y el segundo a dos poetas cubanos, Efraín Rodríguez Santana y Carlos Sotuyo. Para acceder al concurso hay que enviar a Verbum(A.P. 10.084, 28080 Ma-

drid) tres copias de un poemario de entre 500 y 800 versos, anónimo con lema yplica, antes del 6 de febrero del 2000. El jurado, como siempre, estará formado por críticos y poetas de reconocido prestigio: un español, un hispanoamericano y un cubano.

A los escritores exiliados, fundamentalmente alos de Miami, les ha resultado más difícil abrirse paso en el campo editorial español que, digamos, a los que residen en la Isla. ¿A qué atribuye usted ese hecho?
Lamentablemente Miami ha sido un territorio satanizado por la progresía analfabeta internacional. Ha sido una campaña cuyo origen ha estado en La Habana y que no ha dejado de encontrar un eco recurrente durante décadas. Sin embargo, creo que hoy esa neblina se va levantando y tanto los editores como los agentes literarios están más sensibilizados a la calidad literaria de los autores que a viejos prejuicios. En muchos sentidos la imagen de Miami se ha ido corrigiendo en Europa gracias a su Feria del Libro, a sus Festivales de Música y de Cine, al éxito de sus pintores. Por otra parte creo que los creadores miamenses deben perder su complejo de inferioridad y luchar por estar presentes en Madrid y Barcelona. No quiero hacer una nómina de los excelentes autores que conozco en Miami porque sería muy larga.

¿Cómo se percibe la situación política y cultural de Cuba desde Madrid, donde vive usted exiliado?
Los que hemos vivido el exilio en España hemos debido atravesar por un largo período de silencio y de hostilidad. Por paradójico que parezca, tanto la dictadura franquista como la progresía ilustrada se sintieron desde temprano atraídas por el régimen cubano. Pesaba en el inconsciente colectivo español el «desastre del 98» y una profunda e irracional animadversión hacia EE UU. Confundieron a Castro con el David vengador de sus propias humillaciones. A pesar de ello, siempre recuerdo con emoción el premio literario obtenido en España en 1981, a pesar de las reticencias izquierdistas, por ese excelente poeta que es Armando Álvarez Bravo. Sin embargo, desde hace cierto tiempo existe una práctica unanimidad en los medios al considerar al régimen cubano como lo que es, una dictadura totalitaria, y a su dirigente máximo como una rémora histórica. Luego vienen los matices, como en el caso del ambiguo libro sobre Cuba

de Vázquez Montalbán en un extremo y la novela de J.J. Armas Marcelo en el otro. En el reciente viaje de los Reyes a la Cumbre se ha sabido distinguir entre la significación fría y protocolar de una visita institucional y el viaje oficial, de Estado a Estado, con el que Castro hubiera querido beneficiarse. Un viaje, este último que el gobierno español no está dispuesto a aceptar. Por otra parte no pueden olvidarse la polémica plural siempre abierta en Europa sobre la ley Helms-Burton, los intereses de los inversionistas españoles y la política de ayuda cultural a los cubanos que viven en la Isla.

(noviembre de 1999)

DESPUÉS DE LA ENTREVISTA. Continúa en la Editorial Verbum, ahora como asesor, donde ha desarrollado una labor muy importante. El concurso dejó de convocarse por un tiempo. En el 2014se retomó.

OCTAVIO R. COSTA (historiador y ensayista)

Abogado, ensayista, periodista, pero sobre todo historiador, el Dr. Octavio R. Costa es un prolífero e incansable escritor que ha contribuido con su obra a un mejor conocimiento de Cuba, del cubano y de lo cubano. De su extensa producción destacan libros sobre figuras históricas, como Antonio Maceo, Manuel Sanguily y Juan Gualberto Gómez, para sólo mencionar algunos nombres sobresalientes que evocan gestas por la independencia y la identidad nacional cubana.

Nació en San Cristóbal, municipio de la provincia cuyo nombre ya en sí mismo encierra la poesía y el misterio: Pinar del Río. De su pueblo natal recuerdo el parque junto a la Carretera Central, la pequeña iglesia, enclavada frente al mismo parque, y pienso que Octavio enriquecía su infancia y su vida por esos mismos caminos por los que yo, muchísimos años después, transitaría rumbo al central azucarero «vagones cargados de caña, carretas tiradas por cansados bueyes, humo negro brotando incesante de la torre del central, el rico olor de la melaza», donde compartí con sancristobaleños maravillosos, gente espontánea y servicial por naturaleza, momentos encantadores. Guardo incluso vaga memoria de la tienda de ropas La Casa Grande, de la cual era propietario el padre de Costa.

Desde que Octavio Costa publicó su primer trabajo, que dice recordar con exactitud, un 1 de enero de 1935 en el Diario la Marina «en unos días hará de eso 65 años», ha recibido numerosos premios y reconocimientos, constituyendo tal vez uno de sus grandes orgullos, el haber sido el último presidente del Pen Club de Escritores Cubanos, institución que por la falta de libertad de expresión «y de todo tipo» que existe en Cuba desde 1959, desapareció en la Isla, pero se restableció recientemente en Miami, como Pen Club de Escritores Cubanos en el Exilio, del cual es Costa su presidente de honor.

Su labor como historiador en el exilio no se ha detenido, por el contrario ha dedicado un esfuerzo tremendo para concluir uno de sus proyectos más ambiciosos: escribir *Imagen y trayectoria del cubano en la historia*, cuyo segundo tomo acaba de aparecer publicado por Ediciones Universal.

Es usted un historiador exiliado, lo que me hace suponer que su labor resulte más difícil al no tener acceso a determinadas fuentes. ¿Cómo ha podido usted escribir obras tan exigentes, como *Imagen y trayectoria del cubano en la historia*, estando tan lejos de Cuba, de muchos de los archivos y bibliotecas que guardan documentos tan necesarios para un historiador?

Aunque tengo una amplia labor historiográfica, no creo que yo responda al tipo de historiador que he conocido. En cuanto a las fuentes utilizadas para los dos volúmenes de *Imagen y trayectoria del cubano en la historia*, no obstante todas mis aportaciones, creo que más que historia, yo recreo la historia. Recuerda que Menéndez y Pelayo ingresó en la Academia Española con un discurso sobre *La historia como obra de arte*. Mi labor consiste más que en informar en iluminar los hechos con tanto orden y claridad como fluidez. En consecuencia, no he necesitado las fuentes que permanecen en Cuba. Imposible enumerar las que he utilizado. Pero están en los respectivos libros.

Cierto periodismo contemporáneo puede contribuir a distorsionar la historia, aunque también es una imprescindible fuente de consulta para los historiadores. ¿Cómo cree usted que la prensa puede dañar la percepción futura de nuestro tiempo?

En cuanto a si el periodismo actual pueda distorsionar la historia, es una responsabilidad de los periodistas. Tanto ellos como los que no lo son comenten con frecuencia errores imperdonables y hasta incurren en muy equivocadas interpretaciones. Deben consultar los respectivos textos o a quienes puedan ilustrarlos con veracidad antes de hacer una información histórica.

Una pregunta que aún no sé si es prudente, pero tiene usted 84 años lúcidos y creadores y eso es todo un triunfo, más cuando se han vivido intensamente. Me gustaría que nos hablara de cómo ve la vida cuando se detiene y mira atrás.

Sobre la preocupación que tienes de hacer una pregunta indiscreta, para mí no las hay. He vivido durante ochenta y cuatro años una vida tan intensa y variada que mis hijos y algunos amigos me han instado a escribir mis memorias (1915-2000). En estos momentos reviso sus casi quinientas páginas. La obra será editada por Manolo Salvat. Yo le doy todos los días mis gracias a Dios por haberme dado tanto. He tenido desde niño una vida tan normal que nada tengo que reprocharle a nadie. Vine al mundo dentro de una familia ejemplar y hace cincuenta y ocho años que, con Caruca, he formado la mía con tres hijos varones que son nuestro muy justificado orgullo.

Se sabe que usted está escribiendo sus memorias, sin embargo no son muchos los escritores que lo hacen, pienso que Lydia Cabrera y Enrique Labrador Ruiz nunca lo hicieron a pesar de saber que era algo esperado. ¿A qué atribuye usted que algunos autores evadan esa confrontación con uno mismo?
Pienso que cualquier especulación me haría cometer un error. Cada quien tiene su razón para escribirlas o no. Pero hubiera sido bueno que las hubieran legado a la posteridad.

¿Qué le faltó alcanzar al cubano durante los años de la república, para evitar una tiranía como la que hoy se padece?
Tu última pregunta sobre en qué falló el cubano en relación con el colapso de la república, lo he dicho muchas veces públicamente. Creo que el cubano tiene muchas virtudes y no pocos atributos de todo orden, pero en cuanto a la vida pública no tiene el necesario sentido crítico. Se deja impresionar rápidamente por cualquier demagogo. Peca de optimista y crédulo. En su vida social o cotidiana es frívolo, superficial, inconstante. Como dijo Mañach, hace sesenta años, todo lo tira a relajo. No todos son así, pero sí lo es esa masa humana a la que llamamos pueblo con sus excepciones. Y se puede decir lo mismo de no pocos de la élite ciudadana. No se puede generalizar.

(diciembre de 1999)

DESPUÉS DE LA ENTREVISTA. Hasta su fallecimiento en California, en diciembre del 2005, a los 90 años, Costa estuvo muy activo en sus investigaciones históricas. Entre sus libros después de la entrevista destacan *Cubanos de acción y pensamiento* (2003) y *Bajo mi terca lucha con el tiempo* (2001).

BARUJ SALINAS (artista plástico)

No creo que pueda ser equilibrado al hablar de la pintura del maestro Baruj Salinas, porque me fascina. Su obra resulta un conjunto de elementos que se consolidan armoniosamente, cediendo paso a aquello que todo artista intenta alcanzar: la belleza.

Los componentes de su paleta hablan por sí mismos. Dominio absoluto de la composición, fruto indiscutible de su experiencia como arquitecto. Colores que traducen un decir profundo, tierno, a veces doloroso. Luz que al posesionarse de la tela parece adquirir reminiscencias que evocan libertad, nostalgia, situaciones avasalladoras y penetrantes. Poesía, que es el cúmulo total de una obra que hechiza al espectador. Por eso, por todos esos factores que me cautivan, es que no puedo ser imparcial con la obra del amigo Baruj.

Hombre afable, conocedor profundo de su oficio, además amante del cine, y de la lectura, Baruj Salinas es uno de los pintores cubanos que más éxito ha alcanzado en el panorama pictórico mundial.

Aunque a usted generalmente se le considera un pintor inmerso en la corriente del abstraccionismo, hay en cierta parte de su obra un placer figurativo donde es fácil encontrar formas. ¿Cómo percibe usted esa fusión creativa?
Creo que todo pintor pasa por etapas, una especie de tamiz que ayuda a destilar el estilo propio. Yo comencé siendo un pintor figurativo, quizás a consecuencia de mi entrenamiento como arquitecto. Recuerdo que pinté largas series relacionadas con la arquitectura: fachadas, pueblos. Más tarde introduje las marinas en mi temática, y también pinté una serie que titulé *El hombre roto*, en memoria de las personas asesinadas en el Holocausto. Y basado en los experimentos e investigaciones espaciales de los años 60, y en particular el alunizaje de un módulo norteamericano, comencé a trabajar en el tema del espacio. Al poco tiempo eliminé toda referencia a objetos reconocibles, y me introduje en el mundo interestelar: constelaciones, planetas, estrellas... Este fue el verdadero comienzo de mi incursión en el mundo de la abstracción. Pero esta abstracción siempre ha estado basada en algo concreto. O sea, que realmente nunca me he desligado de la idea de la figuración.

Usted vivió muchos años en Barcelona donde la luz y los colores resultan menos intensos que los del trópico. Luego regresa al sur de los Estados Unidos y se encuentra de nuevo con los colores vivos y la luz cegadora. ¿Cómo asimila un pintor los colores dentro de las variaciones de luz y sombras?
La luz o la falta de ella es esencial para el pintor. En Barcelona, no sólo la luz es menos intensa, sino que así mismo la arquitectura y el medio ambiente que nos rodea tiende al gris. Pienso que esa es una de las razones por la cual la pintura española es oscura (con sus excepciones, naturalmente). Pongamos por caso la pintura de Tàpies y de Saura. Yo siempre he sido colorista, pero a medida que fueron pasando mis años de Barcelona mi pintura se fue agrisando. A principio de los 80 comencé a pintar la serie que llamé *El lenguaje de las nubes*. Diferentes alfabetos, como el hebreo, el griego, el íbero, y los pictogramas e ideogramas chinos y japoneses fueron generadores de ideas durante una década. Siempre con el blanco como color principal, y gris y negros que utilizaba para mis fondos. Así es que no cabe duda que la calidad de la luz del entorno donde uno pinta influye altamente en nuestro trabajo como lo demuestra la reducción de la paleta mía en esta larga serie.

Usted ha trabajado mucho el grabado y la cerámica. Háblenos de esa parte de su obra.
En 1975 tuve la suerte de conocer a Masafumi Yamamoto en Barcelona. Él había vivido en París y trabajado en el Atelier 17 de William Hayter, maestro grabador que laboraba en París en la misma época. Yama, como le dicen los amigos trajo esos conocimientos a Barcelona, y con él realicé docenas de grabados. Me aficioné al taller de grabado, y cada día parte del tiempo lo dedicaba a grabar. Con Yama desarrollé una filigrana, o trama lineal blanca que le daba una calidad etérea y oriental a mis obras. Sin duda, hubo un intercambio de influencias en nuestras pinturas, cosa por demás natural cuando dos artistas trabajan juntos durante años como lo hicimos Yama y yo. Quiero mencionar que estas ediciones fueron posibles gracias a la intervención de Orlando Blanco, dueño de la Galería Editart, de Ginebra, Suiza. Él es un cubano trasplantado a Suiza y sin su participación como editor en todos los libros que hemos realizado juntos, con textos de escritores excepcionales como María Zambrano, Michel Butor, José Ángel Valente, Pere Gim-

ferrer, y Vahe Godel, entre otros, estos proyectos no se hubieran realizado. En cuanto a la cerámica, la comencé a manejar cuando regresé a Miami, en 1992. La razón muy simple: busqué talleres de grabados por acá, y al no encontrarlos dirigí mis energías hacia el taller de cerámica. Quisiera comentar que ambas faenas tienen algo en común: uno nunca sabe cómo va a salir, a ciencia cierta, el producto acabado. Y esto se basa en que en el grabado actúa el ácido sobre la plancha metálica, y el artista no ve lo que está sucediendo en la reacción química que se desencadena cuando el ácido toca el metal. En la cerámica pasa algo similar, ya que cuando uno pone la pieza en el horno no se sabe lo que pasará al actuar el fuego sobre el barro y los esmaltes. O sea, en ambos casos el artista sólo puede controlar el resultado de una manera parcial.

¿Cómo ve usted el panorama de la pintura cubana tanto en Cuba como en el exilio?
La pintura cubana, tanto dentro como fuera de la Isla, es en mi opinión de una gran vitalidad. No existe una sola *escuela* o dirección que nos anime. Hay mucha diversidad, y eso es lo que hace que se considere, en parte, universal. Es realmente increíble que una isla tan pequeña haya dado tantos y tan buenos pintores.

¿En qué proyectos trabaja en la actualidad?
Para este año 2000 tengo 3 exposiciones en las que estoy trabajando. En marzo voy a exponer en la Galería Corbino, de Sarasota. Será mi primera exposición con ellos. En septiembre expondré una antológica de mi obra gráfica (hasta el momento he realizado más de 150 ediciones de litografías y grabados), en la Galería Trazo, de Ciudad México. Y en octubre habrá una mini retrospectiva de mi pintura en la Galería Editart de Ginebra.

(enero de 2000)

DESPUÉS DE LA ENTREVISTA. Sigue muy activo. Su obra es muy cotizada en el mercado de las artes plásticas y su presencia muy bien recibida en distintos salones de arte de Europa y América.

ENRIQUE ENCINOSA (historiador)

Salvo las excepciones de rigor, es raro encontrar un escritor que a su vez sea un hombre de acción, porque resultan, en gran medida, dos armas de combate opuestas. Sin embargo de alguna manera, en algún momento se tocan y hasta se complementan. Al menos así resulta en el caso de Enrique Encinosa donde se da esa doble condición.

Encinosa es fruto de una familia de luchadores, y en su casa se hablaba mucho de los mambises, de Machado, de Batista, de Castro. «Siempre la política era un tema familiar y yo desde niño escuchaba, por eso desde los 12 años, cuando salí de Cuba, ya entendía bien qué pasaba, ya había escuchado del clandestinaje y de otras actividades».

Hombre de hablar fluido, hilvana las anécdotas con precisión. Poseedor de una sorprendente memoria, recuerda con todos sus detalles conversaciones con combatientes del Escambray, con los campesinos y los personajes de la historia cubana. «Es más importante el punto de vista del soldado, que el del general que planeó el combate», dice con cierta ironía.

Este autor cubano, que también fue boxeador, otra tarea considerada antiliteraria, o tal vez todo lo contrario, resulta un serio cronista de la historia cubana contemporánea, convirtiéndose en uno de los historiadores cubanos exiliados de mayor prestigio. Encinosa ha hecho valiosas investigaciones y entrevistas, que le han permitido escribir varios libros de imprescindible lectura.

Usted salió de Cuba con 12 años y a pesar de haber pasado su adolescencia en un estado como Indiana, donde el contacto con Cuba y sus conflictos es prácticamente inexistente, es un hombre profundamente cubano, con rasgos poco visibles, si es que los hay, de la influencia norteamericana. Háblenos de ese encuentro de dos culturas.

En la vida de todo exiliado joven hay momentos de definición. Tienes la opción de asimilarte totalmente o de asimilarte un poco e intentar retener tu cultura y tus raíces. Yo pasé por ese proceso en mi adolescencia y siempre me definí como cubano. No ha habido un momento en mi vida en que haya negado a Cuba. Creo que para otros de mi generación fue más difícil, pero en mi caso el proceso de adolescencia fue más reafirmación que definición. Yo me fui de Cuba, pero Cuba nunca se fue de mí.

Háblenos del movimiento Abdala, al cual usted perteneció.
Abdala fue un fenómeno, el primer movimiento generacional cubano que se origina en el exterior de la Isla. Más allá de lo que hicimos «protestas, acciones bélicas, estaciones de radio, congresos internacionales», está el impacto que hemos tenido en el exilio. Abdala fue lo mejor de una generación. De Abdala surgió un congresista federal Lincoln, una alcaldesa municipal Rebeca Sosa, tres jueces, un par de diplomáticos, un viceministro en República Dominicana, una docena de profesores universitarios, más de sesenta médicos, varios periodistas Ricardo Brown, Eduardo Ulibarri, Ramón Mestre, de calibre internacional, numerosos banqueros, abogados y empresarios. En las artes, de Abdala surgieron artistas aclamados como Alejandro Anreus, autores como Iván Acosta, guionista de *El super* y el cantautor Pedro Tamayo, Es un orgullo ser parte de la Generación de Abdala.

Con sus libros *Escambray: la guerra olvidada* y *Cuba en guerra*, usted ha realizado una labor importantísima de rescate de la historia cubana más contemporánea. ¿Qué lugar le daría usted a esos libros dentro de su obra?
Creo que mis libros son textos bien documentados, con un esmero en captar la realidad del momento tanto desde un punto de vista histórico, como en la condición humana. El Dr. Luis Botifoll dijo que *Cuba en Guerra* es el libro más importante que se ha escrito en el exilio. Es muy difícil para un escritor juzgar su propia obra. Si admites que tu trabajo es bueno te acusan de vanidoso, y para admitir errores sobran los críticos.

Un amigo, al referirse a *Cuba en guerra*, me ha dicho que ese libro es la prueba más irrefutable de que el cubano ha luchado en todo momento por su libertad. Me gustaría oír su opinión al respecto.
Yo mismo me quedo asombrado. El cubano no ha dejado de pelear por un segundo. Con ametralladoras o computadoras, el pueblo de Cuba se ha enfrentado al sistema y tenemos miles de mártires. Incluso, para los que dicen que aquí se hace poco, el exilio ha aportado más de 300 mártires en el proceso anticastrista.

Sería imperdonable no preguntarle sobre el boxeo, una pasión bastante distante de la literatura y las investigaciones históricas. Díganos algo de Encinosa el boxeador.
Me encanta el boxeo. Mi primer libro fue sobre boxeo y he publicado más de 300 artículos sobre el deporte. Fui boxeador amateur «con 26 triunfos y 9 derrotas», entrenador, *referee*, manager de un campeón mundial y docenas de preliminaristas, promotor, director de relaciones públicas y comentarista de televisión. Actualmente escribo dos columnas mensuales y soy miembro del Comité de Selección del Hall de la Fama del Boxeo.

(febrero de 2000)

DESPUÉS DE LA ENTREVISTA. Se desempeñó como periodista en Radio Mambí durante varios años, haciendo análisis políticos. Su propia experiencia, y sus conocimientos sobre el boxeo lo llevó a publicar *Azúcar y chocolate: historia del boxeo cubano* (2004).

NEDDA G. DE ANHALT (escritora)

De esta escritora cubana radicada en México y que prácticamente ha hecho toda su obra en ese país, se pudiera hablar largo, pues es una mujer que ha acumulado vivencias y experiencias excepcionales a lo largo de su vida. Esa suma de momentos se refleja en su quehacer literario, y su cubanía brota a borbotones en dos valiosos libros de entrevistas, diría que fundamentales, para entender la literatura cubana y el exilio, me refiero a *Rojo y naranja sobre rojo*, y *Dile que pienso en ella*. Pero dejemos que sea ella la que hable.

Después de *Rojo y naranja sobre rojo*, usted publicó *Dile que pienso en ella*, lo que me hace pensar que se trata de un proyecto que tiene continuidad. Háblenos de esos libros y si trabaja en esa dirección.
Rojo y naranja sobre rojo le debe su vida a Octavio Paz, escritor al que quiero y admiro. El libro, publicado por Vuelta, su editorial, fue un acto de filantropía pura y siempre tendré que agradecérselo. Fue positivo que circulara en un México especializado en prejuicios en contra del exilio cubano. En las tres presentaciones se armó la gresca; sufrí actos hostiles con los que los castrófilos profesionales pretendieron descalificarme. No lo consiguieron. *Rojo y naranja...* se agotó. *Dile que pienso en ella*, mi segundo libro de entrevistas, con Frayde, Gaztelu, Baquero, García Vega, Cuza Malé, entre otros, iba a ser publicadao en Vuelta, como el último título de la editorial. No pudo ser. Después estuvo en varias editoriales, que lo rechazaron, hasta que lo acogió la editorial La otra Cuba, que dirige Jorge Poo. No obstante, hasta la fecha, no consigue distribuidor. Y sin embargo, *Dile que pienso en ella* se mueve. Las presentaciones han sido exitosas y ha recibido atención de la crítica. *La fiesta innombrable,* la antología poética que hice con Víctor Manuel Mendiola y Manuel Ulacia, la utilizan como texto de estudio en algunos *colleges*. He tenido comentarios elogiosos de poetas mexicanos que se han deslumbrado con la poesía de Florit, Baquero y Rodríguez Santos. Sí, claro, trabajo en esa dirección, como trabajo también en otras direcciones. En una época me dediqué a estudiar la obra de Sergio Galindo, un novelista espléndido. Y,

como sabes, llevo 18 años de asistir como una devota a la meca neoyorquina para reseñar los festivales de cine.

Sus libros de entrevistas traslucen una preocupación personal por el rescate de los autores cubanos más valiosos, pero esas conversaciones dejan generalmente un sentimiento de amargura. En su caso ¿qué impresión ha dejado el conjunto de esas entrevistas?
Las entrevistas deben sufrir la «prueba del añejo», y como el cognac, mejoran o empeoran. Así que en mi caso el tiempo dictaminará. Pero no me hago ilusiones, y cuando las he releído, compruebo que las preguntas que hice fueron infieles a las respuestas. Y me he preguntado, ¿por qué no hablé sobre esto en vez de aquello? No quiero sonar ingrata, pero la impresión que me ha dejado el conjunto de las entrevistas es de una enorme frustración. Hubo veces en las que me sentí como una suerte de notario al recoger la última voluntad y las palabras de un escritor. Y ya no hablo de lo que me afectó la primera muerte del más joven de mis entrevistados: Reinaldo Arenas. Además, están los que quise entrevistar y no pude, como fue el caso de Lino Novás Calvo. En una novela suya mi padre figuraba como personaje de ficción. Era cuando los negros, antes de irse al cayo a trabajar, iban al bufete del procurador público a hacer su testamento. Y el autor daba el nombre, la dirección y todos los datos de mi padre. Quise hacerle una entrevista. No pude lograrla. Años más tarde dí con su viuda, la poeta y periodista Herminia del Portal, –está incluida en *Dile que pienso en ella*–. Me topé con una mujer con tanto que contar, que si Novás Calvo conoció a mi padre o no, como dijo Arturo de Córdoba: «no tiene la menor importancia».

En una ocasión en que escuché al poeta Manuel Santayana, me dije: debes hacerle también a él una entrevista, y a toda esa generación valiosa: Cruz Álvarez, Pita, Cuadra, del Castillo, Álvarez Bravo, Zaldívar, etc. Pero siento que no puedo batear todas las bolas. Felizmente, está Luis de la Paz, y espero que estemos muchos más haciendo lo mismo. El mito de la responsabilidad existe. Porque si no hay escritores responsables que amen la literatura, ¿quiénes van a rescatar esa herencia maravillosa?

En cuanto a la amargura que mencionas, sí, la hay, pero también hay mucho humor. Encuentro también que en esas coversaciones brilla la esperanza. La entrevista del historiador cubano Leví Marrero, en *Dile que pienso en ella*, es un bálsamo que cicatriza esa continua herida que nos infligen los 41 años de tiranía. Pareciera que en Cuba no hay salida, pero al leerlo a él, te das cuenta de que sí la hay. Su voz representa todas las ansias y angustias que nos habitan y nos lanzan fuera de nosotros mismos en busca de soluciones.

Usted ha incursionado en un género considerado muy difícil: el cuento. Háblenos de sus libros de relatos *El banquete* y *Cuentos inauditos* y díganos qué es para usted un cuento.
El cuento es un género literario independiente, que me fascina. Hay tantas maneras de contar un cuento. En ningún caso puedo reducirlo a una fórmula o constreñirlo a los moldes estrechos académicos. Hay cuentos afilados como epigramas, otros son morosos, o tienen un efecto macabro como los de Poe, y no faltan los que ostentan un buen principio y un final sorpresa como los de O. Henry. También hay cuentos donde interviene el azar como sucede en algunos de Ambrose Bierce. ¿Y qué decir de *Conejito Ulán*, cuento archifamoso con el símbolo del inconsciente freudiano en la frustración sexual, convertida en poesía pura, gracias a la imaginación de Labrador Ruiz? Aún recuerdo *Dirección desconocida*, un cuento sobrecogedor, de forma epistolar, que leí en mi adolescencia, y otro de O. Henry que me turbó, me conmovió, y movió mi subsuelo psíquico. Porque un cuento no es tanto una cuestión de gusto como de emoción personal. ¿Qué tengo que ver yo con un cuentista húngaro que se suicidó joven? Pero cuando leí un cuento suyo, de una fuerza inimaginable, traducido al inglés, en donde unos niños deciden ahorcar a una compañerita de juegos, cuando lo terminé de leer, me puse a traducirlo al español. Fue mi primera traducción. Un buen cuento corto, para mí, se acerca al poema. Es algo de tan concentrada intensidad: apenas empieza y ya se está acabando. Pero considero que los buenos cuentos, en su mayoría, terminan por ser cínicos, perversos, y sobre todo, crueles. En *El correo del azar*, *El banquete*, y *Cuentos inauditos* –los tres publicados en México– es obvio que mi escritura está situada en una intersección entre la palabra y la imagen. Mientras que en mi más reciente libro, *A buena hora mangos verdes*, publicado en Madrid, son la música y la pintura las que privan. Un poeta lo calificó con una terminología

paciana: «Un pasado en claro a ritmo de bolero». Me gusta, pero reformaría su dictum: un pasado en claroscuro a ritmo de sucusucu, bolero y chachachá.

En cuanto a los temas he expresado una diversidad. Por ejemplo, en *Las llaves doradas* presenté un club de sadomasoquistas que pagan su membresía con la muerte; en *Una historia de amor como no* un hombre está perdidamente enamorado de su caldera. En un volumen colectivo, tengo un cuento dedicado a la memoria de Olga Tamayo, *El escarabajo de oro*, en donde la imaginación y el deseo supieron recoger el oleaje de un pasado egipcio. Lo cual no es nada especial, sólo que yo nunca he estado en Egipto. Lo que quiero decir es que un cuentista además de perturbar o de provocar un sacudimiento verbal y estético, tiene que aceptar desafíos y saber cumplirlos.

En México donde usted reside, pasan y viven con cierto éxito cubanos que van y vienen de la Isla. Sin embargo los escritores cubanos exiliados no parecen alcanzar en ese país el reconocimiento que sus obras merecen. ¿Es eso una percepción o hay realmente cierto rechazo?
Existe un rechazo, sin embargo, no sólo es en contra de los cubanos exiliados, sino en contra del escritor extranjero en general. En este aspecto, en México existe un nacionalismo difícil y complejo. En Cuba la manga histórica era más ancha. Recuerdo que aceptábamos a Máximo Gómez como a uno de los próceres cubanos. Y tanto él, como el judío Roloff, que luchó también en la Guerra de Independencia de Cuba, podían por ley, si hubiesen querido, aspirar a la presidencia de la República. En México es otra cosa. A pesar de que yo haya vivido en tierras aztecas más años de los que viví en el país donde nací, si revisas alguna antología de cuentos, jamás verás mi nombre incluido, porque no me consideran mexicana. Y en Cuba, no existo, por estar en contra de la tiranía castrista. ¿Qué se le va a hacer? Y sin embargo, yo soy de aquí tanto como soy de allá. Pero si otros y yo quedamos fuera del juego es porque existen en las universidades, editoriales, periódicos, revistas, suplementos culturales, jurados de premiación, etcétera, existe una serie de patrulleros ideológicos que están para realizar su trabajo.

Por otra parte, tanto en la capital como en los estados residen algunos escritores cubanos que van tras el poder y una vez que lo consiguen mantienen una actitud sumamente ambigua. En privado, pueden hablar pestes del castrismo, pero en público se cuidan de no pronunciarse para así poder ir y venir de la Isla. Existe también otro tipo de escritor cubano, mucho más peligroso: es el que oficialmente se hace pasar por desafecto del régimen, pero si la embajada cubana, por ejemplo, organiza algún congreso cultural, o se confecciona alguna antología de dudoso origen, ellos son los primeros en alinearse y en colaborar.

No obstante, hay algo que deseo resaltar. A pesar de que el comportamiento del gobierno mexicano y el de sus embajadores en Cuba haya sido vergonzoso para la causa de la democracia del pueblo cubano, durante estos años, México se ha convertido en un lugar de paso o país refugio –ya sea de forma legal o clandestina– para muchos escritores y artistas cubanos. Y eso hay que agradecerlo y no olvidarlo, al igual que no hay queolvidar tampoco «la importancia de llamarse Ernesto» en la cumbre habanera.

Quiero ser optimista así que pienso que en un futuro cercano el nuevo gobierno de México no echará en saco roto estas lecciones, y tal vez los embajadores, en vez de ir a la caza de incautos inversionistas le den asilo a tanto escritor cubano que quiere huir del paraíso. Y quizá no habrá más rechazo y los escritores cubanos exiliados serán reconocidos, aceptados e incluidos en antologías nacionales. ¿Por qué no soñar con lo imposible?

¿Cree usted que el movimiento feminista responde a una filosofía, o simplemente es una actitud de la mujer ante la vida?
Me es difícil contestar con precisión, porque no pertenezco a ningún movimiento feminista. Pienso que más que una actitud o una filosofía, en realidad se trata de una reacción. Y una muy válida. La polis literaria, especialmente la de los países latinoamericanos, ha estado encerrada en un mundo de creación misógina. Aunque aclaro de inmediato que las mujeres –más exactamente: la japonesa como Lady Murasaki– ocupan un lugar destacado en la historia de la literatura. Lugar que también ocuparon en su tiempo Safo, *Madame* Lafayette, George Elliot, Gertrude Stein y tantas otras escritoras. Así que al banquete de la civilización las mujeres no hemos llegado tarde, excepto en Latinoamérica, y otros países como los africanos, pero sólo menciono a Latinoamérica.

Diversas circunstancias favorecieron esta aparición tardía. Entre ellas, el hecho de que las mujeres aprendieron a escribir con sobriedad o con descaro, y las editoriales y el público se interesaron por lo que ellas tenían que decir. Es más, cierto tipo de literatura feminista, oficiosa y alharaquienta, ya se ha convertido en muchas editoriales en un signo publicitario, en un instrumento de propaganda que forma parte esencial de la economía de consumo.

Las escritoras se han transformado en un departamento de la publicidad y en una rama del comercio. La consecuencia de esta manera de pensar ha sido funesta, porque el mercado se ha inundado de libros triviales que escamotean la verdadera creación.

Durante estos años hemos aprendido una lección universal: No cuentan las virilidades ni las feminidades, lo que vale es la buena literatura y ésta pertenece a una cofradía espiritual, constituye una actividad marginal, y está escrita tanto por hombres como por mujeres.

(marzo de 2000)

DESPUÉS DE LA ENTREVISTA. En el 2006 publicó *Cuadernos del exilio* y en el 2003, *¿Por qué Dreyfus?* También *Mis amores en la sala oscura* (2016). Continúa residiendo en Ciudad de México, donde prepara otro libro de entrevistas.

MIREYA ROBLES (escritora)

La tarde que Mireya Robles se presentó en la Feria del Libro de Miami, en noviembre del pasado año, se acercó lentamente al micrófono con unas pequeñas notas escritas a mano que casi ni miró a lo largo de su intervención. Allí, ante un público expectante comenzó a tejer una historia que profundizaba en las asombrosas sensaciones que experimentó en unos baños públicos en Túnez. Las ideas tomaban forma en el aire y los que la escuchábamos podíamos sentir, y ver, las cubetas con agua caliente pasando de mano en mano, la humedad del lugar, los vapores, los rostros duros de las mujeres, los cuerpos desnudos, el rasposo jabón que arañaba la piel casi hasta hacerla sangrar, los pies descalzos sobre una superficie resbalosa. Su descripción trasmitía los temores, el pudor, las angustias, y a su vez el extraño gozo de una experiencia excepcional. Tiempo después vi la película *Halfaouine: Boy of the Terrace,* y tuve la impresión de haber visto ya ese mundo de baños públicos, cubos de agua y mujeres denudas... recordé que había escuchado a Mireya Robles.

El día en la Feria descubrí a una escritora que hasta ese entonces sólo conocía por el mundo de su novela *Hagiografía de Narcisa la bella*, impactante obra escrita en un bloque de 155 páginas. Al ver la película de Ferid Boughedir, pude apreciar en toda su extensión el eficaz poder narrativo de Mireya Robles.

Esta creadora nació en Guantánamo, Cuba, y desde 1957 vive fuera de la Isla. Es una mujer que habla poco, con oraciones cortas, medidas. Posee un mundo propio que recrea en una obra literaria muy sólida, pero, como le ocurre a la inmensa mayoría de los cubanos que viven fuera de su país, no ha recibido el amplio reconocimiento que merece. Vale señalar, además, que Mireya Robles ha impartido clases en varias universidades importantes de los Estados Unidos, y en Sudáfrica, país por el que confiesa sentir una atracción especial.

Me gustaría comenzar hablando de usted. En su Cuba natal los problemas raciales no eran mayores, sin embargo usted dio clases en Estados Unidos y luego en Sudáfrica, países donde hubo, ¿hay?, serios conflictos raciales. ¿Cómo le resulta la vida a una mujer cubana en condiciones de racismo extremo?

Creo que en Cuba no había problemas raciales mayores porque el racismo era algo establecido como cosa natural y como tal, aceptado, pero sí había racismo. Lo vemos confrontado en la poesía negra de Nicolás Guillén, donde salen todos los vocablos derogatorios que usábamos sin darnos cuenta siquiera de lo que implicaban: *bemba, negro bembón, pasa colorá, adelantado* (si el mulato o la mulata eran de color claro); *atrasado, atrasada,* si el color era más oscuro. En Guantánamo había un club de baile para negros, otro para mulatos y otro para los que se creían blancos. Debido a que el negro se ha considerado con frecuencia estéticamente inaceptable, ha tendido a alisarse el cabello con la intención de esconder su negritud. Esto lo he visto en Cuba, en Estados Unidos, en Sudáfrica. En Estados Unidos tuvo que adaptarse el *slogan* de *Black is beautiful* para que el prejuicio estético se convirtiera en aceptación.

El prejuicio y la limitación de los derechos de los negros existieron por décadas en Estados Unidos, desde el punto de vista legal y social. En Sudáfrica, la única diferencia es que se le llama por su nombre: *apartheid.* El presidente anterior a Mandela, F.W. de Klerk, desmanteló en el Parlamento, el *apartheid,* pero a nivel social, está aún lejos de desaparecer, de ambas partes, de blancos y negros, aunque hay un proceso de aceptación mutua que puede ser muy positivo. Yo, particularmente, no me he sentido discriminada.

***Hagiografía de Narcisa la bella*, un libro donde prevalece una atmósfera mágica, y una de sus obras fundamentales. Háblenos de ese libro.**
Sí, hay una atmósfera mágica porque yo les doy a mis personajes todas las libertades y todas las posibilidades que yo no puedo tener en la vida real. Tiendo también, sin proponérmelo, a infundirles a las obras un gran sentido del humor. Yo me río con mis personajes. En la obra se entremezclan el dolor y lo cómico. Trata de un núcleo cerrado de una familia con unos padres demasiado preocupados con ese *qué dirán* heredado de España. El conflicto se intensifica cuando el padre, que alardea de conquistador, se da cuenta de que «le ha salido» un hijo homosexual. Vivir en ese núcleo familiar cerrado, puede convertirse en una experiencia devastadora

¿Qué nos puede decir de su más reciente libro, *La muerte definitiva de Pedro el Largo*?

Pedro el Largo sigue una trayectoria de varias reencarnaciones y ha llegado el momento en que quiere irse de este mundo para siempre valiéndose de letanías verbales con las que él cree que encontrará la muerte definitiva. A cada capítulo le sigue un capítulo paródico que narra las aventuras del Pedro actual, un poco sabio y loco a la vez, popular y misterioso, que surgió milagrosamente, de un dibujo de Van Gogh.

Me gustaría escucharle hablar de la soledad, el tiempo y la muerte, elementos que parecen constantes en su obra.
Son éstos, temas vastísimos que por razón de espacio, tengo que limitar a unas cuantas frases. He podido, invariablemente, dejar de sentirme sola, cuando escribo, es decir, cuando tengo ese encuentro conmigo misma, que es insustituible. He sentido soledad en ambientes que me son ajenos, cuando he estado físicamente sola y cuando he estado en presencia de personas con las que no he logrado compartir ese algo recóndito que es nuestra esencia humana. En general, tengo pocas amistades, pero a las que me unen enlaces profundos y hasta ahora, duraderos. El tiempo es el formador de nuestra existencia, por eso le puse el título de *Tiempo artesano* a un poemario mío. Del tiempo infinito, no podemos escaparnos, estaremos ahí siempre, tal vez en procesos cíclicos en los que aparecemos, evolucionamos, desaparecemos y volvemos a reaparecer, por eso la muerte es sólo una ausencia aparente.

¿Qué es lo que resulta más difícil en la vida de un escritor exiliado?
Yo salí de Cuba en 1957, pero ideológicamente, soy exiliada porque no podría vivir en un país donde el ser humano se ha cosificado y ha pasado a ser un objeto del gobierno, sin derechos, en un sistema absolutamente arbitrario. Nunca he vuelto a mi país, pero de alguna forma, el tiempo y el espacio no han logrado borrar su presencia. En cada página que escribo, Cuba está ahí, siempre.

(abril de 2000)

DESPUÉS DE LA ENTREVISTA, hubo varias reediciones de sus libros más memorables. Además ha publicado *Una mujer y otras cuatro* (2004), *Trisagio de la muerte* (2010) y *Diario de Sudáfrica*, (2011). Reside en Miami.

TERESA MARÍA ROJAS (actriz, profesora)

Resultan inseparables los nombres de Teresa María Rojas y *Prometeo*, de repente como que *Prometeo* se convierte en el segundo apellido de esta mujer cubana y exiliada, que con un esfuerzo tremendo, una dedicación admirable y mucho talento, ha logrado hacer lo que ha querido, ser actriz y profesora.

Como maestra de teatro le ha extraído la fuerza y la energía creadora y expresiva a cada uno de sus estudiantes. Los frutos de esa ardua y misteriosa labor de formar un actor se pueden apreciar por los resultados profesionales alcanzados por sus estudiantes, y por los importantes reconocimientos recibidos por su escuela, algo que la llena de orgullo y satisfacción.

Como actriz ha interpretado desde la *Antígona* de Jean Anouilh, su primer trabajo en Cuba, hasta *Lola*, de Rafael Blanco, hace apenas unos años en Miami. Dedicada por entero al teatro, sin duda alguna Teresa María Rojas es una de las figuras fundamentales en el desarrollo del teatro a nivel local. Pero además de fundir esas dos vocaciones, de actriz y educadora, Teresa María destaca también como poeta.

Generalmente se asocia su nombre con el teatro, sin embargo usted es también poeta. Háblenos de su poesía.
Señal en el agua, Raíz en el desierto, La casa de agua, Campo oscuro, Capilla ardiente, y una antología, *Hierbadura,* es lo publicado. Lo inédito está disperso, anda regado por los ojos y se lo llevan los alumnos. También aparece en lo que cocino. Mi poesía es muy revoltosa, tiene una conducta impredecible. Me he ido acostumbrando a sus desmanes, y cuando no quiere quedarse quieta en un papel, no me desconsuelo. Lo terrible sería que no me poseyera.

¿Dónde se conecta, si es que existe algún tipo de vínculo, su quehacer como poeta y su trabajo de actriz?
La poesía y el teatro siempre han sido mi más apasionado enredo. No pueden vivir el uno sin el otro.

Cuando se menciona al grupo *Prometeo*, se le identifica ya un estilo de hacer teatro. Háblenos de la escuela que usted fundó en Miami y de la forma de enseñar y hacer teatro.
Fíjate, en *Prometeo*, hemos abarcado todos los géneros, que yo sepa: Clásicos, teatro del absurdo, teatro de la crueldad, de participación, callejero, teatro pánico, comedia, melodrama, en verso, en inglés, bilingüe, y una vez, para la Feria del Libro, tuvimos una presentación trilingüe, *Lorca en el Diván*, en español, inglés y portugués. Hemos hecho teatro para niños y estrenado a varios autores. Esta extraordinaria oportunidad, la debo a la visión del Dr. Eduardo Padrón, quien, muchos años atrás, vislumbró a Miami como la ciudad cosmopolita que ahora es. *Prometeo* se convirtió entonces en un exitoso proyecto del recinto Wolfson del Miami-Dade Community College y en precursor de programas similares en el resto de la nación.

Mi fuerza viene de los estudiantes, con los cuales soy rigurosa y maternal. Enseño, la mayoría de las veces, fundamentada en el método Stanislavski, aunque no desdeño la práctica de otros grandes renovadores del teatro, y la condimento con especies caribeñas de mi propio jardín. Miami es un fenómeno social y cultural que habrá que estudiar, detenidamente, algún día. Nuestros estudiantes son de todas partes, con su música particular al hablar y sentir. Esa es una de las experiencias más ricas y hermosas del grupo. En cuanto al estilo no sé, cuéntame tú, ¿qué es lo que dicen por ahí?

Estamos a las puertas de los quince del Festival de Teatro en el que siempre participa su grupo. ¿Con qué propuesta se presenta Prometeo?
Por primera vez en quince años, *Prometeo* no participará en el Festival. Lo digo con cierta tristeza, pero, la razón es causa de alegría: Finalmente, tendremos «techito», en el sexto piso del Wolfson Campus, con luces, sonido, niveles, telón. Modesto todo, pero, nuestro. Como la casa no está terminada aún, no podemos tener visita. Sin embargo, ya mismo te digo lo que haremos para el Festival del 2001: *Tres eran tres, Virgilio, Lydia y René*.

Soñemos: Mañana cae la dictadura de Castro y usted es seleccionada para llevar a escena en un inmenso teatro de La Habana una obra. ¿Qué pieza escogería y por qué?

Una de Nilo Cruz. Precisamente, la misma con que abrirá sus puertas nuestro saloncito: *Un parque en mi casa*. Es una obra conmovedora, simpática e inteligente. Con los ojos bien abiertos, como quien ya soñó: Se hará en la Plaza de la Catedral, la entrada libre, con matinée los domingos y el mismo reparto.

(mayo de 2000)

DESPUÉS DE LA ENTREVISTA. Retirada de la docencia, la influencia y presencia de Teresa María en el tejido teatral de Miami, sigue siendo una fuerte influencia. En el 2004 publicó el libro de poesía *Pozo de sed*. Todavía sube a las tablas como actriz.

REINALDO BRAGADO BRETAÑA (escritor)

A este cubano lo conocen muy bien los lectores de este Diario, porque semanalmente publica una columna de opinión en sus páginas, donde analiza con inteligencia y agudeza la situación cubana, el acontecer miamense. A veces prefiere dejar a un lado lo cotidiano, y su espacio lo ocupa para redactar una aguda reseña sobre un libro, o se adentra en los matices que brotan de los colores, y escribe de una exposición de pintura.

Reinaldo Bragado es una voz joven en el largo exilio cubano y sus experiencias, muchas de ellas tremendas, como haber ido a parar a la cárcel, desertar del Servicio Militar Obligatorio, ser golpeado en la vía pública por la policía política, y lanzarse al mar en una endeble balsa, son los elementos vitales que definen el contorno de su obra literaria, donde estas situaciones de espanto aparecen como trasfondo de un mundo literario fuerte y personal.

Bragado ha publicado las novelas *La estación equivocada*, y muy recientemente *La noche vigilada*, libro que fue presentado en la pasada Feria del Libro de Miami, y que ha estado entre los más vendidos; los libros de cuentos *Bajo el sombrero* y *En torno al cero*. Fue finalista del concurso Letras de Oro con su novela *La ciudad hechizada*, y ha publicado además *La fisura*, una valiosa recopilación de textos sobre la disidencia en Cuba.

A principio de la década del ochenta, usted formó parte del grupo de jóvenes intelectuales que de una manera u otra impulsó en la Isla una nueva visión creativa. Háblenos de esa época.
En realidad lo que sucedió es que comenzaba a salir a la luz pública el movimiento en favor de los Derechos Humanos. Era algo totalmente nuevo en la historia del país. Yo me vinculo a ese movimiento y en su seno comienzo a trabajar en el aspecto cultural, en la defensa de los escritores marginados. Bien poco podíamos hacer y todo se reducía a las denuncias que enviábamos al exterior. Por lo demás, ese grupo de creadores que hablas es el mismo tuyo, los marginados, pero en tu caso saliste del país años antes. Las condiciones no cambiaron y los mismos problemas que tú sufriste los sufrimos los que quedamos atrás.

La fisura, **una recopilación de textos sobre la disidencia en Cuba, es, a mi juicio, un paneo por el sufrimiento y el dolor de un país sometido a una dictadura. Háganos un poco la historia de ese libro.**
Desde que estaba en Cuba, cuando comprendí que la fundación del Comité Cubano Pro Derechos Humanos (CCPDH) iba a cambiar la vida de la sociedad –creo firmemente que fue así–, pensé que era necesario escribir la historia de ese movimiento, aprovechar que la estábamos viviendo y anotarlo todo para que no se perdiera el origen de ese fenómeno social. En Cuba escribí artículos sobre cada acontecimiento relacionado con el CCPDH, como la primera misa pública que dedicamos a Jerzy Popieluzco –en San Juan de Letrán, en el Vedado–, lo cual fue un suicidio y pensábamos que esa noche terminaríamos todos en prisión. Cuando llegué al exilio pensé mucho en escribir una historia del movimiento, pero me di cuenta de que estaba muy cerca del problema como para hacer algo objetivo, así que me limité a recopilar los artículos de Cuba y del exterior, así como muchos otros documentos relacionados con el tema escritos por otros o emitidos por organizaciones. *La Fisura* no es una historia del movimiento de Derechos Humanos, es sólo un libro de referencia para los estudiosos del tema. Por suerte los comentarios y críticas han sido muy favorables. En estos momentos está en proceso de edición el segundo tomo porque, lamentablemente, las violaciones en Cuba no cesan.

Los personajes de *La noche vigilada* **son marginales y perseguidos. ¿En qué medida esos personajes resultan un perfil de la sociedad cubana actual?**
Efectivamente. Los personajes de *La noche...* son un perfil de la sociedad cubana y tú los conoces muy bien. Pero la novela sólo hace referencia a los perseguidos y marginados. Debo señalar que faltan otras sicologías características de la Cuba de hoy, como el oportunista, el de doble pensar, el perseguidor y todos los demás de ese corte, pero eso es materia para otra novela.

Es el mar una constante en la literatura cubana, alcanzando una mayor presencia en los últimos cuarenta años. Háblenos de ese elemento, que también aparece en *La noche vigilada*.

Como soy de La Habana desde niño estoy acostumbrado a vivir con el mar. No creo que haya pasado un día de mi vida, cuando vivía en Cuba, sin ver el mar. Mi respiración, mi ritmo interno, está vinculado al ritmo del mar. Es una de las obras de la naturaleza más impresionantes. Creo que muy pocas cosas, si las hay, superan la majestuosidad del mar. Al mismo tiempo le temo. Sus profundidades son una incógnita y es capaz de arrasar con una población costera o tragarse un buque enorme en minutos. Hoy, como Cuba es una isla, el mar cumple la doble función de ser muro de agua y puente de agua para escapar. De eso otras personas han hablado mucho y mejor que yo. Pero tienes razón, en *La noche...* está presente el mar porque es visto por el personaje central como su vínculo con lo que dejó atrás, además de ser el medio gracias al cual pudo escapar.

En su caso está muy ligado el escritor y el activista político. ¿Cómo puede manejar esos dos compromisos vitales para usted, sin que uno afecte el resultado del otro?
Precisando: no se trata de activismo político, sino de activismo en favor del respeto a los derechos humanos. No me interesa la política, lo que sucede es que en Cuba, cuando defiendes los derechos humanos, la dictadura te coloca en el terreno de la oposición política. Mi trabajo en ese movimiento no afecta mi literatura, de hecho, muy pocos libros míos poseen un trasfondo político. Pero somos seres humanos, tú, yo, todos, y pertenecemos a la misma familia. Los hay que dan la espalda a los problemas de los demás. No fue mi caso y el tiempo que dedico a los derechos humanos me causa una gran satisfacción. Por otra parte, no paro de escribir. Así que, en ese sentido, se puede decir que soy feliz, aunque no totalmente. La felicidad total será cuando no tenga que trabajar más para los derechos humanos.

(junio de 2000)

DESPUÉS DE LA ENTREVISTA. En junio del 2005 Bragado sufre un infarto masivo y fallece en Miami. Tras su desaparición su viuda ha realizado algunas gestiones para publicar su legado inédito. Algunos libros suyos después de la entrevista y póstumos son: *Después de la vigilia; La alcantarilla mágica*, y *Curazao 24: cuidado con el perro*, entre otros.

NICOLÁS ABREU FELIPPE (escritor)

Este autor habanero ha hecho de los elementos más inusitados de la imaginación, y de situaciones prácticamente absurdas y delirantes, el eje conductor de su literatura. Pero cuidado, nada es gratuito, sólo resulta un medio para seducir (atrapar) al lector y llevarlo hacia el abismo de su intenso mundo literario, donde la angustia, la desesperación y la muerte hacen sentir su constante presencia. La novela *El lago* es la muestra que mejor refleja esa atmósfera asfixiante que tan bien sabe manejar el autor.

Nicolás Abreu Felippe es de esos escritores que poseen el don de la narración, que saben decir mucho en pocas palabras. *Al borde de la cerca*, su testimonio sobre su estancia en la embajada de Perú en La Habana, es un ejemplo preciso de ese poder narrativo, que también se puede palpar en *Nochebuena*, su contribución a *Habanera fue*, homenaje a la madre, escrito junto a sus hermanos José y Juan.

Nicolás Abreu Felippe es una de las voces cubanas más auténticas del exilio, y *Miami en brumas*, que acaba de publicar, confirma el talento y el poder creativo de este escritor.

Usted es el menor de tres hermanos escritores, algo poco usual en Cuba, con pocas excepciones, como podrían ser los hermanos Loynaz. ¿Cómo logra usted reflejar en su obra las vivencias familiares comunes?
Tal vez haber sido el menor fue mi mayor fortuna. Contándote a grandes rasgos, a mi hermano mayor le costó mucho esfuerzo que yo me interesara por la literatura. Me obligaba a leer, cuando en verdad yo lo que quería era irme de parranda con mis amigos detrás de las muchachas, con quienes se pasaba mucho mejor. Todo aquello era demasiado serio para mi edad. Cuando terminaba la lectura, me pedía una interpretación en detalles de lo que había leído. Nunca lo defraudé, iba siempre más allá y a él le gustaba como yo inventaba para impresionarlo. Me decía que yo tenía mucha imaginación y precisamente ése fue mi escape para mantenerme como escritor al margen de la influencia de mis dos hermanos. Por eso, cuando escribo, no puedo evitar sumergirme en la imaginación, ése es mi mundo, en ese ámbito establezco mis vivencias. Todavía hoy es un reto para mí escribir. A mi hermano le debo este infierno, en el mejor sentido de la palabra.

En su novela *Miami en brumas* ocurren dos historias que avanzan paralelas entre La Habana y Miami, y en el medio corre el Estrecho de la Florida. ¿Podría hablarnos de esas dos historias y su relación con el mar?
Es imposible hablar de Cuba sin relacionarla con el mar, circunda la isla y siempre no han sido las inofensivas gaviotas las que han aparecido por el horizonte. Del mar también vieron llegar los indios «cubanos» a los colonizadores españoles para exterminarlos. El yate Granma con Fidel Castro y su tribu de delincuentes también apareció un día por el horizonte y el abordaje a la Isla ya ha durado casi medio siglo. Ese desgarramiento en el espíritu del cubano que ha dejado tanta desgracia, es lo que marca esas dos vidas paralelas en mi novela. Un personaje sufre el vacío del exilio, lejos de todo lo que le han obligado a abandonar. Mira desde Miami el mar buscando el reflejo de todo lo que dejó atrás. El otro en La Habana explora la manera de huir de la dictadura que le impide toda esperanza. Desde el malecón, de espaldas a la ciudad que se cae a pedazos, mira también el mar que se interpone entre ellos y que sin escrúpulos le impide escapar.

Uno de los elementos que diferencia su anterior novela *El lago*, de *Miami en brumas* es el rico desborde de imaginación que despliega en la primera, y que está muy dosificado en la segunda. ¿A qué se le puede atribuir eso, acaso a que la novela pedía un tono más sobrio, o es que el tiempo lo ha sosegado en ese aspecto?
La diferencia es que *El lago* es mi mundo y *Miami en brumas* refleja más el mundo y la tragedia del pueblo de Cuba. Aunque es innegable que en esta última novela muchas circunstancias provienen de la ficción, puedo asegurarte que no sentí ninguna diferencia cuando la escribía. El presente de Cuba es espeluznante y supera a la realidad en todos los aspectos. Pero no tengo por qué preocuparme, sigo siendo fiel a la imaginación.

Usted salió de Cuba por el Mariel. De su experiencia en la embajada de Perú escribió *Al borde de la cerca*, libro que tengo entendido está agotado. Han pasado 20 años y sería interesante que nos dijera cómo lo ve en la distancia.
Al borde de la cerca es un libro que tuvo la desgracia de publicarse muy rápido. A mí particularmente me hubiera gustado dejarlo repo-

sar. Es un testimonio muy patético, escrito con mucha rabia después de haber sobrevivido aquellos días de crisis que se padecieron en la Isla, donde sin exagerar, el país, después del triunfo de la revolución, por primera y única vez estuvo al borde de una guerra civil. Sigo creyendo que es un libro necesario, donde sin alardes literarios trato de reflejar todo lo que padeció el pueblo de Cuba en esos días cuando casi once mil personas se hacinaron en una embajada, sin esperanzas garantizadas, buscando libertad. Gracias a ese grupo, 120,000 lograron escapar después, me siento feliz de haber sido uno de los que abrió esas puertas. Los sucesos de la embajada de Perú marcaron un hito en la historia de la llamada Revolución Cubana, nunca más pudieron recuperarse de aquel golpe. Mucho le debe la disidencia actual a ese asilo masivo.

Se dice que trabaja ahora en *La ribera*. ¿Qué nos puede anticipar de esa novela?
Con esta novela estoy regresando de nuevo a mis orígenes. Vuelvo a sumergirme en la imaginación. Te puedo anticipar que comienza con una cita de Erasmo de Rotterdam que dice: «sólo en la irreflexión es grata la vida». Ya te puedes hacer una idea. Me apasiona adentrarme en lo inesperado, viajar por lo supuestamente irreal, lejos de todas las trabas y prejuicios de la realidad, de lo cotidiano. Lo normal y lógico se lo dejo a los políticos y los abogados. Prefiero los maravillosos legados que dejaron a la posteridad los sabios honestos que vivieron sumidos en la turbulencia de la imaginación. Tratar de quedar bien con la sociedad cuando uno escribe lastima la obra. Nunca olvido que conversando un día con Reinaldo Arenas mientras trabajábamos juntos en el cuartucho donde vivió en la calle Monserrate, en La Habana, me dijo: «La imaginación hace falta hasta para hacer un falso techo». En ninguna otra cosa he estado tan de acuerdo con él.

(Julio 2000)

DESPUÉS DE LA ENTREVISTA, el escritor se mantuvo un largo tiempo apartado del entorno literario. Fundó la Editorial El Almendro, donde dio a conocer algunos títulos, entre ellos *La mujer sin tetas*. En el 2015 publicó la novela *En Blanco y Trocadero*. La anunciada novela *La ribera*, no se ha concretado todavía.

AMELIA DEL CASTILLO (escritora)

Cuba parece ser una tierra fecunda en voces femeninas para la poesía, y lo más curioso es que muchas de esas poetas han realizado una gran parte de su obra en el exilio, desde una Juana Borrero, adolescente, que en época de la guerra de independencia se exilió en Cayo Hueso, hasta el más reciente éxodo, donde sobresalen mujeres como Ana Rosa Núñez, Pura del Prado, Belkis Cuza Malé, Uva de Aragón, Mireya Robles, Juana Rosa Pita, y un asombroso y largo etcétera.

Amelia del Castillo es fundadora del exilio anticastrista, y se integra a ese grupo sobresaliente de poetas, como una de sus mejores exponentes. Con su obra literaria y con la fundación GALA (Grupo Artístico Literario Abril), que presidió por más de una década, Amelia vio crecer, y también contribuyó activamente, a consolidar la fuerza cultural cubana en Miami, ciudad donde siempre ha residido.

Cuando Amelia del Castillo publicó su primer libro, *Urdimbre* (1975), Agustín Acosta, el poeta nacional cubano, escribió en el prólogo: La poetisa que me honro en presentar al lector, es absolutamente desconocida. Tras la publicación de *Voces del silencio, Cauce de tiempo, Las aristas desnudas, Agua y espejo, Géminis deshabitado* y más recientemente *El hambre de la espiga* (2000), Amelia se ha convertido no sólo en una de las poetas cubanas más conocidas, sino de las más valiosas e importantes en el ámbito literario del exilio cubano.

Creo que se impone preguntarle por lo más reciente que ha publicado, ***El hambre de la espiga.*** **¿Podría hablarnos de ese libro?**
Mira, cuando se ha hecho un recorrido largo «y yo lo he hecho» puedes mirar hacia atrás y verte repetida en otras vidas: en este caso en las de mis nietas, porque no tuve hijas. Eso es *El hambre de la espiga:* un redescubrir el camino de la mujer y una necesidad de contar «y cantar» lo trascendente de su paso. Para Gaby Vallejo, escritora boliviana: es un canto para, con, y desde la mujer. Para Ana María Fagundo, poeta española: cada uno de los poemas respira lo femenino en toda su magnitud de vida. Para el poeta Manuel Mantero es un: transcurrir biológico, histórico y social de la mujer.

Yo diría que si hay un mensaje, es el de celebrar una actitud digna y valiente ante el ineludible pasar del tiempo y el de emplazar a la vida con pasaporte de mujer.

¿Cómo ubicaría *El hambre de la espiga* en el conjunto de su obra?
Es distinto porque más allá de lo personal recrea y enlaza el ayer, el hoy y el mañana de «la» mujer. La mujer como símbolo de la continuidad y como cuenco de vida. Surgió como un homenaje y creo que ha llenado su función: «exaltar lo femenino».

Ha gustado y me complace la acogida que le han dado escritores y críticos cuya opinión he considerado siempre válida y objetiva. No ha desplazado, sin embargo, mi preferencia por otros libros míos, como *Cauce de tiempo* o *Géminis deshabitado* en los que me siento más representada.

Usted ha sido prácticamente fundadora del exilio actual, algo que le ha permitido apreciar el quehacer de una comunidad cubana culturalmente sólida. Díganos cuándo comienzan los exiliados a hacerse sentir culturalmente, y cómo se integra usted a esa corriente.
Efectivamente, fui parte de ese primer exilio que además de enfrentarse al extraño entorno, idioma, idiosincrasia, sufrió el aislamiento, la falta total de ayuda (que llegó después) y la orfandad de esa mano amiga que alivia y levanta. Fue el exilio que vio a médicos limpiando salas de operaciones, y a abogados y profesores fregando carros, y a ejecutivos arreglando casas y jardines. Llegué en noviembre de 1960, y te confieso que en una situación que me impidió el lujo de pensar en otra cosa que no fuera «el pan de cada día». Cinco de familia, sin contar los que seguían llegando, ocho horas de trabajo y la obligada vuelta a la Universidad no me dejaron tiempo para más.

No fue hasta 1975 que me permití asomarme e integrarme al movimiento cultural que luchaba por abrirse paso y que existió desde muy temprano. Aunque alejada, estuve al tanto de publicaciones y revistas que salieron contra viento y marea, de reuniones de escritores y poetas, de proyectos, sueños. La necesidad fue dispersando a los Pioneros; pero muchísimo hay que decir sobre esos primeros años de empeños y frustraciones culturales y creo que es hora de que se diga, y no a saltos, sino con fechas, nombres y apellidos.

GALA fue una organización cultural muy importante en Miami. ¿Cómo la recuerda?
De GALA podría hablarte tanto que nos iríamos fuera del contexto de esta entrevista. ¿Cómo surgió? La idea y el impulso inicial los trajeron de España José Ferrer y su hija Araceli Perdomo. Añoraban las tertulias de Madrid, nos reunimos un pequeño y animoso grupo de escritores alrededor de Agustín Acosta y surgió GALA. Comenzamos en el mes de abril de 1978 y durante 12 años estuvimos convocando a Premios Internacionales de Poesía y Cuento (más tarde incluimos Teatro). Por apoyar la Defensa de los Derechos Humanos se instauró el Premio Pluma de Oro que se les otorgó, todavía en prisión, a Armando Valladares, Ángel Cuadra, Jorge Valls y Ernesto Díaz Rodríguez; luego, a figuras destacadas del Exilio. Pero eso no fue todo. Puedo decirte que durante esos 12 años GALA celebró cinco actos anuales de importancia además de sus almuerzos y tertulias mensuales: GALA y la Poesía, GALA y la Narrativa, GALA y la Música y sus dos exposiciones de pintura: el Salón de Primavera y el Salón de Otoño. Por GALA desfilaron y con GALA estuvieron y cooperaron las más destacadas figuras del mundo artístico-literario de nuestro exilio

Cada generación de cubanos recuerda una Cuba diferente. ¿Cuál fue su Cuba?
La mía no fue ni mito ni fantasía. La traje conmigo y por eso no se me ha ocurrido ir a verla o a buscarla en ninguna otra parte. ¿Cómo era esa Cuba? La que a pesar de sus vicios y defectos anteponía familia y amistad a cédulas, preferencias o aberraciones políticas; la que podía permitirse el lujo de jugar con su destino; la que se regocijaba burlándose de gobiernos, gobernantes y hasta de sí misma; la que, digan lo que digan y crean lo que crean sus detractores, se mantenía entre las primerísimas de la América Latina y hacía realidad el sueño de industria y manufactura propia; la de la hermosa arquitectura colonial que hoy se derrumba. La que destruyeron, más bien ejecutaron, para convertirla en la ruina que hoy exhibe. La que, como te dije, traje conmigo y espero devolver algún día. Porque

tengo la absoluta seguridad de que si no la devuelvo yo, la devolverá otro.

(julio de 2000)

DESPUÉS DE LA ENTREVISTA. La escritora se mantiene activa a sus casi 95 años de edad. Entre sus últimas publicaciones se encuentran *Fugacidad del asombro; Un pedazo de azul para un naufragio* y *De trampas y fantasías.*

ESTEBAN LUIS CÁRDENAS
(narrador y poeta)

Una significativa parte de la juventud cubana con pretensiones artísticas que no se plegó a la estricta línea oficial cubana, sufrió persecución, largos términos de cárcel, y hostigamiento incesante. Esos creadores, sólo por pensar diferente, nunca vieron sus libros publicados y fueron expulsados de las universidades. Una de esas voces que quisieron acallar fue la de Esteban Luis Cárdenas, pero no pudieron doblegarlo.

Su vida azarosa es en gran medida el reflejo de toda una época. Su obra comienza con *Juego de diverso*, libro de relatos que quedó finalista del Premio UNEAC de 1965, y que le fue confiscado años después por la Seguridad del Estado durante un registro en su casa. Lo expulsaron de la Universidad donde cursaba el tercer año de la carrera de Historia. Lo mandaron a la cárcel por intentar abandonar el país, tras solicitar asilo en la Embajada Argentina, a la que entró lanzándose al vacío desde la azotea de un edifico frente a la sede diplomática. Los funcionarios argentinos lo entregaron a las autoridades cubanas y sufrió prisión. Finalmente llega al exilio en 1979, prácticamente unos meses antes del éxodo del Mariel.

En Miami, donde la posición política que se mantenga no importan mucho para publicar un libro, pero sí la económica, ha editado con muchas dificultades, y el apoyo de algunos amigos, dos excelentes libros de poesía *Cantos del centinela* y *Ciudad mágica*, colecciones que reafirman a Esteban Luis Cárdenas como uno de nuestros mejores poetas, con una voz propia, que le imprime a lo cotidiano –un loco, un borracho, un vigía junto a un río–, el sentimiento y el espíritu de lo trascendente.

De todo el período castrista, los años que van desde el caso Padilla hasta finales de los 70, son considerados por muchos como la peor época en la represión cultural cubana. ¿Cómo se desarrollaba su vida como escritor en esa etapa?
La peor época de la represión cultural castrista –respondiendo en algo a su pregunta–, fue siempre. En mi caso, mi desarrollo como escritor fue bastante bueno, teniendo en cuenta, por supuesto, que

subsistía bajo una tiranía staliniana en medio del Caribe Occidental. Por cierto, un buen número de jóvenes autores –Juan Miguel Espino, Rogelio Fabio Hurtado, Eddy Campa, René Ariza, Nicolás Lara, Julio Miguel Piroh, entre otros–, optamos por reuniones en casa de algunos e ir a tomar café a la funeraria Rivero, situada en Calzada y Ken el Vedado. Empezábamos a llegar a las 10 pm. Como era bien difícil tomar café en casi toda La Habana, aquello provocó que los autores de que hablo, casi todos inéditos, y los menos con ciertos trabajos detestables, hiciéramos del pequeño parque al frente de la funeraria y a un costado de su cafetería, el sitio de reunión para intercambiar ideas y leernos nuestros escritos.

Claro, como todo bajo una tiranía comunista, pronto el Ministerio del Interior supo de aquello y frecuentemente, las patrullas de la policía pasaban por el lugar y la Seguridad del Estado poseía el registro biográfico y toda la información sobre los que asistíamos al lugar. Nos estamparon con el epíteto de *los funerarios*. Nosotros devolvimos el nombrete, poniéndoles a ellos *los segurosos*. A pesar de todo eso, yo seguía escribiendo y, según algunos terminé el mejor de mis libros de poesía, *Cantos del centinela*. Con excepción del último poema de ese libro, que lo escribí en Estados Unidos, en 1981, todos los realicé entre la represión castrista y la cárcel.

¿Qué es lo más terrible del exilio, donde ya llevas más de 20 años?
Lo más terrible del exilio es *eso*, el exilio. Pues aquí, especialmente, se confirma lo peor de nuestra personalidad, me refiero a nuestra intrínseca desconexión. Ni siguiera la ilustre figura de José Martí, nos ha servido para que consigamos la imprescindible coherencia unitaria para enfrentar al castrismo y aniquilarlo. A veces, en este exilio diverso, he escuchado el inmenso disparate de establecer una sinonimia entre los cubanos y los judíos... ¡le traquetea!

Usted ha recibido fuertes golpes a lo largo de su vida, prisión política, accidentes, problemas de visión, sin embargo eso no se refleja en su obra como un lamento, sino más bien su poesía tiene el ardor de la vida. Háblenos de su obra.
En verdad, de mis versos prefiero no hablar; sólo le anoto que cualquiera, que le ponga verdadera atención a esos escritos, entenderá por qué, siempre repito que tengo una deuda con la *Poesía*; tal vez,

en verdad, pueda pagarla en dos, quizás tres años, si Dios, una vez más –como hasta ahora–, continúa auxiliándome.

En *Ciudad mágica* se captura en imágenes poéticas el ambiente miamense. Es algo que otros escritores han realizado antes o después, Guillermo Rosales, Néstor Díaz de Villegas, Eddy Campa y Nicolás Abreu, entre otros. ¿Cree usted que se está conformando una literatura propiamente de Miami, con el aire, la voz y el ritmo del cubano?
A esta pregunta debo responderle que sí, aunque admito, más bien, que se acepte el ritmo mágico que, de cierto modo, impera por acá. O sea, los cubanos, poseedores en espíritu de una profunda magia afroespañola, de alguna manera han acentuado con ese ritmo propio, la proyección múltiple y mágica de esta singular ciudad norteamericana.

Tengo entendido que está trabajando en un libro de relatos. ¿Puede anticiparnos algo de esa obra?
Lo primero que terminé como escritor fue un libro de relatos en 1975 titulado *Juego de diverso* y se me perdió. Su copia la conserva, así creo, la Seguridad del Estado, y tal vez, una mujer europea. Ese libro lo fabriqué, es decir, lo escribí yo. Este otro, que lo descubrió Juan Manuel Salvat, con ojo de águila, me ha utilizado a mí como instrumento, pues, se ha escrito por sí mismo, es decir, para ofrecer una imagen, más o menos cierta. El libro se llama *Un café exquisito*, y se desarrolla en Cuba, Estados Unidos y siempre en el Universo.

(septiembre de 2000)

DESPUÉS DE LA ENTREVISTA. No hay certeza de la fecha de su fallecimiento, aunque el investigador Carlos Velazco señala el 8 de agosto del 2010 como fecha del deceso. Publicó, *Un café exquisito* y *Transfiguración*. A pesar de los libros publicados su obra requiere de un trabajo de revisión y estudio.

PEDRO MONGE RAFULS (dramaturgo)

Una de las figuras culturales más sobresalientes en el exilio cubano es el dramaturgo Pedro Monge Rafuls, quien desde una ciudad tremendamente avasalladora como Nueva York ha venido desarrollando una importante labor, tanto creativa, como de divulgación del teatro latino que se hace en los Estados Unidos, a través de la revista Ollantay. Pero ahí no se detiene, con las ediciones Ollantay Press publica narrativa y poesía, entre los que vale mencionar *Al fin del siglo: 20 poetas*, antología que reúne parte de la poesía que se escribe en español en Nueva York.

Como dramaturgo Pedro Monge Rafuls, se alinea junto a valiosas figuras del teatro cubano en el exilio como José Corrales, Matías Montes Huidobro, José Triana, Héctor Santiago, Fernando Villaverde, Julio Matas, José Abreu Felippe, Eduardo Manet y Jorge Trigoura entre otros, que han situado a la dramaturgia cubana en un lugar importante, aun cuando por razones políticas y económicas, ese teatro cubano no haya recibido el reconocimiento que por la calidad de sus obras merece.

¿Cuándo y cómo surge el proyecto de la revista Ollantay?
En 1992 existía una importante activad teatral «latina» que venía de la década de los cuarenta; sin embargo, era obvio el desconocimiento no sólo por los anglos sino aun, por los mismos «latinos» de ese teatro. Así que me planteé la necesidad de difundir este teatro a través de una publicación para ayudar a crear un corpus teatral de los latinoamericanos que vivimos en los Estados Unidos, y en 1993 salió la primera revista. Ya llevamos siete años, hemos publicado más de quince obras, hemos recuperado legados teatrales importantes. En una palabra: le hemos dado voz a los que no la tenían.

Como dramaturgo tiene usted una sólida obra. Podría decirnos, si es que las hay, algunas de las constantes de su teatro.
Creo que hay varias constantes en mi teatro. Algunas son de lugar, como la presencia de Placetas; de alguna forma el lugar donde nací siempre está presente. Son contadas las excepciones. Pero hay constantes más importantes. Mis personajes femeninos se salen bastante del común de las mujeres de nuestro teatro; son personajes duros,

llenos de recovecos casi siempre cuestionables. Las madres que he creado no son tiernas y buenas. Es algo que hago a propósito porque estaba cansado de que todas las madres del teatro cubano tienen que ser inmaculadas, so pena de ofender nuestra sociedad.

El lenguaje; José Triana escribió que soy «un virtuoso del lenguaje», y será porque trato de escribir caracteres que se diferencien y el lenguaje es una preocupación al hacerlo. Me preocupa mucho el tiempo, el espacio y el mundo moderno de la imagen, y trato de experimentar con esos elementos, consciente de ofrecerle oportunidades visuales al posible director. Mis finales siempre son abiertos, quedan a la disposición de un director creativo y de un espectador/lector imaginativo. Un personaje inesperado que entra o una acción que no se esperaba es una constante que confunde a muchos, pues suele cambiar la idea que hasta entonces hemos ido creando, e incluso ese cambio ha irritado a más de uno. Mis obras están marcadas por mi preocupación de dejar constancia de mi experiencia de cubano, de exiliado del castrismo, en Nueva York, pero no me interesa hablar mal de Castro, que no es más que un hecho pasajero en nuestra historia sino de las consecuencias que ha dejado esta etapa histórica, como seres humanos. De ahí que el destino, aquello que ocurre fuera de nuestro deseo es frecuente en mis obras.

Su obra *Las lágrimas del alma* acaba de ser llevada al cine por la actriz y directora Yvonne López Arenal. Qué significa para usted como escritor ese hecho, y cómo cree que podrá ayudar la película para lograr el demorado reconocimiento de la labor de los autores cubanos exiliados.

Es, en cierta forma una culminación como escritor porque el cine permite una mayor divulgación de tu obra, de la situación que uno ha creado. Lamentablemente, muchas personas creen que tú eres un buen escritor, después que te llevan al cine. *Las lágrimas del alma* había sido producida en Nueva York con buen resultado, y fue publicada en un número especial que la Revista Puentelibre, de México, le dedicó a la literatura del exilio cubano. Espero que la película llame la atención sobre el teatro que se escribe fuera de Cuba, que, yo siempre digo, que lo mejor del teatro cubano está en el exilio y no en la Isla.

Cómo se desarrolla la vida de los artistas cubanos en Nueva York, donde el aspecto cosmopolita de la ciudad tiende a absorberlo todo, y en el caso específico de los cubanos, por su condición de exiliados, tropieza con la izquierda festiva.
La vida del artista cubano exiliado no es fácil en ninguna parte donde se encuentre. No sólo tenemos que luchar contra los elementos procastrista no cubanos, sino con directores y productores cubanos que buscan ser reconocidos en la Isla e ignoran y hasta denigran al artista exiliado a pesar de su calidad. También existe el llamado intelectual exiliado que considera que para ser artista de calidad hay que haber sido reconocido en la Isla. Sin embargo, los artistas cubanos hemos ido adquiriendo un espacio en Nueva York. Algunos son reconocidos en importantes escenarios del *mainstream* angloamericano; a otros nos publican importantes editoriales como TCG. Por lo general, muchos somos montados en los escenarios neoyorquinos con relativa frecuencia.

¿Cuál sería en su opinión las diferencias más marcadas entre el teatro que se hace en la Isla y el del exilio?
Ah, amigo, me has preguntado algo que podría dar lugar a un simposio con la participación de nuestros estudiosos teatrales, y de dramaturgos. Lamentablemente, sin la presencia de nuestros directores cubanos, pues ni conocen ni valoran una dramaturgia que es importante. Aunque la idiosincrasia cubana se identifica en lo que escribimos los del exilio, no tenemos una sola forma de escritura, y ya eso es una diferencia con los de la Isla, en los que encuentro repeticiones de exposición y de construcción dramática. Allí, continúan tratando de emular a Virgilio Piñera y de escribir una obra mejor que la gran *Noche de los asesinos*. En el exilio no existe ese afán. En nuestro caso, estamos influenciados por las vivencias del exilio y de la sociedad angloamericana y/o europea. Otra diferencia sería la de los idiomas. Hay algunos que escriben en inglés, y aunque escribamos en español, como en mi caso, estamos influenciados en la construcción de la frase y otras características de la lengua inglesa.

La libertad es una diferencia importantísima, no sólo la de poder escribir sobre lo que te dé la gana, que ya eso es determinante, sino la libertad que te da el estar expuesto, como individuo, a formas teatrales universales de todas partes, mientras que los isleños tienen que esperar que lo que sucede fuera de su cubículo les llegue limitadamente a través de un viajero prejuiciado, o gracias aun viajecito a un país extranjero.

(octubre de 2000)

DESPUÉS DE LA ENTREVISTA: El proyecto Ollantay ha seguido activo, aunque más modestamente. Monge Rafuls ha establecido cercanos vínculos con las autoridades teatrales cubanas, coronando algunos estrenos en la Isla y Nueva York, y publicando libros. Continúa residiendo en Nueva York.

WILLIAM NAVARRETE (escritor y ensayista)

Este joven habanero nace en 1968, en medio de las batidas policiacas para recoger melenudos (esas que hoy el Ministro de Cultura de la dictadura trata de justificar como «pequeñas contradicciones»). El mismo año en que *Fuera del juego*, de Heberto Padilla ganaba el polémico Premio de la Unión de Escritores de Cuba. El mismo en que los soviéticos lanzaban sus tanques y tropas sobre Checoslovaquia, y los jóvenes franceses tomaban las calles de París. Esas eran, a grandes rasgos, «las estrellas» que acompañaron a la vida a William Navarrete.

Sin embargo ese desolador panorama no resultó un obstáculo para que Navarrete creciera, guiado sobre todo por su madre que era profesora de literatura, la que le facilitó conocer y disfrutar en su formación, de lecturas a las que no tenían acceso otros jóvenes cubanos.

En la Isla estudió Historia del Arte, graduándose en 1990 con una tesis sobre el valor plástico del altar vudú, y su influencia en la iconografía en la santería cubana. En París, estudió Civilización Hispanoamericana en la Universidad de La Sorbona. Ahora más libre, sin tener que dedicar tanto tiempo a las universidades, ha asumido un importante activismo para dar a conocer a los franceses la cultura cubana.

Ya sea dictando conferencias en instituciones, hablando de música y cine, promoviendo a artistas plásticos, o desde publicaciones como Sin Visa, destinadas a denunciar el gobierno totalitario de Cuba, William Navarrete ha encarado una importante labor en Francia, que entre sus más oportunos logros tiene la fundación de la Asociación para el Centenario de la República de Cuba, grupo que mensualmente publica un boletín informativo, destinado a destacar el acontecimiento cubano más importante del siglo XX.

Usted nació cuando ya del pasado cubano, lleno de cosas buenas y malas no quedaba prácticamente nada, y en el presente sólo se escuchaba hablar de sacrificios. ¿Cómo percibe su infancia y los años de adolescencia que vivió en Cuba?
Yo nací en 1968. Es cierto que del pasado, de cierta manera, no quedaba nada, pero la memoria cubana ha sido siempre, fundamen-

talmente, de tradición oral. En mi casa se hablaba de otros tiempos, quedaban las fotos, las revistas, los objetos, la atmósfera del barrio habanero en que crecí, Miramar, poblado de gentes que por razones afectivas o por imposibilidades de diferentes índoles no pudieron emigrar a tiempo. Esas famosas viejitas de Miramar y su descendencia, como se le llamaba a lo que quedaba de la burguesía cubana, atesoraban libros, pinturas, historias, que yo de niño veía o escuchaba. Mi familia nunca simpatizó con el régimen y una de las maneras de hacer evidente su rechazo era comparando ciertos bienestares materiales y valores éticos de antes con el caos que vivimos después de 1959. Mi madre enseñaba literatura y a través de ella entré en el universo de las letras cubanas, letras ocultas por haber sido oficialmente borradas de antologías y bibliotecas. Así conocí la obra de Carlos Montenegro, de Lydia Cabrera, de Labrador Ruiz o de Gastón Baquero, por ejemplo, sin que me la mostraran en la escuela, en donde, por supuesto, no se hablaba de ellos. Igual sucedió con la música y hace poco colaborando con el musicólogo Cristóbal Díaz Ayala para su excelente compilación *Cien canciones cubanas del milenio*, escribí que la cantante Olga Guillot, fue nuestra voz clandestina de los domingos caseros de limpieza general durante muchos años. Oírla era vengarse del régimen. Afortunadamente los discos de vinil, de larga duración, duraban años. La cultura cubana se ha deteriorado enormemente pero su esencia queda porque ésta la han sabido conservar (con nostalgia o no) y legar, aun inconscientemente, los mayores.

Desde París usted hace una labor de promoción de la plástica, la música y la realidad cubana contemporánea. Háblenos de esa labor.
A mí me interesa mucho Cuba y los temas que la atañen. Siempre he creído en la especificidad cubana dentro del contexto de América Latina, e incluso, caribeño. La potencialidad y capacidad creativa del cubano no tienen límites y siempre que lo digo lo hago pensando proporcionalmente con el índice de población. Yo estudié Historia del Arte en La Habana, en un primer tiempo, y luego Civilización Hispanoamericana en la Universidad de La Sorbona, en París, lo cual me permitió situar a Cuba en un contexto vasto de interrelaciones con el mundo exterior, pero también entender nuestra cultura desde adentro. Mucho de lo que llega a Francia, o a Europa en ge-

neral, de nuestra cultura, viene barnizado o edulcorado para propiciar ventas y alentar la compra. Este proceso meramente comercial ha generado grandes confusiones y un despilfarro enorme de recursos para vender a una Cuba que sólo existe en términos de comercio. No es un fenómeno nuevo. Ya se había producido, por ejemplo, con la conga de salón en los años 30 y 40, que era una conga reprocesada para el gusto de los parisinos y de los neoyorkinos. Esa es la tragedia cultural de las culturas periféricas, como la nuestra. En París, he concebido y organizado algunas exposiciones de pintores cubanos exilados, he preparado o presentado discos con música de otras épocas e imparto, hoy día, conferencias, en un contexto universitario en que intento situar con justeza la calidad estética de las manifestaciones artísticas cubanas, independientemente de los fenómenos de la moda o de los intereses políticos.

Usted ofrece conferencias en diferentes instituciones francesas sobre Cuba. ¿Cuál es la idea que tiene el francés sobre Cuba, y el exilio cubano?
El exilio cubano se ha acantonado en el sur de la Florida y por diversas razones no ha sabido exportar al mundo exterior una imagen de solidez, de vigor cultural, de pensamiento coherente. Lo digo sin intención de herir a nadie pues me considero parte de él y con el mejor deseo de que se entienda que como exilio necesitamos crear una vitrina que nos dé credibilidad. La cultura es esencial hoy día, promover a nuestros plásticos, a nuestros músicos, a nuestros científicos, profesores y demás, es vital. Así como hacer que emerjan y que nos representen fuera del estrecho marco de la comunidad. En Francia se sabe que el exilio cubano tiene cierta fuerza económica y política, pero se cree también que se encuentra desculturizado, sin raíces: una pálida Cuba en tierra hostil. Esta impresión viene del hecho de que son pocas las voces que lo representan en el exterior. En Europa, para ser franco, el exilio es Celia Cruz o Gloria Estefan, o sea, casos aislados de figuras de renombre internacional. Pero no hay unidad cultural ni empuje ni un interés de parte de los que tienen poder económico de crear nada que favorezca a la imagen exterior de este exilio. Hasta tanto no haya una vitrina que sirva para exponer al mundo nuestra riqueza cultural, talento y diversidad, no creo que cambie este estado de opinión. En cambio, para el francés, la Isla representa lo auténtico. Si lo auténtico es el descalabro y el

deterioro de nuestras tradiciones, entonces puedan que tengan razón. La otra Cuba, la que conserva el sabor de antaño, la desconocen, pero la culpa la tienen quienes no hacen nada para divulgar su existencia.

Acaba de aparecer en París su libro *La chanson cubaine: (1902-1959)*. ¿Podría darnos una panorámica de ese libro?
Es un libro que escribí en francés porque como te dije es a los franceses a los que me dirijo para mostrar la existencia de otra Cuba que no sea la de la cantaleta del Che Guevara y toda la mediocridad que este mercenario conlleva. Los cubanos no necesitan que les expliquen los textos musicales de sus canciones porque ellos los canturrean en la cocina o paseándose, y saben de qué hablan. Es un libro que trata cualitativamente las canciones cubanas de la época republicana y se detiene en 1959 pues considero que después de esa fecha buena parte del alma de nuestra música emigró y la que se quedó fue censurada u obligada a cantarle loas al poder. En el libro trabajo los grandes ejes temáticos de nuestra canción, o sea, la parte literaria que es la poesía cantada tanto en un son, como en un bolero, o incluso en el corto título de un danzón que no se canta pero que se nombra con una síntesis poética sorprendente. Ahora estoy trabajando la segunda parte del libro que será *La canción cubana en exilio: 1959-* (hasta cuándo).

Usted es el fundador de la Asociación del Centenario de la República de Cuba, que publica un boletín mensual. Háblenos de ese proyecto y de sus objetivos.
No soy el único fundador, sino que fue una decisión que tomamos en diciembre de 1999 Enrique José Varona, Javier de Castro y yo. Los tres decidimos fundar y legalizar este proyecto en las instancias pertinentes, en París, y los tres la dirigimos, en armonía, sin que el criterio de ninguno prevalezca por encima del de los otros. Como nada parece prepararse para el día en que se instaure nuevamente una República constitucional en Cuba y como no se educa a nadie con vistas a ello, hemos decidido prepararnos por nuestra cuenta y tomar iniciativas de manera autónoma. Hemos dicho que deseamos festejar el centenario de la instauración de nuestra República; no los cien años de ésta, que no los ha habido, pues hubo intervenciones norteamericanas, un golpe de Estado y cuatro décadas de gobierno

totalitario al cual nos oponemos radicalmente y sin discusión. La Asociación está abierta a todo aquél que desee formar parte de ella. Hoy día somos unos 40 y la integran el escritor cubano residente en París Eduardo Manet, el editor Víctor Batista Falla que vive en Madrid, pero también exilados de la Florida o fundaciones como Alberto Bustamante o Cuban National Heritage. Publicamos un boletín de unas 30 páginas, de carácter mensual, con artículos que abordan la cultura en las seis primeras décadas de la República de Cuba. Realizamos actividades culturales en París y preparamos un número especial para el 2002 sobre los años de República y como homenaje a los cien años de su fundación.

(noviembre de 2000)

DESPUÉS DE LA ENTREVISTA. Desde el 2000 a la fecha, Navarrete ha desarrollado una intensa labor literaria y política. Publicó 1902-2002 Centenario de la República de Cuba. En años recientes ha publicado, además de poesía, dos novelas, *La gema de Cubagua* (2011) y *Fugas* (2014).

LUIS J. BOTIFOLL (banquero y editor)

Si alguien se puede sentir satisfecho de los logros alcanzados a lo largo de su vida, ese es el Dr. Luis J. Botifoll, que es admirado por todo aquel que llega a conocerlo, tanto como conferencista, profesor o banquero, así como por los años que dirigió el periódico habanero El Mundo, en una de sus etapas más difíciles. Botifoll ha sido merecedor de importantes premios y reconocimientos por su labor como activista comunitario y filántropo, entre ellos que el auditórium del Koubek Center de la Universidad de Miami ostente su nombre, privilegio éste que aceptó con la condición de que el lugar estuviera disponible a todos. La relación de méritos de este cubano de 92 años, de una asombrosa lucidez mental y un aspecto físico envidiable, es larga, y tan destacada, que el historiador Octavio R. Costa escribió su biografía: *Luis J. Botifoll, un cubano ejemplar.*

El Dr. Botifoll es fundador de la Editorial Cubana, institución sin fines de lucro interesada en divulgar el pensamiento cubano, rescatando libros casi olvidados, haciendo ediciones facsímiles de obras publicadas a finales del siglo XIX y principio del XX que abordan la vida del cubano, sus luchas y sus valores.

Cuéntenos cuándo y cómo surge la idea de la Editorial Cubana.
A mediados del año 65, un grupo de intelectuales cubanos que habíamos salido al exilio y que teníamos una gran preocupación por mantener y divulgar la cultura cubana, nos dimos cuenta que el regreso a Cuba iba a demorar. En el 68 surgió, por parte del Dr. Remos, la idea de crear una editorial cubana que pudiera estar al alcance de la juventud, y ese grupo, que se reunía en mi casa, y que lo integraban Juan J. Remos, Fermín Peraza, Lydia Cabrera, María Teresa Rojas, Mercedes y Rosario García Tudurí, Josefina Inclán, Armandina Rodríguez Cáceres, el padre Román y yo, la apoyó. Se habló con entusiasmo de qué libros serían los primeros en publicarse, y hasta quiénes iban a escribir la introducción de esas obras. Desgraciadamente el Dr. Remos que era, vamos a decir, el líder, falleció en 1969, y la idea se quedó en el aire. Pasaron muchos años y en el 86, yo pensé que era el momento de poder realizar ese empeño y constituí la Editorial Cubana S.A. Hice algunas gestiones y se consiguieron 30,000 dólares para la editorial. El Dr. José Ignacio

Rasco fue nombrado secretario, y yo presidente fundador. Creamos una junta de asesores donde estaban presentes las figuras más destacadas de la intelectualidad cubana de aquella época, y recabamos de ellos una selección de las obras que creyeran que deberíamos publicar. En 1987 lanzamos *Los presidentes de Cuba*; desde entonces ya hemos editado 32 títulos.

¿Qué proyectos futuros tiene la editorial?
Además de *Problemas de la nueva Cuba, Desde el Zanjón hasta Baire* y *Colección de papeles sobre la Isla de Cuba*, tenemos planeado una antología sobre José Antonio Saco, con introducción del Dr. Rodríguez. Una biografía del padre Félix Varela escrita por José Ignacio Rodríguez, con preámbulo de José Antonio Ramos. Otro título de José Ignacio Rodríguez sobre la Anexión, con prefacio de Rafael Tarragó.

El proyecto incluye un trabajo de Luis Machado, sobre la Enmienda Platt y otro sobre *La Isla de corcho*, ambas conforman un solo volumen con una introducción mía. Otro libro en proyecto es la historia del periódico El Mundo, de Portel Vilá, con introducción de Carlos Castañeda, y una antología de Antonio Bachiller y Morales, con introducción de Elio Alba Bofill. Hasta ahora hemos venido publicado 3 o 4 libros al año, pero nuestro propósito, comenzando el año próximo, es llegar a 6.

Es casi ineludible hablar con usted sobre su labor en El Mundo, periódico que se publicaba en La Habana, donde había no menos de 10 diarios. ¿Qué es lo que hacía la diferencia entre El Mundo y el resto de los periódicos habaneros?
El periódico más antiguo que se publicaba en Cuba, fue el Diario de la Marina. Ese periódico tenía su ideología, que vinculo con los españoles, las clases económicas y la iglesia católica. El segundo era El Mundo, que surge con la República en el año 1902, o sea, que es el periódico de los cubanos, de los libertadores, diría que la clase media, y fue un diario que trató siempre de ser imparcial. Ahí está la diferencia básica. Luego vinieron otros periódicos políticos, El Triunfo, La Discusión, El Heraldo. Andando el tiempo los periódicos políticos desaparecieron.

Otros periódicos posteriores fueron, Prensa Libre, que salía por las noches; Avance, a las 5 de la tarde, Información; El País, que tenía dos ediciones, en la mañana y en la tarde; Alerta que salía a las 11 de la mañana, de forma tal de que en Cuba había periódicos a toda hora.

¿Qué cree usted que ha hecho que los periódicos vespertinos hayan desaparecido en muchos lugares?
Los periódicos vespertinos han desaparecido porque la mayoría de las personas tienen en la tarde la posibilidad de escuchar y ver las noticias en otros medios. Aquí en Miami tenemos un periódico vespertino, Diario Las Américas, que tiene más de 40 años y ha tenido éxito. Al principio tuvo su época difícil cuando empezó, pues en aquella etapa había muy pocos hispanos, pero después del 59 cuando llegaron los cubanos aquello produjo un mayor número de lectores. Aparte de eso, el Diario tiene características muy especiales: es un periódico serio, no es un periódico político, y tiene muy buenos articulistas y colaboradores. No hay duda de que el público lo lee.

A finales de los años 50 Cuba tenía uno de los mayores índices de bienestar económico del continente. ¿Qué cree usted que falló en el país, que permitió la llegada de un tirano como Fidel Castro?
Yo te diría que varios factores. Hasta el año 33, o sea hasta la caída de Machado, la política en Cuba estaba controlada por los elementos que habían participado en la guerra. Aquella frase de que era la República de los generales y doctores era verdad. Eso quiere decir que la juventud intelectual que había surgido en generaciones como la del 25 integrada por Mañach, Marinello, etc., no tuvo posibilidades políticas ninguna.

Con la presidencia de Grau se inicia, y con la gente que lo rodea, un movimiento antiamericano y entonces se empieza a hablar de la explotación de los americanos, que si no debieron entrar en la guerra, que si los cubanos la tenían ganada, hecho que es falso, y toda una serie de cosas. Yo viví ese proceso en la universidad, donde los elementos comunistas estaban infiltrados, agitando. Eran pocos, y casi nadie les hacía caso, pero empezaban ya. A medida que fue pasando el tiempo fueron cogiendo fuerza. El gobierno los reconoció, les permitió organizarse, tener un periódico, radio, etc., y eso fue socavando poco a poco los principios en que se basaba la República.

El cubano pensaba que después de la constitución del 40, vendría un orden político, económico y social estable, sin embargo tras el golpe de estado que da Batista el 10 de marzo, las gentes comienzan a conspirar porque eso no era lo que esperaban, pues en el cubano había un gran deseo de que Cuba fuera mejor, y quería la restauración de las libertades, las garantías públicas y las elecciones. Castro aprovecha esa coyuntura para llegar al poder, y lo logra porque Fidel nunca plantea un plan de reformas. Él hablaba de restaurar las libertades, de armas para qué, pero a medida que decía esas cosas hacía otras. Castro es el farsante más grande que ha producido la humanidad. Castro engañó al cubano mientras cogía el control.

(diciembre de 2000)

DESPUÉS DE LA ENTREVISTA, el proyecto de la Editorial Cubana siguió fortaleciéndose, incluso muchos años después de la muerte del Dr. Botifoll a los 95 en Miami, en el año 2004.

EDDY CAMPA (poeta y narrador)

Habíamos acordado que lo recogería a las 6 en la esquina de un parque en la Octava Avenida, cerca del teatro Martí. Allí, esperando ya, en una parada de guagua, estaba Leandro Eduardo Campa, al que le gusta más que le llamen Eddy Campa. Como no habíamos convenido a dónde iríamos a conversar sobre su vida, su obra y sus proyectos, cruzamos la calle y nos tomamos un café. Mientras intercambiábamos algunas impresiones y nos preparaban la colada, Campa me señaló a Mr. Dinero que pasaba lentamente por la puerta de la cafetería, a Jorge Ávila, el atómico, que gesticulaba en la acera de enfrente junto a Papiro el usurero. Corriendo pasó Pedro Marihuana. Todos, personajes de *Little Havana Memorial Park*, libro de poemas de Campa, uno de los buenísimos poetas cubanos que residen en Miami.

Finalmente decidimos conversar en casa de un amigo cercano, y mientras caminábamos hacia la vivienda apreté el bolso donde llevaba la cámara fotográfica y la grabadora, pues podía interpretar la tentación que despertaba en algunos que nos cruzaban, pero por fortuna la presencia de Campa parecía ejercer cierta disuasión.
Con su libro, Eddy Campa, delgado, de baja estatura y fumador en pipa, se ganó la admiración, y también el odio, de algunos de los personajes que recoge en sus poemas, o en su poema, pues *Little Havana Memorial Park*, puede verse como una sola pieza, un sostenido poema dividido en 28 partes, que trasciende con tono irreverente, la desolación del entorno que le ha tocado vivir.

¿Quién es Eddy Campa?
Yo nací en La Habana en 1953, en un solar del barrio de Los Sitios. A los 15 años me cogen preso en la recogida que hicieron contra los *hippies*. Yo no era *hippie*, pero estaba por allí cuando comenzaron a cargar con las gentes. Bastaba ser joven para que te recogieran. Estoy encarcelado por año y medio. Cuando salgo de la cárcel ya yo era otro. Estando preso escribo un cuento, *Y me parece que no existo*, donde, en esencia, se narraba la llegada de un extraterrestre que me sacaba del lugar... De ahí comienza mi relación con la literatura.

Luego conozco a Enrique Patterson, que me conecta con Esteban Cárdenas, Fabio Hurtado, Benigno Dou, que es el grupo que se reunía en la cafetería de la funeraria Rivero a conversar y a hablar de arte y literatura, y sigo por esos caminos creativos.

¿Cómo se desarrolla su vida cotidiana en Cuba; en qué momento comienza a tener una vida normal?
Bueno, en Cuba no hay vida normal, en Cuba la medida de la normalidad es la esquizofrenia. Hay una vida que se ajusta a las normas del gobierno, y otra que no se pliega a esas normas. Yo era un hombre marcado como disidente, como contrarrevolucionario desde muy joven, tal vez por ello nunca fui llamado al servicio militar obligatorio, pues consideraban que yo no era elegible para coger armas en Cuba. De forma tal que mi vida nunca fue normal. Sin embargo entro en la Universidad a estudiar en la Escuela de Letras, e incluso luego trabajo de maestro en un instituto tecnológico dando clases de socio-económico, que no era otra cosa que historia de Cuba politizada, pero del tecnológico me expulsan cuando se me cae un resguardo de santería en la cátedra de marxismo, y aquello fue un problema horrible. Terminé castigado dando pico y pala en una construcción.

Usted escribe *Calle Estrella y otros poemas*, y hace una lectura en la Brigada Hermanos Saíz. ¿Qué pasó con ese libro?
Mi vínculo con la Brigada fue muy breve. En esa época yo tenía escritos algunos poemas del libro, que eran poemas de amor, sobre Lidia, que era cuñada de un viceministro, una novia mía, y la seguridad del estado «digo seguridad del estado para referirme a la directiva de la Brigada» los consideró poesía disidente y me expulsaron de la Brigada. Días después dos agentes de la seguridad me hicieron una advertencia, y me hicieron firmar una declaración donde yo me comprometía a no escribir más poesía disidente.

Años después trato de enviar *Calle Estrella y otros poemas* a un concurso de estudiantes universitarios en Venezuela, pero el libro fue interceptado por la seguridad del estado, y esta vez, ya era un joven de 26 años, y estaba en el mundo, en el submundo quizás de los intelectuales disidentes, no lo toleraron. Estuve preso en seguridad del estado y me pidieron 8 años de cárcel, afortunadamente sólo estuve unos 40 días. Me di cuenta que la única manera que yo tenía de recuperar mi libertad era firmando una carta retractándome, diciendo que había cometido un error, y así lo hice. Unos meses después me voy de Cuba durante el éxodo del Mariel.

Entonces usted llega a Estados Unidos durante el éxodo del Mariel, ¿cómo valora usted el efecto de ese cambio de vida?
El encuentro con la libertad crea un efecto sicológico. Es importante la capacidad individual para adaptarse de un sistema diferente. Las capacidades orgánicas que requiere un cuerpo para readaptarse a un país cálido a uno frío, son casi las mismas que se necesitan para adaptarse de un país totalitario a uno democrático.

En mi caso creo que la lucha del hombre será siempre contra el estado, aun cuando se trate de uno democrático. Ya sea esa presión totalitaria, mediante coacción política o determinadas leyes, o mediante la presión del consumo, la necesidad de convertirse en una mercancía, y entrar en la maquinaria de la oferta y la demanda, resulta para mí inaceptable. Por ello para mí es muy importante estar siempre, no sólo en contra del estado, sino en contra de algo. En realidad el individuo siempre está en contra de algo, aunque él mismo no lo reconozca. Yo prefiero vivir con lo mínimo, porque ésa es la única manera con la que logro proteger mi propia individualidad, reafirmarme como individuo. Por eso vivo con lo mínimo, con lo esencial, y no creo que nadie necesite más de lo esencial para vivir.

He dejado para el final preguntarle sobre *Little Havana Memorial Park*, y naturalmente sobre algún nuevo proyecto.
De alguna manera *Little Havana Memorial Park* es una continuación en el campo de la estética, o sea, en el modo de apreciar la realidad, de *Calle Estrella y otros poemas*. Son libros que tratan del barrio donde vivo, de sus personajes. En *Little Havana* la estructura del poema, principalmente la primera página, es muy importante, porque es ahí donde logro situar los nombres de los personajes que van a ir apareciendo en el poema, y además ya ubicado en lo que es el cementerio. El libro es un reflejo del mundo cotidiano. No sé a qué se debe, pero yo escribo sobre lo inmediato y trato de darle a ese entorno una entidad universal... Porque, qué es la poesía, sino elevar lo inmediato a la condición universal. Yo diría que *Little*

Havana es un poema de amor, un poema épico y lírico, además de un poema de la tragedia del hombre.

Tengo terminado un libro de cuentos que se titula *Curso para estafar y otras historias*. También aquí está lo inmediato trabajando. Es un libro moral que consta de 30 narraciones breves, y habla de las peripecias de un vendedor de prendas falsas, pero toca también, entre otras cosas, la política, la religión. El libro está buscando un editor.

(enero de 2001)

DESPUÉS DE LA ENTREVISTA. No hay fecha de la muerte de Campa, pero dejó de verse por La Pequeña Habana alrededor de diciembre del 2011, lo que parece indicar que su deceso tuvo lugar en esos meses. Dejó inédito el libro de relatos, *Curso para estafar y otras historias* y deseaba que se reeditara su primer libro de poesía, *Calle Estrella y otros poemas*.

YOVANI BAUTA (artista plástico)

Aunque el pintor dice sentirse conceptualmente más cerca del movimiento pictórico que surgió en Cuba a principio de la década del 80, con la famosa exposición de Volumen Uno, que, «abrió nuevos caminos con instalaciones y objetos esculturados que no tenían nada que ver con la estética modernista de la pintura bonita que reflejaba las maravillas y las metas alcanzadas», la realidad es que Yovani Bauta pertenece a la generación del 70. Pero al no comulgar con las ideas y la estética oficiales, se mantuvo al margen, alejado y solitario, como muchos otros artistas cubanos que pertenecen a esa triste y desolada generación que fue arrasada por la maquinaria política, que exigía todo a favor del régimen, o la condena al ostracismo, en espera de mejores oportunidades, o el exilio.

Bauta toma la brecha abierta por los más jóvenes y comienza a pintar luego de un notable período de inactividad. Esos nuevos cuadros eran en blanco y negro, y lo hizo totalmente consciente de que «dada la realidad nacional no iba a utilizar colores, porque era una realidad muy cruda, muy fuerte y dramática, y por lo tanto yo no iba a colorearla. Ahí escogí la columna como significante, como objeto que representaba el poder, la fuerza, la cultura, y el propio paisaje matancero y habanero. Todo lo hice en blanco y negro, eran columnas tan desgarradas como la propia realidad».

Yovani Bauta estudió arte y pintura en su natal Matanzas y luego continuó su formación en La Habana. En el exilio, a fuerza de una labor minuciosa y un enriquecimiento vital creciente, que se refleja en la exuberancia de sus piezas, en la transmisión de las ideas y los sentimientos, se ha convertido en uno de los artistas plásticos más notables de Miami.

La prensa mexicana mostró bastante entusiasmo con la muestra que acaba de hacer en Mérida, Yucatán. Háblenos de esa exhibición.
Fue una gran instalación. Yo llevé obras hechas en tela y papel, pero cuando llegué a Mérida me di cuenta que tenía un espacio enorme, entonces lo que hice fue una reinstalación con todas las obras que llevaba. Para ello pinté sobre los muros, dibujé sobre las paredes, o sea, «reinstalé», y aquello se convirtió en una nueva pro-

puesta, de mayores dimensiones, que titulé *Elegía*, como un homenaje a la Isla perdida, a nuestros amigos muertos fuera de su país. Un poco «la voz del exilio», como mismo dijeran los periodistas mexicanos. Es una muestra un tanto dramática, un grito, una obra de dolor, y es que personalmente la hice con mucho dolor y forma parte de un momento muy importante en mi vida. Creo que conceptualmente es una de las más importantes que he hecho y desde el punto de vista creativo tiene muchos derroteros nuevos, y esta muestra marca, o está incluida, dentro de ese momento importante de mi vida.

La instalación resulta una obra de arte que desde su misma concepción, no está concebida para la eternidad, sino que tiene un componente efímero. ¿No hay cierta contradicción con lo que se debe entender como arte, algo que de alguna manera debe permanecer para siempre?
Cuando tú ves una obra de teatro es también algo temporal y también puede quedar o no. La permanencia se la da el observador, pues es algo que reciben las personas que están allí. La temporalidad es un término que también es relativo, pero no olvides que tenemos medios fabulosos: todo se graba en video, se guarda, o sea, que sí hay modos de darle incluso una mayor permanencia a esa obra, y eso lo aportan los medios tecnológicos. Esta misma muestra de México yo la tengo en video, se desmonta de las paredes, pero está ahí el video, de manera que si la piden la puedo recomponer, como se recompone una obra de teatro. Cada montaje de una obra teatral, o de una instalación es una renovación, incluso recreación, de esa obra de arte. Así que en ese sentido el mismo arte se va abriendo su propio camino en la inmortalidad.

Cómo ha influido Miami en su obra, y naturalmente en su vida.
Miami me dio el colorido, un colorido que no había percibido antes. Me entró, creo, por el clima, por la alegría de vivir aquí. En Miami he encontrado todo lo que quería en mi vida, la libertad, la posibilidad de seleccionar, la realización desde el punto de vista personal y humano. De esta ciudad recibí todo lo que necesitaba y quizás de esa manera me entra el color a mí, y por supuesto a mi obra. Como en las cosas de la vida no todo es una continua felicidad, ahora mi obra se mueve hacia algo más desgarrado, donde el tema quizás esté más dramatizado...; he estado más tiempo lejos de los míos, he visto

morir a gente muy querida y entonces ese parece ser el derrotero en lo que estoy haciendo ahora. No sé hasta dónde llegue con esta serie... Hasta donde me lleve la vida quizás.

¿Qué le parece el auge cultural que ha ido alcanzado la Calle 8 con los Viernes Culturales?
Me parece maravilloso, no hay otra palabra para calificarlo. Personalmente he trabajado –y participado junto a otros artistas–, en la revitalización de esa arteria. Creo que los Viernes Culturales son sólo el comienzo de algo mucho más vital, donde hay gente interesada que se está involucrando. Desde luego que tiene que mejorarse, universalizarse, de forma que se pueda apreciar en ese pedazo de la Calle 8, todas las manifestaciones de las artes contemporáneas, para que no se quede solamente en una imagen de la nostalgia, o de lo que fue la Cuba de ayer. Somos otros, y esos otros debemos estar allí también. Me parece que esto podría ser nuestro pequeño «boom», pero lo que sí es cierto es que Miami está siendo atendido desde todas partes. Es importante para los mexicanos, para las gentes del Caribe, los sudamericanos y los europeos, por lo tanto todo lo que se haga en la ciudad artísticamente repercutirá, y ese desarrollo artístico es un poco el componente que va a indicar la imagen y la fachada de Miami, y naturalmente decir quiénes somos.

Se impone una pregunta final ¿qué nuevos proyectos tiene en perspectiva?
A partir de lo de México tengo invitaciones para otras ciudades en ese país, además de Alemania y España, donde se han concretado presentaciones. De la Universidad de Las Cruces en Nuevo México me acaban de invitar para hacer un «poster» para un festival de cine que ellos organizan. Seguiré trabajando con Leandro Soto haciendo instalaciones y «performances», que pretendemos llevar a diferentes sitios de los Estados Unidos. Próximamente expondremos juntos en Massachusetts. Aquí en Miami, en abril, presentaré la exposición *Elegía* en Fraga Fine Arts, y para mayo, estaré en la librería Books & Books haciendo una pequeña muestra de esto que llevé a México. O sea, tengo tantos proyectos que lo que me falta es literalmente el tiempo.

(febrero de 2001)

DESPUÉS DE LA ENTREVISTA, este artista plástico ha continuado su carrera, creando un mundo muy personal y plásticamente sorprendente. Es ya uno de los grandes maestros de la pintura cubana.

ENRIQUE ROS (historiador)

No hay mejor momento para conversar con este historiador, investigador y militante revolucionario, que el mes de abril, no sólo porque es el más cruel –al decir del poeta–, sino porque para los cubanos exiliados es un mes de evocación, análisis, tristeza y dolor, pues fue en abril de 1961, cuando fracasó el primer intento serio y organizado de recuperar a Cuba para la democracia. Sobre ese tema específico, la fracasada y traicionada invasión a Playa Girón, Enrique Ros publicó en 1994 *Girón: la verdadera historia,* su primer libro de una serie de, hasta la fecha, seis volúmenes, que estudian a fondo, documentan y examinan, diferentes etapas de la historia cubana contemporánea.

La labor de Ros de trazar los senderos del acontecer en un país como Cuba, donde aún prevalece la dictadura que en sus estudios trata de poner en contexto, es un trabajo bien difícil, pero admirable, pues alinea con documentos y testimonios directos de sus protagonistas, la vía para orientar a futuros historiadores, que retomarán y utilizarán como referencia obligatoria su obra.

Con sus libros, que resultan algo así como una saga de la historia cubana contemporánea, *Girón: la verdadera historia, De Girón a la crisis de los cohetes: la segunda derrota, Años críticos: del camino de la acción al camino del entendimiento, Cubanos combatientes: peleando en distintos frentes, La aventura africana de Fidel Castro,* y el más reciente, *Castro y las guerrillas en Latinoamérica,* Enrique Ros, aborda en temas muy bien definidos la lucha incesante de un pueblo por alcanzar su libertad... libertad por la que aún aguarda.

¿Los libros que usted ha publicado responden a un proyecto trazado inicialmente, o cada uno fue surgiendo espontáneamente?
Yo comencé con *Girón la verdadera historia*, y me propuse dar la versión de los que habíamos participado en el largo proceso que llevó a Girón. Quería dar a conocer la interpretación del lado de los cubanos exiliados. Hasta ese entonces se había hablado un poco de las acciones militares, pero el proceso había sido desarrollado por autores norteamericanos y por algunas personas castristas. Casi todos se habían limitado a explorar la acción del desembarco. Enton-

ces yo me propuse estudiar ese proceso y me fui interesando más en el tema, pero originalmente mi primer impulso fue circunscribirme a esa etapa. Ya después vino lo demás, una cosa fue consecuencia de la otra, es decir fuimos derrotados allí, entonces ya yo estaba envuelto en la investigación de la segunda derrota, que fue la crisis de octubre. De ahí el segundo libro *De Girón a la crisis de los cohetes: la segunda derrota*. Luego cada una de esas investigaciones me fue llevando a otra. A mí lo que me interesa es plantear que los cubanos hemos combatido, hemos luchado por la independencia, que hay un largo martirologio cubano.

Cuando se aborda la historia contemporánea me imagino que se tropieza con muchas limitaciones. ¿Cuáles han sido los obstáculos mayores que usted ha tenido que afrontar para sus estudios?
Lo más difícil siempre ha sido la búsqueda de la información. Para los primeros libros me sirvió mucho el contacto personal y el conocimiento íntimo de los principales protagonistas. Yo tenía a mi favor una estrecha amistad con los grandes dirigentes del proceso revolucionario, y esa relación con los que aún vivían, me dio mucha información que otros no tenían; además las fuentes oficiales de documentos desclasificados, fundamentalmente la Biblioteca John F. Kennedy que guarda más información sobre el proceso de Girón, que los propios archivos nacionales. Sin embargo, yo que he hecho juicios muy desfavorables del presidente Kennedy, y ellos lo saben, allí siempre me han dado todas las facilidades para hallar los documentos que yo quería encontrar.

¿Cómo logra usted distanciarse lo suficiente para abordar temas que lo han tocado tan de cerca?
Es algo difícil, pero yo me he hecho ese propósito, y creo que lo he logrado. Reconozco que es difícil mantener el equilibrio mental y emocional en el juicio, pero yo creo que en mis libros se aprecia claramente ese distanciamiento necesario. Somos apasionados. Sin embargo yo he hablado y discutido con figuras del partido, comunistas que han sido, y siguen siendo nuestros enemigos, pero siempre esas conversaciones han sido muy serias y muy respetuosas. Siempre he tratado de ser equilibrado en los juicios. En mis libros no hay adjetivos, soy bien objetivo en cuanto a los datos, y por supuesto por ser objetivo condeno a Castro, no por pasión, sino por-

que es el que ha realizado esos actos criminales. Definitivamente el equilibrio es básico, para escribir la historia.

Sería interesante escucharle hablar del lenguaje que usted emplea en sus libros, y de los nuevos proyectos en los que trabaja.
Bueno, yo trato de hablar y escribir con claridad. Yo rehúyo al lenguaje florido, elegante y bello de otros escritores, que naturalmente admiro, pero no es el mío. Yo soy una persona muy franca en el habla y así escribo. En temas históricos se debe ser más directo y preciso que florido. En estos momentos hago un estudio minucioso sobre Ernesto Guevara, que abarcaría desde su niñez hasta la muerte. Sería una valoración crítica sobre su vida. Hasta este momento tengo recopilada una gran cantidad de documentos de interés, algunos de ellos, como el análisis periódico que le hacía Guevara a los miembros de su guerrilla. Ya tengo los manuscritos de esas severas evaluaciones que hizo desde que estaba en el Congo, y naturalmente también en Bolivia. Es interesante, por ejemplo, leer los juicios negativos de sus compañeros, a alguno lo califica de inepto, incapaz, y hasta de cobarde, y luego cuando ha muerto ese guerrillero, el periódico Granma en La Habana endiosa esa figura vapuleada por Guevara, calificándola de verdadero héroe. Sobre eso trabajo intensamente ahora.

Usted que lleva tanto tiempo en el exilio ¿siente nostalgia por Cuba?
Sí, siempre he sentido nostalgia por mi patria, y no como una frase más, sino como un verdadero y profundo sentimiento.

(marzo de 2001)

DESPUÉS DE LA ENTREVISTA, la labor de historiador la mantuvo hasta el final de su vida. Cada una de los 18 libros publicados ofrecía luz sobre la realidad cubana. Ros falleció en Miami en el 2013, tras publicar *La fuerza del exilio cubano: de las avionetas de Hermanos al Rescate al Pacto migratorio* (2012).

MARÍA ELENA CRUZ VARELA (escritora)

Un día los cubanos en el exilio comienzan a saber de una escritora cubana que ha sido arrestada en la Isla por escribir una carta denunciando los atropellos y la barbarie a la que es, por norma, sometido el cubano. De repente se convierte en una heroína, recibe honores, actos de solidaridad y hasta la nominación para el Premio Nobel de la Paz, que muy bien merecía por su defensa de la libertad de expresión y los derechos humanos en Cuba. Ella, una mujer sencilla, inteligente, y de aspecto físico delicado es María Elena Cruz Varela, quien con su actitud mostró la dignidad y el valor de la mujer cubana.

Tras entregar una carta dirigida a Fidel Castro es encarcelada y obligada a tragarse sus poemas. Sufre prisión y finalmente logra salir al exilio. Vive una etapa en Puerto Rico y después se establece en Madrid, donde escribe primero para el periódico ABC, y posteriormente para La Razón, desde donde realiza una valiosa labor.

En Cuba, a pesar de su azarosa y turbulenta vida, publica su primer libro *Mientras la espera el agua*. Más tarde cargando el éxito de esa primera obra aparece *Afuera está lloviendo*. Luego gana el premio UNEAC (Unión de Escritores y Artistas de Cuba) de poesía, con *Hija de Eva*, pero el libro nunca es publicado. Posteriormente el absurdo escándalo motivado por su carta y por la fundación del movimiento Criterio Alternativo, escribe en la Isla, y publica en el extranjero *El ángel agotado*. Tras un silencio creativo, aparece *La voz de Adán y yo*.

Usted escribe y entrega al gobierno cubano una Declaración de Principios. Por respuesta obtiene el acoso y la prisión. Ese hecho la convierte en una figura internacional, ¿cómo era su vida antes y cómo fue después de la declaración?
Precisamente por no tener en Cuba una vida normal, o lo que yo entendía que debía ser, fue que escribí la carta. Fue el resumen de una serie de realidades: la falta de una proyección de futuro, el no tener nada que ofrecerle a mis hijos como alternativa digna. De repente sentí, sin tener casi punto de referencia, que la vida que estábamos viviendo era equívoca, falseada, que no tenía nada que ver con la realidad en el mundo. El detonante definitivo fue cuando veo

en la televisión a Raúl Castro hablando durante el proceso al general Ochoa. De la manera que se expresaba, de la forma que trató al pueblo, me sentí aludida y me pareció que era una falta de respeto absoluta. Aquello me hizo sentir vergüenza con mis propios hijos. Yo no podía tolerarlo. Como es natural yo sabía que la carta me iba a traer consecuencias, pero nunca imaginé que iban a ser tan bestiales en la manera que arremetieron contra mí. Había un precio que pagar, la cárcel, y estaba dispuesta a ello. No creo que el miedo sea razón suficiente para tener que callarse. Ahora bien, la inmediatez es tan acuciante que nos hace pensar en términos internacionales, y la práctica demostró que si te van a pegar y arrastrar, sólo sirve de pantalla, para que más personas se enteren de que te han golpeado.

En medio de esa catástrofe personal usted escribe *El ángel agotado*. ¿Qué es ese libro para usted?
El ángel agotado es mi libro estigma, y me ha costado mucho trabajo desprenderme de él para lo que he hecho después. El primer poema escrito para ese poemario se llama *El circo*, y lo hice cuando comenzó el proceso a Ochoa. No cito el caso, pues el circo es el circo, da lo mismo dónde esté funcionando y quién sea el payaso. En esos poemas hay una desesperación que no está en mis libros anteriores y tampoco en *La voz de Adán y yo*, que es posterior. *El ángel agotado* es un grito desesperado, de rabia, de interrogantes, pero con una gran ternura. Estoy convencida de que lo escribí en trace.

Cuando viene a Estados Unidos sobrevuela el Estrecho de la Florida con la organización Hermanos al Rescate. ¿Qué sintió usted al estar tan cerca de Cuba nuevamente?
Cuando escuché a José Basulto, a quien admiro y quiero muchísimo, comunicándose con la torre del aeropuerto de La Habana desde aquella pequeña avioneta que tantas vidas ha salvado en medio del mar, sentí que estaba en medio de un limbo. Se veía el perfil de la Isla y sentí lo absurdo, lo ridículo y lo irreal de toda la situación que vive el cubano. Todo era patético, una farsa terrible. Pensar que bastaba extender un poco el brazo, hacer un ejercicio de timón y poder estar allí, y sin embargo por un montaje creado por los hombres, yo no podía estar allí donde estaba mi hijo. Yo estaba viendo el perfil del paisaje donde estaba mi hijo y no podía estar junto a él.

Usted acaba de publicar en España *La voz de Adán y yo*, y tiene en proceso de edición en Miami una novela. ¿Podría hablarnos algo de esos libros?
Vivir fuera de Cuba te da la serenidad de la distancia. Después de pasar los primeros años de angustia y de búsqueda, viene la serenidad, el sosiego y la posibilidad de la espera. *La voz de Adán y yo* nació del descubrimiento personal de que la espera es un código puramente femenino. Pero no la espera de Penélope, sino una espera activa. Es a partir de ese momento que comienzo a pensar en los arquetipos masculinos y a pensar en qué diferencia puede haber entre Sísifo y yo, entre Narciso y yo, entre Prometeo y yo. Yo como entidad femenina. A partir de eso comienzan a venir los poemas y el libro. El otro libro, *Dios en las cárceles cubanas*, es una novela testimonio sobre el presidio político femenino cubano.

Cómo mujer que es, ¿qué piensa del movimiento feminista en la actualidad?
En realidad no estoy al tanto de las novísimas corrientes feministas, pero sí pienso que hubo un momento en que al movimiento se le fue un poco la mano. A la larga hemos logrado que el hombre se replegara bastante y las mujeres lo estamos pagando con una tremenda soledad y un tremendo desencuentro, y esa situación pone en peligro la conservación de la especie. Creo en todas las reivindicaciones humanas, creo en todos los derechos de hombres y mujeres, pero creo también que el feminismo imitando al machismo, como respuesta femenina a una cosa nociva, no ha ayudado absolutamente en nada.

(mayo de 2001)

DESPUÉS DE LA ENTREVISTA, la escritora ha seguido figurando en el marco literario y periodístico. De España se trasladó a Miami donde reside en la actualidad y continúa con su labor.

EDUARDO MICHAELSEN (artista plástico)

A pesar de ser nieto del cónsul vitalicio de Alemania en Santiago de Cuba, un hombre culto, que tocaba espléndidamente el piano y hablaba ocho idiomas, entre ellos el chino, los padres del pintor Eduardo Michaelsen siempre se opusieron a su vocación artística: querían que fuera matemático, algo que, dice Michaelsen, era imposible, pues hasta hoy, siempre tuvo que contar con los dedos cada vez que tenía que sacar alguna cuenta.

Ante la falta de apoyo familiar, se busca la vida como mensajero. Viaja a La Habana, y comienza a trabajar en un estudio fotográfico retocando retratos, hasta que consigue un empleo de limpieza en el Museo Nacional. Sin embargo su perseverancia marcaba la pauta: a los tres meses en el puesto pasa a ser velador de salas, y a los seis, ayudante técnico del director. Esa relación con la restauración de obras de arte le permite pintar, y conocer a los grandes maestros Acosta León y a Wifredo Lam.

Eduardo Michaelsen que vive en San Francisco, una ciudad que ama profundamente, desde que llegó a Estados Unidos durante el éxodo del Mariel en 1980, acaba de recibir un homenaje en Los Angeles por parte del Instituto de Cultura Cubano Americana. Allí expuso, a sus 81 años, obras recién pintadas, cuadros que desbordan mucho humor, erotismo, luz y vivos colores.

Usted es un pintor de los llamados primitivos. Díganos cómo es su pintura y por qué muchas veces no se reconocen los valores de esa pintura.
Yo no estudié pintura por lo cual me tuve que ir por esa línea conocida como primitiva; además, en ese estilo me siento a gusto. En un tiempo traté de estudiar en la Academia de San Alejandro, en La Habana, pero estuve allí poco tiempo, pues me di cuenta que el mejor estudiante era aquel que dibujaba igual que el profesor, no el que tuviera una forma propia de decir. A falta de una formación académica, el contacto directo con el departamento de restauración del Museo Nacional, viendo trabajar sobre obras clásicas, y el apoyo de figuras como Acosta León, quien me dijo: «tú lo que eres es un gran primitivo, no aprendas dibujo que no te hace falta, lo que necesitas es aprender un poco de colorido, que yo te lo voy a enseñar»; y así

lo hizo, aprendí la técnica. La pintura primitiva tiene errores en el dibujo, en las perspectivas, pero es una pintura muy viva, digamos simpática, agradable a la vista, y generalmente bien hecha dentro de su patrón. De esos elementos se nutre mi pintura. Desgraciadamente pienso que es muy difícil que sitúen a un pintor primitivo en el lugar que se merece. Si lo hacen, casi siempre ocurre después que se muere. Sin embargo tenemos a Henri Rousseau, que es el principal representante de la pintura primitiva, pero es un caso muy aislado.

¿Cree usted que exista alguna relación entre la pintura primitiva y el graffiti?
Puede que la haya. Yo he visto graffitis muy interesantes, realmente muy poco, alguna que otra, pero no sé si hay alguna relación. Creo, sin embargo que el hombre desde temprano ha sentido la necesidad de expresarse. Ahí están las pinturas de las cavernas como el verdadero arte primitivo.

Háblenos de cómo ha ido evolucionando su pintura.
Mi pintura ha ido pasando de un tema a otro de una manera espontánea, y sin yo darme cuenta. Antes hacía calles, casas coloniales, naturaleza muerta, interiores. Eran cuadros menos fantasiosos que los que hago ahora, donde incluyo elementos negroides, de santería, la mitología cubana, pero no vistos desde el lado religioso, sino desde el ángulo erótico que resultan más interesantes.

Usted fue muy amigo de Reinaldo Arenas, cuéntenos algo de esa amistad.
Reinaldo era muy buena gente. Yo tengo varios libros dedicados por él, y las dedicatorias son trabalenguas simpatiquísimos, de un ingenio fantástico. Él llegó a mi casa un día con el periodista Armando López, y de ahí comenzó una relación muy linda. Yo siempre lo consideré mucho a pesar de que él tenía sus cosas... tenía muchos traumas. De repente hería a sus amigos sin motivos, y después se arrepentía. Era un personaje tremendo, burlón, pero absolutamente genial. Una vez llegó a mi casa estando allí de visita Pepe Triana y Chantal [la esposa de Triana], y se puso a decir un trabalenguas contra Triana y yo le dije: mira Reinaldo la puerta de la casa está abierta y en estos momentos tu visita no es grata. Se fue molesto, pero después yo expuse en la Casa de la Cultura del Veda-

do y Reinaldo llegó y me abrazó, y de ahí toda la relación continuó como si nada. Era un tremendo muchacho.

Usted continúa pintando y leyendo intensamente. Háblenos de esa vitalidad creadora.
Es cierto que con 81 años continúo pintando, es algo bueno para mí. Creo que lo que envejece en mí es la piel, el cuerpo, pero no la mente. Mi mente se mantiene joven, fresca y llena de energía. Pinto por necesidad y vivir en San Francisco ha beneficiado mi vida. Es la ciudad que yo necesitaba y le hacía falta a mi vida. Aunque ya no puedo hacer nada, por lo menos veo y siento la libertad alrededor mío. Eso me ayuda en mi vejez. El homenaje que me hicieron en Los Angeles ha revitalizado mi pintura y completo mi vida con la lectura, tengo más de dos mil libros, la mayoría de cine, arqueología y metafísica, que son los temas que más me fascinan. Las paredes de mi pequeño apartamento de dos piezas están literalmente tapizadas de libros del suelo al techo. La presencia de tantos libros y la lectura me hacen sentir bien. Yo sin la lectura no puedo vivir.

(junio de 2001)

DESPUÉS DE LA ENTREVISTA, Michaelsen se mantuvo en San Francisco hasta su muerte en el 2010, a los 90 años de edad. Sus cenizas fueron esparcidas en un parque cercano a su casa en San Francisco. Su obra siempre tuvo una aceptación mayoritaria. En el 2007 expuso en la galería Farside de Miami, en un homenaje auspiciado por el crítico de arte Ricardo Pau Llosa.

RAFAEL BORDAO (escritor)

Cuando intenté contactar al escritor Rafael Bordao para esta entrevista estaba en la playa nadando. Luego conversamos de las maravillas del mar y del placer de zambullirse en las cálidas aguas de Miami. El hablar de nadar me hizo recordar que en una ocasión me contó una historia que en sí misma era una novela alucinante, cuando intentando escapar de Cuba en un barco mercante atracado en el puerto de La Habana, cruzó, junto a un amigo a nado la bahía, luego trepó por una soga, y tras sufrir un fuerte ataque de asma perdió las fuerzas y tuvo que dejarse caer por la cuerda, y bracear de regreso al lugar de origen, para luego mojado, falto de aire y lleno de manchas de aceite caminar por las calles de la ciudad hasta su casa.

Esta historia de huida permanente de la Isla, de la cual Bordao es un ejemplo directo, se repite en muchos cubanos. Es casi el símbolo que une a las generaciones que se hicieron jóvenes en la década del 60 y 70. Resulta asombroso, más que eso, patético, que la única salvación posible provenga del mar, que el mar sea la libertad y también la muerte. En ese país, sería interesante buscar estadísticas, quien no haya intentado físicamente tomar una balsa y lanzarse al mar, al menos lo ha considerado alguna vez.

Rafael Bordao fue casi un Pedro Pan, pero en el último minuto algo no funcionó. Durante el éxodo de Camarioca, en los años 60, intentó infructuosamente irse. Finalmente, durante el Mariel, logró su objetivo, adentrarse en el mar, salir de Cuba, iniciar una nueva vida. En Estados Unidos ha logrado ser lo que él quería: un hombre libre, un escritor, y esa libertad se aprecia en sus libros *Proyectura, Acrobacia del abandono, Escurridoras de la soledad, El libro de las interferencias, El lenguaje del ausente, Los descosidos labios del silencio* y *La revolución de Castro: un aborto perfumado*, entre otros. Bordao ha recibido numerosos premios literarios, dirigió La Nuez, revista de literatura y la editorial Arcas/Palmar.

Usted salió de Cuba durante el éxodo del Mariel, hábleme de su experiencia.
Yo sufrí persecución y acoso por ser joven, tener el pelo largo y tener discos de The Beatles. Estuve preso acusado de hippie, y por hablar en la vía pública contra la revolución. Después de muchos

intentos por irme de Cuba lo logro durante el Mariel. Llego a Estados Unidos y estoy un tiempo en la base Eglin en Pensacola, lugar donde publiqué mi primer trabajo en este país, pues allí se editaba un boletín para repartirlo entre los refugiados que se llamaba Libertad. Fue un poema infantil que apareció en inglés y español. Luego voy a Nueva York y en esa ciudad maravillosa vivo desde entonces.

¿Cree que existe realmente lo que se ha denominado La Generación del Mariel?
Creo que todos los sufrimientos, las transformaciones que todo ese grupo vivió, todas las experiencias compartidas, todos los cambios, fueron creando una nueva visión, una forma común de combatir; además una manera de ver el acontecer mundial en una mirada uniforme. Las personas que salieron en el mismo año que yo, tenemos muchos puntos de contacto, no solamente los cambios que hizo la tiranía, sino todo el proceso de evolución, de crecimiento, cultural, aprendizaje en las escuelas, es común a todos. Eso es lo que conforma un grupo generacional, de manera que sí, creo que existe una Generación del Mariel.

Usted ha desempeñado una importante labor como editor de la revista literaria La Nuez. ¿Cómo surge la idea de la revista, y luego de la editorial Arcas/Palmar?
Cuando desaparece la revista Mariel queda un vacío enorme, donde los escritores cubanos no teníamos donde publicar. De ese hecho surgió la idea de fundar una nueva revista, pero no tenía un nombre. Una tarde, sentado en un parque de Nueva York, hablando con un poeta español amigo mío de crear una revista, llega una ardilla y me hecha una nuez en el bolsillo del sobretodo. Al regresar a mi casa saco del bolsillo la nuez y me digo ¿y para qué sirve esto?, y me doy cuenta que ése era el nombre de la revista. La publicación se imprimía en Madrid. Cuando sale el primer número regreso a los Estados Unidos cargando las cajas de la revista, y en la aduana me las abren, revisan cada paquete, y me dicen que había que tener muchas ganas de hacer una revista para venir de otro continente con ese tipo de carga. La Nuez tuvo mucho éxito. Salieron 15 números entre 1988 y 1993. Por su parte Arcas/Palmar es una sucursal de Arcas, que se edita en Colombia. La editorial la fundé simultáneamente con La Nuez en 1988. Yo aprovechaba las utilidades que

dejaban los libros y con ese dinero se seguía publicando la revista. Mi deseo es hacer en Arcas/Palmar una colección para publicar a los autores cubanos exiliados.

Háblenos un poco de los elementos que conforman su poesía.
Me cuesta mucho trabajo definir mi poesía. Yo creo que es una poesía de la observación y del proceso de reflexión de la vida. Se basa sobre la percepción, los cambios, algunas experiencias, por supuesto. Yo me siento en las rocas del Hudson, en Nueva York, o junto al faro de Key Biscayne, en la Florida, y puedo, tal vez, en medio de esa tranquilidad y esa soledad escribir un poema sobre un tiburón, un barco en la distancia, un caracol destrozado. Mi poesía es una poesía existencial y espontánea.

Durante su adolescencia tuvo un encuentro con Fidel Castro. Háblenos de ese momento.
Cuando yo tenía unos 14 años tuve un encuentro con el dictador en el que también se encontraba Manuel Pereira, el autor de *Comandante veneno*, un guitarrista amigo mío, entre otros muchos. En ese encuentro Castro preguntó: «bueno muchachos qué son ustedes, ¿artistas?». Uno de los que estaba con nosotros se adelantó y apuntó a quienes de nosotros trabajaban y quienes eran estudiantes y lo que hacíamos. Cuando Castro se iba retirando se dirige al grupo: «Sigan así, que en ustedes está depositada la esperanza de nuestro país». La frase nunca la olvidé. La esperanza de nuestro país, que estaba allí reunida, incluyendo a un siquiatra que tenía una barba más coposa que el propio Castro, casi todos estamos en el exilio en la actualidad. Es como una gran paradoja, como una gran calamidad, una tragedia, una mueca de lo que la vida nos ha hecho a todos.

(julio de 2001)

DESPUÉS DE LA ENTREVISTA, ha dedicado esfuerzo y recursos a la revista Sinalefa, la cual dejó de editarse a finales del 2014. Bordao se mudó a Miami, donde en la actualidad reside.

FELIPE LÁZARO (poeta y editor)

Hablar con este escritor cubano que reside desde hace mucho tiempo en Madrid, España, resulta interesante. Aunque no siempre se comparte su visión, sí nos sentimos seguros de sus buenas intenciones, de su preocupación por Cuba y por la literatura cubana, a la que no sólo ha contribuido con su obra personal, sino también como director y editor de la Editorial Betania.

Una de las labores más destacadas de Felipe Lázaro han sido las antologías que ha preparado: *Poesía contemporánea cubana*, *Poetas cubanos en España*, *Poetas Cubanos en Nueva York*, y la antología bilingüe *Poetas cubanas en Nueva York /Cuban Woman Poets in New York*. Con él conversamos

El catálogo de Betania se ha dedicado fundamentalmente a difundir la literatura cubana. ¿Cuál es la mayor dificultad que enfrenta una editorial cubana exiliada, en un mercado donde se publica al menos un centenar de libros al mes?
Debo contestarte que en España se publican algo más que un centenar de libros al mes, pero, para responder concretamente tú pregunta, te diré que las mayores dificultades con que nos enfrentamos las editoriales cubanas radicadas en Madrid, son la difusión y distribución de nuestros libros. En España, la crítica reseña sobre todo a los grandes sellos editoriales, los *bestsellers*, las obras de escritores famosos. Si a esto sumas, el hándicap de que la mayoría de nuestros libros son de autores cubanos exiliados, se comprenderá la dificultad de esa difusión, aunque quizás esto haya cambiado con los años, y hoy es más frecuente ver reseñas sobre escritores del exilio. De todas maneras, ya es imposible que nieguen ese espacio a Betania, sobre todo porque hemos publicado a autores de renombre, como: Gastón Baquero, Reinaldo Arenas, José Ángel Buesa o Raúl Rivero (del insilio). No obstante, con cierta asiduidad, se publican reseñas de nuestros libros en revistas literarias cubanas del destierro, tanto en España como en Norteamérica.

Háblenos de su producción poética, y de sus proyectos, no como editor, sino como escritor

Comencé a publicar poesía en la década de los setenta, con los poemarios: *Despedida del asombro* y *Las aguas*. Posteriormente, en los ochenta, le siguieron *Ditirambos amorosos* y *los muertos están cada día más indóciles*. Paralelamente publiqué varias antologías, donde intenté reunir a casi toda la producción poética del exilio. También he publicado *Conversación con Gastón Baquero* y *Entrevistas a Gastón Baquero*. Próximamente saldrá: *Gastón Baquero: La invención de lo cotidiano*. En proyecto tengo dos poemarios inéditos: *Epigramas desterrados* y *Taxidermista de Islas* más dos libros de narraciones. Sin embargo, debo confesarte que el hecho de compartir el papel de poeta y de editor sólo me ha suscitado un conflicto: que he escrito y publicado menos de lo que hubiese deseado por estar inmerso totalmente en el trabajo editorial.

Pienso que la visión que se puede tener de Cuba desde Europa, tal vez difiera de la que tienen los cubanos en los Estados Unidos. ¿Cómo ve usted desde España el empuje cultural de los cubanos de la Isla y el exilio?
No estoy tan seguro de que exista una visión diferente desde Europa, respecto a la problemática cubana, de la que tienen los cubanos en los EE.UU. Quizás lo que sí existe –y a Dios gracias– es un pluralismo ideológico, que no sólo abarca a todo el exilio (en su inmensidad geografía, de por sí ya plural), sino que también afecta a la oposición interna o disidencia en la Isla. Esto es lo que nos diferencia sustancialmente del totalitarismo imperante en Cuba: nuestra diversidad de todo tipo, que es una de las grandes esperanzas con la que contamos para afrontar el poscastrismo. Respecto al momento cultural cubano, tanto en la Isla como en el destierro, es de una riqueza notoria. Si recordando a Lezama, aún hoy, podemos decir que Cuba está frustrada en lo esencialmente político (quizás añadiéndole también en lo socio-económico y algún que otro etcétera), también debemos afirmar que no es así en lo estrictamente cultural, sino más bien todo lo contrario. La proliferación de revistas literarias, de sellos editoriales y de nuevos autores en el exilio se asemeja a la producción literaria de jóvenes escritores, de nuevas publicaciones independientes y hasta de editoriales artesanales en la Isla. Todo ello sumado, se concreta en un gran movimiento cultural, pluralista por definición, que retrata el plural acontecer cultural cubano de nuestros días y contrasta con la permanente obsesión del régimen

castrista por mantener intacto todo el sistema totalitario. Esta es la verdadera «batalla de ideas», que se está librando no sólo en la Isla (en la Cuba oficial y en la real) sino en la diáspora, y que no puede desembocar en otra cosa que no sea una mayor y total libertad en el ámbito cultural cubano, aceptando todas las diversidades y diferencias que caracterizan a la sociedad cubana.

Usted compiló junto a Bladimir Zamora la antología *Poesía cubana: la isla entera*. ¿Cuál cree usted que ha sido el aporte de esa antología de las dos orillas a la literatura cubana, considerando que por lo general es para consumo externo, pues muy pocos en la Isla tienen acceso al libro?

La antología *Poesía cubana: la isla entera* que publicamos en Betania (1995), no fue más que otro paso dentro de ese espíritu pluralista que antes mencionaba, al seleccionar a poetas cubanos, de dentro y fuera de la Isla. En realidad, fue la continuación de otros proyectos antológicos, con la misma amplitud de miras, como: *La última poesía cubana* y *La poesía de las dos orillas: Cuba, 1959-1993* de los poetas cubanos Orlando Rossardi y León de la Hoz, respectivamente. Si bien, nuestra antología tenía como principal característica que ambos antólogos residíamos en las dos orillas: Bladimir en La Habana y yo en Madrid, con lo que incidía aún más en la necesaria tarea de reunificación de nuestra poesía. Por otro lado, no dudo que estas tres antologías, publicadas fuera de Cuba, hayan servido para crear ese ambiente de reconciliación en nuestras letras y que hayan dado paso a otros proyectos antológicos plurales, como el de Jorge Luis Arcos: *Las palabras son islas* (La Habana, 1999) o el de Francisco Morán: *La Isla en tu tinta* (Madrid, 2000). No obstante, si bien es verdad que nuestra antología no circuló comercialmente en la Isla, por razones obvias de censura y prohibición, sí puedo certificar que fueron CIENTOS los ejemplares que enviamos –y que continuamos enviando– a Cuba y nos consta no sólo su difusión (de mano en mano, de lector a lector, incluso alguna que otra reseña en revistas literarias oficiales), sino la gran acogida que tiene, entre las nuevas generaciones y el público en general.

Usted logró una excelente entrevista con Gastón Baquero, que luego publicó en *Conversación con Gastón Baquero*. Cuéntenos algo de su relación con el poeta.

Jamás me cansaré de decir que con Gastón Baquero me unió no sólo una gran amistad, sino que para mí fue un Maestro. Lo conocí en 1967, como universitario cubano, y después nos acercó, aún más, la poesía, su ejemplar magisterio y su infinito amor a todo lo cubano. Él rebozaba cubanía por todos sus poros y además de ser un gran poeta, fue ante todo un buen cubano. Personalmente, creo que su gran legado, además de su inmensa obra poética y de su genial ensayística, ha sido su testimonio de profunda cubanía que hoy debe unirnos a todos los cubanos en la «plural geografía de Cuba».

(agosto de 2001)

DESPUÉS DE LA ENTREVISTA, Felipe Lázaro ha logrado situar a Betania entre las más importantes editoriales de temática cubana. Publicó su tercer libro sobre Baquero, y su obra poética se ha enriquecido con *Tiempo de exilio* (2016).

JUAN MANUEL SALVAT (editor)

A veces basta pronunciar un nombre y ese nombre lleva implícito todo lo que representa una persona. Ese es el caso de Juan Manuel Salvat, quien a través de Ediciones Universal, ha impulsado la cultura cubana. Su librería, situada en el punto central de La Pequeña Habana, es un lugar de reuniones y debates sobre la realidad cubana, el exilio y futuro de Cuba.

Desde su fundación, en 1965, la editorial ha publicado más de 1000 títulos en 18 diferentes colecciones, y ha dado a conocer a autores cuyos libros han alcanzado resonancia internacional, como Carlos Victoria, y publicado las primeras ediciones de libros valiosos, como *El color del verano* y *El asalto*, ambos de Reinaldo Arenas.

Y aunque el negocio de los libros pueda parecer un trabajo ajeno a la lucha por reinstaurar las libertades en Cuba, Salvat entiende que su profesión «me permite mantenerme cerca de la cosa cubana». Y así es. Gran parte de la historia cubana del exilio se ha publicado en Ediciones Universal. Numerosos análisis sobre la problemática social de la Isla se han escrito en el exilio y publicado en el exilio, en la más sólida editorial cubana del destierro, como los trabajos investigativos de Enrique Ros.

Juan Manuel Salvat nació en Sagua la Grande, Cuba y estudiaba derecho en la Universidad de La Habana cuando comienzan los radicales cambios que imponía la incipiente dictadura que 42 años después todavía prevalece en la Isla.

Cuéntenos de su participación en lo que se conoce como la primera protesta de estudiantes en Cuba contra el régimen de Castro.
Yo era vicesecretario general de la escuela de Ciencias Sociales y Derecho Público de la Universidad de La Habana, o sea, que era parte de la FEU (Federación Estudiantil Universitaria). Un grupo de estudiantes nos enteramos que Anastas Mikoyan, que estaba de visita en Cuba, iba a poner una ofrenda floral ante el busto de Martí en el Parque Central, y nos pusimos de acuerdo para hacer un acto de desagravio al Apóstol, pues sabíamos que Mikoyan había dirigido

por parte de Rusia la invasión a Hungría en 1956, que había costado muchos muertos.

En aquel momento nosotros no pensábamos que la revolución era comunista, o que tenía un giro totalitario. Fidel Castro asumía cada vez más poderes, pero todavía teníamos la idea de que la revolución podía ser buena. Tan es así que nosotros fuimos con carteles que decían ¡Viva la Revolución! ¡Abajo el comunismo!, pero la policía nos estaba esperando y nos golpearon y nos arrestaron. Estando en Seguridad del Estado, y por la forma que se conducían los interrogatorios, me di cuenta por primera vez de que la revolución era comunista, y que Fidel Castro pretendía implantar un régimen totalitario en Cuba.

¿Es cuando se crea el directorio estudiantil?
En efecto. En aquel entonces formamos el Directorio Revolucionario Estudiantil y continuamos en la confrontación. Poco después de lo del Parque Central, ponen en la Universidad una estopa con balas y explota. Nosotros no estábamos en aquel entonces en una acción violenta, no teníamos nada que ver con el explosivo, pero el partido convoca a una manifestación para que nos expulsen, nos gritan paredón y una turba nos acosa. Poco después se emite una orden de arresto contra nosotros.

Yo me asilo en la Embajada de Brasil, y tras salir al exilio continúo la lucha contra Castro. Regreso clandestino a Cuba, y vuelvo a Estados Unidos a través de la Base de Guantánamo. Participo en algunas acciones armadas, pero en 1965, nos cierran una base que teníamos en Santo Domingo, República Dominicana, donde nos entrenábamos. Cuando estábamos listos para comenzar las acciones, la Embajada americana presiona y nos cierran la base. Ese fue un duro golpe, pues nos quedamos sin recursos.

¿Cuándo comienza su relación con el mundo de los libros y de dónde surgen los nombres de las colecciones?
Empezamos con un catálogo que enviábamos por correo que algunos llamaban «editorial la cañona», pues yo le enviaba el catálogo a mis verdaderos amigos con la cuenta, así que les vendía los libros *a la cañona*. Después abrimos una librería en la calle 8 y la 24 avenida. En aquel entonces abríamos hasta las 10 de la noche y Ana Rosa Núñez nos visitaba todos los días y conversamos e iniciamos los

planes de publicar libros. Nuestro primer libro fue un folleto con una encíclica del Papa Pablo VI, pero con el nombre de Ediciones Universal iniciamos el catálogo con *Poesía en éxodo*. Desde entonces ya hemos publicado más de 1000 títulos.

Para el nombre de las colecciones debo volver a Ana Rosa. Si iba publicar una novela ella me decía vamos a ponerle *Caniquí* por la novela de Ramos, Polymita, la colección de crítica literaria, por las polymitas cubanas, Espejo de Paciencia por ser ese el primer poema cubano. Fue ella la que bautizó la mayoría de las colecciones.

Su condición de editor lo ha puesto en contacto directo con figuras muy importantes de la literatura cubana. ¿Puede referirse a algunas de ellas?
Cada escritor impresiona de una manera especial. Ponerse a conversar con Enrique Labrador Ruiz es algo tremendo, sobre todo si ibas a un bar y te tomabas un trago con él. Era una experiencia extraordinaria. Recuerdo que un día fuimos a un bar donde estaban Labrador, Cabrera Infante, Montaner, Arturo Villar, Fernando Viera Trejo, y yo quedé muy impresionado. Yo iba con un amigo, Nelson Amaro, y nos sentamos los dos a escuchar el intercambio de aquel grupo de escritores, periodistas y personajes. Fue una maravillosa reunión que nunca he olvidado.

Otro escritor que era una gran satisfacción sentarse a hablar era Leví Marrero, con quien se aprendía y se disfrutaba mucho. Cabrera Infante, no hay que decirlo. Con él cada momento no sólo se aprende, sino que te ríes, gozas la cantidad de salidas que tiene.

¿Se podría esperar un libro de Juan Manuel Salvat hablando de sus experiencias?
Creo que sí. Eventualmente un día me sentaré a escribir. Me gustaría sobre todo intentar interpretar el proceso de lucha contra Castro. Hay una serie de aspectos en los que me gustaría volcar ideas y poder tratar de explicar todo este proceso. Creo que ha sido un proceso de muchos sacrificios de muchísimas gentes, de tantísimos mártires que yo no quisiera que cayeran nunca en el olvido, porque realmente esta tragedia se ha alargado muchísimo, y hay una cantidad de cubanos que lo ha dado todo por la libertad de Cuba.

(septiembre de 2001)

DESPUÉS DE LA ENTREVISTA, la Librería Universal cerró sus puertas en el 2013, pero su sector editorial Ediciones Universal, continúa desarrollando su proyecto. Todavía se sigue esperando por sus memorias.

JOSÉ MARÍA MIJARES (artista plástico)

Creo recordar con la nitidez que los años permiten, la primera vez que vi a José María Mijares, uno de los grandes maestros de la plástica cubana de todos los tiempos. Fue en la mítica Meeting Point, a donde llegué acompañando al pintor Juan Abreu. En ese sitio, que más que una galería de arte, era un centro de reunión de artistas, se encontraban, esa tarde, Arturo Rodríguez, Gay García, Víctor Gómez, Carlos M. Luis, al frente de la galería, y fumando continuamente el maestro José Mijares. Entre tragos, creo que de vino tinto a pesar del calor, se hallaban reunidas varias generaciones de artistas plásticos hablando del porvenir de la pintura cubana. La responsabilidad me ha llevado de nuevo al maestro, a su taller, y mientras conversaba con él de los colores, sobre todo del azul, sus logros y de Cuba, recordaba aquel primer encuentro que narro.

Los comienzos de Mijares no fueron fáciles, tuvo una infancia muy pobre y con mucho esfuerzo logró ingresar en la Academia de San Alejandro. Allí fue alumno de Romañach y Menocal, y con el tiempo alcanzó a impartir clases de colorido en la prestigiosa academia. Su primer intento por abrirse un espacio en la pintura, en los años cuarenta, fue durante el Primer Salón de Pintura, Escultura y Grabado y su obra desató una polémica.

¿Cómo fue la polémica por su cuadro *Alameda*, que involucró a tantas figuras importantes?
Yo tuve la suerte, la suerte es muy importante en Cuba, que ese cuadro gustó mucho, prendió. Como dicen las gentes: fue un eléctrico. Lo expongo durante el Primer Salón de Pintura, Escultura y Grabado, y un periodista amigo mío me dice: «Oye, fui a la inauguración de la exposición y sin duda alguna el cuadro tuyo es magnífico y es el mejor de todos los que hay allí». Eso me dio mucha alegría. Además yo participé consciente de que era un buen cuadro el que había llevado. El primer premio se lo dieron a Carlos Enríquez, por un cuadro que se llamaba *Arlequina*, y yo recibo el segundo lugar. Y ahí viene el problema. Un conocido y respetado periodista, José Vasconcelos, opina que yo merecía el primer premio, pero Jorge Mañach, otra figura prominente del periodismo,

opinó distinto; dijo que Carlos Enríquez tenía una obra ya, y que yo era muy joven, que existía la posibilidad de que no pintara más, y que había que respetar la obra de Carlos Enríquez. Entonces mi generación salió a defenderme, y la polémica me sirvió de una publicidad tremenda. Cerca de un año después me puse a analizar y comprendí que Mañach tenía la razón. Porque hay que respetar la obra de un hombre que ha trabajado muchos años, con una vida integral. Carlos Enríquez era un hombre mayor, era ya un maestro. Un día me encuentro a Mañach y le digo: Señor Mañach, con su permiso. «Sí, dime». Yo soy Mijares. «Ah, sí, no sabía que fuera usted tan joven». Entonces le digo: Mire, yo me amparé en la vanidad, me disgusté con la tesis suya sobre el premio, pero yo estoy de acuerdo con lo que dijo. Pues se puede dar ese caso de individuos que surgen con un cuadro y después se dedican a otra cosa, no pintan más y es lo que usted dijo que hay que respetar la obra y un hombre que tiene una obra muy seria. Con mis palabras se mostró muy complacido.

¿Cómo es un día normal en la vida de Mijares?
Hoy en día ya tengo 81 años: La vida de un hombre de 81 años. Me levanto, pinto como seis o siete horas. Después leo un poco, vienen amigos míos por las noches. Me encanta conversar, me priva, yo creo que la comunicación es muy importante, cosa que aquí se ha perdido. En Cuba sí había una gran conversación, en España, en París, pero aquí no. Porque aquí es pagar los *biles* y eso le lleva mucho tiempo a la gente. Salen a hacer dinero, eso también le lleva mucho tiempo.

En los últimos meses su nombre ha estado en la prensa continuamente. Recibió un importante reconocimiento y se exhibe una muestra suya. Cuéntenos un poco de estos eventos.
Hace poco me dieron el título Honoris Causa, en la Universidad Internacional de la Florida. Es un importante título que no se lo habían dado a ningún pintor nunca. Se lo habían otorgado a Guillermo Cabrera Infante como escritor, a Celia Cruz como cantante, pero nunca a un pintor. Fue algo lindo y quedó como un precedente muy bueno, porque aquí hay pintores que se lo merecen, como Soriano, Cundo Bermúdez, Gay García y Cancio. La exhibición es en la galería Barceló. Es una especie de retrospectiva pequeña, pero bonita.

En una retrospectiva se deben poner unos 150 cuadros, que los tengo, y muchísimos más, pero no hay el local. Allí hay cuadros de los años cincuenta y setenta y pico, además de piezas nuevas del 2000 para acá.

El color azul domina su pintura. Háblenos del color y del azul en específico.
El azul es un color como otro cualquiera. Para Van Gogh es el amarillo. Un cuadro famoso de Picasso, *Mujer en blanco*, era una figura en blanco. El *Guernica* está pintado en blanco y negro, y es un magnífico cuadro, para mí el mejor cuadro del siglo XX. El problema es lo que tú consigas con el color. No importa cuál sea el color. A mí me gusta mucho el azul. Es un problema de gusto, además me sirve como elemento para manifestar plásticamente, pero podría ser el verde también.

Quisiera escucharle hablar de Cuba, de sus recuerdos y si pudiera regresar qué es lo primero que haría.
El tema de Cuba me atormenta muchísimo. Nunca pensé que yo viviera fuera de Cuba. Nunca pasó por mi mente que tendría que irme de Cuba, y una de las cosas que me hizo irme fue la falta de libertad; donde no hay libertad no hay vida, no se puede vivir sin libertad. A mí me afecta el saber que no puedo volver a Cuba. Bueno, yo puedo ir si quiero, pero por un problema de principios no debo. Pero al mismo tiempo el no poder vivir en mi país me disciplinó a trabajar todos los días, para poder decir: quiero hacer una obra y dársela a mi país, y esos son elementos muy importantes para mí. Eso me obligaba a trabajar, para demostrar que yo puedo dejarle una obra a mi país.

Lo que haría si pudiera regresar: Ir al Prado. Me sentaría esa mañana en un banco. A las dos de la tarde haría lo mismo. Volvería a las 8 de la noche, y ese mismo día me sentaría a las 3 de la mañana, allí en el mismo Prado, en el mismo asiento. Y sería en Prado y Trocadero, Prado y Ánima, todo el Paseo del Prado. Caminaría entonces por todo el Prado hasta el muro del malecón, me sentaría en el muro del malecón y allí me moriría.

(febrero de 2002)

DESPUÉS DE LA ENTREVISTA, numerosas exposiciones, su propia galería y el reconocimiento como uno de los artistas cubanos más importantes, se ha mantenido. Falleció en abril del 2004 en Miami.

REINALDO GARCÍA RAMOS (escritor)

Este escritor cubano es de hablar pausado, así también es su andar, y creo advertir que su obra literaria lleva la marca de la sobriedad, del paso seguro. Su poesía parece describir un trazo preciso que cala la sensibilidad del lector. En su juventud Reinaldo García Ramos se unió al mítico grupo literario El Puente, que marcó una pauta en la poesía cubana de los años sesenta. Luego, en la peor etapa del stalinismo cubano, al cerrarse todas las puertas a los escritores honestos (los otros no cuentan, naturalmente), se integró a las filas de los que escribían en el silencio y compartían sus poemas con amigos muy íntimos. Finalmente logró salir de la Isla durante el éxodo del Mariel en 1980. En el exilio ha publicado los libros de poesía *El buen peligro* (1987), *Caverna fiel* (1993) y *En la llanura* (2001). En Cuba dio a conocer *Acta* (1962).

Cuando se habla con usted no se puede dejar de aludir al grupo literario El Puente. Cuéntenos un poco de ese movimiento, con el cual comienza como escritor.
Desde fines de 1961, varios escritores muy jóvenes (muchos teníamos menos de 20 años de edad) comenzamos a agruparnos en torno a José Mario Rodríguez, que recién había publicado *El grito* y nos hizo ver los peligros que entrañaban para nuestra obra las políticas excluyentes que ya se perfilaban en el nuevo gobierno. Entendimos así que, si no publicábamos cuanto antes, las incipientes estructuras que surgían en el campo de la cultura nos dejarían sólo dos opciones: la sumisión o el silencio. En cambio, nosotros aspirábamos a expresarnos con independencia; rechazábamos el adocenamiento exigido por los funcionarios de la naciente burocracia. No buscábamos desentendernos de lo que ocurría en el país a nivel social y político, pero queríamos dejar sentado nuestro derecho a escribir sin tesis preconcebidas. De ahí el gran mérito de José Mario, que fundó entonces las Ediciones El Puente y corrió con muchos de sus gastos: dio así a ese grupo muy heterogéneo de jóvenes la posibilidad de publicar sus primeros libros (al grupo pertenecieron, por ejemplo, autores tan disímiles como Nancy Morejón, Isel Rivero, Miguel Barnet y Belkis Cuza Malé, entre otros). Yo publiqué en El Puente mi primer libro (*Acta*) en 1962. La antolo-

gía *Novísima poesía cubana, I*, que preparamos Ana María Simo y yo, apareció ese mismo año y fue el primer intento de presentar coherentemente a los poetas del grupo. Pero El Puente no fue una *escuela* literaria: en los textos de esa obra es fácil comprobar la multiplicidad de estilos y de intereses estéticos que tenían los autores antologados. Éramos un grupo de jóvenes entusiastas, creadores recién formados, que ante el cataclismo del país compartía esperanzas y temores y buscaban proteger su libertad de expresión. Luego cada cual encontraría por su cuenta un rumbo propio. Las Ediciones El Puente sucumbieron en 1964.

Usted fue uno de los directores de la Revista Mariel. ¿Cuál cree que fue el mayor aporte de esa publicación a la cultura cubana en el exilio?
Fui uno de los tres integrantes del Consejo de Dirección de la revista Mariel en su primera etapa (1983-1985); los otros dos eran Reinaldo Arenas y Juan Abreu. La revista fue un proyecto mucho más maduro y orgánico que el valioso esfuerzo realizado por El Puente. Sin embargo, ambas tentativas respondían a la misma necesidad visceral: la urgencia que cada autor sentía por dar a conocer su obra ante un medio poco receptivo o francamente hostil; es decir, el intento de afirmarse como escritores y no ser anulados. La revista Mariel aportó a la cultura cubana del exilio muchos ingredientes estimulantes; pero el más importante fue el bagaje de nuevas experiencias y puntos de vista que traíamos de la Isla y que no habíamos podido expresar hasta entonces. Hubo un contraste evidente entre ese bagaje y el tono usual de la cultura del exilio, pues en muchos casos expresábamos vivencias y sentimientos, actitudes políticas, estéticas y existenciales que no se parecían a las expresadas por los escritores que habían estado más tiempo fuera de Cuba. Pero entendíamos que ese contraste nos enriquecía culturalmente a todos: queríamos entregar nuestro mensaje tan peculiar, pero también insertarlo en la tradición literaria cubana. De ahí que en cada número de Mariel rindiéramos homenaje a figuras destacadas de nuestras letras con las que teníamos obvia afinidad, como Lezama, Piñera, Poveda, Labrador Ruiz, etc.

Acaba de aparecer *En la llanura*, su más reciente obra. Háblenos de ese libro.

Mi libro *En la llanura* (Miami, La Torre de Papel, 2001) recoge 15 poemas escritos en Nueva York entre 1993 y 1999. En esos años tuve muchas pérdidas personales (amigos que murieron, sobre todo a consecuencia del sida), pero también pude concluir una etapa de maduración y precisar mis objetivos poéticos. De ahí que el libro tenga, por un lado, un tono elegíaco; y, por otro, intente expresar una firmeza de vida, una continuidad en las convicciones a largo plazo. Es un libro un tanto metafísico, pero también conectado con ciertos episodios de nuestra experiencia histórica, pues alude a momentos como la caída de la URSS en 1989 y a la imagen de Rimbaud, que fue traficante de armas en Harar en 1891.

¿Qué hay nuevo en su poesía más reciente, que no estuviera en su producción anterior?
Tengo la esperanza de que este último libro sea mejor que los otros, pero corresponde a los críticos responder esa pregunta, si les interesara hacerlo. El autor debe limitarse a exponer su mensaje con sumo cuidado, no a elogiarlo. La autovaloración es un ejercicio anodino.

Después de vivir una parte importante de su vida en Cuba usted sale al exilio y se establece en Nueva York. Dos décadas después se traslada a Miami. Díganos sus impresiones sobre ese «romper» con un sitio y comenzar en otro, y el impacto emocional que provoca alejarse de un sitio en el que se ha dejado una huella.
Nadie que haya vivido en Nueva York puede decir con honestidad que esa ciudad lo dejó indiferente. Uno puede odiarla o amarla, pero no desatenderla. Viví allí 21 años, y desde luego, no salí ileso; su ambiente, sus opciones y sus personajes me transformaron. En Nueva York viví los años más entusiastas de mi exilio, los más productivos hasta ahora, pero también los más angustiosos. Cuando llegó el momento de abandonar esa ciudad, lo hice sin pesar, pues ya ella me había enseñado todo lo que podía enseñarme. Miami, en cambio, me permite renovar mis esperanzas, vivir a ritmo más sosegado y con menos dinero, reconectarme con mi idioma, mi cultura natal, mi gente. Además, ahora vivo más cerca de la naturaleza, a media cuadra del mar, y ese mar se ha convertido en mi mejor amigo.

(marzo de 2002)

DESPUÉS DE LA ENTREVISTA, García Ramos coordinó la puesta *online* de las revistas Mariel y Decir del Agua. Ha continuado su labor creativa, ganando en España el Premio Internacional de Poesía Luys Santamarina-Ciudad de Cieza, por *Obra del fugitivo*. Publicó además, *Rondas y presagios* y sus memorias sobre el éxodo del Mariel, *Cuerpos al borde de una isla*.

HUGO CONSUEGRA (artista plástico)

Con frecuencia se habla de generaciones, movimientos artísticos y grupos que responden a ciertas características, pero la realidad es que todo eso queda en puras definiciones; lo grande, lo que importa, es cada hombre individualmente, su discurso expresivo y su legado, y eso lo ha tenido siempre muy en cuenta el pintor y escritor Hugo Consuegra, uno de los más conocidos miembros del grupo Los Once. Su labor creativa lo sitúa en un marco amplio y trascendental: como una de las figuras más completas de la plástica cubana, de forma que al decir pintura cubana, su nombre acude como uno de sus mayores exponentes.

Durante su formación tomó clases en la Academia de San Alejandro, luego completó estudios de arquitectura. Como hombre de su tiempo viajó por el mundo, vivió las convulsiones sociales, y llevó una vida rica e intensa. Sus vivencias, su espacio familiar y un largo exilio, los ha canalizado en un libro *Elapso Tempore*, su autobiografía, obra que es un profundo recorrido por los lugares y momentos que marcaron su vida. Esta pieza, tan clave como su pintura, revela las fuentes que nutrieron el fascinante mundo personal de Hugo Consuegra.

¿Cómo surge el grupo de Los Once al que usted pertenece?
El VI Salón Nacional de Pintura y Escultura se celebró en el Capitolio del 10 al 25 de enero de 1953. Fue evidente que había un grupo numeroso de jóvenes artistas intentando formas de expresión diferentes a la Escuela de La Habana, representada por Amelia, Portocarrero, Carreño, etc. Un mes más tarde, 16 al 26 de febrero, organizamos la exposición *15 Pintores y Escultores* en los salones de Nuestro Tiempo. De los 15 artistas listados en el catálogo, cuatro de ellos (Salvador Coratgé, Julio Matilla, Zilia Sánchez y Manuel Vidal) no presentaron obra. Quince menos cuatro = once. Una segunda exposición de dibujos se celebró en la Galería de Matanzas, en abril 5 de 1953, y, finalmente, la famosa *Once Pintores y Escultores*, La Rampa, 18 al 28 de abril de 1953. Los Once «originales» fueron: Francisco Antigua, René Ávila, José Ignacio Bermúdez, Agustín Cárdenas, Hugo Consuegra, Fayad Jamís, Guido Llinás,

José Antonio (Díaz) Peláez, Tomás Oliva, Antonio Vidal y Viredo Espinosa. Nunca más volveríamos a ser matemáticamente once. Raúl Martínez se unió al grupo para la cuarta exposición, *Los Once, Pintores y Escultores*, Lyceum, noviembre 19 al 26 de 1953. José Ignacio Bermúdez se marchó a USA, y hubo inclusiones, exclusiones, invitados y expulsados. En total 21 artistas estuvieron vinculados al grupo en alguna ocasión, muy especialmente Antonia Eiriz y Juan Tapia Ruano. El grupo se disolvió en 1955, cuando Agustín Cárdenas aceptó una beca de Batista, en condiciones que están bien explicadas en mi libro *Elapso Tempore*, pero cinco artistas (Hugo Consuegra, Guido Llinás, Raúl Martínez, Tomás Oliva y Antonio Vidal) siguieron exponiendo juntos hasta la exposición *Expresionismo Abstracto 1963*, Galería de La Habana, enero 11 a febrero 3, 1963. En total fueron 15 exposiciones entre los años 1953 a 1963.

Los críticos tienden a agrupar a los artistas en torno a grupos que responden a ciertos esquemas. ¿Qué opinión le merecen las clasificaciones? ¿Son perjudiciales o beneficiosas para el creador?
Magritte, Miró y Lam están «clasificados» como surrealistas, pero cuán diferente es su obra. En las cavernas de Altamira podemos distinguir a varias «personalidades» entre aquellos anónimos artistas rupestres. Las clasificaciones son importantes para catalogar y estudiar períodos, y pueden ser ventajosas al artista, ya que la acción de grupo puede ser muy efectiva en algunos casos. Pero un grupo no hace obra sino es a través de sus miembros. Así como el pez es un nombre genérico, tipológico, lo que realmente importa es el salmón, el pargo o la rabirrubia. Así el artista debe ser él por arriba de ser cubista, romántico o impresionista.

¿Cómo es su pintura en la actualidad después de vivir tanto tiempo en el exilio? ¿Qué elementos la han enriquecido y cuáles la han contrariado?
Siempre desconfié del «conocerte a ti mismo» de los griegos. Presupone que somos una entidad terminada. Prefiero descubrirme una y otra vez, transformarme, explorar los rincones por los que aún no he pasado. El exilio no ha afectado esta actitud, ni ha cambiado mi camino. Mi pintura se ha transformado a lo largo de estos 45 años de exilio, pero no por razones exteriores; el cambio está en mí.

Su libro *Elapso Tempore* es una autobiografía *sui generis*, pues está escrita muy por encima de las reglas del género. ¿Podría hablarnos de ese libro?
Digo en *Elapso Tempore*: «...me dirijo ahora al lector y explico (...) que esta narración no es un libro y yo no soy un escritor». Verdad a medias; por supuesto, sigo no siendo un escritor, pero *Elapso Tempore* ha encontrado un digno lugar entre los libros cubanos. José Abreu Felippe me escribe: «Acabo de cerrar su libro y no puedo negar cierta mezcla de alegría y tristeza. Siento, por un lado, que el mundo –la vida–, que usted retuvo y supo sembrar en estas páginas, se mantiene, y se mantendrá gravitando para siempre, independiente ya del propio creador. Y eso es bueno, porque a partir de ahora ese mundo estará ahí, accesible a todo el que quiera asomarse a él, a pesar de ser un universo ido, vivido, consumado». Todos repetimos (*ad nauseaum*) lo que nos dijo Ortega y Gasset. El único acierto que reclamo es el haber comprendido que mi circunstancia ha sido muy superior a mi persona, y haber dejado que fuera ella, y no yo, quien escribiera el libro.

Se dice que al llegar a cierta edad algunas ideas se revalorizan y otras se desvirtúan. ¿Cómo se siente usted cuando mira hacia atrás?
Cuando miro hacia atrás me veo a mí mismo, y me doy un aprobado, aunque no me doy un sobresaliente; así y todo, estoy en paz conmigo mismo. Si volviera a vivir, haría las mismas cosas que he hecho; quizás un retoque aquí y allá, pero, fundamentalmente, viviría la misma vida que he vivido, sin valorizaciones ni desvirtúos. Pero también, mirando hacia atrás, veo el mundo que me rodea actualmente, y aquí, no hay paz ni complacencia alguna. A la vergüenza de Cuba, se une la vergüenza del resto del mundo: crueldad, corrupción, odio, violencia, intolerancia. Hemos empezado el siglo XXI con una guerra de religión. Me aterra la idea de que Jorge Manrique estuviera en lo cierto; «como a nuestro parecer, cualquiera tiempo pasado fue mejor», pues ello implicaría que cualquier tiempo futuro será peor.

(abril de 2002)

DESPUÉS DE LA ENTREVISTA, continuó su carrera pictórica, hasta su fallecimiento a los 73 años, víctima del cáncer, en la ciudad de Nueva York, en febrero del 2003.

JULIO HERNÁNDEZ MIYARES (escritor y profesor)

Si una institución académica le otorga a uno de sus catedráticos el título de Profesor Emérito, ha de ser porque ese educador es de los buenos buenos. Y Julio Hernández Miyares ostenta ese honor en Kingsborough College, de la Ciudad de Nueva York. Además, en la actualidad enseña cursos graduados de Literatura Hispanoamericana en el C. W. Post College de Long Island University.

Nacido en Santiago de Cuba, y alejado como exiliado de su país desde 1961, Hernández Miyares se ha dedicado a la docencia, al estudio y análisis de la narrativa, sobre todo del cuento, donde es una autoridad. Sus libros *Antología del cuento modernista hispanoamericano*, *Narradores cubanos de hoy*, y la antología *Narrativa y libertad*, hablan de su labor profesional. Otros libros suyos abordan la obra del poeta Julián del Casal y del escritor Reinaldo Arenas.

Hernández Miyares también ha escrito poesía. En 1974 publicó *Antillana rotunda*, una obra de la que ha expresado: «Es un librito muy cercano al corazón. Tenía que escribirlo pues necesitaba dejar mi modesto testimonio poético de mi amor por la isla-patria cada vez más lejana, así como de los valores espirituales y morales que me legaron mis mayores». En la actualidad trabaja en otro libro de poesía: *Caminante sin lunas*.

Usted estudió abogacía en Cuba y Literatura Hispánica en los Estados Unidos, dos funciones que tienden a ser opuestas. ¿Qué lo llevó a inclinarse por la literatura?
Nací dentro de una familia de abogados y de amantes de la literatura. Desde niño, uno de los lugares más atractivos para mí era la biblioteca de mi padre, en Santiago de Cuba, mi ciudad natal. Años más tarde, en el Colegio de Belén, fui miembro de la Academia Literaria Avellaneda, en donde se nos enseñaba a hablar en público y a analizar textos y materiales literarios. Cuando ingresé en la Universidad de La Habana, comencé a estudiar Derecho y también Filosofía y Letras. Esta última carrera no la completé, quizás por la dificultad de aprender en aquel momento el griego clásico. Cuando llegué al exilio y decidí comenzar una nueva carrera, escogí dedicarme a la literatura y al estudio intenso del español, mi idioma nativo.

Su tesis doctoral versó sobre Julián del Casal. ¿Por qué escogió a este escritor, y cuál es su importancia en la literatura cubana?
Desde mi niñez, el nombre Julián del Casal y su obra poética eran cosa común en mi hogar. Mi abuelo, el poeta y periodista, Enrique Hernández Miyares, fue director de La Habana Elegante y de La Habana Literaria, dos revistas importantes de la Cuba colonial, en las que Casal publicó la mayor parte de su obra literaria. Por tanto, en Nueva York, al tener que decidir el tema de mi tesis doctoral, no tuve la menor duda de seleccionar a Julián del Casal y su obra, no sólo porque lo considero una de las grandes figuras de la lírica cubana de todos los tiempos, sino porque lo sentía como parte de mi familia. Creo que mientras más se estudia la obra casaliana más se confirma su importancia dentro de la literatura cubana y del movimiento modernista hispanoamericano.

Usted ha estudiado el cuento cubano ampliamente. ¿Cómo aprecia la evolución del cuento cubano en la segunda mitad del siglo XX?
La evolución de la cuentística a partir de mediados del siglo XX, no es sorprendente, si se tiene en cuenta la destacada labor realizada por los narradores de las dos primeras generaciones literarias republicanas, como Alfonso Hernández Catá, Jesús Castellanos y Luis Felipe Rodríguez, Carlos Montenegro, Enrique Labrador Ruiz, Alejo Carpentier, Lydia Cabrera, Lino Novás Calvo, entre los más conocidos. Por eso, no debe causar extrañeza la aparición después de narradores de la calidad de Ramón Ferreira, Virgilio Piñera, José Lezama Lima, Lorenzo García Vega, Guillermo Cabrera Infante, Severo Sarduy, Hilda Perera, Concepción T. Alzola, Antonio Benítez Rojo y Matías Montes Huidobro, por sólo mencionar algunos. Además, hoy se puede decir que la cuentística cubana de la vertiente del exilio muestra una madurez y calidad notables, especialmente después de habérseles sumado los narradores que abandonaron Cuba alrededor de 1980 y, en especial, los del grupo de la llamada generación del Mariel, encabezados por Reinaldo Arenas.

Su recopilación de cuentos *Narrativa y libertad*, ha dado mucho de qué hablar por la enorme cantidad de autores incluidos, algunos que sólo ocasionalmente han cultivado el género. Me gustaría saber qué criterio siguió para su selección.

Narrativa y Libertad, como se indica en su primera página, no es una antología de cuentos, sino una compilación de textos narrativos que presenta un amplio panorama de tendencias estéticas y estilísticas a través de las cuales se han movido dentro de este género los escritores cubanos durante cuatro décadas de exilio. En su preparación no seguí ningún criterio de grupo o escuela para la selección. Mi objetivo principal fue ofrecer un documento demostrativo del quehacer, muchas veces heroico, de una nación en destierro, empeñada en legar a la patria y a la cultura hispánica en general, un testimonio estético-literario de sus vivencias, anhelos y fantasías. En esos volúmenes creo que se encuentra vertida gran parte de nuestra idiosincrasia. Además, contiene el testimonio indeleble de la salida al exilio y rechazo del totalitarismo de los más destacados narradores cubanos.

Usted tuvo a su cuidado la edición de *Cuba: Exilio y cultura, memoria del congreso del milenio*, **volumen que recoge las ponencias presentadas en el congreso Cuba: Exilio y Cultura. Coméntenos de la importancia de ese libro.**
El volumen titulado *Cuba: Exilio y Cultura* recoge casi todas las ponencias y testimonios presentados por los participantes en el Congreso del Milenio, celebrado en Miami en 1999, bajo los auspicios de la Asociación Nacional de Educadores Cubano-Americanos (NACAE) y de Herencia Cultural Cubana. Este volumen, deja constancia de la labor cultural y profesional llevada a cabo por la nación cubana del destierro en las primeras cuatro décadas del exilio, tal y como se expresó en dicho congreso. Sin dudas, consideramos que este recuento resultará esencial y muy valioso en el futuro, cuando el pueblo cubano de la Isla recobre su libertad y nuestra cultura se integre nuevamente en una sola vertiente.

(junio 2002)

DESPUÉS DE LA ENTREVISTA: continuó su desempeño académico, participando activamente en los congresos del Círculo de Cultura Panamericano. Posteriormente se retiró como profesor y se estableció en Miami donde reside.

JULIO MATAS (escritor y dramaturgo)

Cuando se habla del teatro cubano escrito por exiliados, acuden entre otros, los nombres de Julio Matas, José Triana, Héctor Santiago, Matías Montes Huidobro, Pedro Monge Rafuls, José Abreu Felippe, Eduardo Manet, Jorge Trigoura, Nilo Cruz y Raúl de Cárdenas, para solo citar a los que aún viven, están vigente, y los que con sus obras han trazado el sólido (por el abanico de temas y generaciones que lo conforman), panorama teatral de los cubanos en el destierro. De ese grupo tremendamente poderoso de valiosas voces, sobresale la de Julio Matas, quien además de dramaturgo, es poeta, ensayista y narrador.

La última obra de Matas que se estrenó en Miami fue *El extravío*, que subió a escena en 1992 como parte del VII Festival de Teatro, desde entonces se nota su ausencia de la programación teatral, donde cada vez se extiende más el silencio (tal vez cómplice e intencional) sobre los dramaturgos exiliados. Sin embargo, lo bueno siempre se impone; sus obras *Juego de damas* (su pieza más representada), fue vista hace poco en Venezuela y *El cambio*, estuvo en los escenarios de Brasil.

Julio Matas estuvo vinculado al arte desde muy joven. En La Habana donde nació, desarrolló una notoria labor como director con obras del repertorio internacional. Durante los años cincuenta colaboró en la publicación de la revista El Laberinto y funda el grupo teatral Arena. En esa etapa de efervescencia actúa en *Una confusión cotidiana*, película de Tomás Gutiérrez Alea sobre un cuento de Kafka. La fotografía de ese corto estuvo a cargo de Néstor Almendros. Al salir de la Isla en 1965, imparte clases en la Universidad de Pittsburgh.

De la extensa obra de Julio Matas se pueden citar: *Retrato de tiempo* (1958), *Catálogo de imprevistos* (1962), *La crónica y el suceso* (1964), *El extravío* (1990), *Juegos y rejuegos* (1992), *Transiciones y migraciones* (1993). Recientemente ha publicado *El rapto de La Habana* (2002), que reúne 8 obras dramáticas.

Usted ha incursionado en varios géneros literarios. ¿Por qué a veces un escritor necesita recurrir a distintas maneras de expresión?

La pregunta habría que hacérsela invirtiendo los términos. ¿Por qué algunos escritores se dedican a un solo género? Creo que es cuestión de carácter, de temperamento, a veces de formación, y desde luego, de preferencias. Ibsen, Shaw, O'Neill y Arthur Miller han escrito exclusivamente para el teatro. Henry James no tuvo éxito como dramaturgo, pero el diálogo de sus novelas me parece ejemplar; he aprendido de James para componer los diálogos de mis obras de teatro. Cuando era joven, me parecía que yo estaba destinado a ser poeta. Pero mi vocación por el teatro como actor y director, influyó no poco en mi necesidad de utilizar este género como vehículo. Empecé, sin embargo, escribiendo relatos. Sólo me faltaba dar un paso más para llegar a concebir una obra dramática y lo di a mis 30 años con *La crónica y el suceso*, una pieza en tres actos que se publicó en 1964.

En Cuba usted dirigió, entre otras obras, *La cantante calva* de Ionesco y *Falsa alarma* de Virgilio Piñera. Cuéntenos un poco de esa etapa suya como director y por qué en el exilio no continuó con esa labor.
Empecé mi entrenamiento en el Teatro Universitario donde se daba preferencia al teatro clásico griego y al español de Siglo de Oro. Después vinieron años de búsqueda, de aprendizaje. En el año 53, fundé, con otros compañeros, el grupo teatral Arena, con la intención de presentar obras con el público alrededor de los actores; se trataba de acercar a la audiencia al trabajo de los intérpretes, sin ninguna distancia o interferencia. Funciones de Arena se hicieron en una valla de gallo, la Valla Habana, en la Plaza de Agua Dulce: *Recuerdos de Berta*, de Tennessee Williams, fue mi contribución a aquel experimento. Después, en 1954, monté la *Medea* de Eurípides, dentro del mismo concepto de teatro circular, en el Sindicato de Torcedores. *La cantante calva* se presentó primero en la salita del Lyceum y Lawn Tennis Club y luego pasó a temporada en el Teatro Atelier, de Adolfo de Luis. Ya en esta época, 1957, el movimiento de las salas-teatro se había consolidado. *Falsa alarma* se estrenó en el Lyceum, bajo mi dirección ese mismo año 1957. Había nacido así, con estas dos obras, la corriente del absurdo en el teatro cubano. Cuando me fui al exilio, en 1965, no hacía sino continuar la carrera académica que había dejado interrumpida en 1959 con un M. A. de

Harvard. No consideré que le camino del teatro tan incierto en este país me brindara muchas oportunidades.

Cuando un texto teatral cae en manos de un director, ese hombre adquiere un poder casi absoluto sobre la pieza. El eterno dilema autor-director. Qué criterios seguía usted, en su etapa de director, a la hora de montar una obra.
Mi criterio ha sido siempre el más simple, que no es el más fácil, aunque lo parezca: la fidelidad al texto del autor. Interpretar ese texto, conservando las intenciones y modulaciones originales del dramaturgo. Todo lo demás me parece accesorio.

Los grupos teatrales de Miami cada vez montan menos obras de autores locales. ¿Qué opinión tiene usted del teatro que se lleva a escena hoy en día en esta ciudad, y del teatro que escriben los autores cubanos exiliados?
La comunidad hispánica de Miami no constituye una sociedad con un complejo sistema de valores, como es la de cualquier nación del continente. No se pueden pedir peras al olmo. El fin parece ser uno solo en este momento: divertir a un público poco exigente y, en general, nada conocedor de lo que es buen teatro. Los autores exiliados se puede decir que «claman en el desierto». Es triste, pero es la realidad.

Hay directores que públicamente han repudiado el trabajo de los dramaturgos cubanos exiliados y han preferido promover a los autores de la Isla. ¿Qué opinión tiene usted del quehacer teatral en Cuba actualmente?
Por las noticias que tengo, el teatro en Cuba se encuentra en el estado inicial que conocimos en 1950. Una vuelta en redondo. La mala situación económica ha traído la falta de recursos para montar las obras; las dificultades se multiplican. La lucha por la subsistencia parece dominar a la sociedad cubana actual; después de todo, en términos marxistas el teatro es una superestructura y donde la estructura es tambaleante, aquella no puede existir a plenitud. Creo que los directores que ponen en escena obras escritas en la Isla están dando una oportunidad a los «de allá» que niegan a los «de acá». No comprendo el juego ni quién se beneficia. De cualquier

modo, el repertorio teatral de la Isla que se puede representar aquí es escaso y casi todo de relativo mérito.

(julio del 2002)

DESPUÉS DE LA ENTREVISTA, tuvo un lento declive físico, que lo llevó a la muerte en diciembre del 2015, a la edad de 84 años. Aun así, publicó *Entre dos luces*, Sobre Matas el escritor José Abreu Felippe expresó que era «un narrador dueño de una prosa con la hechura de los clásicos, culta y finísima».

JUAN CUETO (escritor)

Este cubano, cuya personalidad resulta un misterio, lo cual lo hace aún más interesante, es un hombre de temperamento ecuánime, de hablar pausado, atento observador, y un escritor cuya literatura, tal parece un reflejo de esa forma de ser. Sin embargo Juan Cueto se define como una persona tímida, de niñez infeliz y de aspecto triste. Esos elementos no son tan evidentes en su obra (aunque de alguna manera deben estar presentes). Su forma de expresión más bien se ve animada por la ironía, el buen gusto, y el humor.

Cueto ha vivido brevemente en muchos sitios, México, Nueva York, Michigan, Madrid, California y finalmente, o de momento, en Miami; todos esos lugares han dejado huellas. Gusta de viajar, de la buena comida y la música. Ha publicado dos excelentes libros de poesía, *En la tarde, tarde* (Sibi, 1996) y *Palabras en fila, en clase y en recreo* (Verbum, 2002). En narrativa acaba de aparecer *Ex-Cuetos* (Ediciones Universal, 2002).

La obra literaria de Juan Cueto nos descubre el poder expresivo de un autor con múltiples rostros narrativos, que muestran el intenso mundo interior de este talentoso escritor, quien a pequeñas dosis, nos muestra su sensibilidad y oficio.

Usted ha dicho que nació en Caibarién, pero que debe su lealtad municipal a Remedios. De alguna manera esa afirmación promueve el debate sobre de dónde realmente se es. Me gustaría que elaborara sobre ese concepto.
Nací en Caibarién, pero desde muy pequeño y hasta los ocho años viví en Remedios; después, durante la adolescencia, volvía con frecuencia en época de vacaciones, pues dos hermanas de mi padre y unos primos se quedaron viviendo en la vieja casa familiar. A pesar de que allí ocurrió mi doble orfandad y de que mi niñez fue bastante infeliz, siempre he sentido un inmenso cariño por Remedios. Se es de donde son los recuerdos más antiguos, del pueblo en cuyo cementerio están enterrados los muertos más queridos.

Sus poemas son breves, directos, y creo ver en ellos como pulsaciones emocionales. Su libro de relatos *Ex-Cuetos* lleva también ese sello, pero esas narraciones destilan mucho humor, cosa que

también se advierte en su poesía. Háblenos de los elementos que marcan su obra y de la importancia que tiene el humor en su vida y particularmente en sus libros.
Nunca había pensado en tales características o definiciones. Ahora que usted me lo plantea, es evidente que tengo preferencia por la poesía descriptiva, satírica y filosófica, pero siempre en relación con lo palpable, lo inmediato, lo cotidiano. Por ejemplo, me interesa más la *Oda a la cebolla* de Neruda que un poema sobre el Olimpo y sus moradores, por excelente que este sea. Y a pesar de que me considero un hombre triste, me encanta el humor y trato siempre de restarle solemnidad a las cosas. Pienso que el mundo sería mucho mejor si las personas se tomaran menos en serio. En cuanto a la brevedad, puedo decirle que es algo que cultivo consciente y deliberadamente. Cuando reviso un texto, soy como un jardinero sádico que encuentra más placer en podar una planta que en hacerla crecer. Plasmar una idea, narrar una historia o expresar un sentimiento con el menor número de palabras me causa una gran satisfacción.

Usted estuvo invitado en la Feria del Libro de Miami para presentar su más reciente obra y una semana después visitó la de Guadalajara ¿Cuáles fueron sus experiencias en ambos eventos?
Fue un gran honor participar en la Feria del Libro de Miami y estoy sumamente agradecido a los que me invitaron. El público se mostró muy atento durante mi exposición, la cual, siguiendo mi costumbre fue brevísima. A pesar de que había muchas personas, pude dominar mi natural timidez. Nunca antes me había expresado con mayor coherencia y aplomo. Una semana después viajé a Guadalajara para solidarizarme con los autores de Miami y con Ediciones Universal, que muy hábilmente reclamaron su espacio en la Feria y lograron insertar al exilio en ese gran mapamundi libresco. En el hotel donde me hospedé había varias agrupaciones artísticas de la Isla: la Orquesta Sinfónica, los Van Van, el Ballet Nacional de Cuba, etc. Pude constatar una vez más la total indiferencia, apatía y hasta rechazo al castrismo de una gran parte de los integrantes de esas delegaciones. Hablando con ellos me enteré de la deserción de algunos miembros de la orquesta sinfónica y de nueve bailarines, además de la vestuarista del BNC. En diversas ocasiones he coincidido con grupos artísticos de Cuba, y cada día me convenzo más de los bene-

ficios de un trato amable y cordial hacia quienes en su mayoría detestan el sistema bajo el que nacieron, y en el que, por múltiples razones, se ven obligados a vivir.

Por otra parte, me gustó mucho la postura de la prensa mexicana ante el acto de repudio organizado por los castristas durante la presentación de la revista *Letras Libres*. Todos los periódicos que leí fueron unánimes en condenar a esos enemigos de la libertad de expresión y al gobierno que los promueve.

¿Cuáles son sus pasiones en este momento de su vida?
Aunque las pasiones y los entusiasmos han aminorado con los años, mantengo un gran interés en la música y en la literatura. Me paso el tiempo anotando títulos y haciendo listas de libros que leer y obras musicales que escuchar. También me produce mucho placer la gastronomía. Considero que el arte culinario es tan sublime como cualquier otro. Pocas obras literarias o musicales se aproximan al deleite que me procura, por ejemplo, el dulce de guayaba con queso crema.

¿Cuáles son sus proyectos futuros?
En estos momentos estoy trabajando en traducciones al español de la poesía de E.E. Cummings y otros poetas norteamericanos. En cuanto al futuro, nunca hago planes más allá de los que me ocupan en el presente.

(enero de 2003)

DESPUÉS DE LA ENTREVISTA, este incesante y laborioso escritor, ha dado a conocer varios libros de narrativa, traducciones y poesía, así como de temáticas combinadas (poesía y prosa). Desde el 2004 comenzó a firmar como Juan Cueto-Roig.

LESBIA ORTA DE VARONA (bibliotecaria)

Desde principio de los años sesenta, la Universidad de Miami y los cubanos visionarios que en ella trabajaban, como Rosita Abella, comenzaron a guardar documentos relacionados con la historia de Cuba y de los exiliados, que ya en esos momentos arribaban a Miami en número creciente. Muchos años después, aquellos papeles fueron conformando una valiosísima colección, y hoy en día, muy probablemente, constituya el más grande archivo de materiales cubanos fuera de la Isla. Ese conjunto de libros, cartas, mapas, carteles, tabloides, postales, fotografías y un etcétera extraordinario es el tesoro que guarda la Cuban Heritage Collection de la Universidad de Miami, para uso de profesores, investigadores y todos los interesados en asuntos cubanos.

En un amplio y acogedor espacio dedicado exclusivamente a la colección cubana, se mezclan tanto investigadores locales, como venidos de lugares tan distantes como Japón. El equipo de trabajo de la biblioteca cubana lo conforman Esperanza Bravo de Varona, Zoé Blanco, Gladys Gómez, María Estorino (al frente de la colección digital) y Lesbia Orta de Varona, una mujer de baja estatura, atenta, de un gran valor humano, siempre risueña y decididamente enamorada de su trabajo.

¿Cuándo se relaciona con el mundo de los libros y con la biblioteca de la Universidad de Miami?
Yo comencé como bibliotecaria en Cuba. Allí trabajé en la Biblioteca Nacional cuando María Teresa Freyre de Andrade era la directora. Al llegar a Estados Unidos, en 1966, me preparé académicamente para lograr un Master en Ciencias Bibliotecarias. Desde el mismo año de mi arribo a este país trabajo en la biblioteca de la Universidad de Miami. Así que llevo 36 años en este lugar, viendo con orgullo como ha ido creciendo la colección cubana, como hemos alcanzado una posición privilegiada por los materiales que cuidamos, y de los que la comunidad se beneficia.

No es lo mismo trabajar en una biblioteca que ser un bibliotecario. ¿Para usted qué es ser bibliotecario?

Es definitivamente una vocación que requiere dedicación, memoria, cultura y estar muy bien informado. Un bibliotecario es aquel que sienta la necesidad de ayudar a las personas que necesiten materiales para sus investigaciones. Para mí es de una gran satisfacción cuando alguien viene prácticamente sin referencias para empezar un trabajo, y le puedo poner sobre la mesa la mayor cantidad de documentos para facilitarle sus averiguaciones. Cuando lo veo marcharse con los materiales que necesita, siento una gran alegría, y satisfecha con mi gestión como bibliotecaria.

¿Qué documentos valiosos guarda la colección cubana?
Cada uno de nuestros archivos es valioso. Tenemos, por ejemplo, cartas de Martí, Maceo y Máximo Gómez, personalidades de nuestra historia. Pero también guardamos una colección de cartas de presos políticos cubanos. Uno de los documentos más antiguos que archivamos es el Diario del Conde de Albemarle cuando la toma de La Habana por los ingleses; estamos hablando de un material del siglo XVIII. Atesoramos también los bandos dictados por los capitanes generales de la Isla en la época de la colonia, así como el *Libro de los Ingenios* de Laplante y originales de Landaluce.
Tenemos materiales contemporáneos, tanto de lo que se publica en Cuba como en el exilio. Archivamos la única colección de lo que nosotros llamamos «los periodiquitos del exilio»; de ellos tenemos más de 900 títulos, que los bibliotecarios íbamos recogiendo por las bodegas de Miami y así poder hacer una colección. De esos tabloides poseemos entre 300 mil a 400 mil números.

Creadores importantes han donado su patrimonio personal a la CHC antes de morir para evitar que se pierdan. ¿Podría hablarnos de algunos de ellos?
Algunos autores han puesto a nuestra disposición sus pertenencias. Tenemos obras de Lydia Cabrera, Enrique Labrador Ruiz, José Corrales, Randy Barceló, el famoso coreógrafo cubano que trabajó en Broadway y que entre otras cosas hizo el decorado de *Jesucristo Superstar*, de José Cid y de Gonzalo de Palacios, para sólo citar algunos. Otros en algún momento de sus vidas se pusieron en contacto con nosotros, pero finalmente no nos entregaron su patrimonio, como el compositor Mario Fernández Porta y el fotógrafo Armand.

¿Qué mensaje le enviaría a esas personas que no están seguras de la suerte que podría correr su legado una vez que no estén?
A veces las personas no se dan cuenta que en el lugar donde mejor va a estar salvaguardado su legado es con nosotros, porque aquí va a estar al alcance de todo aquel que lo necesita, para consultas, investigaciones, incluso para que se realicen futuras conferencias y estudios sobre esa obra, sobre ese autor, y de alguna manera vuelven a dar a conocer esa obra, a ese autor. Yo les sugiero a esas personas que no tengan descendientes, o que no sepan qué hacer con sus colecciones, que estén seguros que nosotros en la Universidad de Miami y en particular en la Cuban Heritage Collection estamos dispuestos a recibir su legado y a preservarlo para que futuras generaciones sepan lo que los cubanos pudimos hacer a pesar de todas las circunstancias adversas que hemos tenido que padecer por más de cuatro décadas.

(febrero de 2003)

DESPUÉS DE LA ENTREVISTA, años después, se retiró como bibliotecaria de la colección cubana. Su legado en la catalogación y cuidado de libros cubanos, es muy meritorio.

EDUARDO G. NOGUER (investigador)

Lo más asombroso que escuché de Eduardo G. Noguer, un cubano que acaba de publicar un libro monumental, *Historia del Cine Cubano* (Ediciones Universal, 2002), es que nunca le interesó hacer cine. Resultó la menos esperada de sus respuestas, y lo dijo con absoluta seguridad y honestidad. Sin embargo Noguer ha estado en todo momento al tanto del séptimo arte que se hizo y se exhibía en Cuba. Incluso apoyó a Tomás Piard en sus primeros intentos de hacer cine independiente. Sin duda alguna Eduardo es un cinéfilo a todo dar, al que perfectamente le cabe el lema que durante años iluminó el Festival de Cine de Miami: «por amor al cine».

Eduardo G. Noguer es una persona sencilla, espontánea, conversadora, de respuestas cortas, sin mucho andamiaje. Es delgado, de baja estatura y como parte de una conversación que fluye como las propias horas, cuenta que durante un tiempo fue parte de un grupo de teatro aficionado, que intentó conseguir un empleo relacionado con la industria fílmica en la Isla, pero por su posición política no se lo dieron. En 1968, su casa fue el centro donde se organizó la protesta frente a la embajada de la Unión Soviética en La Habana para repudiar la invasión a Checoslovaquia. Un hombre que ha sabido estar a la altura de su tiempo, y que aporta como legado fundamental un volumen enciclopédico, de imprescindible consulta, para conocer ampliamente la historia del cine cubano. Un volumen que le tomó primero seis años de investigaciones y consultas y luego, para una segunda edición, la actual, ampliada y revisada, otros dos años de compilación y pesquisas. Es un libro bien documentado a pesar de estar su autor en el exilio y no tener acceso a los archivos de la Isla, aunque reconoce que recibió apoyo de ambos lados del Estrecho.

¿Cuéntenos cómo surge la idea de escribir una historia del cine cubano y cómo se siente con el resultado final?
El propósito fundamental fue dar a conocer el cine cubano en todas sus etapas, pero sobre todo rescatar el cine que se hizo antes de 1959, que es prácticamente desconocido. Quise que el lector medio pudiera disfrutar muchísimo, leyendo de los artistas y las producciones de la época, y también llegar a los que de una manera seria quisieran aproximarse de forma cronológica al cine que se ha reali-

zado en Cuba. En mi libro he buscado una exposición gráfica y documental del quehacer fílmico en la Isla, y he hecho este trabajo investigativo sin valorar un período más que otro, solamente exponiendo lo hecho. En cada momento se hicieron cosas que pueden rescatarse como buenas películas. Pienso que el valor más importante de este libro es que se sepa que se hizo un cine anterior a la revolución por casi medio siglo, que sí se hizo cine, bueno, regular y malo, pero se hizo y muchas personas dentro y fuera de la Isla lo desconocen.

Estoy satisfecho con el resultado final, pero creo que si hubiera tenido la oportunidad de indagar mucho más, por mi propia cuenta, me hubiera sentido mucho más complacido. Después de editado el libro me he encontrado con algunos datos que me hubiera gustado incluir.

¿Cómo estructuraste el libro?
Quise reunir la mayor cantidad de información posible. El libro abre con *Simulacro de un incendio*, película de un minuto que recoge al cuerpo de bomberos en sus labores. Es la primera película hecha en Cuba. A partir de ese momento expongo la labor de los realizadores de esa época, como Enrique Díaz Quesada, que tuvo mucha importancia en el cine silente, con obras como *El parque de Palatino* y *Manuel García, Rey de los campos de Cuba*. Otra película importante fue *La Virgen de la Caridad*, de Ramón Peón. La otra parte del volumen recoge lo que se realizó durante el cine sonoro, con importantes realizaciones como *Cecilia Valdés*, hasta que entra la nueva etapa del cine cubano con el ICAIC y el cine de la revolución. De este último y largo período indago en las producciones de los estudios cinematográficos de la televisión cubana, las de las Fuerzas Armadas, del Ministerio de Educación, la Televisión Serrana y naturalmente en el cine independiente, con los trabajos de Tomás Piard, así como el cine aficionado y lo que se ha llamado cine subterráneo, donde destaca *La bofetada*, basada en la novela maldita de Daniel Fernández *Las vida secreta de Truca Pérez*. Traté de ser lo más abarcador posible.

En el exilio hay importantes figuras que hicieron cine en la Isla, Roberto Fandiño, Sergio Giral, Fausto Canel, y un largo etcétera. ¿Cómo se pudiera hacer cine en el exilio con tantos talentos?

Imagínate... Aquí el eterno problema es el económico. Si no hay fondos para hacer una realización, si no hay dinero, no importan las ganas de hacer cine, no importa el talento que se tenga. Muchos de los que trabajaron para el ICAIC, directores, fotógrafos, personal técnico están en el exilio, pero están prácticamente nulos. Es un simple asunto de dinero, porque deseos hay en abundancia. El exilio por sí sólo prácticamente no puede avalar producciones tan costosas como requiere el cine. Sin embargo se han hecho algunas cosas, como *El Súper, Guaguasí* y *Azúcar amarga*, que fueron presentadas en algunos festivales. La producción de documentales ha corrido con mejor suerte, *Nadie escuchaba, La otra Cuba, Conducta impropia, 8A*, son algunos documentales importantes que deben tenerse en cuenta.

¿Cuál es su opinión sobre el cine cubano actual?
Ese cine está pasando por una tremenda crisis. Por un lado el ICAIC está prácticamente en bancarrota. Hace algún tiempo que allí no se hace una película netamente cubana. Las más recientes producciones están avaladas por otros países. Se ha visto una marcada decadencia en el cine cubano de la última década, aunque se han hecho algunas cosas de valor como *Madagascar, La vida es silbar* y *Alicia en el pueblo de Maravillas*, películas que de una forma u otra han incidido sobre los problemas generales del país y el desencanto del pueblo. Creo que son películas bastante fuertes y comprometidas, que todavía no sé cómo se pudieron hacer allí.

Se presenta a Tomás Gutiérrez Alea como el director por excelencia del cine cubano de la revolución. ¿Cómo valora usted el cine de Titón?
Yo creo que Titón era un revolucionario que como muchos otros fueron defraudándose. Si se miran sus películas posteriores a las dos o tres primeras, se pueden ver cosas muy críticas de la revolución. Creo que al momento de su muerte ya estaba completamente decepcionado de lo que había sido, y pretendido ser la revolución. Pero sin duda sus películas fueron de las mejores. Creo que sí, que es el director por excelencia, aunque pienso que está a la par de un Humberto Solás. Pero son dos maneras distintas de hacer cine, ambos son de importancia.

(marzo de 2003)

DESPUÉS DE LA ENTREVISTA, tras una larga batalla contra el Sida, Noguer falleció en su residencia de Coral Gables en el 2008.

GLADYS ZALDÍVAR (escritora)

Recién llegado por el Mariel a Miami, una noche acompañé a Reinaldo Arenas a un sitio que permanece difuso en la memoria, sólo sé que era la casa de alguien. Allí un grupo de escritores hablaba de literatura y celebraba la publicación de *Zéjeles para el clavel*, de Gladys Zaldívar. La autora del libro, me regaló un ejemplar con una generosa dedicatoria, fechada el 29 de diciembre de 1980. Más de dos décadas después Gladys Zaldívar me escribe otras desprendidas palabras en su más reciente libro *Cantata de las ruinas*.

Para esta escritora nacida en la ciudad de Camagüey y exiliada desde los años sesenta, la vida literaria tiene dos pasiones, la poesía y el ensayo. Como poeta ha publicado entre otros *La soledad fulgurada*, *El visitante*, y *Fabulación de Enea*, este último en versión bilingüe, inglés y español. Los contornos de su poesía parecen llevar el misterio de las palabras, abrigando un decir profundo y desgarrado.

Sus ensayos sobre Julián del Casal, Reinaldo Arenas, Severo Sarduy, Lydia Cabrera y Gertrudis Gómez de Avellaneda, hablan de su seria labor como investigadora, y de la necesaria contribución que ella desarrolla para aproximar a los lectores a estas figuras fundamentales de la literatura cubana.

Vale destacar que Zaldívar tuvo la oportuna visión de apreciar el talento y la trascendencia de Reinaldo Arenas y su novela *El mundo alucinante*, con la cual el autor se catapultó a la fama. A ella se le debe el haber escrito, a principio de la década del setenta, un valioso trabajo sobre Arenas.

Usted pertenece a la generación inmediatamente posterior a la de Orígenes. ¿Qué elementos hay en su obra literaria de los origenistas?
Después de la publicación de los *Diez poetas cubanos* en 1947, muchos acariciaron el sueño de ser considerados los «undécimos». En lo que a mí respecta la obra del grupo dejó una profunda lección de serenidad intelectual, y creativa. La disciplina y el deseo de separar mi trabajo de la cotidianidad intrascendente y del vacuo coloquialismo han sido los potros de batalla que me han legado.

Usted se forma literariamente en Cuba, y continúa esa labor en el exilio. ¿Cómo marcaron esos cambios su visión de la vida y la literatura?
El haberme formado en la tierra natal –en este caso Cuba–, constituye un cimiento sólido, capaz de absorber, transformar e incorporar cualquier experiencia del nuevo entorno sin detrimento de la esencia básica, o lo que es lo mismo, de la identidad raigal. Creo que el exilio, los viajes, el cohabitar con otras culturas han contribuido a darle una dimensión más amplia a nuestro horizonte creativo. La literatura del exilio está libre de la opresiva atmósfera del fanatismo político, y a pesar del aislamiento, el escritor se desarrolla con lo más valioso con que puede contar el ser humano que es la libertad de acción y de pensamiento.

Usted publicó en los setenta estudios importantes sobre Julián del Casal, así como de la novelística de la revolución, investigando *El mundo alucinante* de Arenas y *Paradiso* de Lezama Lima. Háblenos de esos ensayos y en general de su trabajo como investigadora.
La publicación de *Julián del Casal / Estudios críticos sobre su obra* de 1974 se debió enteramente a mi decisión de renovar la crítica de este gran esteta de nuestra lírica. Cooperaron, como bien sabes, tres críticos más pero preferí que la edición se le acreditara a Esperanza Figueroa porque ella había dedicado su vida entera a la investigación biobibliográfica, brillante y erudita, de Casal y consideré justo que le perteneciera el libro, por así decirlo. Pero la selección, revisión de textos, bibliografía, onomástica, etc., etc., fueron el resultado de mi trabajo. Por cierto, recuerdo que publiqué un artículo en El Nuevo Herald, *El siglo de Julián del Casal*, en el año 93 en el que contestaba a mi amigo Gastón Baquero que ese «silencio», y «sombra» que durante un siglo cubrió –según él– la figura del poeta, constituyó un lamentable error de óptica ya que las antologías y los ensayos llovieron a lo largo de los últimos cien años (podría citar nombres y títulos, pero eso no cabría en esta entrevista). *La novelística de los años 60/ Paradiso y El mundo alucinante* del 77 constituyó otro esfuerzo crítico por centrar la atención del lector en lo que consideré dos novelas paradigmáticas de esos turbulentos años. La primera es un texto que es casi una teología cubana, porque nos vincula, nos hace descendientes de una familia bíblica, nos diviniza,

en fin. La de Arenas es el ser humano en su lucha terrena por la libertad, huérfano de lo divino y víctima. En 1974 di a conocer *El mundo alucinante* en la Universidad de Maryland y por esa misma fecha una profesora argentina hacía lo mismo en la revista Diacritics. A no ser por los editores mexicanos y por nosotras nadie más en el mundo hubiera sabido que en Cuba había surgido la primera novela contestataria de gran calidad estética. Me interesa mucho la crítica literaria, porque pienso que existe un vacío que es preciso llenar. En Cuba la crítica carece de objetividad científica y las escasas que ostentan algún mérito se refieren a obras o figuras no comprometedoras. Y aquí la presión académica y el oportunismo juegan un papel importante. En muchas ocasiones, el talento se gasta en autores españoles o hispanoamericanos que no tienen la urgencia de rescate, como la tienen los nuestros y en muchas instancias la formación crítica se emplea en aquellos que han logrado ya un reconocimiento sólido y se desentienden de otros que merecen más atención, pero que no están avalados ni por grandes editoriales o por escándalos políticos.

Por momentos su obra parece hermética, dominada por la sonoridad del lenguaje y la carga de las imágenes. ¿Cómo ve su poesía?
Sí, es cierto que mi poesía se oye y se visualiza en un primer contacto, pero ese contacto comunica también la emoción que generan las imágenes. La descodificación viene después porque mi objetivo es arrastrar al lector a un torbellino estético-emocional en la fase inicial, porque creo que la que despierta instantáneamente el interés filosófico penetra en un campo que no le corresponde, que le es ajeno. No se trata de desposeerla de pensamiento sino de aplazar éste para después. Es como el amor, cuestión de secuencia.

Acaba de publicar *Cantata de las ruinas*, que reúne poemas escritos durante doce años. Cuéntenos de ese libro de sonetos.
Cantata de las ruinas, como ya debes haber notado, está constituida por 23 sonetos a los que precede una cita de *Últimos días de una casa* de Dulce María Loynaz. Quise que fueran sonetos porque este metro tiene solera (en Italia desde el siglo XIII y en España desde el XV, porque Casal escribió el primer soneto del modernismo, y además, porque Adela Jaume, E.P.D., dijo que el soneto que apare-

ce en *La baranda de oro*, uno de mis poemarios del 81, estaba defectuoso). El poema de Dulce María es prefigurativo de la destrucción de todo lo que hemos sido y que se centra en el nudo del hogar. He querido continuar con la misma temática porque ahora hemos sufrido la materialización de ese anuncio. Es la mansión de la filialidad despedazada pero que no renuncia a renacer porque he empleado el símbolo de San Lázaro para comunicar la resurrección como respuesta.

(abril de 2003)

DESPUÉS DE LA ENTREVISTA, la escritora continuó su trabajo como investigadora. Su última presentación pública tuvo lugar durante el Congreso de Cultura Panamericana realizado en julio del 2007. Falleció en Miami, repentinamente el 28 de octubre del 2008, a los 72 años.

ERNESTO GARCÍA (director teatral)

En el tambaleante panorama teatral de Miami, sobresale una figura relativamente nueva en el ambiente, Ernesto García. No se trata de que este hombre, vinculado con intensidad y dedicación al teatro sea literalmente nuevo, sino que los pasos que ha dado en los últimos tiempos, como abrir una página electrónica especializada en el género, y llevar a escena una propuesta pocas veces vista en la ciudad, lo han hecho ascender rápidamente y consolidarse como uno de los talentos de relevo, esas nuevas generaciones que arrastran el deseo de trabajar, y que gozan del ímpetu de la juventud.

García, se ha conducido por casi todos los laberintos del teatro. En Cuba trabajó con Raquel y Vicente Revuelta en Teatro Estudio. Como músico, también en la Isla, fundó un grupo de rock sinfónico, que según ha dicho «se convirtió en una suerte de clásico dentro del rock cubano». En Miami a donde llegó hace unos ocho años, ha trabajado como diseñador de luces y musicalizador de importantes puestas, como *A park in the house*, *Si las balsas hablaran*, *Oscuro total*, entre otras, y se ha adentrado con firmeza y seguridad en el panorama de los escenarios de la ciudad.

Como escritor confronta en sus textos el tema de la muerte, el tiempo y la vejez. Estos elementos fundamentales los ha abordado en *El reloj dodecafónico*, *El mismo viejo temor* y *El Celador del desierto*, de estreno en Miami y de próxima gira por New Orleans.
Ernesto García ve el futuro con optimismo. Está tan confiado en sus objetivos que los obstáculos no resultan enormes paredes a derribar, sino meros formalismos que hay que desafiar. Ve el teatro como un espacio vacío donde no hay nada, pero que hay que llenar de energía e imágenes.

La puesta de su obra *El Celador del desierto* ha tenido un marcado éxito, a pesar de no ser lo que se conoce como «una obra de público». ¿A qué le atribuye usted la aceptación que ha tenido?
Creo que el espectador de nuestra ciudad buscaba y necesitaba algo así. Este es un mercado saturado de comedia y mi obra es por el contrario, trágica. Además a nivel visual y sonoro la puesta está cargada de matices y sensaciones, las actuaciones son excelentes, en

fin creo que es un espectáculo que impresiona y un texto que nos lleva a reflexionar.

Por su estructura y concepción, *El Celador*... posee elementos propios de una obra para festivales especializados. ¿Ha hecho gestiones para llevarla a eventos internacionales, como por ejemplo el Festival de Teatro de Miami?
No, ahora comenzamos con el estreno mundial aquí en Miami e iremos en agosto a New Orleans, intentaremos moverla por diferentes festivales en la medida de nuestras posibilidades. ¿El Festival de Miami? Eso es un imposible, en la manera en que está diseñado no deja margen a ningún grupo local. Nos encantaría participar, quizás algún día los organizadores reparen en la necesidad de que obras como *El Celador*... y otras participen, pero bajo las actuales condiciones donde tendríamos que gestionar un teatro, y seis meses antes tener la obra lista y sin estrenar, lo hace imposible. Nadie es profeta en su tierra.

Usted ha fungido como escritor, director, musicalizador, escenógrafo, entre otras funciones, en la puesta de *El Celador*... ¿Cree usted que esa condición de ente totalizador resulta beneficioso, al poder dominar la puesta desde una visión de conjunto, o es preferible lo tradicional con especialistas en cada aspecto?
Dos razones pragmáticas muy poderosas; por una parte he trabajado profesionalmente en todas y cada una de esas especialidades del teatro y por otra no teníamos presupuesto para hacerlo de otra manera. Además, yo creo en la obra como un hecho artístico y no me parece que una persona que se incorpora en los últimos días de ensayos pueda comprender a fondo todo el proceso. Desde el comienzo yo visualizo todos estos aspectos. He tenido mucho éxito en otras obras donde compongo la música, ¿por qué no hacerlo en la mía? Igualmente con el diseño de luces. Yo juego entre el poder de totalizar la visión y la confrontación con otros en el equipo de trabajo. La esencia del *Celador*... fue un equipo sólido más allá de las especializaciones.

Usted dirige una página electrónica especializada en teatro con actualizaciones semanales, que se ha convertido en una cita obligada para conocer el quehacer teatral. Háblenos de esa

página, y el porqué del nombre de Teatro en Miami, cuando trata de ser abarcadora e internacional.
TeatroenMiami.com es abarcadora e internacional como nuestra propia ciudad de Miami. No tendría sentido en otra ciudad, pero Miami es un gran hotel donde convivimos naciones y culturas diferentes. Si se quiere ser justo en nuestra comunidad y llevar noticias teatrales hay que ser abarcador. Hemos crecido mucho los últimos años pero todavía estamos lejos de mi sueño y mi propósito con *TeatroenMiami.com*. En lo local por ejemplo, nos es muy difícil involucrar a los teatristas, todos están muy encerrados en su propio mundo y hemos luchado muy fuerte por unir las energías individuales en pos de crear un movimiento teatral más delineado en nuestra ciudad y más cerca del conocimiento del público.

¿Qué podemos esperar en un futuro de Ernesto García y de su trabajo relacionado con el teatro?
Ahora estoy preparando un unipersonal titulado *Nochebuena* escrito y dirigido por mí y que estrenaremos en los últimos meses de este año y para el primer semestre del 2004 pienso hacer otra de mis obras, *El reloj dodecafónico*, seguir desarrollando *TeatroenMiami.com*, y otros muchos proyectos que aparecen por el camino; como ves, mucho trabajo relacionado con el Teatro. Ahora estamos llenos de sueños, sólo hay que trabajar para hacerlos cumplir.

(julio de 2003)

DESPUÉS DE LA ENTREVISTA, Ernesto y su esposa la actriz Sandra García desarrollaron una monumental tarea al frente de la sala Teatro en Miami Studio, llevando a cabo el TEMFest (Teatro en Miami Festival), donde instauraron el Premio Baco de Teatro. Tras el cierre de la sala en el 2014, Ernesto García comenzó a publicar sus obras de teatro.

ARMANDO ÁLVAREZ BRAVO
(escritor y crítico de arte)

En el extremadamente difícil panorama cultural cubano de las décadas de los sesenta y setenta, época de realismo socialista y loas al régimen castrista, hubo voces que lograron mantener su dignidad a pesar de los embates del aparato político cultural imperante. Una de esas figuras fue Armando Álvarez Bravo, poeta, ensayista, narrador y crítico de arte, uno de los escritores más sólidos y prestigiosos de la literatura cubana actual.

Como artista su obra ha dejado una huella y como intelectual exiliado ha estado a la altura de su tiempo. Se desempeña como vicepresidente del Pen Club de Escritores Cubanos en el Exilio y como periodista de El Nuevo Herald, especializado en artes plásticas.

A usted se le debe haber ayudado a sacar a José Lezama Lima del ostracismo en Cuba cuando publicó *Órbita de Lezama Lima*. Háblenos cómo se gestó ese libro, de los escollos que afrontó y de sus consecuencias.
Desde hace ya unos cuantos años mi compadre, José Lezama Lima, se ha convertido en lucrativo negocio para demasiados. Pero cuando era acosado y silenciado por el castrismo, sólo unos contadísimos amigos, cuatro gatos en buen romance, estábamos a su lado. Por no estar «integrado» y ser católico, algo que equivalía a un estigma y una condena y que acabó por convertirme en no persona y todo lo que ello acarrea en el totalitarismo castrista, creí un deber intentar reivindicar la grandeza y trascendencia del Maestro, su obra y su honestidad intelectual. El hecho de haber sido «juzgado» en 1964 por un grupo de escritores en el despacho de Nicolás Guillén en la UNEAC por «el carácter negativo a la revolución» de mi primer libro de poemas, *El azoro*, que Lezama hizo se publicase, reafirmó mi voluntad de hacer la *Órbita* de quien encarnaba paradigmáticamente la libertad de expresión y la plenitud de la poesía. El Maestro y yo trabajamos exhaustivamente en su encarnación. Entre otras cosas, más allá de la inteligencia de su poesía y de su sistema poético del mundo que me deparó, descubrí el enorme respeto de Lezama por el quehacer del otro. En este caso un demasiado joven poeta

y crítico. La *Órbita* se publicó por obra y gracia del Espíritu Santo, que venció la feroz resistencia de las esferas más altas de la cultura oficial. Pero no tardó en desaparecer y proliferaron los ataques contra el libro, contra Lezama y contra mí. Con el antecedente de *El azoro* y la *Órbita* todo se precipitaría e iría de mal en peor para este cristiano. Tuve que pagar un precio muy alto por esos volúmenes, por mi poema *Lezama de una vez*, publicado a la par del condenado *Paradiso*, y por mi libro de poemas *Relaciones*, que años más tarde selló mi destino de no persona y contrarrevolucionario. Una identidad que una pública sentencia firme de alguien que, por caridad cristiana no nombro y ahora defiendo por decencia, tanto daño me hizo y tanto sufrimiento deparó a mi familia. A estas alturas, cuando repaso esas décadas de horror, sé que hice lo que tenía que hacer. Mucho me costó y cuesta. Porque también en el exilio los policías castristas y sus cómplices me siguen pasando la cuenta.

Se habla de flexibilidad y de cierta apertura en la cultura cubana, sin embargo la dictadura ha desatado una feroz ola represiva que ha condenado a muchos escritores, periodistas y activistas pacíficos a prisión por expresar sus ideas. Esa actitud no se diferencia de otras en décadas pasadas, cuando el dramaturgo René Ariza fue a parar a la cárcel o el escritor Nelson Rodríguez fue fusilado. ¿Cómo visualiza usted la situación cultural cubana de la Isla y del exilio?
Hablar de flexibilidad y de apertura en la cultura que se produce en la Isla es hacer el juego a un régimen tan brutal como inflexible. Creo que en Cuba es preferible callarse a ser un patético vocero de una monstruosa mentira, cómplice de un crimen. La decencia es más importante que la obra. Hablar en el exilio de flexibilidad y de apertura es pura abominación. Algo propio de «aparentes» conversos, oportunistas, mediocres, resentidos y los infiltrados que son legión y tratan de dividir y neutralizar al exilio para perpetuar el castrismo o propiciar el neocastrismo. La represión del régimen de La Habana es una constante. Comenzó hace 44 años. Sólo concluirá cuando ese régimen se extirpe de raíz.

El gobierno cubano ha venido practicando en los últimos años la necrocultura con figuras como Lezama Lima y Virgilio Piñera, que murieron en la Isla, así como con Gastón Baquero, Eu-

genio Florit, Agustín Acosta, Heberto Padilla, entre otros; incluso, con más tibieza, con Reinaldo Arenas. ¿Qué opina usted sobre el tema?
¿Qué puede decirse de un profanador y un saqueador de tumbas? Es lo más despreciable que existe. Los creadores que el castrismo silenció y hostigó en vida son muy útiles a sus fines propagandísticos. No pueden alzar su voz de rechazo y condena al sistema y a la manipulación de sus vidas y obras. No olvidemos que esa práctica abominable no es nueva al totalitarismo habanero. La inició cuando reivindicó al Apóstol José Martí como autor intelectual del Moncada.

Siendo usted fundamentalmente poeta, su última obra ha sido el libro de cuentos *El día más memorable*. ¿Se siente usted distanciado de la poesía, o está trabajando en algún nuevo libro de poesía?
Si alguna vez llego a distanciarme de la poesía es que estoy muy mal, perdido. Siempre he creído que hay que vivir en la tensión de la poesía. Entregarse a escribir poesía con total asiduidad y disciplina. De ese caudal se decantarán los libros. Con suerte, al paso del tiempo, quizás se salven uno o dos poemas si somos muy afortunados. Aunque ya lo somos por el hecho de escribir poesía. El cuento, el ensayo, la crítica y, en cierta dimensión, el periodismo, son para mí complementos de mi numerosa poesía. Tengo un nuevo volumen de poemas que no he presentado en Miami, *Poesía en tres paisajes*. Agrupa tres libros escritos en Cuba, Europa y los Estados Unidos, respectivamente. Además, tengo en vías de publicación un nuevo poemario, *La belleza del físico mundo*, que está hecho para mi nieto Joseph Armando. Cada día que pasa, ese jugarse la vida a las palabras que es la poesía tiene para mí una mayor urgencia, carnalidad y trascendencia. Tengo razón para celebrar.

El paso de los años hace la función de conector entre las distintas etapas de la vida. Ahora en su madurez, cuáles de las tantas puertas por las que ha pasado hubiera atravesado de otro modo.
Soy quien soy precisamente por haber atravesado demasiadas puertas. Mi poesía da estricta cuenta de ello. He pagado con creces el peaje. Me pesa el dolor que puedo haber causado en mi andadura. Me satisface lo bueno que pude deparar a otros al otro lado de tantas puertas. Creo que un poeta es un hombre que quiere ser todos

los hombres. He tratado y trato sin cesar de encarnar ese sueño. Nunca es tan poderoso el sueño de un niño como cuando se tiene mi edad. Si fuese la voluntad de Dios el que yo atravesara otra vez las mismas puertas, le rogaría que me concediese la gracia de nunca ser instrumento de dolor sino de dicha. De todas suertes, me pongo en Sus manos y, puertas o no, le doy gracias por las gracias que me ha otorgado y otorga sin cesar.

(agosto de 2003)

DESPUÉS DE LA ENTREVISTA, se retiró como periodista de El Nuevo Herald, y continuó su labor durante un tiempo en Diario Las Américas. Su obra poética ha seguido su curso, publicando incluso en la exclusiva colección Visor de Poesía, en España.

RODRIGO DE LA LUZ (escritor)

Hace algún tiempo, cuando apareció publicado *Mujer de invierno*, libro de poemas de Rodrigo de la Luz (Las Villas, 1969), pensaba que este joven cubano tenía lo esencial para abrirse su propio espacio como escritor: talento innato y cosas que decir. Aunque aún se espera por un segundo libro, de momento, se le ha escuchado leer nuevos poemas en distintos lugares de Miami, bibliotecas, librerías, eventos públicos, programas de radio, entre otros sitios. Este juglar moderno, con todos sus elementos –ingenioso, picaresco, divertido y ambulante–, ofrece una poesía que combina la reflexión con lo humorístico, y donde quiera que se presenta despierta entusiasmo y simpatía.

Rodrigo de la Luz creció en La Habana y tuvo que pasar largo tiempo alejado de su padre que cumplía una condena de cárcel por sus ideas políticas. Durante su formación aprendió a tocar algunos instrumentos musicales, estudió actuación hasta que finalmente encontró su mejor camino a través de la literatura. Llegó a las costas de la Florida en 1998, después de varios intentos por alcanzarla. En varias ocasiones trató infructuosamente de evadir a las guardias costeras de la Isla y de Estados Unidos, hasta que finalmente logró su objetivo. En Miami, donde reside, ha estudiado en el Miami Dade College, y continúa escribiendo poesía.

Tú sales de Cuba en una balsa. ¿Qué te llevó a tomar la decisión de lanzarte al mar de esa manera? Nos gustaría saber cómo fue ese viaje por mar.
La decisión que hizo que me lanzara al mar es la misma que hace que todos los años, cientos de cubanos –para decir una cifra moderada– se sigan lanzando en los más disímiles artefactos. La experiencia fue difícil pero gratificante. Era el precio que había que pagar por la libertad. En mi caso específico, ya lo había intentado diez o doce veces, de las cuales, por lo menos en ocho me habían capturado y enviado a los calabozos de Villa Marista; y el resto, por una razón u otra, habían fracasado. Contar con lujo de detalle todo lo que pasó en cuatro días y cuatro noches, es imposible, recuerdo que hubo un momento en que nos vomitábamos y nos ensuciábamos en la ropa y no nos importaba, nos guiábamos por las constelaciones,

por la Estrella Polar para ser más exacto, había que escapar de las garras del dictador. Aunque todos los dictadores son catastróficos, a Fidel sólo se le podría comparar con Hitler, Mao y Stalin, y con el recientemente derrocado Sadam Husseim. Trujillo, Franco, Salazar y algunos bárbaros más incluyendo la discutida personalidad de Pinochet, se han quedado muy por debajo en cuanto a genocidio se refiere.

¿Cómo fue el proceso que te llevó a escribir poesía?
Después de haber leído de manera inestable a San Juan de la Cruz y Fray Luis de León –libros que prácticamente heredé de mi bisabuela «Inocencia que en Paz Descanse», como siempre mi padre la nombraba, cosa que me hizo creer que «en Paz Descanse» eran sus apellidos–, un murmullo constante se apoderó de mí, al punto que mi madre, alarmada, sacó un turno urgente para el niño que «hablaba solo». Claro que hasta ese entonces, vaticinar que sería poeta era cosa difícil. Como es sabido en estos casos, el psicólogo me preguntó qué era lo que tanto hablaba solo y yo le dije que no sabía, a lo que él agregó: «cuando lo vayas a volver a hacer, cópialo en un papelito y tráemelo cuando vuelvas a la consulta». Así fue que por fin me aparecí en la clínica, de la mano de mi madre con mi primer poema. Casi inconscientemente un poema de vanguardia.

Tú has publicado *Mujer de invierno*, un libro que ha tenido mucho éxito. Háblanos de ese libro y de los poemas que lo conforman.
El libro para ser entendido debe ser leído igual que una novela, de principio a fin y no saltar poemas ni empezar por el medio, pues de alguna manera muestra cierta evolución, cierto progreso. Aunque los temas que trato son diferentes en cada poema, desde el primero hasta el último, se relacionan todos entre sí. También como los hombres, el libro no es perfecto, hablo en él de lo bueno y noble que todos tenemos dentro y de lo más terrible que también convive en nosotros. Si me dieran la oportunidad de una segunda edición corregida, claro que el poema de *La mazorca de maíz* no sobreviviría, me ha causado no pocos disgustos con algunos que quieren ver en el libro como en algunos hombres, sólo la parte buena y noble.

Se afirma que la poesía es un género que no es comercial. Sin embargo tus presentaciones despiertan entusiasmo en el público. ¿A qué le atribuyes el éxito de tu poesía?
Creo que la intuición y la receptividad al igual que la memoria emotiva, pueden ser la clave del éxito no sólo para un poeta, sino que, para todo el que se desempeña en cualquiera de las ramas del arte. Hoy puede uno leer poetas que más bien versifican lo que podría ser parte de la obra de Gustavo Adolfo Bécquer o Amado Nervo, por mencionar dos. Siempre he tratado de no pujar poesía, espero paciente una temporada todos los años en que las ideas fluyen y es cuando siento mis versos más logrados, más míos. Eso no quiere decir que no lea los poetas de otra época, tan interesantes eran Luis de Góngora como André Bretón, lo imprescindible es saber reciclar, ser auténtico, genuino, como ellos lo fueron, y eso bastaría para causar entusiasmo en el público.

¿En qué nuevos proyectos trabajas en la actualidad? ¿Podremos esperar pronto un nuevo libro?
Estoy trabajando en dos o tres libros a la vez, pero si me pides un título, te puedo decir *Poesía viva* que es el más adelantado de todos, pienso si Dios me lo permite, a finales del próximo mes, celebrar su nacimiento.

(septiembre de 2003)

DESPUÉS DE LA ENTREVISTA, el poeta dio a conocer otros libros, entre ellos, *Poesía viva* y*Cien hombres, una mujer y otros delincuentes* (relatos). En el 2016 dejó Miami y se estableció brevemente en Santiago de Chile.

ELIO ALBA BUFFILL (ensayista)

Son pocos los que pueden mirar atrás y ver con satisfacción la huella que han dejado. Casi siempre los caminos resultan tortuosos, las dificultades en ocasiones se hacen infranqueables, pero poco a poco, a fuerza de perseverancia y la seguridad de tener un objetivo preciso, las cosas toman su nivel. Con ese aire de orgullo, de haber alcanzado mucho, puede sentirse el profesor Elio Alba Buffill, un cubano de los que se pueden llamar ejemplares, que ha desarrollado una admirable labor en torno a la literatura y al arte, sobre todo con el Círculo de Cultura Panamericano. En su largo *curriculum* está su labor docente. Es Profesor Emérito de City of New York, Kingsborouhg C. College. Su extraordinaria labor queda recogida en sus propias palabras.

Usted ha dedicado gran parte de su vida profesional a la docencia y al ensayo, incluso su más reciente obra es una recopilación de estudios sobre las letras hispánicas. ¿Podría comentarnos un poco de ese libro?
Como apunta el título *Estudios sobre letras hispánicas*, este libro contiene veintidós estudios que abarcan las letras españolas y las hispanoamericanas y dentro de éstas, existe cierto énfasis en la literatura cubana. Predominan los que tratan de ensayo y de narrativa, géneros literarios en los que más se ha concentrado mi obra crítica. Hay en ellos evaluaciones del estilo, el lenguaje, la estructura y la temática de los libros estudiados y en determinados casos, ciertos intentos de analizar las preocupaciones éticas, políticas, filosóficas y hasta metafísicas de sus autores.

Entre los trabajos dedicados a novelas, hay uno sobre el tema del amor en las novelas ejemplares de Cervantes, otro que estudia las distintas tendencias de la novelística romántica cubana del siglo XIX y un tercero en el que me enfrento al contenido ideológico de la novela *Sab* de la Avellaneda, También hay estudios sobre Enrique Labrador Ruiz y la gran renovación de la novelística hispanoamericana que su obra produjo, otros tratan del naturalismo en *Garduña* de Zeno Gandía, de *Zona Sagrada* de Carlos Fuentes y de *Termina el desfile* de Reinaldo Arenas. En cuanto a los que se refieren al ensayo, se incluyen los dedicados a escritores como Sarmiento, Rodó, Martí, Varona, Duarte, Hostos, Ortega y Gasset, Pedro Henríquez Ureña, Borges, Carlos Márquez Sterling, Humberto Piñera y algunos sobre temas relacionados con ese género, como los que evalúan la historia del periodismo cubano, la cultura en la etapa republicana de Cuba y el ensayo en nuestro exilio.

Dos veces al año el Círculo de Cultura Panamericano que usted preside realiza congresos que cubren un amplio espectro del panorama cultural cubano. ¿Nos podría hablar algo de esos encuentros y sus objetivos fundamentales?
Luis, debo aclararle que yo no soy el Presidente, sino sencillamente el Secretario Ejecutivo del Círculo. En cuanto a su pregunta, lo cierto es que el CCP fue creado en 1963 por intelectuales cubanos exiliados para defender la gran tradición cultural cubana que ya empezaba a ser desvirtuada por la dictadura comunista que se había adueñado de la patria; para luchar por los ideales de democracia y libertad en que se fundaron muestras repúblicas, principios desgraciadamente muy atacados en el presente momento histórico, y para promover la divulgación en este país de la valiosa y fecunda cultura hispana, como un instrumento eficaz para el logro de una mayor comprensión entre los miembros del mundo panamericano. El hecho de que el CCP lleve celebrando estos congresos por décadas y que tanto el de verano, en el Koubek de la Universidad de Miami, como el del otoño en una universidad del área metropolitana de New York, actualmente en William Paterson University, hayan ganado reconocimiento por la calidad de las ponencias presentadas y la amplia participación de valiosos escritores y profesores universitarios, es prueba evidente de que esos encuentros han ayudado al CCP a cumplir los objetivos trazados por sus fundadores.

Qué opinión le merecen los nuevos ensayistas cubanos y cómo los relacionaría con la vieja escuela de pensamiento cubano.
Muy interesante y sugerente su pregunta pero para contestársela sucintamente, pudiera decirle que en relación a las características de la ensayística cubana, que he venido señalando en mis estudios, es decir, las referentes al contenido humanístico, a la constante alusión a la raíz cultural española, a la búsqueda de las esencias hispanoamericanas y en especial, al permanente enfrentamiento al proceso histórico y cultural de la patria, la vertiente del exilio de la ensayís-

tica cubana, en la que hay muy brillantes jóvenes, ha sido digna sucesora de esa tradición. En cuanto a la Isla, dadas las condiciones de absoluta supresión de la libertad de pensamiento y de expresión que ha impuesto a nuestro pueblo el régimen dictatorial cubano y teniendo en cuenta la naturaleza de este género literario, el genuino ensayo escrito en la Cuba de hoy en día, cualquiera que fuere su contenido, del que podamos tener conocimiento, realmente se encuentra en la heroica labor de los disidentes, que pagan con la cárcelsu osadía. Aún el ensayo de estricta crítica literaria tiene que estar cargado de retórica marxista para que aparezca en publicaciones oficiales, es decir, que carece de la libertad de expresión que el ensayo requiere.

Como observador y estudioso de los cubanos exiliados, qué impresión tiene de la literatura cubana que se escribe hoy en día en el exilio.
Se ha escrito bastante sobre esto. Por mi parte creo que hay sólidas bases para tener, como tengo, una opinión extraordinariamente positiva de la literatura cubana del exilio, tanto de la creativa como de la labor exegética que sobre la literatura cubana en general han efectuado los cubanos exiliados. Los creadores cubanos del exilio han recibido una muy acogedora crítica no sólo en este país, sino en América hispana y España. Prueba de ello son los numerosos galardones ganados en concursos literarios a nivel nacional e internacional. También los exégetas cubanos del exilio, con el uso de las más recientes técnicas críticas han dado nueva luz al estudio del proceso literario cubano. Esta labor conjunta ha hecho posible que se pueda hablar de una literatura cubana en el exilio.

Como público he asistido a varios de los congresos que se realizan en Miami y he notado que hay pocos oradores y ponentes de las más recientes promociones. ¿Se debe eso a algún criterio del CCP? ¿Busca el congreso inyectar sangre nueva a futuros encuentros?
Toda institución que aspire a crecer tiene que darle cabida a la juventud, y el Círculo no es una excepción. Como usted sabe, el Círculo lleva cuarenta años de existencia y cada día tiene más miembros. En los últimos tiempos se ha aumentado el número de jóvenes profesores que se inscriben en el CCP, pero en general per-

tenecen a universidades de diferentes estados del país en donde han iniciado sus carreras y han venido a nuestras filas guiados por el prestigio de la revista Círculo. Lo cierto es que hoy en día se ha reducido sustancialmente el estipendio que las universidades daban a sus profesores para asistir a los congresos profesionales y esto limita la asistencia, especialmente a los más jóvenes, que comienzan con el salario básico. No obstante, el Círculo sigue creciendo gracias a la lealtad y entusiasmo de nuestros antiguos y leales asociados y el incremento en nuestras filas de esas nuevas generaciones. Un dato que ilumina este asunto, es que en la boleta electoral de este año, de los cuatro diputados nacionales nominados, hay tres profesores que pertenecen a las nuevas generaciones. En esta cruzada espiritual que es el Círculo, los jóvenes escritores y profesores, no sólo cubanos, sino también hispanoamericanos, españoles y norteamericanos, están teniendo cada día, una mayor participación.

(noviembre de 2003)

DESPUÉS DE LA ENTREVISTA, hasta el presente, 2016, el Dr. Buffill ha mantenido activo en los congresos del Círculo de Cultura Panamericano… y continúa.

RAÚL DE CÁRDENAS (dramaturgo)

Habanero de origen, de condición exiliado y profesión dramaturgo, Raúl de Cárdenas reside en Los Angeles, California, y como la inmensa mayoría de los autores cubanos que viven fuera de la Isla, su teatro no se representa en su país prácticamente desde que partió al destierro en 1961, a pesar de las «aperturas» a las que los oportunistas culturales aluden.

Como dictaban los tiempos, en sus orígenes este escritor quiso ser abogado. En la Universidad de La Habana estudió derecho, hasta que posteriormente ingresó a la escuela de periodismo. A punto de terminar la carrera (hacía poco había comenzado la llamada Revolución Cubana), el nuevo gobierno comenzó a imponer las «coletillas» a las informaciones y por principio decidió no graduarse.

Como dramaturgo estrenó sus primeras obras en la capital cubana, *Cuando los hombres lloran* (1959), *Los ánimos están cansados* y *La palangana* (1961), que hizo su estreno mundial en la conocida sala Arlequín. Esta pieza ha sido su mejor carta de triunfo y ha sido llevada a escena en numerosas ocasiones, entre ellas en el Duo Theatre, bajo la dirección de Manuel Martín en Nueva York.

Probablemente el éxito de la obra se deba a que, como expresa el propio autor, «tiene sus raíces en nuestra tradición vernácula». En Miami hay escritores actores que mantienen en cartelera la tradición del teatro vernáculo, como Salvador Ugarte, Alfonso Cremata y Armando Roblán, pero tal vez De Cárdenas sea uno de los pocos dramaturgos cubanos fuera del Sur de la Florida, que continúan seriamente cultivando esa importante rama del teatro insular.

Otra de sus obras de éxito ha sido *Las Carbonell de la Calle Obispo*, vista hace algún tiempo en Miami, parte de una trilogía que abarcaba la vida de las Carbonell en tres etapas, 1949, 55 y 65, fecha en la que parten de la Isla durante el éxodo de Camarioca. Cabe destacar que su monodrama *Un hombre al amanecer*, basado en la vida de José Martí, se alzó con el entonces codiciado Premio Letras de Oro, que otorgaba la Universidad de Miami.

La palangana **ha ido su obra de mayor éxito, ¿a qué se lo atribuye?**
Posiblemente porque tiene sus raíces en nuestra tradición vernácula, un género que siempre ha sido favorito del público. *La Palangana* tiene una curiosa mezcla de comedia, tragedia, absurdo y costumbrismo que la hace irresistible en su humor y en su conflicto. El público ríe, pero también piensa. Y cuando la analizamos, nos damos cuenta que la vida de sus cuatro personajes ha cambiado muy poco en los últimos 45 años. Es tan vigente hoy en día como cuando la escribí en 1960.

Sus obras tienen entre otros elementos, el del teatro popular, ¿en qué vertiente situaría su dramaturgia?
Hablando en términos puramente teatrales, mi dramaturgia podría ser clasificada, casi en su mayoría, en nuestro costumbrismo. Esto ha sido más una reacción emocional, inconsciente, que una decisión intelectual. El vacío que se crea en nuestras vidas al abandonar Cuba se colma de recuerdos y nostalgia, y en mi caso se traduce en un teatro matizado con nuestras tradiciones e idiosincrasias. Aún en piezas que no podrían clasificarse como costumbristas, estos elementos aparecen como parte de la estructura dramática. Este teatro popular establece un contacto directo con nuestro público porque todos hemos vivido y experimentado ese vacío al que me refería antes y todos nos podemos identificar, de una forma u otra, escritor o espectador, con lo que sucede en escena.

¿Cómo ve el teatro cubano en general, y particularmente el del exilio?
El teatro cubano es un árbol de muchas ramas que ha echado raíces en las ya famosas dos orillas. Siempre me ha parecido sumamente interesante que un país tan pequeño como Cuba haya dado, y continúe dando, tantos autores teatrales. Si repasamos la cronología de la dramaturgia cubana, antes y después del 1959, dentro y fuera de la Isla, nos vamos a encontrar con un cuadro fértil y diverso de escritores. El problema está en que los directores de la cultura estatal en Cuba ignoran lo que se ha hecho en el exilio, mientras que utilizan verdaderos panfletos teatrales como herramientas de propaganda y adoctrinamiento, como por ejemplo *La familia de Benjamín García* de Gerardo Fernández, posiblemente la peor obra del teatro

cubano, que fue incluida en una antología que preparó Rine Leal en 1985, pero publicada en 1989. En el exilio, los dramaturgos cubanos, que hemos escrito mucho y de muchos temas, en completa libertad, continuamos haciéndolo, lamentablemente, para la gaveta, pues ahí es donde van a parar la mayoría de los textos. Lo triste es que aquéllos que tienen los recursos no parecen estar interesados en producir nuestro teatro, mientras que otros prefieren engancharse en el tren de lo novedoso trayendo obras y autores de Cuba, sin darle reconocimiento al valioso arsenal de la dramaturgia exiliada.

La revista especializada Ollantay prepara un merecido número en el que será homenajeado como dramaturgo y se reconocerá su labor. Háblenos qué significa para usted ese reconocimiento.
Ollantay es el milagro de Pedro Monge Rafuls, que continúa batallando, no sólo por el teatro cubano en el exilio, sino también por el teatro de otras comunidades latinas en los Estados Unidos. Consciente de lo imperecedero de la letra impresa, al crear Ollantay, Monge se encargó de satisfacer una inmensa necesidad en nuestras dramaturgias, las cuales ganan cada día más relevancia en esta nación. Cuando me anunció que publicaría un número dedicado a mi teatro me regaló lo que estoy seguro será una experiencia maravillosa, especialmente porque al entrar en las páginas de Ollantay me pone en compañía de escritores que he admirado, respetado y querido mucho, especialmente José Corrales que recientemente falleciera en Nueva York, y Manuel Martín, también fallecido en Nueva York, que estrenara *La Palangana* en esa ciudad, en el 1970.

¿En qué proyectos trabaja en la actualidad?
Por el momento me estoy concentrando en dos posibles estrenos en el 2004, *El pasatiempo nacional*, en Nueva York, con Retablo Theatre, y *Las Portelas de una Vieja Habana*, en Miami, con el Latin Quarter Cultural Center. Esta última urde su trama durante el éxodo del Mariel de 1980. En la obra cuatro personajes, la abuela, dos hijas, y una nieta, afrontan aquel momento. Busqué que el título de esta pieza jugara un poco con el de *Las Carbonell de la calle Obispo*.

(diciembre de 2003)

DESPUÉS DEL A ENTREVISTA, el teatro de este dramaturgo sigue llegando a los escenarios y continúa escribiendo de manera sostenida. Entre sus obras posteriores se encuentran el libro *Teatro: cuatro obras escogidas* (2010). Recibió el Premio René Ariza 2007, por el conjunto de su trayectoria.

EDUARDO MANET (escritor y dramaturgo)

Se trata de una de nuestras figuras más importantes en el panorama artístico cubano del exilio. Con Eduardo Manet, estas 5 preguntas apenas nos permiten aproximarnos someramente a su larga vida; cargada de vivencias interesantísimas y una producción literaria amplia y en constante ebullición.

Su obra comprende teatro y novela. Recientemente recibió en París el Premio Telegramme, con *Maestro*, novela sobre el violinista cubano Claudio José Brindis de Salas, llamado el «Paganini negro». Como dramaturgo, su teatro es llevado a escena por importantes compañías. El «problema» con Manet, es que casi la totalidad de su literatura está en francés, lo que lo distancia de sus posibles lectores en español. Aun así, su obra *Las monjas*, es de ineludible mención cuando se habla del teatro cubano.

Manet está lleno de proyectos y descubrimos en un hombre de 74 años una admirable energía creadora. Como cubano, mantiene una militancia definida por la libertad de Cuba y de los escritores, periodistas y opositores encarcelados. Junto a Reporteros sin Fronteras que encabeza Robert Ménard, y a la Asociación por la Tercera República Cubana, fundada por William Navarrete, ha estado, desde Francia donde reside, a la vanguardia en este reclamo.

Como casi toda su obra ha sido escrita en francés, algunos cubanos no le conocen como deberían. ¿Quién es Eduardo Manet?
Es difícil contestar, pues se trata de una larga vida y de una vida muy activa, de viajes, de va y vienes. Para definirme un poco podría decir que soy un cubano errante, porque yo nací en Santiago de Cuba y a los tres años me llevaron para La Habana. Estudié Filosofía y Letras y Derecho Penal y Diplomático en la Universidad. Allí conocí a todo el mundo: los Castros, Tomás Gutiérrez Alea, la doctora Antuña. Toda la intelectualidad que después formó parte de la nomenclatura. Fui periodista, como mi padre, Eduardo González... porque mi nombre es Eduardo González Manet, luego quité el González y me quedé con Manet, que era muy exótico. Tenía la intención de hacer teatro, y cine como escritor. Salí de Cuba a estudiar y conocer, y en 1959, cuando llega la revolución, Gutiérrez Alea le envía cartas a sus amigos, a Ramón Suárez, Néstor Almen-

dros y a mí, hablando de la magia que estaba ocurriendo en Cuba. Me invitan a ser parte del primer concurso Casa de las Américas y regreso. Comienzo a hacer cine en la Isla y viajo a los países del este. Es allí donde comienzo a ver de verdad lo que era el comunismo. Con la invasión soviética a Praga en 1968, me doy cuenta de que no había vuelta atrás. Aprovecho una salida a Francia para la puesta de *Las monjas* y desde septiembre de 1968 no he vuelto a Cuba.

¿Cuál podría apuntar como el recuerdo más placentero que tiene de Cuba y el más desgarrado?
El más satisfactorio de mis recuerdos, porque de él hablo en casi todas mis obras y es como un *leitmotiv*, una imagen que viene siempre, y que pudiera parecer idiota, pero a mi edad la sinceridad y la verdad se imponen solas, es el malecón, el encuentro con mi malecón. Mi madre siempre en sus paseos me llevaba allí. Cuando fui un adolescente y comenzaba a tener noviecitas, se recurría al malecón. De la Universidad salíamos al malecón y cuando regresé en el año sesenta, eso seguía como una imagen fija. Tan es así que mi próximo libro, que saldrá publicado en abril [en francés], *Mis años Cuba*, tiene como portada, una pareja sentada en el malecón habanero con unas grandes olas. El más doloroso fue la desilusión de una revolución. Como joven tenía la ilusión de que una revolución podía hacer un cambio bien grande, en cosas que no tenían que ver sólo con la política; en maneras de vivir, costumbres, permitir que los escritores pudieran vivir de su trabajo, transformar para bien un país. Llegó un momento en el que me di cuenta que ya no podía seguir en la Isla, pues había sufrido una gran decepción, tan grande como la que puede sentir una persona que pierde su fe en una religión. Así tras los sucesos de Praga decidí no volver. Ahí se inicia el momento más espantoso, pues al decidir dejar Cuba para siempre, fui a ver a mi madre para decirle que saldría de viaje. Yo le decía que sería por poco tiempo, pero tanto ella como yo sabíamos que no había regreso. Y ese juego casi teatral para evitar los desbordamientos emocionales, se ha convertido en el recuerdo más terrible.

Háblenos de su obra literaria.
Yo creo que cada ser humano tiene un libro en sí mismo que es la historia de su vida, y yo quise hacer la mía y a mi manera. En Cuba

publiqué un libro de poesía que quiero olvidar y *Scherzo* (juego en italiano), publicado por Ediciones Prometeo, en 1949, que era un libro de teatro. El resto lo he hecho en francés.

Con usted es ineludible hablar de su teatro y de su obra *Las monjas*. ¿Qué nos podría decir?
Yo soy muy riguroso con mi trabajo. He publicano cerca de quince obras, todas en francés. Por regla general lo que trato con mi teatro es no repetirme y que cada obra tenga un estilo, si es posible diferente, y que toque un tema diferente, pero siempre manteniendo lo que yo estimo una calidad literaria, un rigor teatral. Mi obra *Las monjas* ha tenido siempre un éxito tremendo. Se presentó en París durante dos años y se ha traducido a 21 idiomas y se sigue poniendo. Yo no la considero mi mejor pieza, pero sí la veo como mi primera verdadera obra y reconozco que ha sido esencial para mí. Pero entiendo que otras, que dan algo de mí mismo han sido más importantes. He tenido la suerte que algunas de mis piezas se han puesto por la Comedia Francesa y he gozado de la satisfacción del público. El próximo estreno será *Cuéntame Rachel*, sobre un personaje muy interesante.

¿Qué lo llevó a escribir la biografía o a recrear la vida de Brindis de Salas?
Dos motivos. Cuando era niño mi madre me hablaba mucho de Brindis de Salas al que ella nunca había oído, pues no había ninguna grabación, y el otro, porque un editor argentino amigo mío me propuso escribir sobre Brindis. Me proporcionó bastante documentación: programas, críticas y algunas otras cosas, como un escrito de Nicolás Guillén publicado en 1935, también algo que hicieron los rusos sobre la presencia de Brindis. Pero todo era muy poco. Lo interesante era que no se había escrito un libro propiamente dicho sobre él, y eso de alguna manera impulsó mi inspiración. Además era un personaje muy interesante. Se sabía que estaba casado con una alemana, pero nadie podría proporcionar el nombre de la mujer, entonces yo inventé el nombre de la alemana. A medida que profundizaba y más sabía de su vida, más me interesaba. Él era parte de una familia muy pobre. Brindis se va a México, a los 17 años llega a París y gana premios. Se convierte en una especie de dios, pues era muy bello, seis pies de estatura, «el Paganini negro», así se re-

fieren a él los críticos. Luego se casa con una baronesa, tiene hijos, se hace ciudadano alemán y finaliza en la pobreza y muere de tuberculosis en Argentina. Un personaje extraordinario. Además cuando veo su vida me doy cuenta que él también era un cubano errante, y esos detalles me identificaron con el personaje. El libro lo presenté al concurso del Telegramme y tuve la suerte de ganar el premio.

(enero de 2004)

DESPUÉS DE LA ENTREVISTA, Manet continúa en París escribiendo en esa lengua y sigue alcanzando reconocimiento. En el 2015 regresó de visita a Cuba por invitación expresa del Consejo Nacional de las Artes Escénicas.

HUMBERTO LÓPEZ MORALES
(lingüista y ensayista)

Nació en Cuba pero reside exiliado en España donde ejerce la docencia. Posee importantes títulos, como miembro de la Academia Puertorriqueña de la Lengua Española, y secretario General de la Asociación de Academias de la Lengua Española; además, es académico correspondiente u honorario de más de quince Academias de la Lengua. Hablamos de Humberto López Morales, una autoridad en materia de lingüística y un investigador profundo y analítico. El *background* (valga el bilingüismo, tan acorde con el trabajo que precisamente realiza), de este autor es apenas una carta de presentación de un estudioso de la lengua y la sociedad. Entre su medio centenar de libros publicados figuran *El español en Cuba* (1970); *Introducción a la lingüística actual* (1983); *Sociolingüística* (1989) y *El español del Caribe* (1992).

A finales del pasado año Ediciones Universal dio a conocer su más reciente libro *Los cubanos de Miami,* un meritorio trabajo investigativo que ha sido muy comentado por los reveladores resultados obtenidos. En él se aborda la conducta y actitudes de las distintas generaciones de cubanos establecidas en el área de Miami. Durante la presentación formal del libro, con la asistencia del autor, éste habló de las características, tendencias y proyecciones de la comunidad cubana exiliada, establecida en su mayoría en el sur de la Florida. El público entusiasmado y asombrado, escuchaba las conclusiones y preguntaba, como yo ahora:

¿Cuál fue el resultado de sus investigaciones sobre el cubano de Miami que más le sorprendió?
Por fortuna, en todas las investigaciones empíricas siempre hay sorpresas. Si así no fuera las hipótesis de trabajo podrían convertirse graciosamente en realidades demostradas. Es este caso específico, la sorpresa la constituyó el resultado de algunas de las creencias motivadoras de las actitudes hacia el inglés. Suponía que, aunque los números –algunos muy bajos– arrojados por esas creencias no fuesen tan altos como los obtenidos por el bilingüismo y por el español, no esperaba que se quedaran tan cortos. En efecto, las actitu-

des positivas hacia el bilingüismo es de casi un 100%, más del 80% para el español, pero para el inglés, los porcentajes se quedan en un modesto 42%. Queda claro que la comunidad cubana del Gran Miami no desea un monolingüismo inglés. Los bajos números para el inglés en exclusiva (no formando parte de una situación bilingüe) obedecen a que varias creencias motivadoras de esta actitud no fueron refrendadas por la comunidad: «La música popular con letra en inglés es más moderna», «El inglés es la lengua exclusiva de los grandes negocios internacionales» y «La comunidad cubana miamense siente que los que hablan inglés son personas más importantes».

Hay quienes alegan que el cubano de hoy en día habla distinto al cubano de otras generaciones, ¿cómo valora usted esa afirmación?
La lengua es un ente dinámico. No todos hablamos exactamente igual a lo largo de nuestra vida. En particular, el lenguaje adolescente –y no solo el lenguaje– suele ser el más original y contestatario de todo el espectro generacional. Es cierto que los jóvenes hablan de manera «algo» diferente a los miembros del resto de la comunidad. Pero no es para preocuparse. Las diferencias no son tantas ni tan importantes (casi siempre cuestión del léxico) y van desapareciendo con los años. El paso hacia la primera juventud y la edad adulta neutraliza el habla adolescente y la hace más homogénea con la de la comunidad en general.

¿Cómo cree usted que será la influencia del «cubano» que hablan los exiliados en las distintas regiones del mundo donde residen, en una Cuba futura?
Si en la Cuba futura, como esperamos, convivieran cubanos nacidos y criados en otros países hispánicos habría peculiaridades lingüísticas de esas otras comunidades, pero desaparecerían –cuando tarde– en la primera generación nacida en nuestro suelo. Así se ha escrito siempre la historia lingüística.

Usted ha estudiado profundamente el tema de la lingüística, ¿cómo ve usted el futuro del español en el mundo?
Hoy no hay que ser un estudioso del español para saber que la historia futura de nuestra lengua está en constante alza. Solo basta con

leer los informes de instituciones especializadas, como el Instituto Cervantes, o las noticias de prensa. Un titular del rotativo madrileño La Razón dice el martes 13 de este mes: «El español crece en los Estados Unidos cuatro veces más que el francés», y subtitula: «Es el idioma foráneo más estudiado entre universitarios, con 746,602 alumnos». Pero los Estados Unidos no son una excepción; en la Europa del este y en Asia su crecimiento es igualmente espectacular, como puede verse en el último Anuario del Cervantes. Esto con respecto al español-lengua materna, las cifras, desde luego, son más llamativas. La mancha de los hablantes de español distribuidos en un mapa nos sitúa en muchas partes diferentes del mundo; aunque el grueso de ellos se encuentre en América, casi un 91%, está España, con algo más de un 9%, y después pequeños contingentes en Guinea Ecuatorial, Filipinas, islas Marianas, etc.

¿Cuáles son sus próximos proyectos investigativos?
Por fortuna son muchos. Sin embargo, me complace particularmente seguir estudiando el español hablado en Miami por la comunidad cubana. Tengo unos materiales estupendos que sin duda darán mucho de sí. Dada que mi especialidad en lingüística es de carácter sincrónico y no pienso ir a Cuba en busca de materiales (ni a nada), los cubanos de Miami son un buen tema. Estoy seguro de que muy pronto esta variedad de español será de las mejor estudiadas en el mundo hispánico. Tampoco descarto hacer algunas breves muestras. Ello es posible porque los depósitos más ricos en materiales de esta época están en Sevilla, en el Archivo de Indias. Tampoco descarto escribir un libro sobre los orígenes de nuestra literatura, concretamente sobre el *Espejo de paciencia*. Espero tener vida activa para cumplir con esas y otras muchas aspiraciones investigativas.

(abril de 2004)

DESPUÉS DE LA ENTREVISTA, el Dr. López Morales logró coordinar uno de los libros más importantes de su carrera, el *Diccionario del Español en los Estados Unidos* (Santillana). Una sala del edificio de la Academia de la Lengua lleva su nombre desde el 2016.

RINA LASTRES (escritora y periodista)

Acaba de surgir una nueva poeta, Rina Lastres, que con su libro *Hábito de ser* (LibrosLibres, España, 2003), se suma a ese mundo maravilloso de la creación literaria. Nacida en Manzanillo, tuvo una vida de carencias y necesidades, pero también de oportunidades. Al trasladarse a la capital cubana trabajó como especialista de textos docentes en la Universidad de La Habana, un título algo pomposo, pero que la relaciona directamente a los libros. En el exilio se desempeñó como redactora para la revista Industria y Mundo Turístico, hasta que se traslada a Washington y se vincula a Radio Martí, emisora dirigida a la Isla.

Como mujer emprendedora, a través de la perseverancia, «soy Virgo», comenta sonriente la escritora como un importante apunte, ha logrado alcanzar reconocimiento dentro de su centro de trabajo. Allí es supervisora del departamento de guiones y conduce, junto a Michel Sagué y Vicky Ruiz, el programa *Con voz propia*, dirigido a la mujer cubana. Desde la aparición reciente de su primer libro *Hábito de ser*, Rina Lastres ha recibido elogiosos comentarios en varios periódicos y revistas electrónicas, tanto en Estados Unidos como en España.

La escritora sabe de las dificultades de la vida, y lo confirma cuando expresa: «la vida es muy demandante, y hay que aprender muchas cosas de golpe. Hay que correr. A veces ese correr te impide desarrollar otros intereses, sobre todos los relacionados con la literatura. La poesía es muy exigente, necesita tiempo, necesita que se observe mucho lo que ocurre alrededor, y se requiere observación, un ojo que filtre primero las sensaciones y que después las devuelva en palabras, un ojo-sensación, que pasa luego a ser lenguaje».

Usted escribe desde hace mucho tiempo, pero nunca había publicada un libro. ¿Qué la inhibía a hacerlo y por qué de pronto da a conocer un libro, e incluso ya anuncia otros?
Tu pregunta requiere una respuesta elaborada. Como sabes, escribo hace años, no sólo guiones, escribo además relatos cortos y poesía. Para explicarme mejor voy a dividir mi respuesta en dos partes. En primer lugar no pierdas de vista que en ese momento estoy todavía en Cuba y publicar en ese contexto tenía otras implicaciones. Eso

por un lado, y por el otro porque nunca estuve dispuesta a amarrarme a compromisos que desde todo punto de vista me resultaban inaceptables, o a lo mejor porque mi instinto me decía que ése no era el momento. De manera que mucho de lo que escribí se perdió, y sólo conservo un par de poemas de esa época, gracias a la generosidad de un amigo que creyó en mí desde entonces y los conservó. Y ya en el exilio, porque cuando llego a Estados Unidos, en 1980, a través del Mariel, iniciaría un proceso de reajuste y de adaptación que afectó casi todas las esferas de mi vida. Como a la mayoría de los exiliados, me urgía luchar para sobrevivir y del resultado de esa lucha dependía el futuro. De manera que me dediqué a trabajar arduamente sin que hubiera demasiado tiempo para algo más en ese momento. Por otro lado yo, como cualquier creador con su obra, soy egoísta y no acababa de decidirme. La publicación de *Hábito de ser* llega cuando alcanzada cierta madurez en el arte de juntar palabras, dispongo del tiempo que requieren estas disciplinas. Y no estoy hablando del proceso de creación solamente, estoy hablando del trabajo posterior, es decir, de una cuidadosa selección y de todo el esfuerzo preparatorio que sabes requiere un libro hasta llegar al lector.

¿Cómo podría definir *Hábito de ser*, y qué busca como escritora con ese libro?
Mi respuesta se va a parecer a otras que he dado ya desde que el libro vio la luz, y es que para *Hábito de ser*, desde mi punto de vista, hay una sola definición: Es un viaje. No sólo mi viaje, sino el de muchas personas –lo conciencien o no–, y es además el viaje de aquellos lectores que se identifiquen con él, a través de su lectura. Pienso que un libro no se completa sino con el lector, y será con ese añadido con lo que obtengamos el resultado total. Recuerdo que en Madrid, en una de las presentaciones que hicimos del libro, estaba yo en plena faena de firmar ejemplares, y habiendo firmado ya unos cuantos, quizás con un gesto un tanto mecánico iniciaba otra dedicatoria. Abro el libro que me entrega una joven, y muy rápidamente ella me dice: «No, ahí no. Por favor, dedíquemelo en la página 55».Evidentemente, aquella muchacha, mientras hizo la cola en espera de la firma del libro, había iniciado una lectura, que aunque seguramente al azar, le permitió identificarse con *Amor tardío*, el poema de la página en cuestión. Te puse este ejemplo como para

ilustrarte mi argumento, no sé si te vale. En cuanto a la segunda parte de tu pregunta, creo que nada en especial y mucho en general. Primero porque un libro no lo es hasta que no se edita, hasta que no se publica, y luego porque para que *Hábito de ser* se redondeara, debía ir al lector. Y también en el fondo ¿por qué no?, con la intención de darme a conocer y asumir el riego de la crítica.

Su trabajo la vincula con radio y televisión, medios que poseen un lenguaje particular, ¿de qué manera influye, si es que lo hace, esa forma de expresión en la creación literaria de una poeta?
No en forma directa. Pero al hacer radio, así como al trabajar otras especialidades dentro de los medios de comunicación, la piel se te vuelve más sensible. Vas creando una especial interrelación, no sólo con el lenguaje, que es tu principal instrumento, sino también con los silencios. Y es ese lenguaje, con el valor de sus silencios incluido, lo que adiciona un ambiente mágico en el que luego elaboras personajes o creas una metáfora. Si prestas atención a esta premisa, vas a hallar enseguida la conexión entre un lenguaje y el otro. La poesía no por exquisita, deja de ser una forma de comunicación, sólo que es más íntima.

Usted conduce un programa radial dirigido a la mujer. ¿Cómo cree que ha evolucionado la mujer en la vida moderna, y qué opina del movimiento feminista?
Creo que muy positivamente, y aunque queda mucho camino por andar, la mujer tiene hoy más participación social y política que la que tenía hace unos años. Estimo que a esto ha contribuido grandemente el reconocer nuestras potencialidades y el asumirlas, sacándoles provecho a favor nuestro. Sin perder de vista que al respetarnos más, nuestras exigencias crecen en proporción. En cuanto a lo del feminismo, creo que ha sido un movimiento que ha redundado en una aportación importante al desarrollo de la mujer, pero habría muchos más elementos que añadir. Entre otros, yo destacaría, por ejemplo, la importancia de una autoestima saludable, un elemento que yo considero esencial. En cuanto a mí, yo no me considero feminista. Soy una persona bastante independiente a la que la experiencia vivida bajo un sistema represivo, le impide parametrarse, y por opción personal actúa con mucha independencia. Esa indepen-

dencia, esa visión creo que se palpa en todo lo que escribo, tanto dentro del marco laboral como fuera de él.

Usted está concluyendo un libro de cuentos, género muy distinto al de la poesía. Anticípenos algo de ese volumen, su temática y para cuándo podemos esperar que aparezca, o cualquier otro dato de interés para los lectores.
Dos géneros muy diferentes, con dos lenguajes que pertenecen a dos mundos extremadamente diferenciados. Pero siempre me gustó mucho el relato corto; demanda mucho de ti cuando escribes, y éste es precisamente un libro de cuentos en el que yo he venido trabajando hace bastante tiempo. Un volumen que ya tiene incluso título y está formado por un grupo de cuentos que tienen un denominador común: la mujer. Y esa mujer es siempre protagonista central de la trama. Es el mundo o la vida vista por una mujer. Como sabes, las mujeres tenemos especialidad en captar detalles, y cada una de estas mujeres, me refiero a las que componen el libro, aunque posee una experiencia y una sensibilidad diferentes, se aproxima a las otras en que todas parten de la óptica de la mujer. ¿Cuándo aparecerá el libro? No me arriesgo a precisar fechas, pero sí te puedo decir que de los relatos que le dan cuerpo sólo faltan cinco. Creo que a las lectoras es obvio que les podría interesar, y al lector masculino le provocará curiosidad, porque es la vida y sus accidentes tal y como la vemos nosotras.

(mayo de 2004)

DESPUÉS DE LA ENTREVISTA, el tiempo no fue generoso con la escritora. Publicó *Soledad para tres y una vaca*, una colección de relatos. Póstumamente, *De cal y canto*, una recopilación de su poesía y prosa entre el 2005-2011. La escritora falleció en Madrid en el 2011.

FRANCISCO MORÍN (director teatral)

Es frecuente ver a Francisco Morín, que reside en Nueva York, como invitado de honor a las presentaciones del festival de teatro de Miami. Cuando llega a la sala la gente se le aproxima, lo elogia, lo admira y le expresa su respeto, al que muchos consideran el «enfant terrible» del teatro cubano. Y no podía ser de otra manera, pues Morín, con más de ochenta años de edad, es toda una institución en el teatro cubano, tanto en la Isla, como en el exilio. La gran leyenda viviente del teatro cubano. Un hombre de su tiempo, que se proyectó con visión sobre el futuro. Rebelde, exigente, transgresor, insatisfecho y vital, Morín despierta el entusiasmo entre los dramaturgos y directores de distintas generaciones, quienes ven en esta figura, el retrato del esfuerzo personal, la calidad artística y la persistente lucha por mantener en alto un género difícil y poco apreciado.

Aunque hace ya bastante tiempo que no hace teatro, renuncia a aceptar que está retirado. «Yo sigo activo, hasta el final» dice, haciendo un gesto teatral con la mano, que lleva a la altura del hombro y deja caer hacia atrás. Es como si el teatro fuera la propia vida. Y de hecho lo es. Su libro *Por amor al arte: memorias de un teatrista cubano (1940-1970)*, es un minucioso recorrido por su vida en los teatros.

Me gustaría que nos contara de sus inicios en el teatro hasta los primeros triunfos.
Bueno, mi más antiguo recuerdo se remonta a los tres años de edad. Yo era un niño muy solitario, y de adulto lo sigo siendo. Jugaba con unos bolos y creaba argumentos y conflictos entre ellos. Estoy seguro que a esa edad ya yo hacía teatro. Luego, a pesar de tener una familia monstruosa, y a escondidas de ellos, reuní el dinero para la matrícula y comencé a estudiar en la Academia de Artes Dramáticas. Con muchas dificultades estuve en la Academia hasta que ya no pude continuar. Trabajé como actor y mi primera obra como director fue *La llama sagrada*.

Háblenos de Prometeo y del aporte que la revista y el grupo significaron para el teatro cubano.

En la Academia se hablaba de crear una revista especializada. El nombre que siempre se manejó fue el de Prometeo. Los que estábamos en la revista también hacíamos teatro bajo el nombre de ADAD (Academia de Artes Dramáticas). Con el tiempo se logró la publicación y al año de publicarse se propuso llevar a escena *Electra Garrigó* de Virgilio Piñera, hubo divisiones y los miembros de la ADAD no quisieron que se pusiera la obra, pues la consideraban muy rara, ya que había personajes que consideraban muy exóticos, como un gallo y un pedagogo con cola de caballo, y pensaron que el público iba a protestar. Entonces Virgilio me llama por teléfono y me elogia mi defensa de la obra. Como yo tenía la revista y tenía la posibilidad de pagar una función, pues yo utilizaba todo mi dinero para el teatro, aproveché que se cumplía el primer aniversario de la revista, para llevarla a escena bajo el nombre «Prometeo Presenta *Electra Garrigó*». Ahí vino el rompimiento conmigo, se molestaron en la ADAD, como si yo los hubiera desobedecido, se pelearon conmigo. Pero puse la obra y luego continuamos trabajando. Creo que no hubo aportes y nada significó nada. Yo hice lo que tenía que hacer y lo que me gustaba hacer. Eso es lo más importante. Luego el tiempo establece los puntos de rompimientos y lo que cada acción representa. Yo sólo hacía teatro, con pasión, con deseos, sin pensar en el futuro, sino entregándome a la obra que hacía.

Usted tiene el mérito de haber llevado a Cuba la vanguardia teatral europea y de resaltar los valores de dramaturgos cubanos en momentos en que las miradas se dirigían hacia el teatro norteamericano. ¿Qué lo acercaba a usted a esas tendencias y dramaturgos?

Cuando yo leía una obra que me gustaba sencillamente la hacía. Así de simple. Estaba Cocteau, entre otros importantes teatristas europeos y lo llevé a escena. Yo leí *Calígula* de Camus y la di a conocer, de la misma manera que llegó a mis manos una obra de Bjornstjerne Bjornson, un contemporáneo de Ibsen y me gustó y la di a conocer en Cuba. Yo hacía un teatro distinto al que se estaba acostumbrado y a eso le llaman hacer un teatro revolucionario. Te repito, hay que hacer lo que uno considera lo mejor, haciendo lo mejor y sin importar las críticas. Con *Electra Garrigó* yo estrené a Virgilio Piñera en Cuba. Esa fue su primera obra llevada a escena.

Yo estrené también a Antón Arrufat, Jorge del Busto y José Triana. Lo hice por la simple razón que sentía esas obras.

¿Se puede decir que Francisco Morín se enfrentó abiertamente a su tiempo?
Sí, totalmente. Nunca me preocuparon las opiniones de las gentes. Mi mayor preocupación era hacer mi trabajo lo mejor posible. Estudiaba, leía, buscada que mis obras tuvieran el mayor nivel posible. Yo estudié Filosofía y Letras, viajé, me preparé. En Cuba tuve que trabajar cortando caña hasta que me dejaron salir de la Isla y aquí he permanecido sin regresar, a pesar de los acercamientos que han hecho los emisarios del régimen. En la Biblioteca Nacional, mientras Fidel Castro atacaba a la intelectualidad, yo me levanté y me fui de aquel sitio en el que yo entendía que no debía estar. Soy un hombre totalmente libre y sin ataduras.

Después que sale de Cuba dónde se establece, qué hace en teatro y cuándo deja de dirigir.
Yo salgo a Inglaterra y después voy a España hasta que vengo a Estados Unidos. En Inglaterra hice *Electra Garrigó*, pero no pude estar en el estreno. Fue una puesta muy interesante, pues la obra fue traducida y las actrices eran inglesas que hablaban español con acento de España. En 1974 llego a Nueva York, me llaman de Repertorio Español, y estuve con ellos un año. De ahí me fui no en muy buenos términos. Allí hice los *Entremeses* de Cervantes con mucho éxito. Después trabajé en otros proyectos hasta este paréntesis en el que estoy ahora. Pero retirarme, de eso nada. Yo sigo activo.

(junio de 2004)

DESPUÉS DE LA ENTREVISTA, sigue siendo la figura más destacada del teatro cubano. Se mantiene retirado, pero su nombre es mencionado de manera permanente por los teatristas.

MAYA ISLAS (escritora)

En los círculos literarios cubanos el nombre de Maya Islas tiene un peso sólido. Su nombre conduce a una obra poética de notable significación y realce. Maya es sin duda uno de los baluartes del quehacer de los cubanos exiliados. Reside en New Jersey y trabaja en New York, y desde allí ha logrado imponer una poesía firme, interesante, profunda, espiritual, que hace arder la piel y vibrar los sentidos del lector.

La escritora nació en Cabaiguán y muy joven sale de Cuba. En Estados Unidos adquiere oficialmente el nombre de Maya Islas, adoptando el apellido de su madre, pero añadiéndole una S «porque nací en una isla, New York es una isla, y en otras vidas he vivido en una isla como Inglaterra, lo que me hace muy isleña», expresó. Para los curiosos, su nombre es Omara Valdivia Ysla. «Los que me conocían por Omara, si me ven, así me llaman, sin embargo, me suena lejano; no me reconozco», concluye.

Como escritora ha desarrollado una ardua labor y gracias a su esfuerzo, perseverancia y calidad poética, ha logrado imponer su voz literaria. Entre sus libros destacan *Lifting the Tempest at Breakfast; Merla; Altazora acompañando a Vicente; Sombras-papel; Sola... desnuda... sin nombre*, y más recientemente *Quemando luces*.

Usted sale de Cuba con 18 años y comienza una nueva vida en Estados Unidos en los que lleva ya casi 40 años. ¿De qué manera ha marcado esa realidad su condición natural de cubana?
Indudablemente que la ha marcado. A mi cubanía tuve que añadir los elementos de un nuevo idioma; romper con patrones de comportamientos que no encajaban en la sociedad en la cual me desarrollaba. A los 18 años una todavía está en formación y asimila fácilmente otra cultura. A todo lo cubano, desde la música hasta las lecturas literarias, le fui añadiendo el elemento anglosajón. Y eso está muy bien, pues como bien dices, ya el año que viene cumplo 40 años de haber llegado aquí. Es imposible no ser impactada por un medio ambiente, aunque yo he sido selectiva y me he dejado tocar por lo mejor que el ambiente puede ofrecer. Inclusive, el aspecto poético también fue tocado, porque, aunque primero traduje mi poesía ya he escrito dos libros en inglés, ya que fue el idioma que me salió pri-

mero. En la necesidad de comunicar fue ése. Hasta yo misma me sorprendí. Ahora, no pienses que todo esto que te digo ha hecho que mi esencia de cubana se diluya. Habita en todo su esplendor. Todavía hablo con acento. Y me encanta que me pregunten: ¿de dónde es usted originalmente? Para poder decir: de Cuba.

En la amable dedicatoria que me escribió de su libro más reciente *Quemando luces* expresa: «la verdad mueve el ritmo de las conciencias: ésa es la meta de estos poemas». Creo que de alguna manera esas palabras resumen el alma del poemario. ¿Podría revelarnos un poco más de los misterios de ese libro?
Quemando luces es un libro que cuenta en tono velado la verdadera historia de Emily Dickinson, la poeta americana del Siglo XIX. Como bien dices, el libro es misterioso y eso me alegra pues así quería que fuera. En la dedicatoria que te hago afirmo lo que creo. La verdad es algo que despierta la conciencia. Estamos dormidos muchas veces, y no entendemos nuestras vidas y las vidas de los demás. Emily Dickinson fue inventada por una sociedad de ideas fundamentalistas. Para aceptarla había que negarla como persona. Hay que leer sus biografías para poder entender más el tema. Su gran historia de amor que la llevó al encierro por 25 años en su cuarto, no fue más que la forma en que ella supo proteger su verdad. Los demás inventaron una historia cómoda después que ella murió. Yo encontré un libro de una profesora americana radicada en Chapel Hill, Carolina del Norte, que escribió su investigación sobre la verdadera relación lésbica de la poeta. Mi libro rescata la historia desde otro lugar en el tiempo. Desde el futuro, la voz hablante del poema le habla a Emily del entendimiento de todo lo que pasó en el siglo XIX y como esa experiencia afectó el futuro: quiero decir, mi futuro.

Todos sus libros publicados son de poesía. ¿No ha experimentado en otros géneros literarios?
Sí. Me gusta la narración corta y de vez en cuando escribo mis viñetas, historias pequeñas. Publiqué una en Linden Lane Magazine que se llama: *La Mujer que salvaba los libros de la muerte*. También he hecho crítica literaria de poesía. Yo diría que tengo como 15 estudios. Algunos publicados, lo demás, todo poesía. Me gusta el género, el juego de las imágenes. La posibilidad de las palabras es in-

mensa. Para cada palabra, hay una imagen, Y las imágenes forman la realidad que existe en algún lugar. Eso es magia.

Usted vive en New York y esa ciudad, tal vez por lo cosmopolita, vibra con una intensidad distinta a otras. ¿En su caso, qué aporta New York a un escritor y de qué manera puede ejercer una influencia negativa?
Bueno, vivo en New Jersey y trabajo en New York, aunque decir New Jersey es de alguna manera decir New York. Tengo de ambos estados y los amo a ambos. La energía de la ciudad de New York es diferente. Yo creo que es una ciudad tocada por el destino. He tenido la suerte de trabajar en sus entrañas por 19 años, en el mismo lugar de Quinta Avenida y calle 1 Este ha sido mi nicho. Como escritora, no creo que la ciudad en sí haya sido responsable ni de mis éxitos o fracasos, la ciudad solamente observa. No se ha metido en mis procesos personales, más bien me ha contenido, me ha nutrido, pero desprendida de juicios y de intenciones dañinas. Sería injusta si dijera que ha ejercido una influencia negativa sobre mí o afectado mi trabajo literario de una forma u otra. La energía de New York ha sido un milagro diario, pero no sólo para un poeta; todos los que caminamos por la isla sabemos qué nos da y la importancia de lo que nos da. Como Cuba, esta isla también se queda con uno, hasta el final.

Casi todos los cubanos piensan en algún momento de su vida en establecerse en Miami. ¿Ha pensado en Miami para vivir?
Pues sí que lo he pensado. La mayoría de los cubanos que vivimos en el Norte, tenemos a nuestras madres en Miami. Mi mamá, Olga Ysla, está radicada en Hialeah. Voy una vez al año o ella viene a New York. Mi papá, René Valdivia, falleció y está enterrado en Miami. Es todo eso de la familia que hala. Miami tiene una vida intelectual y artística que en estos momentos pudiera llenar mis necesidades del espíritu mucho más que hace veinte años. Además, me gusta ver las palmas con todo el cliché que esto contiene. Me encanta ir a la Ermita de la Caridad y pararme a la entrada para ver la perspectiva de las palmas. No sé por qué me recuerda tanto la Quinta de Dependientes de La Habana. Quizás sea eso: algo de Cuba en todo.

(agosto de 2004)

DESPUÉS DE LA ENTREVISTA, la escritora al final se estableció en Texas para proseguir su labor académica. Como escritora ha publicado además, *Altazora Dos* (2013), *La divinidad que devora* (2016), así como varios libros digitales.

MANUEL C. DÍAZ (escritor)

Uno de los narradores cubanos más destacados es Manuel C. Díaz. Con la serenidad de un artesano que sabe cuál es su trabajo y cuál ha de ser su legado, ha desarrollado una obra que sin duda alguna ya ha dejado una huella en el exilio y que en su momento, será tomada en cuenta en Cuba.

Díaz, que padeció el rigor de las cárceles castristas por sus ideas, tras salir al exilio ha publicado *El año del ras de mar* (1993), *Un paraíso bajo las estrellas* (1995) y *Subasta de sueños* (2001). Con estas novelas y libro de relato, todos publicadas por Ediciones Universal de Miami, el escritor ocupa su sitial en el panorama literario de los cubanos.

Su obra literaria parece tener un fuerte contenido autobiográfico. ¿Qué hay de cierto en eso?
La mayoría de los escritores utiliza sus vivencias para crear ficciones. Como se sabe, Vargas Llosa escribió *La ciudad y los perros* a partir de sus experiencias en la escuela militar Leoncio Prado. Algunos, como Pat Conroy y Frank McCourt, autores de *The Princes of Tides* y *Angela's Ashes*, respectivamente, casi han recreado sus vidas en sus libros. Todos lo han hecho. Desde los consagrados hasta los que comienzan. Yo también lo he hecho. He escrito sobre mis vivencias: la Cuba de ayer, la cárcel y el exilio. Por ejemplo, en mi libro de cuentos, *Un paraíso bajo las estrellas*, hay un relato titulado *Doña Josefa*, donde la esposa de un exitoso médico cubano tiene que abandonar Cuba con sus dos hijas pequeñas y se ve obligada a trabajar en empleos mal remunerados para mantener a la familia mientras el esposo estudia para revalidar su título. En otro relato titulado, *As time goes by*, un preso se dedica a contarle películas a sus compañeros de cautiverio a cambio de cigarrillos. Hasta en *Subasta de sueños*, una novela con trasfondo histórico, incorporo elementos, si no autobiográficos, al menos vivenciales.

Uno de sus cuentos más desgarrados, *La casona*, fue incluido en la antología *Cuentos desde Miami*, aparecida recientemente en

Barcelona. Háblenos de ese cuento y de lo que significa la antología para el ambiente cultural de los exiliados de Miami.
La casona es uno de mis cuentos favoritos. Es la historia de un exiliado que regresa a su casa en La Habana después de cuarenta años de ausencia. El personaje principal puede ser cualquiera de nosotros: salida de Cuba hacia España después de Bahía de Cochinos; años en Madrid esperando por la visa americana y el comienzo de una nueva vida en los Estados Unidos. La casona que describo en el cuento es la de mi amigo el doctor Carlos Brouwer, ya fallecido, que siempre soñó con regresar a ella. Tuve la suerte de que ese cuento fuera incluido en la antología *Cuentos desde Miami*, de la Editorial Poliedro. Creo que es lo mejor que pudo ocurrirnos a todos los que aparecemos en ella. Una oportunidad única de que nuestro trabajo sea conocido por el público español. Un reconocimiento a todos los escritores cubanos que aquí en Miami siguen creando a pesar de las condiciones adversas en que lo hacen.

Usted ejerce la crítica literaria en la prensa local ¿cómo valora ese trabajo de evaluar lo ajeno con ojo crítico, ante su condición de escritor?
Yo trato de ejercer la crítica literaria de la manera más profesional posible. Sobre todo, trato de ejercerla con justicia. Tal como me gustaría que hicieran con mis libros. Como críticos tenemos la responsabilidad de señalar, no sólo lo que necesita ser mejorado según nuestra opinión, sino de resaltar los méritos de la obra en cuestión. Un escritor dedica muchos meses –incluso años– para escribir una novela, un libro de cuentos o un poemario. Lo menos que necesita es una de esas críticas devastadoras –que las hay– donde todo es negativo. Un crítico debe tratar de analizarlo todo: argumento, personajes, diálogo, prosa, estilo y tono, por sólo citar algunos de los elementos de la crítica literaria que deben ser tomados en consideración. Debe tratar también de hallar un balance entre los errores y los méritos. Algo que no siempre se logra.

Se dice que el dinamismo de los tiempos modernos conlleva a escribir piezas cortas, a leer en la prensa noticias condensadas al máximo, a la rapidez de los correos electrónicos, etc. ¿Cree usted que el hombre de hoy día tiene realmente problemas con su tiempo, o eso es un mito?

La falta de tiempo del hombre moderno es una realidad. No en balde las grandes corporaciones organizan seminarios para sus ejecutivos sobre «cómo administrar el tiempo». Quizás por eso hay en el mercado decenas de *electronic planners* y centenares de voluminosos *organizers*. El *stress* no es un invento diabólico de las compañías farmacéuticas. Vivimos entre la I-75 y el Palmetto. Almorzamos en el buró de la oficina y nos tomamos un café antes de llegar a las clases de karate del varón y a las de ballet de la hembra. Apenas cenamos y nos dormimos en el sofá, frente al televisor, antes del noticiero de las once. Y los escritores y sus lectores no son ajenos a este modo de vida. Por eso hay quienes piensan que el futuro de la literatura está en peligro. Sin embargo, se sigue escribiendo y se sigue leyendo. A pesar del creciente uso que hacemos de las «super carreteras informáticas», la palabra escrita seguirá siendo la base sobre la que se sustenta el cine, la televisión y los videos. Me consuela creer que detrás de los *multimedias* y de todos los MTV del planeta permanecerá, imperecedera, la literatura.

A un escritor siempre hay que preguntarle en que está trabajando ahora. En su caso, después del éxito de *Subasta de sueños*, ¿qué pueden esperar sus lectores?
Pueden esperar un libro de cuentos en el que aparecerá *La visita*, el relato que resultó ganador del segundo premio en el concurso del Museo Cubano del año pasado, y que trata sobre una niña que va a visitar a su padre preso en Isla de Pinos. Todos los cuentos serán sobre el presidio político cubano. En ellos estará todo lo que vivieron aquellos prisioneros: las requisas, las huelgas de hambre, el trabajo forzado, las golpizas y los asesinatos. Sé que es un tema riesgoso desde el punto de vista literario. Pero si se trata con oficio, es posible transmitir el horror sin recurrir al panfleto. Estoy trabajando también en una novela. Es un proyecto ambicioso que me tomará algún tiempo. Es, desde luego, de tema cubano. Una trama complicada que sería difícil de explicar. Pero que comienza así: «El perfil de la costa habanera era apenas una línea que serpenteaba entre el color esmeralda de las aguas y la pétrea oquedad de los edificios derruidos del litoral. Desde el aire, las suaves curvaturas de las ensenadas parecían débiles trazos desdibujados por la erosión. Amanecía, y en la distancia, todavía enrarecida por la

bruma, la destrozada ciudad de La Habana despertaba a un nuevo día».

(octubre de 2004)

DESPUÉS DE LA ENTREVISTA, ha publicado *La virgen del malecón* (2013) y *De Cádiz a Normandía: crónicas de viaje* (2016). Escribe para El Nuevo Herald y ha cultivado con éxitos una carrera como fotógrafo artístico.

ROGELIO LLOPIS (escritor)

Nacido en Manzanillo, Cuba, la vida de Rogelio Llopis (1926) está llena de episodios interesantes. Siendo un niño su familia se establece en los Estados Unidos, luego regresa a la Isla, más tarde vuelve al norte, residiendo largos períodos en Nueva York, en Cincinnati –donde ejerce como académico en la Universidad de esa ciudad– y finalmente, desde 1996 en Miami. Fue boxeador, amigo de intelectuales y figuras polémicas como Julio Cortázar, Juan José Arriola. Heberto Padilla, Pablo Armando Fernández, Edmundo Desnoes y Rolando Masferrer.

Como escritor es uno de los impulsores del cuento fantástico y la ciencia ficción en Cuba, junto a Oscar Hurtado, Miguel Collazo y Ángel Arango. Sus antologías *Cuentos fantásticos* y *Cuentos fantásticos cubanos* tuvieron una significativa acogida en su época, al igual que su primera colección de cuentos, *La guerra y los basiliscos,* que resultó un hito en la literatura cubana por el lenguaje, las formas y los temas de los cuentos.

Conversar con Llopis, reconocido también como un brillante traductor, es una experiencia deliciosa. Habla pausado, en voz baja, es un conversador inquieto, irónico, abierto, porque poco hay que ocultar, mientras ríe con gusto de sus propios recuerdos.

¿Qué lo llevó a escribir?
Fue algo que ocurrió de repente, sin proponérmelo, de una manera espontánea. Pero no puedo dejar de reconocer la influencia que ejerció en mí el gran escritor norteamericano Jack London, cuya lectura era muy amena para las mentes jóvenes, la mía entre ellas. Luego él escribió *Martin Eden,* entre otras obras dirigidas para unos lectores más formados, que disfruté mucho. Su influencia fue muy importante, y eso me impulsó a escribir. Sin embargo lamento no haberme mantenido como escritor en inglés. Hice algunas cosas en esa lengua, pero en aquella época yo estaba picado por el nacionalismo, me decía que había nacido en un país de habla española y que eso me comprometía con mi lengua, pero me equivoqué, porque yo pertenecía posiblemente más al mundo de habla inglesa que al de habla española. El escritor en

lengua inglesa tiene más mercados, tiene abiertas más posibilidades de triunfar.

¿Qué lo hace sentirse más próximo a un mundo de habla inglesa?
Mi abuelo era magistrado del tribunal supremo en Cuba y tras la llegada de Machado al poder lo nombran para un trabajo en el consulado de Cuba en Nueva York. En ese momento yo tengo dos años y vivo hasta los siete en Nueva York. Allí estudio, aprendo a hablar simultáneamente en español y en inglés. Al caer Machado mi padre regresa a La Habana y cuando yo tenía diez, volvemos a los Estados Unidos. Allí continúo mis estudios y mi formación. Desde luego, crecen mis influencias literarias, donde además de London, como dije, hay que incluir a Shakespeare, Hemingway, y también el cuentista inglés John Collier. De manera que estoy mucho más próximo a lo anglosajón.

Durante los años sesenta en Cuba usted preparó dos importantes antologías, la de *Cuentos fantásticos* y la de *Cuentos fantásticos cubanos*. ¿Por qué se interesó en hacerlas, sobre todo en una época en que en Cuba lo que se pedía era el realismo socialista, no lo fantástico?
Yo hice esas antologías guiado por las lecturas que había hecho sobre el tema. Creo que Collier, unos de los autores menos conocidos en el mundo de habla española, me motivó a preparar una de las antologías, mientras que dediqué la otra al género en particular en Cuba. Recuerdo que alguien comentó que yo había delegado la ciencia ficción a un subgénero de la literatura fantástica. No sé por qué lo dijo, pero no creo que sea un subgénero, o quizás lo sea... no sé. Pero esas antologías suscitaron polémica, con críticas amistosas como la de Virgilio Piñera, quien parecía sentirse retado por mí, pues cuando yo publiqué *La guerra y los basiliscos*, recibí muchos aplausos y parece que a él no le gustó. Yo no estaba de acuerdo con la crítica de Virgilio, éramos amigos, incluso yo lo quería mucho y él a mí, pero había como un celo que lo impulsó a escribir contra el libro. Hubo otra crítica, ésta inamistosa, aparecida en El Caimán Barbudo, y firmada por Leopoldo Ávila, del que se decía que era un seudónimo de José Antonio Portuondo, que fue bien agresiva conmigo y mis antologías.

Háblenos un poco de su obra publicada, nos gustaría saber si se siente satisfecho con ella.
Cuando yo regreso a Cuba en el sesenta me pongo a trabajar de una manera organizada. Preparo *La guerra y los basiliscos*, que es tal vez mi libro más conocido. Incluso recientemente ha aparecido en Cuba un trabajo firmado por Alberto Garrandés, sobre ese libro, algo que me sorprende, pues yo pensaba que en Cuba yo era caballo muerto en la carretera. Comienzo a escribir ese libro en el 61, aunque dos de los cuentos del libro ya habían sido publicados. Uno, *El buey*, que después yo retitulé como *Así era antes*, había aparecido en el último número de la revista Orígenes que encabezaba José Lezama Lima. Era un cuento donde se hablaba de un viejo sumido en la miseria en el campo cubano. El otro era *Fini*, publicado por Guillermo Cabrera Infante en la revista Carteles en el año 58. Esos son los dos hitos de *La guerra y los basiliscos*. Otros libros míos *El fabulista* y *El buscador de tesoros*, también tuvieron éxito. Yo en realidad me siento satisfecho con mi trabajo y el legado que esa labor deja para la literatura cubana.

Usted preparaba una novela *Las altas cabezas*, ¿qué pasó con ella y con el resto de su obra inédita?
Esa novela no la seguí escribiendo porque no tenía razón, luego se convirtió en un libro de poemas en alejandrinos, cuyo título es *La siembra de sus pasiones*, que es un verso de Julio Herrera Reissig. Yo tengo en la actualidad unos cinco libros inéditos, tres de ellos *Vario Visaje*, *Trepidaciones* y el ya mencionado *La siembra de sus pasiones*. También tengo una recopilación de mis cuentos realistas, de manera que no incluye *La guerra y los basiliscos*. Son libros que esperan dormidos por su momento, que yo sé que vendrá.

(noviembre de 2004)

DESPUÉS DE LA ENTREVISTA, el escritor falleció en Miami en el 2006, sin haber publicado nada nuevo. Nada se sabe del destino de sus libros inéditos. Su hermano recogió su cadáver y sus pertenencias, pero no se ha sabido nada más de él. Se presume que tenga los originales.

GINA PELLÓN (artista plástica)

Una de las artistas plásticas cubanas de mayor reconocimiento internacional y una obra de peso es Gina Pellón, quien ha hecho de París, a donde llegó en 1959, su casa. Desde allí ha trabajado intensamente en distintas técnicas de expresión pictórica, como el difícil grabado y la litografía, entre otros.
    A pesar de su larga estancia fuera de su Cuba natal, siempre ha mantenido un vínculo con su origen y la realidad cubana. Su más reciente exhibición llevaba por título Cuba Libre, y la realizó en la Galerie Moderne, en Silkeborg, Dinamarca. Pero dejemos que sea esta mujer brillante, la que nos hable de su vida y su obra.

Usted nace en Cumanayagua, vive un tiempo en Cienfuegos y más tarde va a La Habana. ¿Influyeron de alguna forma esos lugares en su vocación?
Nací en una finca llamada El Tamarindo al pie del Escambray, en la región cubana de Cienfuegos. De modo que hice mis estudios secundarios en Cumanayagua y el bachillerato en Cienfuegos. Desde niña me gustaba recolectar piedras que pintaba con motivos geométricos. Ya en Cienfuegos comencé a codearme de cierta manera con el mundo cultural de esta ciudad. Un pariente mío, Eduardo Torres, era profesor en el Instituto y redactor del periódico local El Comercio. Poseía una vasta biblioteca donde consultaba con avidez libros y revistas. También tuve como profesor en esos años al excelente escultor cienfueguero Mateo de la Torriente. Por supuesto, cuando me mudé para La Habana ya llevaba dentro la semilla de mi interés por el arte. En aquella época los cursos de San Alejandro eran libres y gratuitos, así que tomé el curso elemental que duraba dos años y mientras hacía mis estudios me dedicaba en las horas extras a pintar motivos florales para una joyería francesa que había en las calles Galiano y San Rafael o a trabajar en las galerías de arte que había en la Plaza de la Catedral. Aunque mi pintura futura no reflejará en lo absoluto lo que hacía en esos años de aprendizaje, creo que la disciplina y parte de las técnicas de base que aprendí las adquirí en esos años de formación.

Usted lleva más de cuatro décadas residiendo en París, sin embargo los colores de su paleta conservan un fuerte contenido tropical y caribeño. ¿Cómo ha logrado eso, desde una ciudad donde los contrastes de luz son tan diferentes?
En los países sombríos hay más impacto y contraste entre los colores. Aunque parezca paradójico, mientras la luz es más tenue mejor se aprecia la tonalidad de los colores y sus texturas. Digamos que el sol, en abundancia, encandila la vista y quema los colores. Impide que los matices puedan apreciarse y es un verdadero enemigo del claroscuro. En estas condiciones, París fue una revelación como lo fue también el movimiento pictórico danés Cobra al cual me identifiqué desde principios de los años setenta. París tiene una luz mágica que va cambiando de tonalidades según la época del año y que nunca se repite.

***Cuba Libre* fue el título de su más reciente exhibición en Dinamarca. ¿Cuéntenos un poco de esa muestra y por qué escogió ese título?**
A pesar de que mi obra no tiene nada que ver, formalmente hablando ni en su contenido con la pintura que se llama «cubana», mi país nunca ha estado lejos del ámbito en que me desarrollo. Me he considerado desde siempre una fiel exilada opuesta al régimen totalitario que impera en Cuba y como tal he desarrollado una carrera artística en consecuencia con mis principios. No he vuelto a Cuba desde enero de 1959 y paralelamente a mi trabajo he desarrollado actividades en favor de la democracia ya sea con respecto a Cuba u otros países, en el entorno de Amnistía Internacional, de la cual soy asociada. Esa es mi libertad y mi derecho. El tema de Cuba Libre se le ocurrió al crítico de arte danés Torben Weirup, quien vino a París a entrevistarme y se dio cuenta que parte de mis actividades extraprofesionales tenían que ver con mi voluntad personal de no cesar en el empeño de ver un día a Cuba libre. Dicho crítico vio que desde la primavera del 2003 –fecha en la que el régimen encarceló con condenas alucinantes a 75 disidentes– un movimiento en favor de estos reos y de tantos otros que se pudren en las prisiones de la dictadura, surgió en París. De dicho movimiento, a través de la Asociación por la Tercera República Cubana, formo parte, de la misma manera que participé en las manifestaciones (más de 60) que se organizaron delante de la embajada cubana en París para clamar por la libera-

ción de los prisioneros políticos cubanos. En ese contexto fue el señor Weirup quien decidió el título de mi última exposición escandinava y yo acepté gustosa de que así fuera en homenaje al dolor de tantas décadas de exilio y de oprobio sufridos por el pueblo de Cuba. Me siento feliz de haber contribuido a que en los confines de Dinamarca haya podido brillar, a través de mi modesta contribución, la luz de los cubanos que vivimos y trabajamos en libertad.

La Academia San Alejandro ha sido la fuente de formación para muchos y grandes pintores cubanos, entre ellos usted. ¿De qué manera la Academia forja a un artista plástico, y cómo influyó en usted?
Ya lo dije antes. En la Academia aprendí la técnica, sin la cual un artista está perdido. Un artista sin técnica es como un escritor que no conoce las reglas de la puntuación: podrá escribir o pintar mucho pero es el tiempo quien decidirá si queda o no para la historia. Digamos que la técnica es el punto de partida de cada obra. Después cada cual toma el camino personal que desea, pero en la base el punto de partida debe ser sólido para que el edificio no se derrumbe. En esos años de aprendizaje tuve excelentes maestros. Uno de ellos fue Luisa Fernández Morrell, pintora y profesora de Historia del Arte, que nos relataba sus amplios conocimientos pues era una mujer que había viajado todo el mundo y tenía una gran sensibilidad. En la Academia se aprendía esto y también cosas tan elementales pero tan importantes como montar una tela, escoger los materiales, mezclar los colores, el modelado, el grabado, el dibujo. La Academia es un vivero de talentos del cual salen y sobreviven los que llevan muy dentro la vocación.

La antología poética *Ínsulas al pairo* de William Navarrete abre con poemas suyos. ¿Cómo relacionaría la poesía escrita, y la poesía que se maneja a través de los colores?
La poesía está ya en mi obra. Es palpable en los títulos de mis cuadros y en el mundo de ensueños en que parecen a veces flotar mis personajes. Ya yo había escrito –y publicado– bajo el título de *Cuando los pájaros duermen* los escritos míos de prosa poética. También en revistas especializadas de arte francesas como Pleine Marge, algunos poemas míos habían sido publicados y traducidos por el crítico de arte francés José Pierre. Cuando William Navarrete

tuvo la excelente idea de concebir una antología poética de voces cubanas contemporánea exiladas en París no tuvo ninguna dificultad para desempolvar viejos textos míos, escritos en exilio, reunidos en el poemario inédito *Vendedor de olvidos*. Sin la poesía la pintura parecería deambular en harapos. Es ella, también la lectura de poemas, la observación y la mirada poética de nuestro alrededor los que hacen que la pintura se engalane y salga oronda a vislumbrar a los espectadores sensibles ante el arte.

(enero de 2005)

DESPUÉS DE LA ENTREVISTA, estuvo activa, pintando y exponiendo, prácticamente hasta sus últimos días de vida. Falleció en París el 27 de marzo de 2014.

TERESA DOVALPAGE (escritora)

Existe una relación muy marcada entre la obra de un escritor y la época en que le tocó vivir, y todo ello sin que el texto literario sea precisamente autobiográfico. Allí, entre las palabras, las imágenes, las situaciones y el entorno que se recrea, gravita la presencia de las circunstancias que le tocó afrontar al autor.

Por ello, los maratónicos y diarios apagones de luz en La Habana, sirven de trasfondo para que Teresa Dovalpage (La Habana, 1966), hilvane la historia de una familia cubana en su novela *Posesas de La Habana*, o las peripecias de una joven enviada a trabajar y estudiar al campo en A *Girl like Che Guevara,* dos novelas, una en español, la otra en inglés, que reflejan la vida contemporánea. Para saber más de la autora: www.dovalpage.com.

Usted ha publicado *Posesas de La Habana*, una novela donde a través de una familia cubana, escudriña la vida cotidiana en la Isla. Háblenos un poco sobre de ese libro.
Es una historia sobre la vida actual en Cuba –en pleno período especial– narrada desde el punto de vista femenino. Las protagonistas son tres mujeres y una niña que comparten un apartamentico en Centro Habana. Beiya, la niña, describe con pelos y señales las interioridades de una escuela primaria del barrio Cayo Hueso. Entre otras cosas, da su propia interpretación del caso de Elián González, que por supuesto no coincide con las imágenes que se transmitieron por la tele cubana, donde salían los «pioneros» agitando sus banderitas y aullando como endemoniados por el regreso del muchacho. En el plano histórico, la novela presenta una visión panorámica de la historia de Cuba desde Machado hasta Castro. La acción transcurre durante una noche de apagón programado y se complica por la presencia de El Deslenguador, versión centrohabanera de Jack el Destripador. Las protagonistas adultas (la abuela de noventa años, su hija sesentona y la hija de ésta, treintañera) no tienen marido, esperanzas ni futuro y desahogan sus frustraciones sexuales y sociales peleando unas con otras. En las páginas de *Posesas*..., el nivel de estrógeno suele elevarse por encima de la media.

La novela transcurre en el núcleo familiar, sin embargo resulta una «familia atípica», por sus características y situaciones. Siguiendo la ruta de su novela, ¿se podría pensar que la esencia familiar tradicional se ha resquebrajado producto de la revolución castrista?
Me dio mucha gracia la expresión «núcleo familiar», hace un montón de años que no la oía. Mira, la escasez de viviendas en la Isla ha llevado a la familia tradicional a un atolladero, precisamente por acumulación de miembros familiares. Cuando se juntan tres o hasta cuatro generaciones bajo el mismo techo, que suele ser lo común en La Habana, la privacidad que necesita un «núcleo familiar» para funcionar como tal desaparece. Las peleas se agudizan por el hecho de estar todos, según la expresión vulgar, nariz con nariz, desde que amanece hasta que se van a dormir. Hay un problema adicional. Hoy día la condición para estudiar una carrera universitaria en Cuba es pasar los tres años de preuniversitario en una escuela en el campo. Esto también ha contribuido a desarticular a la familia. Cuando los muchachos regresan a casa se encuentran prácticamente desconectados de sus familias y les resulta difícil aceptar las reglas de conducta de sus padres –en los campamentos nadie se mete a averiguar dónde o con quién está un estudiante hasta las dos de la madrugada... los maestros andan demasiado ocupados con sus propias diversiones nocturnas. Así, la familia cubana sufre los embates de esta doble corriente de acumulación/separación que la lleva, con frecuencia, a zozobrar.

En literatura la ficción y la realidad generalmente van tomadas de las manos. ¿Cuánto hay de Teresa Dovalpage en su novela?
Hay poco de mí misma y mucho de la experiencia colectiva de ser cubana. Mis libros reflejan diferentes épocas que me ha tocado vivir, aunque lo autobiográfico sea generalmente menos que lo ficcional. Mi novela en inglés *A Girl like Che Guevara*, publicada por Soho Press en abril de 2004, se basa en un período de escuela al campo en Pinar del Río y en lo que sucedía en el campamento durante el día, y, sobre todo, por la noche. Las escuelas «al» campo consistían en pasar cuarenta y cinco días en la recogida de café o de hojas de tabaco, una vez al año, desde séptimo hasta duodécimo grado. (Ahora son, como te decía antes, escuelas «en el» campo, y duran los tres años del pre. Cómo puede un simple cambio de pre-

posiciones hacer más difícil la vida, ¿no?). A *Girl like Che Guevara* trata sobre la adolescencia en Cuba durante los ochenta y en ese aspecto es autobiográfica. Yo tenía dieciséis años en 1982, como Lourdes, la protagonista, y tuve la desgracia de asistir a seis escuelas al campo, tres de ellas en Pinar del Río. Pero, desde luego, la parte anecdótica es pura ficción. *Posesas de La Habana*, publicada por PurePlay Press en agosto de 2004, tiene más elementos autobiográficos. En mi familia las mujeres llevan los pantalones, como sucede en la novela. Mi madre, mi abuela y yo compartíamos un apartamento en Carlos III, igual que las protagonistas, y he perdido la cuenta de los apagones, programados o no, que nos tocó sufrir. El período especial lo viví en carne propia hasta 1996. Pero, naturalmente, el trazado de los caracteres está desfigurado. Digamos que es mi familia vista en un espejo de feria, donde aparece mucho peor de lo que realmente es.

Usted vive en la actualidad en Nuevo México y anduvo por San Diego y otros sitios. ¿Cómo evaluaría usted el exilio cubano de Miami, desde el oeste de los Estados Unidos?
Por desgracia aquí en el suroeste se conoce muy poco del exilio cubano. Vamos, ¡a duras penas se conoce de Cuba! Hay un pueblo en Nuevo México, no lejos de Albuquerque, que se llama Cuba y me han preguntado un montón de veces si soy de allí, aunque mi acento caribeño no debería dar lugar a confusiones. Entre otras preguntas que llevo coleccionadas en mis *book signings* está que si en Cuba (la Isla, se entiende) hablamos el tagalo, como en las Filipinas, y con qué países tenemos fronteras. En fin... Mi conocimiento del exilio proviene sobre todo de lo que leo en internet (el Herald, Cubanet, Noticuba Internacional y, por supuesto, Diario Las Américas). Mi primer contacto «físico» con la capital del exilio cubano fue el año pasado, cuando fui a un *book signing* en Books & Books. De más está decirte que fue una experiencia maravillosa. Ahí me di cuenta de cuánta falta me hacía el contacto con mis raíces, con la cubanía que se respira en las calles de Miami. Me sorprendió un poco la diversidad de opiniones que sobre la cuestión cubana existe entre los distintos sectores del exilio, pero creo que es una muestra contundente de la libertad de expresión que tenemos aquí. Aunque haya una multiplicidad de pareceres sobre los medios para lograrlo,

pienso que, en general, todos estamos de acuerdo en que lo fundamental es la libertad de Cuba.

¿Qué debemos esperar los lectores después de *Posesas*...?
Acabo de terminar una novela en inglés inspirada en los sucesos de la primavera negra de 2003, específicamente la infiltración de informantes de la Seguridad castrista entre los periodistas independientes. La escribí en inglés porque el público norteamericano suele recibir poca información sobre qué significa ser disidente en Cuba y los peligros que se corren. Sobre todo, la desconfianza, el temor a que el vecino que más vocifera contra los apagones pueda ser (como lo ha resultado) un agente del gobierno. La palabra «chivato» no tiene un verdadero equivalente en inglés. «Informer» suena tan aséptico que apenas da la idea. Tengo otra novela en español –*La hija boba de Oshún*– pero todavía está en proceso.

(marzo de 2005)

DESPUÉS DE LA ENTREVISTA, desde Nuevo México donde continúa residiendo ha mantenido una sólida carrera, publicando, entre otros, *Muerte de un murciano en La Habana, (*2006), *El difunto Fidel* (2011), *Habanera, retrato de una familia cubana* (2010), *La Regenta de La Habana* (2012) y *El retorno de la expatriada* (2014).

JOAQUÍN GÁLVEZ
(poeta y promotor cultural)

Joaquín Gálvez (La Habana, 1965) es uno de los buenos poetas que residen en Miami. Durante la conversación que tuvimos, reflexionó inteligentemente sobre la poesía y su obra literaria.

Hay quienes afirman que el interés de los hispanos en Miami por la lectura y las artes en general es bajo. ¿Cuál es su opinión al respecto?
Cuando hablamos del interés por la lectura deberíamos preguntarnos: ¿por qué tipo de lectura? Los hispanos en Miami por lo general, tienen el mismo interés por la lectura que los norteamericanos, es decir, por la literatura que promueven las grandes editoriales con fines lucrativos y que han logrado convertir a la literatura en otra maquinaria comercial poniéndola al mismo nivel de las telenovelas, los *talk shows*, la música del *reggaetón*, y las diarreas fílmicas de Hollywood. No debemos obviar que las circunstancias del hispano en Miami están más bien perfiladas hacia la búsqueda de una estabilidad económica que, como emigrantes o exiliados, les permita lograr una mejor vida y, a su vez, ayudar a los familiares que dejaron en sus respectivos países. Estas circunstancias hacen que el tiempo de esparcimiento sea mínimo, y es así como la televisión se convierte en el medio más fácil de entretenimiento. En fin, se lee, por lo general, los *bestsellers* de John Grishnan, Nora Roberts, Paulo Coelho, Jorge Bucay y los *Códigos* de Dan Brown; libros que entretienen de una forma superflua, pero que no contribuyen al enriquecimiento cultural e intelectual del ser humano. Los buenos escritores que existen en Miami y los que aún quedan en todo el mundo, son apenas leídos por un sector minoritario, quienes, con una formación intelectual superior y un reconocimiento por la buena literatura, no se someten a los dictados de las editoriales. Entonces, ¿qué pasaría si las mismas promovieran esa buena literatura? Creo que, al menos, esos escritores olvidados o semiolvidados ganarían más lectores.

Usted publicó hace unos años *Alguien canta en la resaca* y recientemente *El viaje de los elegidos*. ¿Qué diferencias, si las hay, destacaría entre ambos libros?
Sí, existen diferencias entre ambos libros. Los poemas de *Alguien canta en la resaca* fueron concebidos en diferentes épocas y geografías. En sus páginas podemos hallar poemas escritos en Cuba cuando yo contaba entre veinte y veinticuatro años. Luego aparecen aquellos que escribí en los dos territorios en que he vivido como exiliado: Nueva Jersey y Miami. En este poemario, desde el punto de vista temático, predominan los que abordan mi experiencia tanto en Cuba como en el exilio, incluso aquellos que tratan sobre temas más universales giran en torno a dichas experiencias. En fin, es una colección de poemas que sobrevivieron la resaca de lo vivido –y también de lo aprendido poéticamente– a través de algo más de una década. En el caso de *El viaje de los elegidos* su gestación ocurre en un lapso corto de tiempo –entre el 2000 y el 2002– y es ésta, sin duda, la razón por la que logro una cohesión temática y formal entre los poemas que lo conforman; a decir de un colega: «el libro se puede leer como un solo poema». Además, a diferencia de *Alguien canta en la resaca*, este es un libro cuyo territorio existencial no es ningún lugar geográfico en específico y, aunque está permeado por la temporalidad, busca trascender la misma, precisamente con la atemporalidad, concibiendo el tiempo como un todo y la vida como el espacio existencial donde transcurre el viaje de los elegidos. Estéticamente hablando, *El viaje de los elegidos* es un libro, a veces minimalista, con una tendencia a la economía del lenguaje, pero que no está exento del uso del tropo poético, aunque de una forma precisa. Por su parte, en *Alguien canta en la resaca* aún se sienten los ecos de mis primeras lecturas poéticas (la vanguardia latinoamericana y el surrealismo francés) con el uso pletórico de los diversos recursos literarios.

Usted escribe poesía. ¿No le interesaría explorar otros géneros literarios?
Irónicamente, mi primer intento literario fue una novela cuando sólo contaba con catorce años. Pero un año más tarde me enamoro de una muchacha y, desde entonces, el único género literario que me interesó y, al que me he dedicado hasta el presente, es la poesía. Pero también me interesa el ensayo, en parte para defender la poesía y a los poetas; para decirle al lector y a los escritores que «la poesía

–como nos revela Borges– es inmortal y pobre. La poesía vuelve como la aurora y el ocaso». Lamentablemente, he escuchado a escritores de prestigio hablar con tono peyorativo acerca de la poesía. Creo que si estos escritores respetan la literatura deberían asustarse por los rumbos que la misma está tomando, Es más, si consideran poco práctico escribir poesía ya que no se vende, ni se lee, les recomiendo que pongan los pies en la tierra y se dediquen a escribir novelitas al estilo Corín Tellado o Danielle Steel. ¿Podrá, en este caso, el pretendido pragmatismo ser compatible con el del rigor estético? Sí, seguiré escribiendo poesía, porque para mí es una necesidad imperiosa, imprescindible, al igual que lo fue para Petrarca, Pound, Whitman, Cernuda, Celan, etc., quienes no necesitaron del coloso género narrativo para dejar sus obras en los anaqueles de la trascendencia literaria. Si la poesía es un género en extinción, más tarde o más temprano, desaparecerá también la narrativa, quiero decir la buena, la que encuentra la memoria.

Recientemente usted estuvo por Europa promocionando su libro El *viaje de los elegidos*. ¿Cómo fue la experiencia frente al público en España, donde hablan nuestra propia lengua?
Realmente mi experiencia no fue frente al público español, sino frente a un grupo de coterráneos que viven exiliados en España, durante una presentación que hice de mi libro, *El viaje de los elegidos*, en la sede de la Fundación Hispano Cubana en Madrid. El único español que asistió al evento fue precisamente la persona que me presentó: el poeta Jorge de Arco, con quien pude confirmar que la poesía es un oficio del silencio en cualquier rincón de la tierra. De cualquier modo, fue una experiencia memorable donde tuve la oportunidad de intercambiar impresiones con colegas cubanos que viven en España y quienes se han destacado por su entrega al arte y a la literatura, así como a su difusión, tales como Waldo Balart, Felipe Lázaro y Orlando Fondevila, entre otros.

Cuáles son sus planes inmediatos.
Mis planes inmediatos son los mismos de hace veinte años atrás cuando apenas me iniciaba en este oficio: escribir. Sí, seguir escribiendo y, por supuesto, poesía, pues si Neruda decía que escribía para no morirse, yo digo que escribo para confirmar que estoy vivo. No obstante, si por el camino surge una novela, un cuento o una

pieza teatral, amén. Pero, por el momento, sólo puedo responderte como siempre lo he hecho, con poesía: «Léase o no haiku aún gozo este juego de lo infinito».

(julio de 2005)

DESPUÉS DE LA ENTREVISTA, mantiene la tertulia La Otra Esquina de las Palabras, un sitio de reunión y eventos literarios importante en Miami. Ha publicado *Trilogía del paria* (Editorial Silueta, Miami (2007) y *Habitat* (Neo Club Ediciones, 2013).

MANUEL VÁZQUEZ PORTAL
(poeta y periodista)

Escritor, autor de libros infantiles, poeta y novelista. Periodista oficial y periodista independiente. Acosado, perseguido y encarcelado por el aparato cultural y policiaco de Cuba. Estos datos presentan a grandes rasgos a Manuel Vázquez Portal, un hombre lúcido, que ha sabido estar a la altura de su tiempo.

Vázquez habla fluido, seleccionando la palabra precisa para no dejar margen a la duda. Consciente de su destino, sin rencores, ni apasionamientos, habla de la realidad cubana. Hace apenas unos meses llegó al exilio, por lo cual es una fuente de primera mano sobre la situación interna de la Isla.

El escritor estuvo preso por expresar y defender sus ideas, condenado a larga pena, sale en libertad por la presión internacional. Hasta el momento, ha concedido muchas entrevistas para hablar de la persecución y el hostigamiento a los disidentes y opositores, pero hoy, por primera vez, conversa con un medio de noticias, casi enteramente sobre arte y literatura.

¿Cómo y cuándo comienza su relación con la literatura?
Realmente es la historia común, o sea, uno empieza a escribir desde niño, cosa que es verdad, pero que ya nadie cree porque se ha reiterado demasiado. En la adolescencia (yo tenía unos 18 años y para entonces escribía poesía y teatro) ingresé en el movimiento de Talleres Literarios que organizaba el Consejo de Cultura. Allí publiqué algunas cosas en el boletín Turiguanó del taller. Tiempo después paso a dirigir esa publicación y ahí tengo el primer problema con las autoridades de cultura, que me la cierran, acusándome de problemas ideológicos, por publicar algunos trabajos sobre las procesiones de la Virgen de la Caridad por Morón. Por el incidente me iban a expulsar, pero finalmente no lo hacen. Para esa fecha, 1973, preparo mi primer libro de poesía, *Canto de memoria*, que gana mención en el Concurso Julián del Casal de Poesía de la UNEAC (Unión Nacional de Escritores y Artistas de Cuba). Es un tiempo en que había que escribir una poesía muy extra-

ña en Cuba, sin embargo yo hago una poesía lírica, con una onda raíz telúrica, con símbolos campesinos, que luego los grandes teóricos del realismo socialista dieron en llamar peyorativamente tojosismo. Era una época en la que los funcionarios de cultura estaban interesados en la poesía coloquial y exteriorista, en las que se exacerban los temas políticos.

¿Qué lo hace incursionar en la literatura infantil?
Para desligarme un poco de esa literatura espaldarante a las líneas políticas, decido refugiarme en la literatura para niños. En 1979 comienzo a trabajar en La Habana en la Editora Abril, haciendo El Guía y más tarde paso al Semanario Pionero, una revista para niños, escribiendo reportajes, que me mantenían fuera del margen de discusión ideopolítica de la cultura. En esa época incursiono en la literatura infantil, enviando al Concurso Ismaelillo el poemario *La guerra de las abejas*, un libro escrito en romance, a la vieja usanza del romancero español. Con el libro gano una mención. En el 84 obtengo el premio de la UNEAC con *Amar a fondo*, un libro de relatos para adolescentes y más tarde con *Una guerra por los sueños* (que por cierto es la primera vez que se premiaba en Cuba una novela para niños), sigo profundizando en la literatura infantil. Sin embargo estos libros, y *Fábrica de antojos*, resultaron sospechosos para el punto de vista oficial, por lo cual nunca fueron publicados, a pesar de haber sido distinguidos en concursos.

Cuándo renuncia usted a la prensa oficial ¿qué sucede después?
Yo renuncio en julio del 89 a la prensa oficial. Entonces la UNEAC, no sé con qué intención, me da una beca para que me pase un año en Nicaragua, donde estuve realmente unos meses. En esa etapa escribí el libro para el que me habían dado la beca, pero tampoco fue publicado. El editor me dijo que «tenía aristas que dañan la imagen de la revolución sandinista». Era algo que yo no entendía, pero ese fue su criterio. *Páginas pulcras*, es el título de ese libro de crónicas literaturizadas sobre la vida de los constructores cubanos en la zona atlántica de Nicaragua. El título viene de uno de los cuentos, donde se narra la historia de uno de estos trabajadores cubanos que escribe un diario muy idealizado, sin embargo tiene que quemarlo cuando su mujer le manda una carta diciéndole que lo dejó por otro hombre.

¿Cómo resultan los años noventa en su vida, ya ajeno a la oficialidad e integrado a la disidencia?
Entre finales de los ochenta y principio de los noventa, se desató en Cuba una gran explosión de personas vinculadas con el arte y la cultura que salían al extranjero y no regresaban. En esos años turbios, mis mejores amigos se marchan al exilio tras la caída y desmembramiento del campo socialista, y la severa crisis económica que se desata en la Isla. Comienzo a quedarme solo, y los pocos amigos que me quedan firman en 1992 la Carta de los Intelectuales: María Elena Cruz Varela, Manuel Díaz Martínez, Raúl Rivero y Bernardo Márquez Ravelo, entre otros. En ese momento me llaman a la Unión de escritores para que firme una carta de condena a la petición de los intelectuales encabezados por María Elena. Desde luego yo me niego y eso repercute muy negativamente en mi situación social. Poco tiempo después subsisto vendiendo libros en la Plaza de Armas. En 1995 se me acerca Raúl Rivero, un escritor que yo respeto y un intelectual de talla verdaderamente significativa dentro de la estética literaria, y me invita a unirme a la prensa independiente. Con él fundo Cuba Press y tiempo después creo el Grupo de Trabajo Periodístico y Literario Decoro, donde buscábamos hacer un periodismo objetivo, además, abrir camino para las obras literarias, ya que casi todos los que fundaron Decoro eran más escritores que periodistas. Así, vendiendo libros y escribiendo al margen de la prensa oficial, me sorprende la Primavera del 2003 y me condenan a 18 años de prisión, hasta que, por presión internacional, me dejan en libertad y salgo al exilio. Desde luego hay que seguir gritando y reclamar la libertad del resto de los 75 y de todos los presos de conciencia.

Desde el punto de vista artístico, ¿cree usted que hoy en día se viven mejores momentos para la creación, que digamos en los primeros 30 años de la llamada revolución?
El artista es un trasgresor innato y los gobiernos lo saben. Los regímenes demócratas aplauden, apoyan, publican y encumbran a estos transgresores que ayudan precisamente a que la sociedad sea más democrática. Los gobiernos impíos, como pueden ser las dictaduras tanto de derecha como de izquierda, se dan cuenta que estos transgresores son peligrosos, y por lo tanto tienen dos maneras de tratar con ellos: o les pegan o les pagan. A Reinaldo Arenas, a Lezama

Lima, a Virgilio Piñera, les pegaron. A Pablo Armando Fernández, a Miguel Barnet, a Antón Arrufat, les pagaron, o mejor dicho, primero les pegaron, y cuando se acobardaron, les pagaron. Sin duda la gran literatura cubana está en las gavetas de los escritores, sobre todo en los jóvenes. Indudablemente a partir de que hay graves problemas con la emigración de intelectuales, lo que se dio en llamar exilio rosado y exilio de baja intensidad en la década del ochenta, no es más que el traslado de las arcas intelectuales hacia el exilio. Luego empezó una carrera por parte de cultura para rescatar a los viejos defenestrados, los apaleados y comenzaron a «reconocerlos» con premios literarios, con viajecitos a juegos de pelota en Estados Unidos, creando este tipo de engendro en algunos escritores, en algunos casos con actitudes perrunas. De manera que aquel viejo apotegma luterano de Fidel Castro en las Palabras a los intelectuales, en la década del sesenta con la frase «Dentro de la revolución todo, fuera de la revolución nada», sigue siendo el patrón de ese régimen.

(agosto de 2005)

DESPUÉS DE LA ENTREVISTA: el escritor ha mantenido una fuerte presencia en el mundo editorial, con la publicación de *Escrito sin permiso*, *Velo de cristal* (edición bilingüe, español e inglés), *En el extraño viaje* y *Nada puedo enmendar de aquellos miércoles*.

RODOLFO MARTÍNEZ SOTOMAYOR
(escritor y editor)

Nacido cuando ya la llamada Revolución Cubana había fusilado y enviado a la cárcel a miles de sus opositores, Rodolfo Martínez Sotomayor (La Habana, 1966) pertenece a esa generación formada en la utopía, esperanzada en un futuro promisorio y finalmente devenida, por la decepción, en marginales. De manera que la literatura surgida de esos jóvenes lleva la marca de la pérdida constante.

Rodolfo no es la excepción, precisamente su más reciente libro, *Claustrofobia y otros encierros* (Ediciones Universal, 2005), hace un recorrido por esos mundos oscuros, donde la decepción y los artificios para la supervivencia son el eje conductor de estas narraciones. Al igual que su anterior volumen de cuentos, *Contrastes* (La Torre de Papel, 1996), estas historias profundizan con agudeza y precisión, en el alma de las personas.

Usted pertenece a una generación de escritores formada entre la etapa posterior al Mariel y la caída del muro de Berlín. ¿Podría explicarnos algunos de los elementos que definen a ese grupo?
Soy enemigo de todo encasillamiento o dogma riguroso, tengo más tendencia al caos en lo político y como credo religioso, pero irónicamente, aunque este razonamiento conlleva a que sólo pueda responderte como ente individual, esa obsesión por escapar de los encierros puede darte un elemento que define a gran parte de mi generación. El Mariel fue una pérdida de la inocencia política, después de escuchar durante años sobre la pretendida solidaridad humana del socialismo, nos despertamos un día en una especie de ciudad sitiada, donde se apedreaba a vecinos que habían decidido «abandonar el país», nos montaron en guaguas repletas para llevarnos hacia los actos de repudio y a las marchas cargadas de odio. Entonces te das cuenta que la realidad es diferente a lo que te han dicho, que tus padres han callado por miedo o por protegerte y esa complicidad te hace sentirte traicionado por el estado y la familia. Aprendes a percibir la realidad por ti mismo, y esa sensación de rebeldía te hace desconfiado, te lleva a buscar la literatura prohibida que te forma al margen de la sociedad en que vives, siempre con descon-

fianza de toda fe política. La caída del muro de Berlín vino a acentuar este sentimiento, el capitalismo no era una panacea, y la utopía se había convertido en un infierno que felizmente se desplomaba.

Su libro *Claustrofobia y otros encierros* es su segundo volumen de relatos. ¿Qué nos podría decir de esa recopilación en particular?
Mi primer libro de relatos, *Contrastes*, intenta recoger algunas vivencias de mi generación, el hippismo tardío, las inquietudes y búsquedas en el tiempo. También trato de hurgar en los laberintos de los seres humanos, con una visión de ciertas situaciones de la Isla y el exilio. En mi segundo libro *Claustrofobia y otros encierros*, aún me persiguen los fantasmas de la Isla, que se hacen literatura con elementos de ficción, pero hay una vida más intensa en los personajes, y por haber permanecido mayor tiempo en reposo, he pretendido que haya una prosa más sólida y depurada. Por el título, tal vez alguien pueda pensar en una difícil lectura, pero es todo lo contrario, persigo que la complejidad sea en los temas sugeridos y no en la forma, la cual busco esté dada lo más directa posible, y con un ritmo que la facilite al lector y la haga seductora a la vez. Si lo logro o no, el lector tendrá la última palabra.

Su narrativa maneja con rigor el perfil psicológico de sus personajes, profundizando en el comportamiento y las reacciones. Háblenos un poco de la manera en que elabora este aspecto en sus relatos.
Me interesa mucho el comportamiento humano, las reacciones psicológicas del individuo ante los hechos. Yo creo que cada acción del hombre es un intento de búsqueda de la felicidad, e incluso, las ideologías son el propósito del hombre con cierto interés político en imponer el concepto propio de la felicidad, para el resto de la humanidad. Mis personajes buscan su identidad en contraposición con el medio circundante, y en ese conflicto surge la historia. Pueden convertirse en marginales o adaptados en el comunismo o en existencialistas bajo una sociedad de consumo, creo que lo mejor que podemos ofrecer a los demás es nuestra propia vivencia irrepetible. En nuestra vida mental está toda la explicación del funcionamiento psicológico de los demás, nuestras obsesiones, nuestros temores, nuestros amores y odios, nos hacen entender a los otros e

interpretar su mundo. Encuentro en mí mismo esa visión de los demás, y la intento convertir en literatura.

Las lecturas contribuyen a forjar de alguna manera la obra de un autor. ¿Qué escritores han influido con mayor significación en su literatura?
A veces la influencia de un autor no puede verse de forma directa. Con el tiempo desarrollamos nuestro propio estilo, y el interés que prevalece en la literatura propia, carece de vínculo con aquellos que ayudaron a forjarla. De niño me fascinaba Julio Verne, el perfil psicológico de algunos de sus personajes, como el capitán Nemo del Nautilus, y el misterio que envolvía a su narrativa me embriagaba. De adolescente me entusiasmó Romain Rolland con *Juan Cristóbal*, últimamente intenté releerlo y me pareció que había envejecido. Stendhal me deslumbró con *El rojo y el negro*, pero a finales de la adolescencia, y al descubrir a Dostoievski, quedé impregnado con su obra. En *Crimen y castigo* y *Los hermanos Karamazov* me parece que está gran parte de la interpretación del conflicto humano y su existencia. Hasta me sentí identificado con Raskolnicov en ciertos momentos de mi vida. Albert Camus tiene tanta vigencia para mí como en su tiempo, y Milan Kundera, con su *Insoportable levedad del ser*, entre otros, me continúa cautivando. Crecí con cierto rechazo a la literatura nacional, provocado tal vez por ese realismo socialista espantoso a lo Manuel Cofiño que abundaba en mi juventud. Refugiarme en los clásicos era una salida y un escape o alivio, sin embargo, aunque creo que no están sus huellas en mi literatura, José Martí ejerció un gran magnetismo en mí desde niño, no sólo su obra sino su vida.

¿Cómo valora el movimiento artístico de Miami en estos primeros años del nuevo siglo?
Tengo confianza en que el paso del tiempo haga evolucionar culturalmente a la ciudad. La llegada de nuevas comunidades de Latinoamérica con cierto interés por la cultura ha contribuido a esto. Cuando llegué a esta ciudad no existían los Viernes Culturales y otros eventos que ahora son un éxito, como el Festival de Teatro y el de cine, esto ayuda a tener optimismo para el futuro, sin embargo, el apoyo de los medios y del gobierno no es suficiente. A veces ocurren hechos paradójicos, como la construcción de un centro para

el desarrollo de las artes escénicas, el cual se supone pueda atraer a grandes orquestas sinfónicas, y desaparece en la misma ciudad la única emisora de música clásica sin que nadie haga nada por impedirlo. También me parece lamentable que haya que cobrar la entrada en la próxima Feria Internacional del libro de Miami, aunque entiendo que la verdadera cultura nunca ha sido para las grandes masas, y que el circo romano se llenaba para ver pelear a los gladiadores y no para escuchar conciertos de poesía de Petronio.

(septiembre de 2005)

DESPUÉS DE LA ENTREVISTA: funda la Editorial Silueta, donde compila, entre otros, *Palabras por un joven suicida* (2006, primer título de le editorial), *Tres dramaturgos, tres generaciones* (Críticas, entrevistas y piezas teatrales de Matías Montes Huidobro, José Abreu Felippe y Ernesto García) y *Crear en femenino: Dieciocho autoras de Miami*.

JOSÉ MANUEL GONZÁLEZ LLORENTE
(escritor)

Este autor cubano exiliado es tan interesante como su propia obra, que ha surgido de manera intensa en los últimos años. Publicista de profesión, viajero, un hombre de hablar pausado y culto. Él nos revela detalles de su vida y de su obra.

Su vida pública como escritor ha sido explosiva y se ha desarrollado cuando ya usted es un hombre maduro. Cuéntenos cómo es su relación con la escritura.
En verdad, siempre he sentido la vocación del escritor. Desde niño y luego en la adolescencia, jugué con la poesía y la prosa. Imité a los clásicos, a los modernos, qué sé yo, a Espronceda, Julián del Casal, García Lorca, y –por supuesto– a José Ángel Buesa, que fue el bardo de los años románticos de aquellos que hoy andamos en la segunda mitad de los sesenta. A veces creí que podía escribir como Martí o Lezama Lima, y soñé estudiar Filosofía y Letras en la Universidad de La Habana. Pero en 1961 quemé casi todo lo que había escrito y me tuve que ir al exilio... Y, como dijo el poeta, «luego la vida se impone, tanto tienes, tanto vales»: no me quedó otro remedio que guardar al escritor, estudiar Comunicación Social, y aplicar mis afanes creativos en una agencia de publicidad. Claro que no me quejo ni me arrepiento, porque ese oficio me permitió crecer, crear una familia, viajar, conocer a mucha gente, y aprender mucho; además, no me impidió seguir escribiendo un poco en mis ratos libres. Pero quizás lo más importante para mí es que mi andar de casi treinta y seis años por los rumbos de la publicidad me facilitó el poder jubilarme a fin del milenio y rescatar al escritor en potencia que estaba dormido, no muerto, y ni siquiera cansado. Así fue como en una madrugada de 2001 me senté ante mi nueva PC y comencé a navegar en las muy ansiadas –aunque aún temidas– aguas de mi primera novela. Esa noche y los meses siguientes descubrí que yo era capaz de producir algo mucho más sustancial, complejo e intrincado que un cuento, unas décimas, o un poema patriótico. Y parí –justo en nueve meses– *La odisea del Obalunko*, un proyecto de casi quinientas páginas, quizás demasiado ambicioso para ser el prime-

ro, pero que me ayudó a perder el miedo. Varios amigos que leyeron el primer manuscrito me animaron a publicarlo, entre ellos Carlos Alberto Montaner, quien recuerdo que me dijo: «escribir una novela es, entre otras cosas, un pulso con uno mismo... Cuando se concluye uno siente que ha triunfado contra la inseguridad y la indisciplina natural a que todos tendemos». Así comencé esta aventura de escribir, la cual, en mi madurez, ha marcado el comienzo de una nueva etapa.

Sus libros abordan la tragedia cubana, ¿cuánto hay de autobiográfico en su obra?
Sabemos que es imposible escribir sin que el pasado, las memorias de la niñez, en fin, lo vivido, se filtren de mil maneras distintas en lo que produces. Y esta verdad es aún más rotunda en el caso de personas que como los cubanos hemos tenido que sufrir exilios y otros episodios de desarraigo. En esa primera novela, así como en la segunda, *Tierra elegida*, a través de personajes y metáforas que tienen mucho que ver con mi propia historia personal, logré arrancarme espinas, exorcizar demonios y tomarme mi modesta venganza contra los farsantes que han llegado a nuestra Isla y la han conducido al naufragio. Y al mismo tiempo plasmar mis firmes augurios de una ya próxima resurrección de nuestra Isla.

Los relatos de *Reloj de arenas* fueron escritos en los últimos años, ¿tuvo usted una concepción específica a la hora de escribirlos o de lo contrario son independientes y finalmente agrupados?
Como tú sabes, este es mi primer libro de cuentos. Y en efecto, los doce relatos que lo componen fueron escritos en los dos últimos años, como fruto de mi «descubrimiento» de ese género. Guiado por un sabio antólogo, Julio Hernández-Miyares, me lancé a profundizar en las técnicas, las «reglas», los códigos y los secretos de los grandes cuentistas de la literatura, y al final confieso que quedé fascinado con el género del cuento y sus riquísimas posibilidades. Comencé a releer a esos maestros con una nueva perspectiva, y también a descubrir otros. Me refiero a Chejov, Poe, Quiroga, Bosch, Borges, Moravia, García Márquez, el inmenso Cortázar... Y luego me sumergí en las aguas vivísimas de la cuentística cubana. Entonces rehíce mis primeros relatos y escribí otros nuevos. Linden

Lane Magazine y El Ateje me publicaron algunos, y más adelante, junto con Juan Manuel Salvat, hice una selección para ser publicada. Por todo esto, siento a *Reloj de sangre* como mi primer acercamiento al relato corto. Allí junté mis primeras exploraciones con distintas técnicas y estilos: narración en primera persona; formato sueño-realidad como sorpresa, relato sin narrador omnipresente, a base de diálogo; estilo epistolar; juegos de humor negro; fábula-parodia, etc. Sin embargo, gracias tal vez a un misterioso proceso inconsciente, al final los doce cuentos –en palabras de nuestro común amigo William Navarrete– «están ritmados por la cronometría de las doce horas de un reloj (…) giran alrededor de un mismo centro para volver al punto de partida de la narración».

Usted ha sido invitado a la Feria del Libro de Miami que se inaugura hoy. Háblenos de su participación.
En efecto, la Feria del Libro me ha invitado a presentar *Reloj de sangre* en una de las sesiones del programa de literatura en español. Compartiré esta sesión con otros dos cuentistas: Rodolfo Martínez Sotomayor, quien presentará su reciente libro *Claustrofobia y otros encierros*, y el escritor dominicano José Alcántara Almanza, que también expondrá una colección de cuentos. Es la primera vez que participo en la Feria y esto me entusiasma y me honra.

En poco tiempo ha publicado varios libros, casi de manera continua. ¿En qué trabaja actualmente?
En cuatro años he publicado cuatro libros, los tres mencionados, y *Voces tras las rejas*, una obra testimonial que yo dirigí en colaboración con figuras del exilio, pero que realmente fue escrito por los presos políticos de la Cuba actual. Esa es precisamente mi meta: publicar al menos un libro cada año. Como tú apuntas en tu primera pregunta, mi vida como escritor comenzó a una edad ya madura. Jorge Luis Borges, hablándole una vez a un grupo de escritores jóvenes, les aconsejó que no tuvieran mucho apuro por publicar. Yo pienso que el maestro Borges tenía razón. Lo que pasa es que, si bien yo me considero joven de espíritu, no puedo incluirme en esa categoría de escritores jóvenes en edad cronológica. Y aunque estoy consciente de la importancia de revisar, volver a revisar, reescribir, y volver a revisar, tengo que correr el riesgo de ver mis errores cuando ya están impresos. No puedo darme el lujo de esperar dema-

siado y he decidido madurar y corregir esos errores mientras hago camino. Sí, se trata de una búsqueda del tiempo perdido. ¿En qué trabajo ahora? En dos proyectos. Uno de ellos es una novela cuya trama roza las temáticas de Ray Bradbury imaginando el futuro de la humanidad, pero dentro del escenario de nuestro planeta. El otro es un segundo libro de relatos. Este último lo tengo muy adelantado, casi listo, pero quiero dejarlo reposar y madurarlo más, quizás hasta la próxima primavera. Se trata de una nueva colección de cuentos, esta vez más homogéneos, orbitando en torno a materias más introspectivas: la vida onírica, el destino, la muerte, la resurrección... y otras obsesiones.

(noviembre de 2005)

DESPUÉS DE LA ENTREVISTA, publicó *Confesiones del comandante y otras historias* (2006) y *Visiones de los últimos días y otras historias* (2011), aparecido poco antes de fallecer en noviembre del 2011, víctima de cáncer.

JOSÉ SÁNCHEZ BOUDY (escritor)

Si como periodista José Sánchez Boudy defiende semanalmente desde las páginas de opiniones de este Diario sus ideas sobre Cuba y sus observaciones sobre la cotidianidad, como escritor y profesor universitario ha contribuido, a través de años de estudio e investigación, a la preservación del habla popular cubana, sus costumbres e idiosincrasia. Su extensa obra literaria, la que incluye varios diccionarios especializados, habla de ese trabajo tan importante.

Usted es uno de los escritores más prolíferos del exilio, con más de sesenta libros publicados en distintos géneros. Háblenos un poco de esa abarcadora obra suya.
Mi obra consta ya de más de ochenta libros publicados, y de cerca de 30 sin publicar, pero ya hechos. Consta de dos partes: La reconstrucción total de La Cuba Republicana, desde los juegos infantiles al último detalle de la vida cotidiana. Está hecha, esta parte, principalmente, en estampas costumbristas; en poesía; en ensayos, donde se analizan la simbología de la palma, la creación de la nacionalidad cubana, el alma del cubano; el habla popular y culta; el habla del chuchero; las poesías populares; los bailes de La Polar, de La Tropical, de la Sociedad del Pilar, en fin, es esta parte una visión total de La Cuba Eterna, o sea, de la manifestación del alma cubana y los ingredientes que la forman: El entorno: El amor a la patria; la tierra como elemento constitutivo del cubano; el barrio, como célula básica del alma «cubiche»; el paisaje y su influencia en todos nosotros. En fin, cómo somos y por qué somos. En ensayos aparte, se habla de por qué somos heroicos; de nuestras fibras mambisas incrustadas dentro de nuestra sangre. Esta obra tiene dos libros básicos: *La verdadera Cuba Eterna*, es uno de ellos, y el otro *La Filosofía del cubano y de lo cubano*, donde desde los canteros cuajados de jazmines de cinco hojas hasta el simbolismo de nuestros patios y construcciones, se plasma. La otra parte de mi obra es el estudio en varios libros y novelas de la crisis en que está viviendo el Mundo y el derroche de los valores de nuestra Civilización y cómo salvarlos.

Sus diccionarios de cubanismos, así como los de piropos y refranes populares cubanos son de gran valor. ¿Tiene algún otro proyecto en ese campo para el futuro?
Estos tres libros son parte de La Cuba Eterna; el legado que dejo a nuestra patria. Ya está terminado el inmenso *Diccionario de Chistes Cubanos*, con un prólogo-estudio donde se explica por qué los cubanos hacemos de la vida –como decía Álvaro de Villa– «un paseo»: «Morir es guardar el carro»; «es ponerse el chaquetón de pinotea», y la muerte «es una señora que lleva zapatos con spais». Añada a esto la antología de cómo habla el cubano, donde se recoge el sentido anímico de nuestro hablar: «chamúllale como es» le dijo un chuchero al otro, «que tú también eres la cátedra en la sinhueso de los gaitos».

Políticamente usted defiende lo que ha denominado «la Cuba Eterna». ¿Qué cree usted que ha ido separando a las distintas generaciones de cubanos, aun cuando se tiene como consenso común el regreso y la desaparición de la dictadura?
Mi querido amigo, tengo, con el debido respeto, que decirle que el concepto de La Cuba Eterna, como usted ha visto en las respuestas que le he dado, no tiene nada de político. Es puramente espiritual. Es el espíritu; es la carne y la sangre del cubano; son los valores que nos mantienen en esta lucha. Es la herencia indestructible de nuestros, Evangelios Vivos y de nuestros mártires, de nuestros mambises, ayer y hoy. También quiero explicarle que entre usted y yo no hay ninguna diferencia; ni entre los de aquí y los de allá. Hay un solo cubano: el cubano eterno. El cubano de aquí y de allá sólo cree en la libertad. El cubano de aquí y allá sabe que derrotará al comunismo; el cubano que no se rinde. El cubano de Martí, de Varela, de Quintín Banderas, de Maceo, de Máximo Gómez; de los mambises, el soldado por la libertad de La Cuba Eterna, ese es el cubano: usted y yo, y todos. Cuando Cuba sea libre verá usted en los parques cubanos, en las romerías, en los juegos de pelota que hay una sola alma cubana, esa es La Cuba Eterna, y que todos formamos parte de ese destino de alegría y progreso que sintetizaba aquel lema de la publicidad: «Esto es Cuba, Chaguito». (De Rosendo Rosell). Los asesinos de allá y sus colaboradores del mundo entero, esos no son cubanos.

El año que recién terminó dio a conocer varios libros suyos y de personas afines a usted. Háblenos de esas obras y si forman parte de algún proyecto editorial mayor.
Esas obras son la de mi padre, que llegó a Cuba de Asturias en 1912. Son sus *Memorias Cubanas*, son sus *Poesías Negras*, de las cuales publicó 3 tomos en vida; son sus poesías en general, es literatura infantil; y las que siguen van por el mismo camino: el amor de un emigrante aldeano cuyo último verso fue: «entiérrenme en Cuba, Pepito, porque allí hay son». También se están publicando por Ediciones Universal de Juan Manuel Salvat, las obras de mi difunta esposa, Hortensia Ruiz del Vizo, que dejó ocho libros publicados en vida, entre los que se cuentan sus dos monumentales Antologías de la *Poesía Negra Cubana y del Caribe*, y el haber incluido en ellas a otro emigrante, que comenzó la poesía negroide: Alfonso Camín. Ediciones Universal publica igualmente sus ensayos en defensa de la libertad de Cuba, uno de los grandes análisis hechos en el exilio. Y en el centenario del filósofo comunista Jean Paul Sartre, el libro *De las Filosofías Destructivas Contemporáneas*, que contiene sus estudios filosóficos, denunciando cómo el existencialismo de Sartre, el que éste quiso fundir con el comunismo, es una de las filosofías más terribles que nos han llevado a la crisis en que vive el Mundo Occidental.

Usted es un hombre muy popular, dicharacho, locuaz, muy gestual en su hablar, incluso le gusta que le llamen por su apodo. Descríbanos un poco a Pepito Sánchez Boudy.
Yo, mi querido amigo, me considero un cubano real, reyoyo, un «Pepito» que ríe y guarachea, pero que lleva en el alma las características de los que nos enseñaron a que en la amistad sólo se crece, en decir siempre la verdad, no importa las consecuencias que traiga; a luchar por la patria, porque es la que nos infunde con su amor la lucha por la libertad y a jamás transigir con nada que la hiera. Vengo de una familia cubana con sangre española y francesa, donde me enseñaron que más rápido «se coge a un mentiroso que a un cojo»; a que «al mal se le entra –como indicaba el Apóstol– con el cuchillo del carnicero». Que jamás se viola la dignidad personal ni se deja violar, ni por hombres ni por doctrinas. Creo en lo que me legaron los mambises. En lo que nos legaron nuestros Evangelios Vivos: Martí, Varela, Saco. Creo, como dijo el Apóstol: «que el primer

deber de todo hombre es para con la patria», porque salvándola a ella salvas todos los valores: los de la familia, la libertad. Creo en el hombre individual, y que cuando lucha por el bien termina por hacer añicos al mal. Por eso sé, por ser cubano, y por entender a todos mis hermanos que luchan por la misma causa, de que Cuba volverá a ser la Cuba libre. La Cuba donde cada potrero grita: ¡Aquí fusilaron a un hombre por la libertad, por eso esta yerba es libre, porque murió por su tierra! Creo en lo que es la sal de la vida de todos nosotros: La Cuba Eterna.

(febrero de 2006)

DESPUÉS DE LA ENTREVISTA, la labor de investigación y recopilación de expresiones populares cubanas siguió siendo el centro de su vida literaria. Falleció en febrero del 2016, a los 88 años, tras publicar más de un centenar de libros.

LUIS MARIO (poeta y periodista)

Pocas veces encontramos un autor que logre delimitarlas distintas formas de expresión como lo hace el escritor y periodista Luis Mario González, conocido literariamente como Luis Mario. Como poeta conduce su obra por los senderos de la métrica más rigurosa, teniendo como premisa fundamental «que lo primero en poesía es el ritmo». Su libro de ensayo *Ciencia y arte del verso castellano,* despojado de molestos academicismos, es un serio tratado sobre la métrica y la poesía. Como periodista, mantiene una columna semanal en este Diario, en la que aborda de una forma precisa y directa la actualidad y temas culturales. De manera que estas tres constantes voces, muy bien demarcadas de Luis Mario (poeta, ensayista y periodista), ayudan al perfil de este escritor cubano que lleva casi cuatro décadas fuera de su patria.

Al conversar con Luis Mario se descubre a un hombre mesurado en su hablar y modesto por naturaleza. Habla poco de sus logros personales, lo que obliga a recurrir a fuentes alternativas para saber que es Miembro de la Academia Norteamericana de la Lengua Española. Además, en 1993, la Asociación Pro-Cuba de New Jersey, con el apoyo de otras43 organizaciones del destierro, lo nombró Poeta Nacional de Cuba en el Exilio, título que ostenta con sumo pudor.

Como periodista y columnista de opinión usted ha abordado ocasionalmente aspectos de su vida, recuerdos de infancia y su último día en Cuba, entre otros. ¿Quisiera compartir con nosotros parte de su historia personal?
Hablar de uno mismo es una invitación a ejercer la vanidad, pero mi vida es tan simple que creo poder salir ileso de la prueba. Tengo dos hijos, una nuera que es una hija más y dos nietos que forman entre todos una familia que me enorgullece. Tengo una mujer que ha sido y es brújula y timón de mi vida. Llegué al destierro en 1967. Soy un exiliado político con pasaporte estadounidense. Empecé en Diario Las Américas en 1973 y fui Jefe de Redacción desde 1987 hasta el 2000. Este rotativo me dio la oportunidad no sólo de entrevistar a personajes sobresalientes de las letras, sino también de dar a conocer

la obra de miles de poetas, escritores y artistas. He recibido muchas satisfacciones relacionadas con mi trabajo periodístico y la divulgación de versos míos y ajenos. Desde el 2001 trabajo en Radio Martí.

Usted es fundamentalmente poeta. Háblenos del conjunto de su obra literaria.
La Poesía, como todas las artes, frecuentemente ha sido víctima de malas interpretaciones. Hay que tener siempre en cuenta que lo primero en Poesía es el ritmo. Lamentablemente, entre muchos artistas perdura un absoluto desdén por las formas, al extremo de que se advierte un desprecio impulsivo ante cualquier poema métrico. Eso es infundado, porque lo importante es lo que se manifiesta en el poema, que puede respetar las reglas y, al mismo tiempo, conservar una expresión de avanzado modernismo. Nadie hubo en Francia con un espíritu tan inflexiblemente romántico como Víctor Hugo, pero ese mismo poeta colosal de *La Leyenda de los siglos* calificó a Baudelaire como «un nuevo escalofrío». Aquella era una ruptura que no destruía. Su lava volcánica no era fuego demoledor, sino abono del porvenir. Ya el Romanticismo había cumplido su función histórica, nacido y desarrollado al unísono de las ideas democráticas. Con Baudelaire nace la simbología moderna, pero sin los románticos no hubiera habido Baudelaire. De esa fuente y otras posteriores se nutrió Rubén Darío y produjo uno de los grandes cambios que ha habido y seguirá habiendo en la Poesía de nuestro idioma. Esas ideas me impulsaron a escribir el libro *Ciencia y arte del verso castellano*. Surgió entre los setenta y los noventa: Veinte años de trabajo. Esa fue mi contribución para tratar de ayudar a los poetas que vagan desorientados por los caminos del verso, y después de escribir compulsivamente un poema, ignoran cómo mejorarlo. Cuando se sabe la técnica, la tarea es menos difícil. En cuanto al resto de mi obra, consta de siete poemarios, tres de ellos dedicados a mi mujer; una antología crítica de setenta poetas latinoamericanos; tres libros en prosa y una antología en prosa y verso. También hay que añadir mi columna semanal en este Diario Las Américas, que ya tiene más de 30 años.

Usted acaba de publicar *Inspiradores*, ¿qué nos puede decir de ese libro?

Inspiradores es un libro de consulta y, al mismo tiempo, de lectura. Se trata de 300 biografías condensadas para ser transmitidas a Cuba a través de Radio Martí, de personajes fascinantes de todos los países y de todas las épocas. En ese aspecto, su utilidad es que innumerables cubanos dentro de la Isla, con casi 50 años de censura y mordaza, supieron finalmente quienes fueron Manuel Antonio de Varona, Jorge Mañach, Mercedes García Tudurí, Humberto Piñera, Andrés Vargas Gómez, Aurelio Baldor, Juan J. Remos y otros muchos cubanos que los comunistas arrancaron de las páginas de la historia, con esa impasible e imperturbable manera suya de tratar de destruir a quienes no se les someten.

¿Qué opinión tiene del periodismo que se ejerce en la actualidad?
Creo que nunca antes la prensa fue tan cuarto poder como ahora. Ya no es sólo para entretener e informar, ahora se erige en arma política y orienta de acuerdo con sus propios intereses e ideas. Sé que la objetividad periodística es difícil de lograr, pero es inexplicable que un periódico como The New York Times, por ejemplo, le dé un ínfimo espacio en una página interior a un hecho tan espeluznante como el hundimiento del remolcador 13 de Marzo, con el asesinato por parte del régimen cubano de 41 personas (entre ellas 12 niños), que solamente querían huir de la Isla. Si la dictadura de Augusto Pinochet hubiera hecho algo parecido, la noticia hubiera sido desplegada en la prensa mundial de norte a sur y de este a oeste. Los hombres libres han perdido la batalla de la propaganda frente a las hordas totalitarias. Y eso influye injustamente para que muchos poetas, escritores y artistas que están en la senda de la democracia, no obtengan reconocimiento por sus obras.

Si pudiera regresar a una Cuba libre, díganos que haría el primer día.
El primer día en Cuba iría al cementerio de mi pueblo, me arrodillaría ante la tumba de mi padre para evocar las tumbas exiliadas de mi madre y de mi hermana, le rogaría a Dios que mi patria tenga al fin el futuro que se merece, y le daría gracias a Estados Unidos de América por la generosidad de su techo, por la sublime grandeza de su libertad.

(marzo de 2006)

DESPUÉS DE LA ENTREVISTA, Luis Mario (Quivicán, La Habana, 1935), se mantuvo trabajando en Radio Martí, donde laboró hasta su retiro definitivo. Se apartó de la vida pública por razones médicas. Falleció en el 14 de octubre de 2016, en Miami.

MARIO MARTÍN (actor y dramaturgo)

Tal vez Mario Martín sea el actor cubano más completo hoy día en Miami. Comenzó su carrera junto a Francisco Morín y otras figuras destacadas del teatro cubano. En el destierro ha escrito memorables obras como *Resurrección en abril, Me voy para Cuba, fuá* y *Mi hijo no es lo que parece,* una de las puestas que más tiempo estuvo en cartelera en la ciudad (cinco años), con la actuación inolvidable de Pedro de Pool en el papel protagónico. Como actor, seguramente el público recordará a Martín en numerosas piezas como *Esperando a Godot* y apenas unas semanas atrás en *Los intereses creados*, ambas bajo la dirección de Rolando Moreno.

Martín se desempeña como productor de los programas *Pase la tarde* y *La voz de la comunidad*, en Radio Caracol, una popular emisora de capital colombiano. Es experto en doblar voces para películas y programas de televisión como el popular *Club 700* haciendo la voz de Pat Robinson. También es cantante lírico y dramaturgo. Por otra parte, ha vivido en carne propia la evolución del teatro cubano tanto en la Isla como en el destierro. Conversamos sobre su vida y su trabajo.

Cuéntenos un poco de su vida. ¿Quién es Mario Martín y cómo se vincula al teatro?
Parte de mi infancia trascurrió en Guanajay, Pinar del Río, aunque nací en Holguín, Oriente, en el otro extremo de la isla. Luego nos mudamos a La Habana donde viví hasta que salí al exilio. Estudié Filosofía y Letras en la Universidad de La Habana. Sin embargo lo que siempre me ha interesado es ser artista y escribir. Siendo un adolescente escuché que la estación radial RHC Cadena Azul estaba buscando talentos y a escondidas de mi familia me presenté y me seleccionaron para participar en la radionovela *Que el cielo la juzgue,* haciendo de un muchachito inválido. Mi madre se enteró y un día saliendo del programa estaba allí esperándome. Me exigió que terminara mis estudios y así lo hice. Luego me vinculé al teatro haciendo *Las máscaras apasionadas* de Matilde Muñoz, que fue mi primera obra, el 23 de septiembre de 1950 con Prometeo dirigido por Francisco Morín. Más tarde hice *Orfeo*, hasta que estrenamos *Jesús* de Virgilio Piñera, haciendo yo del adolescente. Además de

teatro hacía radio para ganar dinero, luego pasé a CMQ que era televisión y fui uno de los primeros de Teatro Estudio. Hasta que me fui de Cuba nunca dejé de hacer teatro, radio y televisión.

Cómo fue, artísticamente hablando, la etapa transitoria entre la caída de la dictadura de Batista, la llegada del régimen de Castro que se decía impulsaría el arte, hasta que usted sale de Cuba hacia México en 1966.
A mí me atrapa la revolución estando yo en pleno auge, haciendo radio, televisión y teatro, que son las tres aristas en las que yo siempre me he movido, incluso para ese entonces ya hacía doblajes de películas. En la sala de Bellas Artes, frente al Palacio Presidencial, Berta Martínez hizo *Santa Juana de América* con un elenco extraordinario. La recaudación de la función del domingo la entregábamos para los que estaban batallando en la sierra. Se decía que si ellos triunfaban íbamos a trabajar sin comerciales, que se harían sólo buenas obras, muchas películas; lo que nos pintaban era todo maravilloso. Cuando llega el nuevo régimen nos sentimos muy eufóricos, recuerdo que yo estaba en el Teatro Nacional haciendo la *Luisa Fernanda*. A Vicente Revuelta se le ocurre hacer una nueva puesta, en este caso para Teatro Estudio, de *Santa Juana de América*. En la obra hay una escena donde Juana pide que se deje sembrar las tierras a los campesinos y se decía la frase «déjelos ir», que desataba exclamaciones del público (recordemos que para ese entonces ya habían prohibido las salidas de Cuba), por eso «déjelos ir» adquiría tanta significación y el teatro se llenaba. Un día llegan las nuevas autoridades y mandan a cerrar la obra y desde ese entonces Cultura comenzó a intervenir en lo que se decía, y en qué, y cómo, se podían hacer las cosas. Eso creó un descontento creciente y muchos se separaron y se fueron del país. De manera que en materia cultural todo fue cerrándose, desapareciendo la libertad de creación.

Háblenos de su vida como exiliado.
Salgo para México y me las arreglo para conseguir empleo. Allí es muy difícil que le den trabajo a un extranjero, pero yo lo logré. Hice un examen y me aceptaron, llevándome a trabajar en XEW radio, donde hice *La mujer más celosa del mundo,* con Arturo de Córdoba y Marga López; yo hacía de un criollo para no tener que forzar el

acento. En el teatro hice *Las palabras en la arena* de Buero Vallejo. Luego me llegó la entrada a Estados Unidos a donde llegué un día domingo en que llovía torrencialmente. De inmediato tuve empleo en el doblaje de películas, contratado con la misma compañía con la que laboré en Cuba.

¿Cómo era el movimiento teatral de Miami en los años setenta?
En realidad había muy poco teatro, el único que existía era el Radiocentro el cual demolieron para darle paso a un *expressway*. Néstor Cabell estaba en el Teatro Hialeah en Palm Avenue, ya también desaparecido. Allí Aleida Leal, Norma Zúñiga, Néstor y yo hicimos una temporada. Más tarde se fundó la sociedad Pro Arte Grateli que abrió con *La verbena de la paloma*. Yo estaba detrás del telón con Marta Pérez, Miguelito de Grandy, Luis Oquendo, y así iniciamos una serie de exitosas presentaciones. Quiero destacar que para Grateli el apoyo de Diario Las Américas ha sido fundamental.

Cuéntenos de su labor como escritor, director y espectador del teatro en Miami.
A mi juicio en los setenta se hizo una cantidad maravillosa de teatro. En aquel entonces era un Miami cubano, donde el público era muy participativo. En la ciudad llegó a haber 12 salas, con un derroche de buen teatro. En los ochenta, tras el Mariel, llegaron a Miami personas con otros gustos. Hace poco leí en la novela de Daniel García, *Me lo contó Juan Primito* [Editorial El Almendro, 2006] que en Cuba se hacían muchos recitales porque no tenían dinero para hacer otras cosas. Pienso que ese espíritu prevaleció en los que vinieron, deseando seguir viendo a un cantante, un recital, como señala Daniel en su libro, y eso contribuyó a cambiar un poco la visión del teatro en los ochenta. En esa época comenzó a cambiar el Miami cubano en sus costumbres y ha sido para bien, aunque al teatro lo afectó, pues el público anterior era un poco más de Pro Arte, conocedor, exigente de las cosas buenas y refinadas. Sobre mi teatro, yo escribí *Me voy para Cuba, fuá*, que estuvo casi dos años en cartelera, también escribí *La libertad prestada*, que fue premiada por el gobierno de la ciudad de Miami. Luego *Mi hijo no es lo que parece*, que estuvo cinco años ininterrumpidos, esa obra se está poniendo hoy en día en el Teatro Emperatriz de Montevideo, Uruguay. También hice *Resurrección en abril*, sobre el tema del éxodo

del Mariel. La labor del escritor y la de dirigir es tan intensa, que no podría hacer otras cosas, por eso no he hecho nada nuevo en años.

(abril de 2006)

DESPUÉS DE LA ENTREVISTA, no se apartó del teatro, tanto como actor, que como público. Recibió el Premio René Ariza por su trayectoria teatral. Falleció en Miami en noviembre del 2016, a los 84 años.

UVA DE ARAGÓN (escritora y periodista)

Tal vez una de las cosas más importantes en la vida es entregarse de lleno a hacer aquello que realmente se ama y en lo que se confía. La trayectoria de Uva de Aragón la sitúa como poeta, ensayista, narradora y profesora universitaria. Desde cada una de sus tribunas ha ofrecido la visión de su realidad y la ha defendido.

Su obra publicada aparece bajo dos nombres, Uva Clavijo y Uva de Aragón, no por seudónimo, sino por esa costumbre norteamericana donde la mujer pierde su apellido al casarse. *El caimán en el espejo*; *Alfonso Hernández Catá, un escritor cubano, salmantino y universal*; *Entre semáforos: poemas escritos en ruta*; *Memoria del silencio*; Ni *verdad ni mentira y otros cuentos; Los nombres del amor* y *Tu ojos y yo*, entre otros libros, conforman el abanico literario de esta escritora cubana. Con ella hablamos de su más reciente libro *Morir de exilio* (Ediciones Universal, 2006), y abordamos varios temas.

Usted, como heredera de una notable familia de intelectuales cubanos, ha seguido la tradición de la familia y es escritora. Cuéntenos cómo llega a la literatura y de sus inicios en la literatura.
Mi primer contacto con la literatura fue a través de mi abuela materna que me leía de las *Cien mejores poesías de la lengua castellana* y me hacía cuentos de mi abuelo, el escritor Alfonso Hernández-Catá. Tenía yo nueve años y mi padre estaba enfermo del corazón –moriría unos meses después. Un domingo lluvioso mi tía Sara Hernández-Catá me puso un cuaderno y un lápiz en las manos y me dijo: «Escribe». El resultado fue una especie de versión guajira y feminista de la *Cenicienta* en diecisiete páginas de infantil caligrafía. Mi tía leía «mi novela» en voz alta y aseguraba que tenía talento para escribir. Y yo me lo creí. Tuve la suerte también de crecer en un ambiente propicio, rodeada de libros y escritores. Publiqué mis primeros pinitos en el periódico de la escuela, en Diario de la Marina e Información. Tenía 15 años cuando vinimos al exilio en 1959, y me vi en Washington, D.C. rodeada de inglés y nieve por todas partes. Hacerme escritora en español sin maestros, publicaciones,

lectores ni colegas, fue muy difícil, pero la vocación ha sido más poderosa que los obstáculos.

Usted acaba de publicar *Morir de exilio*, un singular y conmovedor libro que de alguna manera da testimonio del legado de los exiliados cubanos. Háblenos de ese libro y qué la llevó a prepararlo.
Hace tiempo distintas personas me sugerían que recogiera algunos de mis artículos en un volumen. Cuando iba a cumplir los 60 en 2004 me pareció una ocasión apropiada. Pensé en recopilar los 48 trabajos que había publicado sobre la República en 2002 con otros sobre figuras muertas en el exilio, pero luego me di cuenta que eran dos libros distintos, pues muchos de esos cubanos no habían participado en la República. Por una serie de razones el libro me tomó bastante tiempo y acaba de salir, y el de la República sigue pendiente. Al leerlo en su conjunto, creo que *Morir de exilio* teje varias historias: la de cada individuo cuya semblanza aparece, la de las luchas del exilio por una Cuba mejor, la de la vida cultural cubana en la diáspora, y la de mi propio desarrollo como escritora. Deseo que sea un libro que sirva a generaciones futuras a mantener vivo el recuerdo de estos cubanos buenos.

En el contexto literario y académico del exilio usted es una figura controversial. Hay quienes la aplauden, pero otros la critican. Parte de su postura ha quedado reflejada en su libro *El caimán ante el espejo*. Si tuviera que reconciliarse con los detractores, sin molestar a quienes la apoyan, ¿qué postura habría de asumir?
En realidad, no sé. No disfruto de ser una figura controversial, pero creo que la labor del periodista es punzar, hacer pensar, no escribir para repetir posiciones trilladas o cómodas. Tampoco sé decir mentiras, y mucho menos por escrito. De modo que digo mis verdades y tengo mi conciencia tranquila. El tiempo me ha dado la razón en muchas cosas por las que me han criticado. Cuando a mediados de los 70, trabajaba en Of Human Rights, decían que los derechos humanos eran cosas de izquierdistas. Cuando en 1979 organizamos el Congreso de Intelectuales Cubanos Disidentes, la palabra disidente creó una polémica gigantesca. En 1983 escribí un artículo que comenzaba «El comunismo está históricamente vencido», y me

acusaron de ingenua y cosas peores. De modo que ya a mis 62 años, estoy bastante segura de mis criterios. Creo tanto en la libertad individual, que defiendo el derecho de los que me critican de expresar opiniones diversas, pero las calumnias, los insultos personales son una táctica vergonzosa. Nunca respondo.

Usted ha organizado dos importantes series, Jueves de Literatura y Jueves de Periodismo. Háblenos del objetivo de esas series y si está planificando alguna nueva.
Esas dos series, copatrocinadas por el Instituto de Investigaciones Cubanas de FIU, del que soy subdirectora, y por el Latin Quarter Cultural Center, tuvieron como objetivo no sólo que el público conociera mejor a nuestros escritores y periodistas sino también grabar las entrevistas para los archivos de la Universidad. Quizás en el futuro intente hacer un documental con ellas, pero al menos las entrevistas quedan ya para la historia. Cada vez me interesa más hacer cosas que permanezcan para el futuro, que den testimonio de lo que ha sido la diáspora, y puedan ser consultadas por las próximas generaciones. Lamento no poder incluir a todos... Pero se hace camino al andar. Creo que en el futuro entrevistaremos a músicos, artistas plásticos, actores...

Quisiera preguntarle sobre el feminismo, sin embargo prefiero hacerlo sobre su labor académica. Usted organizó un viaje a Cuba con sus estudiantes que incluía visitar los lugares históricos de la revolución castrista. Cuéntenos de ese proyecto y de la manera en que ese recorrido podría haber contribuido a hacer mejores a sus estudiantes.
En el verano de 2004 tuve la oportunidad de llevar a 15 estudiantes a Cuba por una semana, como parte de un curso de ocho semanas, que impartí en FIU. El curso intenta ofrecer una visión panorámica de Cuba a través de su historia, arquitectura, pintura, música, literatura, y otras manifestaciones como el ballet y el cine. Comienza antes de Colón... tanto en España como en la Isla. Es un verdadero *tour de force*. No sé a qué lugares históricos de la revolución castrista te refieres, pues llevé a mis estudiantes al Templete, el Palacio del Segundo Cabo, la Catedral, el Museo de Arte Cubano, el Capitolio, lugares que yo diría son símbolos de la era colonial y de la República. Más o menos la mitad de los estudiantes eran de origen

cubano. Muchos dicen que el viaje les ha cambiado la vida. Algunos han hecho excelente tesis sobre Cuba y se mantienen en contacto conmigo. Cuba estaba ahí antes de la revolución y estará después. Muchos desean que las nuevas generaciones amen a Cuba pero solo le hablan de lo malo. Yo trato que aprendan su historia y sus manifestaciones artísticas, porque el conocimiento es amor. Como educadora, me parece importante guiar las inquietudes de mis estudiantes, sedientos de conocer sus raíces. En Cuba hay una realidad muy dura, y esa no se puede ocultar. No fuimos a dejar que nos cantaran las virtudes del sistema, ni estuvimos ciegos ni insensibles a los muchos problemas que se sufren en la Isla. Pero el curso no se centró principalmente en el presente, sino en el pasado, cuyo conocimiento es imprescindible para poder tender un puente hacia el futuro.

(julio de 2006)

DESPUÉS DE LA ENTREVISTA, y una larga carrera en la Universidad Internacional de la Florida se retiró. Ha publicado *Memoria del silencio* y la recopilación *El mundo y mi Cuba en el Diario*. La serie de entrevistas se descontinuó.

ORLANDO ROSSARDI (escritor y periodista)

Cuando se habla con una persona con una vida tan intensa, las propias respuestas hilvanan una historia personal que corre como un relato. Esta es la narración de uno de los escritores cubanos más interesantes de Miami.

Tras una década de espera, sus lectores vuelven a conectarse con su poesía. ¿Qué nos podría decir de su reciente libro *Los pies en la tierra*?
Mientras se han ido juntando poemas para rellenar unas páginas en forma de libro, los lectores han podido leerme en varias publicaciones y revistas literarias. Entre ellas estupendas revistas electrónicas como la que tú diriges, El Ateje, y en otras excelentes como Baquiana, Decir del Agua, La Gota de Agua, etc. El poeta nunca se divorcia de su poesía, solamente se mantiene expectante ante «el milagro» que de pronto le sorprende un día. Además uno cuenta con recitales, aquí y allá, que organizan los amigos y las organizaciones a las que pertenece junto a otros poetas que quieren intercambiar «inspiraciones» y ver cómo le va al otro con la «musa». Eso pasa con frecuencia, así que en verdad sólo hago juntar obra suelta en libro nuevo. Con respecto a éste último *Los pies en la tierra*, me pareció oportuno traer a proscenio lo que digo en su prólogo sobre las visiones que todo creador va teniendo en su tránsito diario; visiones como «emociones» que se van metiendo en los sentidos, para luego ponerlas en papel, cosa de que más tarde «las recordemos para siempre sumergidas ya en el poema». Para mí toda la poesía –al menos la mía– es circunstancial, en el buen sentido de la palabra. El poema es el arca en que se guarda esa «circunstancia», casi siempre diversa del encuentro con la gente y con las cosas y que nos cuida, a perpetuidad, el hecho mismo temporal. También lo expreso en el prólogo. Por otro lado el título del libro va poniendo en evidencia lo que quiero dejar claro: cada poema es una vivencia diferente, parte de un devenir que se da, paso a paso, con los pies en la tierra, sin escaparnos nunca de este mundo, mientras que nos internamos en el yo que somos teniendo siempre muy en cuenta, como decía Antonio Machado, el ojo que nos mira, que es el de los demás, el del lector, como tú apuntabas.

Cuando se habla de Rossardi se piensa en el poeta, sin embargo usted ha incursionado en otros géneros como el ensayo, el teatro y el periodismo, además trabajó en el mundo académico. Háblenos un poco de esos aspectos profesionales de su vida.
Me alegra que se piense en el poeta que soy y no en otros aspectos como el de profesor, el de escritor para radio y televisión, el de narrador, dramaturgo, ensayista o antólogo. He hecho un poco de todas esas cosas, incluso me he metido a actor teatral en muchas ocasiones, en Cuba, en España y en EE.UU. Mi poesía es lo que más me ha llenado desde muy joven. El profesor surgió, diría yo, casi por inercia de todo ese afán de lecturas, estudios y libros que uno se trae entre manos desde la juventud. Después de obtener mi necesario doctorado en letras en la Universidad de Texas, en Austin, me dediqué a la cátedra universitaria por varios años hasta que surgió la oportunidad de «matar dos pájaros de un tiro» cuando se presentó la oferta de formar parte vital de la operación radial dirigida a Cuba, Radio Martí, en Washington, D.C., y acepté dejar las aulas por el micrófono y el guión en 1984, un año antes de salir al aire la estación. Allí podía crear y al mismo tiempo hacer algo tangible por Cuba. Esos primeros años «radiomartianos» fueron enormemente gratificantes y mi relación con la Cuba que había dejado detrás en septiembre de 1960, se hizo más intensa, más poderosa. El ensayista también ha venido por añadidura. Junto a la cátedra uno aprende a llenar fichas para, en trabajo deleitoso también, claro, organizar libros como mis tomos de teatro hispanoamericano o los de mi historia de la literatura hispanoamericana; la crítica de la obra del poeta colombiano León de Greiff y el tomo de 1973 de *La última poesía cubana*, todo publicado en España.

Usted fue el compilador de una de las primeras antologías de poesía cubana de las llamadas dos orillas que se hicieron. ¿Cómo logró coordinar ese trabajo?
Este libro, el *primero* en recoger muestras de la obra de los representantes de la poesía cubana de «las dos orillas» surge de mi inquietud con la poesía cubana que ya me acompañaba a finales de los años cincuenta, cuando René Ariza, el desaparecido dramaturgo y poeta, y yo fundamos el cuaderno poético Cántico en La Habana. Al correr de los años, la poesía cubana acumulada entre el sesenta y el setenta, se va haciendo más importante a la vez que más desperdigada. Los

acontecimientos políticos y los económicos no dejan que la poesía circule como debía circular y los lectores se enteran muy someramente de lo que en verdad está pasando. Sólo los «preocupados» –yo entre ellos– nos interesábamos por mantener nuestra biblioteca al día y adquirir tanto los libros de autores cubanos de la Isla como los del exilio. Fueron los instantes de las revistas que surgen con el esfuerzo de Mauricio Fernández en Miami y de Víctor Batista y Raimundo Fernández Bonilla en Nueva York, entre otros. En la colección Arrecife, de Cádiz, España, Humberto López Morales saca una antología *Poesía Cubana Contemporánea* (1963) que recoge poetas en la Isla y añade muestra de mis poemas al final, el único poeta del exilio que allí aparece. En 1967 Las Américas Publishing Co. de Nueva York, del editor Gaetano Masa y Pedro Yánez, sacaría una reedición de esa antología en la que yo colaboré. Ya por aquel entonces yo hacía planes para lanzar la antología de marras y recopilaba materiales a la vez que hacía planes para lograr tirar un libro de esta índole en España, en cualquier casa editorial que se interesara. Como me fue materialmente imposible interesar a ninguna, dado el auge de la figura de Castro en la Península en esos momentos, tuve que fundar mi propia editorial Hispanova de Ediciones que luego siguió sacando cosas de mucho interés. Los talleres de la prestigiosa Escelicer, S.A. en Madrid me ayudaron a sacar el tomo de 575 páginas que recoge, como sabes, poemas de poetas de dentro de Cuba, de fuera de ella y de poetas que en aquellos momentos se encontraban encerrados en las cárceles del régimen, como es el caso de Ángel Cuadra.

El exilio ha sido largo y usted es de sus fundadores. ¿Cómo valora la contribución de los escritores cubanos exiliados a ese gran todo que es la cultura cubana?
Siempre he sostenido el criterio de que la cultura cubana es una, pero una con sus peculiaridades y ajustes de tiempo, de geografía, etc. Para parafrasear a Ortega y Gasset, la cultura cubana es una «con su circunstancia». A partir de 1959 se echaron a recorrer el mundo un sinnúmero de escritores cubanos que no se sentían bien con el estado de cosas que iban tomando cuerpo en la Isla y se llevaron bajo el brazo sus cuadernos con novelas, dramas y poemas. Otros más jóvenes venían del brazo de sus padres y aún no sabían que iban a ser escritores y que iban a publicar sus cosas en su nueva casa, en el exilio. Sé que ambos han sido tremendamente fructíferos

y que la producción literaria de éstos en el exilio ha sido extensa y de una suprema calidad. No entro a hacer listas porque sería imposible por el espacio de que disponemos, pero debo decir que fuera de Cuba se han publicado textos de un valor incalculable para la literatura en lengua española. Otro aspecto interesante para tener en cuenta es el de aquella muy buena literatura que se publica en inglés o francés y que ha salido de manos de creadores que se consideran, por sangre, conducta y gustos, profundamente cubanos. Estimo que en estos momentos el aporte de los escritores cubanos exiliados a nuestra literatura es ya indiscutible y que esa creación literaria, con su diversidad y su peculiaridad, cuenta con un espacio no solo como parte de la literatura de la Isla sino dentro de los anales de la literatura hispanoamericana de todos los tiempos.

El castrismo parece que se acerca a su final dominando la escena política, cultural y social cubana. ¿Cómo ve el futuro de la Isla?
El futuro es impredecible. Creo que hay que trabajar mucho, dentro y fuera de nosotros mismos para lograr algo que perdure, algo que trascienda. La cultura es básica para llevar a buen puerto nuestra nave democrática y es absolutamente imprescindible entender y digerir aquello de que «mis derechos terminan cuando comienzan los de los demás». Si partimos de una base moral sólida el edificio se mantendré en pie. Ceder y facilitar la vía a los que están alrededor de nosotros sin querer aplastar a «nuestro prójimo» para alcanzar un objetivo, cualquiera que este sea, es la base en la que debemos reconstruirnos y construir nuestra sociedad futura.

(agosto de 2006)

DESPUÉS DE LA ENTREVISTA, la publicación de *Casi la voz*, reúne una selección de su producción poética. Orlando Rossardi, cuyo nombre real es Orlando Rodríguez Sardiñas, es uno de los escritores que más ha trabajado desde su retiro de Radio y Televisión Martí.

JOSEFINA LEYVA (escritora)

Se convierte en una experiencia exquisita hablar con la escritora cubana Josefina Leyva. Una mujer elegante, conversadora, delicada en su forma. En su apartamento, cerca del mar y junto a un canal por el que navegan barcos de recreo, se refiere a su trayectoria y se desdobla para los lectores de esta columna sobre su vida y su obra literaria.

Usted comienza a publicar poco después de llegar a Miami en 1990. ¿Qué dificultades tuvo en la Isla para hacerlo para su público más natural?
Las dificultades para publicar las novelas que gestaba y escribía en silencio dentro de Cuba, fueron ideológicas. Ya tenía la experiencia de un prólogo que me habían pedido en el Instituto del Libro sobre el escritor finlandés Franz Emil Sillampaa. Después que lo escribí, me negaron su publicación por las opiniones negativas de Sillampaa sobre la revolución de Octubre. Conservo esa carta. Me solicitaron una introducción a la *Epopeya de Gilgamesh*, de la antigua Mesopotamia, que sí publicó la editora Daisy Valls, emigrada poco después a los Estados Unidos, donde radica desde hace muchos años. Daisy me permitió –y siempre se lo agradeceré– desarrollar ese tema sin relacionarlo con el marxismo. Pero en la ficción y en la poesía el compromiso no podía faltar. Por eso escribí mis novelas y mis poemas en el secreto de mi casa, y los envié a mi familia en el exilio con diplomáticos del mundo occidental. A nadie en Cuba hablé de esas páginas clandestinas. Más adelante, la salida de la Isla me fue denegada en el Mariel primero, y hacia Venezuela después entre 1980 a 1983, por mi condición de profesional y porque mi esposo era médico. Entonces, prácticamente confinada en mi hogar, tras los mítines de repudio, los cortes en la electricidad como represalia, el vacío en derredor de nosotros y la pérdida de mi cátedra en la Universidad de La Habana como castigo a mi decisión de partir, me dediqué a escribir de lleno sin decirlo a nadie. Así nacieron mis novelas *El tiempo inagotado de Irene Marquina*, psicológica y con el trasfondo del éxodo provocado por la radicalización del fidelato hacia el marxismo, y *El aullido de las muchedumbres*, que es la trayectoria del castrismo en Cuba y una de mis dos obras de mayor

denuncia a aquel proceso. La otra es *Operación Pedro Pan, el éxodo de los niños cubanos*, que escribí en Miami y publiqué en 1993, y que tuvo una respuesta oficial del castrismo en el libro *Operación Peter Pan, un caso de guerra psicológica contra Cuba*, con prólogo de Ricardo Alarcón y en el que se me mencionó varias veces. En la página 334 fui declarada «enemiga de la revolución». Mi libro sobre Pedro Pan fue el primero que se publicó acerca de aquel éxodo. A mi esposo no le permitieron irse de Cuba hasta 1987. En ese año salió hacia Madrid por gestiones del gobierno español, cuya ciudadanía tenía, y del doctor Caldera, en aquel momento expresidente venezolano. Por temor a represalias hacia mi esposo mientras estuvo en La Habana, no publiqué en Caracas. Mi primera novela impresa fue *Los balseros de la libertad*, en Miami, en 1992.

Su literatura se expande por distintos derroteros. Tiene libros sobre hechos históricos como la Operación Pedro Pan y el éxodo de los balseros; novelas de perfil psicológico como *El tiempo inagotado de Irene Marquina* y *Rut, la que huyó de la Biblia*. Por otra parte acaba de incursionar en el budismo con *Entre los rostros de Tailandia*. Háblenos de esa multiplicidad de temas y cómo los vincularía con su vida.
Exactamente: las dos vertientes esenciales de mis novelas son la histórica y la psicológica. En la histórica trato la libertad como problema político contemporáneo o pasado. Esto último se refleja en *La dama de la libertad*, donde aparecen las luchas de Bolívar por la independencia; la guerra de España por liberarse de la opresión napoleónica, y Filadelfia como ejemplo expansivo de democracia. En mis novelas psicológicas aparece la libertad como problema individual, lastrada por los conflictos internos, los prejuicios, la discriminación sufrida por la mujer hasta hace poco tiempo... El trasfondo de tales dramas puede estar en las limitaciones del medio social, como en *El tiempo inagotado de Irene Marquina* y, sobre todo, en *Rut, la que huyo de la Biblia*, que muestra la Cuba de hace diez años. En cuanto a mi novela histórico-filosófica sobre *Tailandia* (2005), responde a una etapa de paz interior lograda a través de la fe religiosa y la práctica de la oración y la meditación. Paz lograda también por haber cumplido mi deber de denunciar los sufrimientos de Cuba y los de otros pueblos en épocas pasadas, porque la causa

de la libertad es una y se refiere a la humanidad entera. *Entre los rostros de Tailandia* es una novela luminosa porque me trajo alegría y esperanza aquel país, que después de tantas catástrofes históricas recogidas en mi libro, logró consolidar su democracia.

En toda su obra publicada sólo hay un libro de poesía. ¿A qué se debe ese hecho?
La poesía para mí siempre ha sido ocasional. Ha expresado mis estados de ánimo, o bien instantes de sensibilización con el sufrimiento de otros. Así nació el soneto *Los héroes en la Plaza de Altamira*, donde me solidaricé con la lucha contra el chavismo de los venezolanos concentrados en aquella plaza por la que crucé tantas veces en mis años caraqueños. Así nació también *La llegada*, poema en que describí mi incertidumbre de la primera noche en Caracas. La actriz argentina Norma Alarcón y su director, Edelmiro Menchaca, lograron un espectáculo teatral unipersonal mezclando esa situación con escenas de mi temprana niñez en Cuba, que se quedaron en mi recuerdo: mi abuelita; Martín, mi muñeco de trapo; el barquillero... Ese espectáculo lo estrenaron en Bariloche en 1997, y lo han llevado a distintos países como México, Puerto Rico y Estados Unidos (Colombia University, Los Angeles, New Jersey...). La novela, sin embargo, ha sido para mí objeto de reflexión más profunda y más larga. Por eso llena casi toda mi obra.

Usted practica yoga, escribe sobre budismo y es una mujer occidental. ¿Cómo se define Josefina Leyva ante esos tres rostros?
Creo que, como dijo Vivekananda, el gran maestro hindú de yoga, el Oriente debe aprender la tecnología del Occidente; pero a nosotros nos toca aprender la espiritualidad de aquella región del mundo. El yoga es una gran disciplina espiritual, pero del mismo modo voy a la iglesia católica y, cuando me han invitado a una iglesia protestante, he asistido también, porque el mismo Dios preside todas esas creencias. Por otra parte, estudié sobre budismo para entender a los Thai, cuyo fervor religioso ha sido factor de solidaridad y esperanza en aquel pueblo. El budismo tiene excelentes técnicas de meditación que practico con un maestro: el monje Noble Silencio. La única religión que no me gusta es el islamismo, porque en la convocatoria a la Guerra Santa de Mahoma, está ya la semilla de la violencia.

¿Podría anticiparnos algo de su próximo libro?
La novela que he empezado a escribir tiene por título *La cena de los trece comensales*, si el editor no le cambia ese título cuando la vaya a publicar. Se desarrolla en Buenos Aires, esa capital cosmopolita y desbordante de atmósfera bohemia e intelectual; esa fascinante ciudad de muchos rostros. Su trama es psicológica y su tema es la comunicación como problema humano. Por lo tanto, es una obra en que los personajes se vuelven hacia adentro, hacia sí mismos, en medio del desvalimiento, la fragilidad y la ignorancia que regulan la vida, y bajo la ilusión de poderío y de dicha que preside la existencia humana. El tango es un constante *leitmotiv* que va expresando los procesos anímicos de mis personajes. Trato de mostrar hasta qué punto la comunicación entre los seres humanos está limitada por muchos factores, como la desconfianza, los prejuicios, el miedo, y eso provoca problemas que podrían evitarse si la comunicación a nivel profundo fuera posible. Entre sus consecuencias está la frustración en el amor, que puede quedar lesionado. Espero que les guste a mis lectores esta novela de intensa atmósfera bonaerense.

(septiembre de 2006)

DESPUÉS DE LA ENTREVISTA, la escritora ha mantenido una constante labor cultural, ofreciendo conferencias y publicando literatura y ensayos.

NENA ACEVEDO (actriz y educadora)

Cuando se habla del teatro cubano el nombre de Nena Acevedo ocupa un sitio más que destacado. Trabajó y dejó huellas imborrables en el Teatro Universitario y realizó una extraordinaria labor con el Teatro en Güines, municipio en las afueras de la capital cubana. Fue tan abarcador su trabajo que incluso llegó a impartir clases a enfermos mentales en el sanatorio de Mazorra en Cuba y a niñas en un internado en Puerto Rico.

Antes de salir de Cuba en 1962 formó parte del estupendo elenco que protagonizó *Mujeres,* de Clare Boothe, dirigida por Cuqui Ponce de León y María Julia Casanova. Esta obra estuvo en cartelera en el teatro Hubert de Blanck, con 324 representaciones entre 1958 y 1960, en medio de circunstancias sociales tormentosas. Nena Acevedo nos recibe en su apartamento en La Pequeña Habana con la misma sonrisa alegre que le vemos en los comerciales de León Medical Center. Mientras conversa parece, por la gestualidad, la manera de mirar, de entornar los ojos y los movimientos con la cabeza, que está ejecutando una de sus memorables obras. A pesar de sus noventa años se ve una persona alegre, vital, lúcida y soñadora. Mujer de criterios sólidos y de observaciones muy directas y agudas cuando ve algo que no le agrada. Llegó a Cuba a los 3 años procedente de El Valle de Oro, pequeño poblado en la provincia de Lugo, en España, donde había nacido en 1916 con el nombre de Carmen Acevedo.

Confiesa haber tenido cinco pretendientes con los que estuvo a punto de casarse, sin que nunca llegara al matrimonio con ninguno. Dice haber tenido diferencias con la directora María Julia Casanova. Considera a Gaspar de Santelices como el mejor actor cubano, mientras expresa que el más sobresaliente dramaturgo cubano contemporáneo es Nilo Cruz, por quien manifiesta una gran simpatía.

Cuéntenos de sus inicios en el teatro como actriz y directora.
Yo debuto ante el público en 1941 en el Teatro Universitario con *Numancia* de Miguel de Cervantes. Recuerdo que me pusieron todos los trajes y las camisas de dormir de la actriz Luisa Caballero porque no había talla que me ajustara. Desde ese momento nunca más dejé de hacer teatro. Fue una etapa linda de formación y trabajo

que se inició con el profesor austriaco Ludwig Shajowicz, quien hablaba con un tremendo acento, pero era un excelente profesor al que yo le debo mucho. Allí también comencé como directora con unas obras de Cervantes. Eran cosas pequeñas de teatro experimental, para un público reducido. Luego vino mi segundo padre en el teatro, Luis Alejandro Baralt, un hombre único como maestro y como ser humano, con él hice muchísimas obras. En realidad yo he tenido una larga carrera, he hecho entre doscientas a trescientas obras. Mi último trabajo fue *Lola* de Rafael V. Blanco en Teatro Avante, dirigida por Mario Ernesto Sánchez, eso fue en 1996, hace ya diez años.

Usted sale de Cuba en 1962 y se establece en Puerto Rico durante siete años. ¿Qué hizo allí?
En los siete años que viví en Puerto Rico sólo hice una obra. Era una pieza de Tennessee Williams. Casi toda mi estancia en la Isla fue enseñando teatro en el Colegio de Niñas Puertorriqueñas. Allí dirigí muchas obras. No recuerdo cuántas. Incluso ya después las escribía yo, muy mal escritas, pero las escribía para que las muchachitas, tenía 30 alumnas, pudieran desarrollarse. Estuve metida de lleno en ese colegio, inventé cosas... en realidad trabajaba muy duro. Mi vida ha estado tan llena de tremendas experiencias que yo debería publicar en un libro. Ya yo he escrito mis memorias, pero están ahí guardadas. Se las dejaré a Ramón González Cuevas que es uno de mis grandes amigos, como lo es Mario Martín, para ver si un día se publican.

Me gustaría que me hable más detalladamente sobre su labor en el teatro Universitario y en el de Güines.
Como ya te dije el Teatro Universitario fue fundamental en Cuba como lo fue Prometeo de Francisco Morín. Yo nunca trabajé con él, pero asistí a todas sus presentaciones. La etapa de Güines fue maravillosa. Yo viajaba a Güines en la mañana [unas 30 millas] y en la tarde tenía que estar en La Habana para las funciones de *Mujeres*. Todo ocurrió de manera casual. Fui con mi hermana Maruja a Güines a ver *La pasión*, ya era la época de Castro y estaban los milicianos por todas partes. Me pareció que aquel esfuerzo teatral necesitaba una dirección, así que fui a ver al cura y le dije que quería ayudar en la puesta sin cobrar nada. Allí me fui quedando, dando cla-

ses, preparando actores y montando obras. Las que destacaban en los teatros habaneros, yo las llevaba a Güines con actores locales. Allí hice con mucho cariño obras que dejaron huellas en ese municipio. Todo Güines iba a ver a mis obras.

Usted trabajó con Marta Llovio haciendo teatro infantil. Relátenos algo sobre esa experiencia.
Fue una etapa muy linda, pero muy difícil. Sufrimos mucho, nadie nos ayudaba. Nosotros dábamos clases a los niños y hacíamos obras que escribía yo misma, como *El perro callejero*, inventaba los personajes y las situaciones. En realidad hay muy pocos textos infantiles. Adaptamos cuentos para niños, como la *Caperucita roja*, donde el lobo no se come a la abuela, le hicimos cambios. En realidad casi no hay teatro para niños, y es una lástima porque es muy importante vincularlos con el teatro desde la más temprana edad.

Usted con 90 años va al teatro y es muy exigente con lo que ve en escena, además trabaja en comerciales y está activa. ¿Le gustaría volver a hacer teatro?
Claro que sí. Ojalá pudiera volver a los escenarios, yo todavía puedo hacerlo. Soy exigente, porque demando perfección, me gusta que las cosas queden bien hechas. Ahora estoy maravillada con *Dos hermanas y un piano* de Nilo Cruz que dirige Marcos Casanova, que es un magnífico director. También estoy enamorada de Jorge Hernández, que me parece un actor completísimo, que canta y que hizo un papel tremendo en *Un objeto de deseo* de Matías Montes Huidobro y recientemente estuvo con Pedrito Román en *La bella Otero*. Yo he vivido mucho y te puedo decir que el teatro es mi vida.

(noviembre de 2006)

DESPUÉS DE LA ENTREVISTA, la admirada profesora nunca publicó sus memorias, ni se sabe qué ocurrió con ellas. Falleció en Miami en marzo del 2011, a los 94 años.

JUAN ROCA (director teatral)

El actor, productor y creador del grupo Havanafama es un hombre conversador, sabe lo que quiere y avanza por el camino trazado. Dice que su principal pasión es el teatro y desde niño, en su Caibarién natal, en Cuba, comenzó su larga y exitosa carrera. Con él hablamos de ese amor apasionado por el teatro.

¿Cómo se vincula con el teatro?
Vengo de una familia de tías y primos muy vinculados al arte y al teatro. En la actualidad mi prima Adela Prado es una de las instructoras más reconocidas en el Instituto Superior de Arte (ISA) y está muy relacionada con El Público, uno de los grupos de teatro más interesantes que hay en la Isla. De manera que comienzo desde muy niño. Siendo muy chico gané una beca para estudiar teatro, pero como estaba en primaria mi padre no me dejó ir a La Habana. Años después se hizo otra convocatoria y soy elegido de nuevo entre los participantes y en esa ocasión sí me traslado a la capital. Allí viví, estudié teatro y tuve la suerte de tener una de las mejores profesoras que ha habido en Cuba, Elvira Cervera. Luego, en 1980 me voy de Cuba durante el éxodo del Mariel, algo que fue un gran golpe emocional, pues llego sin familia y dejando en Cuba a mi hijo que era muy pequeño. Las cosas en Cuba se me estaban poniendo muy difíciles, yo estaba joven y decía lo que pensaba y eso me estaba causando serios problemas, incluso en mi carrera como actor.

¿Cómo surge Havanafama?
Havanafama comenzó como un divertimento, de una manera casual. Todos los años un grupo de cubanos residente en Los Angeles hacíamos una fiesta el 31 de diciembre. Alguien propuso organizar un espectáculo con cantantes, bailarines, pedacitos de *sketch*es que escribía el dramaturgo Raúl de Cárdenas. Se preparó un programa para la ocasión, pero cuando todo estaba casi listo se canceló el local. Como lo teníamos montado, lo hicimos en casa de un amigo y fue muy bien acogido. Más tarde lo presentamos en un restaurante y fue la prensa local la que nos fue dando un nombre, y un sitial, pues escribían muy favorablemente sobre lo que estaban haciendo los cubanos. Eso nos fue poniendo en un compromiso con el público.

De manera que me inicio como director con esa revista artística y luego hago *Las muchachitas de la sagüesera* de Raúl de Cárdenas, alguien propuso el nombre de Havanafama y se quedó.

Havanafama ha llevado a escena varias obras de Raúl de Cárdenas. Háblenos un poco más de la relación con ese autor y su dramaturgia.
He producido y dirigido *El barrio de Colón*, *Se van las Capotes*, *Sucedió en La Habana* (que en algún momento pondré aquí) y la ya mencionada *Las muchachitas de la sagüesera*. Raúl es un gran amigo, al que le tengo un tremendo cariño. Es como mi hermano... pero lo respeto como escritor, porque creo que a través de su teatro costumbrista, Raúl rescata una forma de hacer teatro que de pronto parecía que empezaba a diluirse un poco. Es interesante como rescata ese estilo sin caer en la nostalgia. De hecho hay quienes nos dicen que ponemos muchas obras de Raúl de Cárdenas, y es cierto, pero Raúl ha sido como un angelito para Havanafama, porque cada vez que ponemos una obra suya hemos tenido mucho éxito. *Las muchachitas*...fue todo un acontecimiento en Los Angeles, y con esa obra se presentó por primera vez teatro en español en Las Vegas. Además, gracias a esa pieza se me acerca el productor venezolano Luis Medina y me propone hacer un programa radial, Historia de una canción, que se hacía en Miami. El programa se transmitía en todo los Estados Unidos y fue nominado para un Billboard Award. Ahora, aquí en Miami la tenemos en cartelera hace cuatro meses. Si todo eso pasa es porque el teatro de Raúl de Cárdenas funciona. Desde luego no estamos casados con Raúl. Hace poco tuvimos *El último bolero* de Cristina Rebull. Pero sí me gusta mucho el teatro de Raúl de Cárdenas.

Recientemente Havanafama se trasladó a Miami y ha alcanzado un sitial destacado en poco tiempo. ¿Por qué dejaron California y cómo han logrado penetrar el mercado y público de Miami?
Llevamos en Miami dos años y en realidad nos ha ido muy bien. Las razones por las que vine para Miami son, en parte, por problemas de salud, pues comencé a padecer una alergia muy fuerte a la polución que hay en Los Angeles. La otra razón es que me vi mucho tiempo lejos del mar. Ahora vivo en la playa y estoy junto al mar casi todo el tiempo de mi vida. Havanafama se ha consolidado

en Miami por las obras que presentamos y porque trabajamos mucho. Yo estoy contento con lo logrado y cada día trato de superarme a mí mismo, quiero que cada espectáculo que haga sea mejor que el anterior. Ahora tenemos nuestro propio espacio, Havanafama Teatro Estudio, y eso es algo muy importante, pues nos permite hacer lo que queremos, así como darle oportunidad a otras compañías e instituciones como el Instituto Cultural René Ariza (ICRA) para que hagan cosas en nuestra casa. Ahora bien, hay diferencia entre Los Angeles y Miami, aquí todo me ha sido más fácil. Yo he logrado en apenas dos años lo que en California me costó cinco. Desde luego no hay que olvidar la experiencia pasada. He llegado a Miami con la trayectoria de 23 años haciendo teatro en una ciudad donde la comunidad cubana es muy poca y con necesidades sociales diferentes. Miami es una ciudad más controlable y más interesada en el teatro que Los Angeles. Tengo la percepción de que en Miami el latino está más interesado en el espectáculo.

Cómo surgen los festivales de monólogo y háblenos del que está por iniciarse en febrero.
Nosotros tuvimos un teatrico en Los Angeles donde presentábamos Noche bohemia. El público acudía con poemas, canciones y fragmentos de obras y se presentaban de una manera espontánea. Allí surgió la idea de hacer los festivales de monólogos. Era, como lo sigue siendo, un festival que no es competitivo, ni hace una preselección de los textos. Cada cual presenta su propuesta y ofrece su monólogo, desde luego, sabemos que eso tiene sus ventajas y sus desventajas, hay diferentes niveles, pero creo que eso también ayuda a diversificar el festival. Ahora comenzaremos en febrero con el VI Festival. Tenemos ya unos 20 actores y este año lo hemos hecho más organizado. Paralelamente tendremos dos talleres para los actores y para todo aquel que quiera participar a un precio muy módico. Posteriormente presentaremos *Jinetera* obra de Manuel Lorenzo Abdala, es un proyecto suyo que viene a nuestra casa. También haremos *La cenicienta en Hialeah* de Roberto Antínoo. En realidad buscamos ofrecer teatro para todos los públicos. Havanafama sigue adelante. Yo no vivo del teatro, pero el teatro me da vida, me da ganas de levantarme temprano y hacer teatro. El teatro me ha dado muchas alegrías y personalmente he hecho todo lo que he querido hacer.

(enero de 2007)

DESPUÉS DE LA ENTREVISTA: Havanafama se ha consolidado como un espacio teatral continuo y variado. Entre sus puestas más memorables se encuentran *Bernarda, La orgía* y *Dos viejos pánicos*. Ha cambiado de sede en varias ocasiones, pero ha sido consistente en su desempeño.

DANIEL FERNÁNDEZ (escritor y maestro)

Nuestro entrevistado en esta oportunidad es tal vez una de las figuras literarias más interesantes que residen en Miami. Su vida tiene amplios registros, desde estibador en los muelles, hasta preso político. Desde consultor de temas esotéricos, hasta crítico de música clásica. Desde profesor hasta especialista en plantas. En fin, todo un personaje.

Usted tuvo un programa en la televisión de tema esotérico, es un respetado crítico musical, escritor y dramaturgo, entre otras facetas interesantes. ¿Quién es Daniel Fernández?
Bueno, creo que hasta que nos morimos, uno es un proyecto, un ser que evoluciona y se desarrolla, y si bien en este momento puedo hacer o ser muchas cosas, quisiera que Dios me concediera tiempo para hacer y ser mucho más. Creo que soy un hombre de los que vamos en el bando que identificaba Martí como de «los que aman y fundan» en oposición a los «que odian y destruyen». Como dices, he sido astrólogo, actor, cartomántico y hasta mánager de un edificio en Virginia Gardens. En este momento escribo sobre música, literatura, plantas y ecología en El Nuevo Herald y soy profesor de Creación Literaria y de Diseño y Mantenimiento de Jardines en el Miami Dade College. También escribo novelas... Así que como mejor podría definirme ahora y aquí es como escritor y maestro.

Usted es autor de *La vida secreta de Truca Pérez* una novela muy perseguida por la policía política y finalmente desaparecida. Háblenos de esa novela y por qué hubo tanto ensañamiento con ella.
Fue una novela que terminé cuando tenía unos 25 años, muy breve, pero muy incisiva. Decidí escribirla sin miedo, a sabiendas de lo que podría costarme. Y definitivamente, me costó 4 años de cárcel, aunque no llegué a cumplirlos todos. Fui indultado al año y medio con la condición de que me fuera, y así lo hice, en 1979. La novela se hizo muy popular en las tertulias clandestinas, quizá por el desenfado con que se llamaba a las cosas por su nombre y una de las cosas que se llamaba por su nombre era a Castro: tirano. Uno más en la larga lista que había asolado a Cuba: «el enclave de la soledad, la

testicularidad y el pecado», recuerdo que escribí. Yo leía capítulos (más bien «momentos») sueltos, en casas de amistades que se arriesgaban al peligro. Éramos vigilados de cerca, como finalmente me demostraron. Pues a los cinco años de escrita vinieron a quitármela a la casa, junto con todo lo que había escrito en mi vida. Muchos hablaban de la novela sin haber asistido a una de esas tertulias ni haberla leído en manuscrito, porque por desconfianza se la presté a muy pocas amistades, pero es que a la gente le gustaba darse por enterada de lo que pasaba en el *underground* y por eso se hizo muy popular. También el cineasta Tomas Piard hizo una breve versión fílmica, que se comentó mucho, aunque creo que sólo se exhibió tres veces y privadamente. Era una obra muy poética que después he visto que guarda correspondencia con novelas que he leído más tarde, como el *Diario del ladrón,* de Genet, y algunas novelas de José Abreu Felippe. Con la primera, porque tiene esa atmósfera transgresora, agresiva y picaresca, donde se combina la poesía con lo más descarnado de la realidad, el sexo homosexual y una especie de humor negro. Esos elementos también los encuentro en Abreu, pero con más puntos de contacto, pues nacimos ambos en La Habana y el mismo año (1947). Yo creo que hubo ensañamiento con mi novela –quizá el primer caso en Cuba de encarcelamiento a un autor desconocido, y estibador del muelle por más señas– porque era una muestra de escribir con libertad, sin tapujos, diciendo tirano al tirano y sexo al sexo.

Hay un debate en torno al llamado Quinquenio Gris en la cultura cubana. Usted fue testigo y víctima de esa política represiva. ¿Qué nos pudiera referir sobre el tema?
Bueno, a veces hasta me da risa –una risa a lo Virgilio Piñera– todo eso del Quinquenio Gris, cuando en realidad lo que hubo y hay todavía es un medio siglo negro, muy negro. A Virgilio lo encarcelan en los primeros años de la mal llamada revolución, aunque lo sueltan a instancias de Guillén, creo. Y la persecución a los homosexuales comenzó en el 62. Se crean las UMAP al año siguiente. Yo creo que en Cuba se ha perseguido la cultura –la verdadera cultura cubana de libertad y tolerancia– todos estos años. Hablar de un Quinquenio Gris por aquello de la parametración (en la que muchos funcionarios de la cultura fueron eliminados de sus puestos por «no cumplir con los parámetros culturales de la revolución») y otros

fenómenos, me parece un bizantinismo. Es como ponerse a discutir dónde quemaron más brujas, si en Sevilla o en Madrid. Mientras en Cuba un intelectual no pueda decir abiertamente que Fidel es un tirano y que aquello es una tiranía no hay libertad, y sin libertad no hay cultura. No hay que darle más vuelta a la hoja. El resto son pajaritos preñados. Por eso la mayor parte de la literatura que llega de allá es tan mala, y que conste que digo literatura por llamarla de alguna manera, pero generalmente son monsergas seudofilosóficas aburridísimas, donde le quieren dar la vuelta al trompo sin pita. Hay excepciones, por supuesto, y si no cito algunos nombres es por no perjudicarlos. Pero todavía hay obras de autores de mi generación que están en el índex. Hasta ahora la política cultural es que los artistas y escritores que se fueron no existen. A Dumé, el formador de Abelardo Estorino y Gilberto Hernández, no lo mencionan en la historia del teatro cubano escrita recientemente. Hablan de las obras que dirigió en los 60 (*Vestido de novia*, *Las impuras*, *Las vacas gordas*) como hitos, y sin embargo no dicen quién las dirigió, como si se hubieran dirigido solas. Cuando los escritores se mueren, entonces inventan una historia falsa y se los roban al exilio, como han hecho o han querido hacer con Reinaldo Arenas, Heberto Padilla, Lydia Cabrera, Labrador Ruiz, etc., porque una vez muertos, ya los pueden manipular. Eso no es cultura, es un asco.

En *Viaje a La Habana* de Reinaldo Arenas usted es un personaje importante, nombrado como Daniel Sakuntala. Cómo fue su relación con Arenas y cómo se siente como parte de la obra del escritor.
La respuesta cabal sería muy larga, y por eso he escrito una novela sobre el asunto, para que no aburra. Se llama *Sakuntala la mala contra la Tétrica Mofeta*, que pienso publicar muy pronto. Es que él no sólo me menciona en esa obra, sino en tres o cuatro más, sobre todo, en la póstuma y quizá la mejor de todas: *El color del verano*, donde constantemente conversa con Sakuntala la mala. Eso de «la mala» lo agrega él, pues sólo me decían Sakuntala. Incluso, en *El Color...* él pone cómo mi personaje se rebela contra ese apelativo. Todo muy divertido. Creo que a pesar de todos los puyazos literarios que me dedica Reinaldo, me quería y me admiraba mucho. Siempre me estaba estimulando y le picaba que yo le encontrara un gerundio o un subjuntivo mal puesto, de igual manera que se sentía

muy contento cuando yo lo elogiaba. Gracias a él publiqué en [la revista] Mariel y otros lugares, pues siempre me estaba pidiendo algo. Me menciona elogiosamente en una entrevista que le hicieron en The New York Time. En la novela trato de resumir nuestra amistad y de dar mi visión del ambiente clandestino que compartimos en La Habana, el mundo marginado de mi generación, la de El Mariel.

Usted ha publicado *Alquimia Magna*. Podría decirnos en qué está trabajando ahora.
Como te dije, recién terminé la novela sobre mi amistad con Reinaldo, sólo le faltan detalles para la publicación. Comencé otra que es la tercera y última parte de *Alquimia Magna* (me salté la segunda), y también un libro sobre cómo conservar la juventud –física y espiritual– a los 60, que cumpliré este año. Por otra parte, realizo investigaciones sobre la Cuba musical del siglo XIX, que será el marco para otra novela histórica. Tengo otros proyectos, pero nada más esos en la mesa de trabajo por el momento. La juventud hay que aprovecharla.

(marzo de 2007)

DESPUÉS DE LA ENTREVISTA, apareció la anunciada novela sobre sus relaciones con Reinaldo Arenas. También publicó *Novelas sencillas* (Editorial Silueta, 2010).

ARIEL REMOS (periodista)

En el campo del periodismo en Miami sobresale la voz coherente del Dr. Ariel Remos, un cubano que se encuentra en el exilio desde los albores del comunismo en la Isla y que ha sido orgulloso testigo de la huella profunda que los desterrados cubanos han dejado en este país, con su aporte a la política, la cultura y la economía.

El Dr. Remos es un hombre pausado, observador profundo y preciso en sus opiniones. Su larga carrera como periodista lo ha llevado al análisis profundo del acontecer local e internacional, con exámenes agudos, como cuando expresa que ha existido una «conspiración que promovía no la derrota del comunismo, sino la convergencia del comunismo con la democracia», idea realmente perturbadora.

Sobre el largo exilio y las figuras ilustres que han dado realce a la cubanía, el Dr. Remos preparó recientemente el libro *Raíces de cubanía*, con 35 semblanzas de personalidades que han contribuido al concepto de lo cubano. Sobre estos y otros temas conversamos con él.

Su libro *Raíces de cubanía* reúne semblanzas de 35 figuras ilustres en la vida cubana. ¿Qué lo llevó a escribir ese libro?
Debido a mi trabajo periodístico, las semblanzas de *Raíces de cubanía* fueron hechas en distintas épocas, siempre por un motivo valedero: bien porque los méritos del personaje lo justificaron cuando fueron trazadas, como ante el hecho y la noticia de su muerte, o su exaltación, por algún motivo, confiada a mí por una institución. De esa forma reuní docenas de esas semblanzas que, al releerlas, me daba cuenta de que llenaban ciertos requerimientos de tono y estilo, muy cerca del ensayo, y juntas en un libro, podían quedar como ejemplo de una manera de reaccionar ante la adversidad, que puede estar en la esencia de la cubanía.

Hace unos días usted expresó que las generaciones van cambiando, pero que la cubanía es una, agregando que «su fuerza está en que es invariable y su esencia no está sujeta a cambios». ¿Podría elaborarnos un poco más en torno a este concepto?

Tal como manifesté en mis palabras de gratitud cuando la presentación del libro, hay en el título dos elementos básicos: cubanía y generación. El de cubanía es una abstracción y por tanto difícil de definir. Sin embargo, en principio podemos decir que es un concepto que está formado principalmente por un sentimiento de amor a la tierra natal y apego a ella, un sentimiento que nos hace pensar y actuar de una manera determinada propia de los hijos de esa Isla, donde se mezclan virtudes y defectos, predominando ciertos valores que lo identifican. Es una realidad caracterológica que no cambia. Sin embargo, la generación –en este caso generaciones– a las que está dirigida el libro, y como unidad de cronología histórica, cambian de planteamientos y focos de interés al paso del tiempo. Libros como *Raíces de cubanía* sirven de exaltación para que los valores de la cubanía sigan prevaleciendo.

Usted es uno de los más respetados analistas sobre la realidad cubana. ¿Cómo visualiza el futuro de Cuba en relación a una democracia estable y perdurable en la isla?
La experiencia comunista en Cuba ha sido una real hecatombe de la que es muy difícil predecir qué rumbo tomarán los cambios que deben producirse en el futuro. Es una realidad sumamente compleja por lo aguda que ha sido la fractura histórica y cultural producida por el comunismo. Sin embargo, pienso en la ley pendular, en la experiencia del pueblo cubano viviendo 48 años bajo las condiciones más degradantes de desprecio a la vida humana, anulación de la personalidad y pérdida de las libertades fundamentales. Es decir que, una vez que se ponga fin a la tiranía, es difícil que alguien hable de comunismo o marxismo, que no sea tomado como una maldición. El cubano girará inmediatamente al otro extremo del péndulo, hacia la libertad y la democracia.

Usted es descendiente del Dr. Juan J. Remos una de las figuras más admiradas por la intelectualidad cubana; además, ha sido cantante, escritor, periodista. Quisiera pedirle que nos ofrezca una panorámica sobre lo que ha sido su vida.
En ese orden de cosas yo he practicado lo que el filósofo Max Scheler entendía como apertura al mundo, o sea, hacer lo más amplia e intensa posible la experiencia existencial enriqueciéndola al máximo como si se quisiera absorber al mundo, de manera que facilite

adquirir una cosmovisión desde la cual todas las preguntas encuentran respuesta. En el caso particular mío, sin dejar mi preferencia por la música, me he asomado también por vocación a otros panoramas como la filosofía, el periodismo y la ciencia política. En el orden humano aprendí de mis padres la fundamental misión de la familia, la preocupación por el prójimo, la disposición a servir en la medida que me lo permitan mis posibilidades. Puedo decir que he vivido la vida a plenitud, pero ha sido decisivo en ella un común denominador ético que mantiene limpia mi conciencia a toda hora. He llegado por eso a la conclusión de que no se puede vivir la vida a plenitud si no se añade a la vida útil la virtud de haber eliminado el daño a los demás.

El exilio deja huellas dolorosas y amargas. ¿Cómo lo ha marcado a usted este prolongado destierro?
Desde que llegué de Cuba hace 47 años, me preparé para lo peor. Muy pronto comprendí la existencia de la conspiración que promovía no la derrota del comunismo, sino la convergencia del comunismo con la democracia, o, más específicamente, de la URSS con EE.UU. Es por eso que el tirano ha durado 48 años en el poder. Esa convicción me preparó para convencerme también de que la lucha sería larga y por dónde había que atacar al enemigo. Desde luego el enemigo era muy fuerte (EE.UU. y la URSS) y lo nuestro eran salvas intrascendentes. Creo quelas huellas dolorosas y amargas que pudieran agriar más este destierro fueron neutralizadas por esa convicción. Mi creencia de que estoy en la verdad, ha sido como una descompresión que me ha permitido vivir mi vida con más intensidad y complacencia.

(abril de 2007)

DESPUÉS DE LA ENTREVISTA, Remos siguió escribiendo su columna en Diario Las Américas hasta su retiro. Falleció en abril del 2013. Tenía 86 años.

DENIS FORTÚN BOUZO (escritor)

Todo acto de creación artística está regido por patrones: la plástica por las formas y el dibujo; la fotografía por la composición y la luz; la literatura, en su gama más amplia, por el dominio de la narración y el ritmo o la métrica para la poesía. En el marco de la métrica se sitúa la poesía del escritor cubano Denis Fortún Bouzo, habanero de nacimiento y cienfueguero por adopción, pues residió y trabajó muchos años en esa región de Cuba hasta que salió al exilio.

Fortún nos habla de la décima, la forma poética que prefiere para expresarse y de su más reciente libro, próximo a aparecer. Frente a una olorosa copa de vino tinto, en medio del calor desatado sobre Miami tras un torrencial aguacero, el escritor se refiere a su obra y la actualidad.

Usted es narrador y poeta, siendo la décima una de las formas en las que prefiere expresarse. ¿Qué hay en la décima que lo atrae tanto?
Primero que todo por su musicalidad; disfruto mucho el verso octosílabo precisamente por su ritmo; segundo, porque asumo como un reto el hecho de construir imágenes a partir de una estructura que no da margen a salirse de sus formas. Aunque también lo hago y la irrespeto un tanto, en el mejor sentido, desde luego, para darle un aire diferente o al menos una postura algo más apegada a mis orígenes que no son campesinos. Un poco como que la cubro del asfalto en que crecí en La Habana.

Pronto aparecerá *Zona desconocida*, un libro de décimas. ¿Podría darnos detalles sobre ese libro?
Zona desconocida, que está publicando Ediciones Itinerantes Paradiso, que dirige Ignacio T. Granados, es el resultado de dos libros de décimas dentro de esa impronta de asfalto de la que te hablaba, (o de Nuevo Vedado, lugar donde crecí y estuve viviendo hasta los 21 años que me fui para Cienfuegos), como le dije a alguien una vez tratando de separar en cierta medida mis décimas de las llamadas décimas cultas o lezamianas, definición que luego de escuchar mucho, cada vez tengo menos clara. En realidad son dos cuadernos en un solo libro. El primero un cuaderno hecho en Cuba, y el segundo,

escrito íntegramente aquí en Miami, y por supuesto con más desgarramiento que el anterior porque la catarsis es la primera herramienta de las que me asisto al momento de escribir. Y porque a pesar de muchos no coincidir conmigo, creo en el desgarramiento para con la poesía, claro, luego de limpiarse porque se puede caer en el ridículo y la metatranca con mucha facilidad.

Usted fue director de la Casa del Joven Creador en la provincia de Cienfuegos. ¿Cuál era el propósito de esos centros desde el punto de vista cultural y político?
La razón fundamental de una institución como ésta (dicho sea de paso, son las sedes provinciales de la Asociación Hermanos Saíz, AHS), primero que todo, es no dejar el más mínimo margen al *free will* o libertad de creación a ningún joven con inquietudes artísticas. Todo eso se hace en nombre de la supuesta protección del creador, con el objetivo de ofrecerle espacios para la presentación de sus obras, ya fuese lo mismo plástica, literaria, escénica o de la llamada novísima trova. La intención es tener bien amarradita la propuesta artística del joven desde el punto de vista político, más que creativo, por esa vieja máxima en el proceso que se conoce como contra la «obra» nada, a favor de la «obra» todo. Por lo tanto se busca aglutinar al talento artístico joven bajo la égida de una asociación que dice ella misma protegerte como artista desde las perspectivas de la AHS, y a su vez, «atenderte metodológicamente» como creador desde la dirección misma de la Unión de Jóvenes Comunistas, todo con el claro objetivo de que si te sales del redil, pues no serás nada, y por consiguiente no tendrás espacios si no la militas. Es lo mismo que pasa con la UNEAC (Unión Nacional de Escritores y Artistas de Cuba), si no perteneces a «ella» no te reconocen como creador. Es bueno aclarar que de la AHS es de la que se nutre ahora la UNEAC.

En estos momentos el grupo de música rock Porno para Ricardo y su director Gorki Águila están enfrentando y desafiando al régimen castrista con temas musicales muy fuertes y directos. ¿Qué podría estar ocurriendo con las autoridades para que esté sucediendo este hecho sin precedentes?
Precisamente eso, El grupo Porno... es uno de los más castigados en ese sentido porque jamás se plegó a las orientaciones y siempre

ha tenido como postura el hecho de una creación consecuente con su modo de pensar, aun al precio que ahora están pagando por no aceptar a la institución como el oráculo y la verdad absoluta. De hecho en el último disco que está oyéndose ahora mismo en Miami con mucha fuerza, hay una canción que grafica eso muy claramente y es la que le «dedican muy amorosamente» al presidente nacional de la Asociación Hermanos Saíz, un individuo que se tomó muy en serio cerrarle cualquier espacio al que pudiesen acceder ellos. De hecho, fui testigo que en un concierto de rock a celebrarse en Cienfuegos, cuando el coordinador de esta «manifestación musical» decidió invitarlos por su talento y prestigio dentro del movimiento del rock cubano, el presidente provincial puso el grito en el cielo. Entonces pidió autorización a La Habana y ésta por supuesto contestó que no, bajo amenaza de que si desobedecían se suspendería el concierto. De por sí estos actos son de muy difícil materialización en Cuba debido al miedo del régimen al movimiento de rock cubano y a lo estigmatizado que tienen a sus integrantes. El estilo diferente que proyectan, incluso su modo de vestir es algo a lo que en Cuba se le teme. Por tanto, la respuesta actual de las autoridades es de esperarse y cualquier medio para silenciar a estos muchachos pues les va a servir, no importa escrúpulos a la hora de aplicarlos.

¿Está trabajando en algún nuevo proyecto?
Recién he terminado una novela que se titula *Cueros contemporáneos* y es una historia que puede definirse desde amor hasta de denuncia, pero sin la intención del panfleto. Cuenta una realidad que de por sí es subversiva. Le escuché a alguien decir una vez que en Cuba con nada más que poner una cámara y filmar una esquina cualquiera de La Habana, la realidad que iba a descubrirse era contrarrevolucionaria; pues mi novela sólo cuenta esa realidad desde Cienfuegos, La Habana y Miami, por supuesto desde la perspectiva de un individuo que se siente solo, triste por haber dejado a sus hijos y mujer en Cuba al no tener otra alternativa. Y por tanto miedo a esa soledad vive en Miami con su primer amor que antes del ochenta fue una lesbiana prostituta que lo sedujo cuando tenía catorce años. En fin, una historia como muchas que vino a nacer por la sugerencia de una amiga de que hiciese largo un cuento.

(junio de 2007)

DESPUÉS DE LA ENTREVISTA: ha publicado además, el libro *Diles que no me devuelvan*, crónicas del aeropuerto, y el poemario *Serio divertimento*.

ROLANDO D. H. MORELLI (escritor y editor)

Escritor, profesor, con una vida llena de sorpresas y una obra literaria que, entre otras cosas, le valió recientemente el Premio Emilia Bernal. Con él abordamos algunos aspectos de su carrera.

Usted salió de Cuba durante el éxodo del Mariel, algo que lo convierte en una rara excepción, pues nació en Dinamarca. ¿Podría hablarnos de su experiencia en Cuba y de las circunstancias de su viaje durante el Mariel?
Desde los cinco a los veintiséis años de edad, en que salí de Cuba durante el éxodo del Mariel, mi experiencia no fue sino la de cualquier otro cubano. Las circunstancias de mi nacimiento en Horsens, y de mi origen familiar me fueron sistemáticamente escamoteadas por mis padres de manera consciente todos esos años, en un afán que podría ser calificado a la vez como extremadamente generoso y extremadamente egoísta de su parte, –protegerme, mediante la ocultación y el subterfugio de saber lo que a su juicio no debía serme conocido, o lo que les parecía peligroso que supiera–; de manera que no fue sino a los diecisiete años que la primera confrontación con mi padre (y las buenas artes de mi abuela, su madre, una mujer singular) consiguieron que se hiciera algo de luz sobre todo aquello de lo cual yo no tenía sino una idea muy general. Esto, a su vez, vino a traer algo de paz a mi alma atormentada. Huir de aquel infierno, escapar a cualquier parte, tomó cuerpo en mi conciencia a muy temprana edad, y le dio sentido y propósito a mi vida. Cuando ocurrió el Mariel, yo estaba listo como no creo que ninguno otro en Cuba lo estuviera. No quería pisar en falso por nada del mundo. Pero toda mi cautela se estrelló de golpe contra los acontecimientos. Un primer acto de repudio. Un segundo *acto* en la casa de mis padres, que los involucró a ellos, me decidieron a presentarme de una vez a uno de los puestos militares de procesamiento. En el lugar ése donde me presenté, a las afueras de la ciudad de Camagüey, estuve once días. Al noveno día, un oficial llamó mi nombre por los altoparlantes y me confrontó con «la generosidad de la revolución» que supuestamente me lo había dado todo, y a la que yo le pagaba como lo que era... La lista de insultos la sufrí francamente sin experimen-

tar ya ninguna reacción, hasta que dijo que le mencionara una sola cosa que me hubiera hecho la revolución por la que yo deseara salir de allí. Mi respuesta provocó la golpiza que me propinaron y que me hizo perder el conocimiento, pero tal vez esto mismo me garantizó un puesto en el próximo autobús que pasó por Camagüey. Gracias a Dios, con unos cuantos hematomas en el cuerpo yo conseguí salir y librarme de todo aquello. De este sitio en Camagüey, nos enviaron a Cuatro Ruedas, ya en La Habana, a donde llegamos de noche, –cuatro días más de espera–, y tres en El Mosquito, del que finalmente salimos a bordo del Coral Reef. Hay un cuento de ese nombre que fue el primero escrito por mí en los Estados Unidos. Reinaldo Arenas quiso publicarlo en la revista Mariel, me insistió en que se lo hiciera llegar –lo cual hice–, luego me escribe nuevamente diciéndome que lo había traspapelado, pero que era importante que se publicara, y por alguna razón o por ninguna, el cuento quedó sin aparecer en ninguna parte hasta que uno de los editores que había sido de la revista, el poeta Reinaldo García Ramos publicó un número-homenaje veinte años después. Ahí sí, ya apareció. Lo incorporé además a mi libro *Coral Reef, voces a la deriva*, al que acabó por dar nombre, el cual salió en España, a instancias de otro poeta: David Lago.

Como escritor y profesor usted ha ido dejando su huella de una manera firme. Es profesor en Filadelfia y como escritor ha publicado el libro de relatos *Algo está pasando*. ¿Podría ofrecernos una visión de su libro?
Conjugar la creación literaria con la enseñanza de la literatura puede ser una de las actividades intelectuales más satisfactorias. Mi libro de relatos *Algo está pasando*, que a propósito sea dicho, acaba de reaparecer, esta vez en edición bilingüe (español-inglés) *Something's Brewing* resume un poco tardíamente (salió a la luz en 1992) mi experiencia cubana hasta el momento de salir del país. Se trata de un libro difícilmente reunido. La necesidad de dar testimonio, por una parte, y por la otra de hacer buena literatura se enfrentaba constantemente a dos retos: el primero, la dolorosa reiteración de las experiencias pasadas que mi conciencia se esforzaba por dejar atrás, y el segundo, de índole más técnica, la dificultad de hacer buena literatura con elementos que en muchos casos, como ocurría con el lenguaje, resultaban pedestres. El resultado de mi intento es

este libro del que me ha pedido que hable. Creo que es un libro que, a fin de cuentas, puede calificarse de digno. Los reseñadores que en su momento se ocuparon de él han sido en extremo dadivosos en sus juicios, a tal extremo que creo justificada la reedición, que además es la primera edición bilingüe como ya he señalado. Algún que otro relato ha sido antologado aquí o allá, pero en general su tono y su tónica corresponden a otro momento de mi escritura. Recién sale *Lo que te cuente es poco*, otro volumen de relatos que es el primero de tres en los que recojo a manera de resumen la obra narrativa breve escrita por mí a partir de ese primer libro.

Un cuarto de siglo después de su salida de Cuba y residiendo lejos de los grupos de escritores cubanos tanto de la Isla como del exilio, ¿qué visión tiene de la literatura que se escribe en cada lado del Estrecho de la Florida?
A pesar de vivir en una ciudad como Philadelphia, donde si bien hay cubanos no existe un grupo nutrido de escritores —aunque también los haya, desde luego— he vivido siempre apegado a nuestra tradición literaria y me he mantenido al tanto de lo que sucede dentro y fuera de Cuba en esta materia como en muchas otras de mi interés. Sin embargo, no he querido hacer de la nostalgia una trampa. Leo mucha otra literatura, de procedencia tan disímil como puede ser la del nigeriano Chinua Achebe o el danés Villi Sørense, y de vez en cuando releo con provecho autores y obras leídos ya hace tiempo. Además de leer, me gusta releer. En Cuba lo mismo que fuera del territorio insular se escribe mucho, incluso demasiado, y se publica muchas veces sin pudor. El resultado es la proliferación que nos caracteriza como pueblo. Somos parlanchines al hablar y al escribir. El proceso político de los últimos cincuenta años ha agravado esa tendencia como ha ocurrido con tantas otras cosas. Es indudable que al pasar un balance mesurado del quehacer literario cubano, podemos consignar con orgullo que el país cuenta desde el siglo XIX con un haber de gran altura que puede colocarse sin menoscabo entre lo producido por países de mayor extensión territorial y de mayor densidad poblacional tanto de Las Américas como de Europa, pero también es cierto que se ha centuplicado la chapuza. Últimamente, pero esto comenzó hace ya varios años, se ha producido lo que entonces llamé en un artículo «el nuevo boom que se anuncia», el cual aunque tiene según los indicios idéntica proceden-

cia editorial que aquel *boom* de los sesenta –editoriales españolas, autobombo, un sesgo políticamente correcto, etc.– esta vez ha procurado ser *intencionalmente* cubano. Aunque lo importante no fuera ser cubano, sino pronunciarse respecto a la llamada revolución y al desastre causado por ella, de un cierto modo. El santo y seña de esta actitud es el acomodaticio «donde dije digo dije Diego...», que incluso pasa por sensato y mesurado. Esto coincidió con la aparición de los llamados o quedados, fenómeno que no se acoge solamente a México. Indudablemente, sólo fuera de Cuba es posible escribir en libertad. Pero sobre todo, en el exilio terminaron por reunirse yo diría que todas las vertientes, generaciones y estéticas del acontecer cultural cubano, no sólo literario. Y si compilamos una relación de nombres imprescindibles de la cultura cubana del siglo XX, creo que entre los vivos y los que ya no están más con nosotros, compondríamos una nómina sin parangón, incluso dentro de la Isla.

Usted ha realizado una edición de Layka Froyka. El romance de cuando era niña, libro de Emilia Bernal aparecido por primera vez en 1919. ¿Podría hablarnos de su interés por rescatar este libro y de la vigencia de Emilia Bernal?
Emilia Bernal Agüero es una de las voces y figuras imprescindibles de la historia de la literatura cubana del siglo XX. En más de un sentido su caso personifica ese escribir borrando impuesto por el castrismo para lograr un palimpsesto que se aprovecha de la tragedia cubana, y se alimenta de la mala voluntad de tirios y troyanos, de la envidia, del encono, de la ignorancia e incluso de aquellas fallas del carácter cubano que nos hacen muchas veces comportarnos con absoluto despego por lo nuestro de indiscutible valor. Pero el castrismo sólo agudizó con una intención político-ideológica una tendencia que se manifestó con sus altas y sus bajas a lo largo de nuestra historia, y también en ese sentido doña Emilia es un caso ejemplar. Sufrió el rechazo de sus contemporáneos porque como mujer no se acogió dócilmente al canon y a las recetas prescritas en su época para ellas. Su obra es asimismo valiosa y variada, y ha llegado a caer en una preterición que, recién comienza a ser corregida. Creo que mi reedición de esa autobiografía de la niñez y primera adolescencia de esta autora ha contribuido lo suyo a este proceso de rectificación que ya se ha iniciado y que deberá llegar a feliz término.

Usted ha sido distinguido con el Premio Emilia Bernal, por sus estudios e investigaciones sobre la escritora. ¿Qué significa haber recibido la distinción y el hecho de habérselo entregado en Miami?
El hecho mismo de recibir una distinción que lleva el nombre de la autora ya es para mí un gran honor. Que dicho premio me haya sido concedido por la Fundación Emilia Bernal y por la NACAE (Asociación Nacional de Educadores Cubano-Americanos), y en la ciudad de Miami, que viene a ser como el centro de convergencia de lo cubano en el exterior –un centro que existe gracias a la obra y al esfuerzo de tantos compatriotas a lo largo de tantos años– colma mis expectativas y me llena de satisfacción. El acto mismo de entrega del premio fue muy emotivo y recordaré siempre las circunstancias que lo rodearon, el afecto y la simpatía que me circundaban. Había allí colegas, amigos, familiares que de otro modo hubiera sido imposible reunir, pero también muchas otras personas cuyo interés por la obra de Emilia los atrajo a la ceremonia de premiación. En cierto modo, Miami es un microcosmos, un continente; una suerte de Nuevo Mundo o de Nueva América. Siempre que rezo pido con humildad lo mejor para este gran país, para nuestra pobre patria, y en particular para esta ciudad que nos resume. Viene a ser como una trinidad de mis mejores deseos.

(agosto de 2007)

DESPUÉS DE LA ENTREVISTA, desde Filadelfia ha continuado la labor artística y cultural de Morelli. Realizó un congreso en homenaje a Gertrudis Gómez de Avellaneda en su bicentenario y otro en reconocimiento a la obra y vida de Reinaldo Arenas. Su editorial La Gota de Agua sigue firme, y ha comenzado a editar la serie Cuadernos Monográficos.

ASELA TORRES (fotógrafa)

Prácticamente no hay espectáculo teatral que no haya sido fotografiado por Asela Torres. En una esquina de un escenario o al final del patio de butacas, la fotógrafa habanera ha ido captando en imágenes (entiéndase, testimoniando para un legado histórico), las huellas del exilio cubano y de aquellas figuras del espectáculo internacional que han visitado Miami. Lo mismo a Julio Iglesias que a Armando Manzanero. A Ana Margo y Mario Martín en el *Diario de Ana Frank* que a Teresa María Rojas en *Aire frío*. Incluso todos los festivales que Teatro Avante ha realizado por más de dos décadas y los programas organizados por la Sociedad Pro Arte Grateli han sido captados por el lente de Asela. Puestas memorables como *Corona de amor*, con Aurora Collazo y Evelio Taillacq, que tanto éxito tuvo en la ciudad. Figuras como Blanquita Amaro en *Cuba canta y baila* y Zenaida Manfugás ejecutando música de Lecuona, entre otros maestros cubanos.

Nacida en La Habana, la fotógrafa emprendió una carrera en una época en que no abundaban las mujeres dedicadas al oficio. Sus archivos son realmente impresionantes, los cuales, según dijo, donará oportunamente a la Cuban Heritage Collection de la Universidad de Miami.

Su trabajo lo ha mostrado en numerosas exposiciones personales y colectivas, como la de *Paisajes y Closeups* en la Gallery Burdine's Downtown (1981), *Dos siglos de Teatro Hispano en los Estados Unidos* en The Historical Museum of Southern Florida (1985) y por el Quinto Centenario del Descubrimiento de América, que estuvo expuesta en Saint Thomas University, en Tallahassee, la capital del estado, en 1992, entre otras. Asela Torres, quien planea publicar un libro de su trabajo, rememora algunos episodios de su trayectoria y de su profesión.

¿Cómo fueron sus comienzos?
Al lado de mi casa vivía un señor que era maestro de fotografía, pero yo no lo sabía, hasta que un día lo vi trabajando «iluminando fotos», como se decía en aquel entonces. Eran fotos en blanco y negro y la técnica consistía en darles sepia y óleo transparente. Me preguntó si me gustaba y me invitó a aprender. Luego me descubrió

los secretos del cuarto oscuro y el revelado. Un día, con una cámara, una Argos C3 de la Kodak, me enseñó a tomar imágenes. Finalmente me llevó a un cumpleaños infantil y con su supervisión tomé las fotos. Así fueron mis inicios. La fotografía es un arte. Existen miles de fotógrafos, pero no todos son artistas, con eso hay que nacer.

¿Cómo se desarrolla su carrera cuando se independiza de su maestro?
Yo estudié en el Colegio Nacional del Fototécnico, pues quería tener mi título, mi certificado de fotógrafo profesional. Ya graduada pasé a trabajar en el Ten Cent de la calle Galiano. Mi madre con mucho esfuerzo me compró a plazos la que sería mi primera cámara, una Boilander, hecha en Alemania. Fue un regalo de cumpleaños y para mí resultó muy emocionante, porque se convertía en mi primera cámara profesional y porque sabía del tremendo esfuerzo económico que tenía que haber significado para mi madre comprármela. En aquella época era usual ver mujeres fotógrafas en los *night club* de La Habana, pero en bodas, bautizos y otros eventos sociales no era costumbre ver mujeres. En ese sentido fui de las primeras, aunque hay que señalar con orgullo que siempre Cuba ha sido un país que tuvo muchos privilegios, ventajas que no se tuvieron en otros países de Latinoamérica, lo que nos permitió avanzar más rápidamente en muchos renglones. Yo siempre cargaba con mi camarita y tiraba fotos en muchos espectáculos y a intérpretes como Frank Domínguez, Elena Burke y muchos otros. Ahí nació mi afición por tomar y guardar imágenes de obras de teatro y presentaciones públicas.

Usted sale de Cuba y se encuentra otra realidad, hasta que se establece en Miami. ¿Qué nos podría narrar sobre esa etapa?
Salgo de Cuba en 1968 para España y me encuentro un escenario donde la mujer estaba limitadísima y temí que no pudiera continuar con mi carrera. En Cuba habían sido muy difíciles los años después de 1959, donde todo comenzó a escasear, no había químicos para el revelado, papel, ni siquiera rollos. Recuerdo que en una ocasión conseguí diez rollos de unas cajas que habían caído al mar durante el trasiego. Ya en España logré tomar fotografías en bodas

y bautizos, pero me pagaban muy poco porque no tenía permiso de trabajo.

¿Cómo afecta (si cabe el término) la tecnología moderna digital a la fotografía tradicional?
El que conozca profundamente la fotografía tradicional, domina todos los pasos de un buen fotógrafo. Luego la tecnología digital hace el trabajo más fácil, pero no te cambiaría un film por una digital. La densidad que tiene un filme, no la tiene una digital. El éxito de la digital se logra en la computadora. En la cámara tradicional es el artista quien marca la pauta.

Usted ha tomado por muchos años imágenes de diversos eventos, ¿por qué lo ha hecho?
Por amor. Así de simple. Para el legado que podré dejar del trabajo de los exiliados cubanos. Gracias a una amiga, la actriz Aurora Collazo, comencé a tomar fotos de las obras en Teatro Las Máscaras. Son siempre imágenes en acción, no se está posando para la foto. Yo he tenido la dicha de haber recogido la época de oro del teatro cubano en Miami, que fue entre el setenta y el ochenta. Entre ellas se hicieron *La malquerida, Vidas privadas, El super, Santa Camila de La Habana Vieja, La tía de Carlos, Aire frío, Las niñas ricas de Camagüey, Un tranvía llamado Deseo, La Chunga, María Antonia, La noche de los asesinos* y muchísimas más. Mis archivos hablan de la labor de los cubanos que abandonaron su tierra para comenzar de cero, pero siempre llevando consigo su patria y su arte. Soy una cronista visual del exilio cubano, por eso fotografío todo lo que puedo, porque estoy captando el rostro de los exiliados.

(enero de 2008)

DESPUÉS DE LA ENTREVISTA: El libro no ha aparecido, pero Asela sigue incrementando sus archivos con imágenes de las distintas puestas, desde luego, ha asimilado la fotografía digital. El Festival Internacional de Teatro Hispano exhibe casi todos los años, una selección de sus fotografías.

ROSENDO ROSELL (actor y libretista)

De este cronista, escritor, actor, locutor, compositor de memorables temas musicales como *Calculadora* y animador de espectáculos, se puede decir que es una figura integral, polifacética y única en el panorama del arte cubano.

Rosendo Rosell, que estará cumpliendo 90 años el próximo junio, mantiene una mente lúcida, algo que es admirable (y envidiable), conservando también el don de la oportunidad, acudiendo con brillantes y chispeantes salidas. Le pregunto: ¿Ha vivido usted mucho? No lo suficiente, responde. Luego indago: Cuando mira al pasado ¿puede decir la frase popular «que me quiten lo bailado»? Su inmediata contestación: No, porque yo quiero seguir bailando. Al tomarle una foto le digo: Maestro, ya voy a apretar el botón. Su réplica fue: Aprieta el botón, no la rosa.... y así sucesivamente, a lo largo de una entrevista de más de una hora. Para el animador el humor «es una expansión del espíritu que desahoga los pesares que se puedan tener. El humor ve las cosas desde diferentes puntos como las ve la mayoría de las personas. Lo contrario a la lógica, buscar lo ilógico, ése es el sentido del humor».

Nacido en Placetas, Las Villas, Cuba, en 1908, forma parte de una época floreciente y dura, pero de grandes avances tecnológicos. Creció con la radio, vio nacer la televisión, floreció en el cine, donde hizo muchas películas, tanto en su Isla natal como en México. Rosendo Rosell es, para citar el memorable título de un espacio televisivo que conducía Rafael Orizondo: «nuestro orgullo».

Usted es fruto de una época donde era necesario ser polifacético para poder sobrevivir. ¿Las circunstancias lo hicieron así, o lo es usted por naturaleza?
Yo nací así. A los 14 años era apartador de tabaco en mi pueblo natal. Luego fui lector de la escogida durante esa etapa, leyendo seis horas diarias. Recuerdo que era media hora de periódico, luego novelas y así sucesivamente. Eso me ayudó mucho. En la escuela yo hacía obras de teatro. Una de ellas fue *Blancanieves y sus siete salvajes*, que llegué a escenificar. Fueron tiempos difíciles, pero me ayudaron en mi formación. En la época en que yo trabajaba en el Central San José limpiando pailas, me fui formando, estudiando

literatura. Entre paila y paila leía al Arcipreste de Hita, a Cervantes. Eran libros de la pequeña biblioteca de mi padre. Yo me he pasado toda mi vida leyendo, todavía lo sigo haciendo. También componía cantos populares, sacaba parodias, canté tangos enla época de su mayor esplendor. De cualquier manera lo importante es el talento natural, cuando se tiene, las cosas resultan más fáciles.

Le admiro enormemente esa capacidad de desdoblar su figura en múltiples facetas. Háblenos un poco de su etapa como actor y locutor.
Yo nunca estudié actuación, lo mío fue todo muy natural. A mi pueblo llegó una compañía de dramas y comedias, que traía a una bailarina que le llamaban La Eléctrica. ¡Un tronco de mujer! Le dije a mi padre que me marchaba del pueblo, que me iba camino del arte, pero en realidad me iba detrás de unas tremendas piernas. En aquella época yo era un muchacho fuerte, alegre, con una inteligencia clara y una percepción tremenda para resolver rápido las situaciones. Luego, cuando llego a La Habana comencé a abrirme paso en lo que se presentaba. Trabajé en la tienda El Encanto, hice teatro, recuerdo a una negra que se llamaba Clarita que decía que yo era un actor con caché y aché. Fui animador y director de los shows de los periódicos Excelsior y Prensa Libre de La Habana. Subía a un escenario y me decían llena tres, cinco, diez minutos y yo mantenía al público entretenido, riendo, disfrutando por el tiempo que fuera necesario. Me metí de lleno en la radio, hice los episodios de Chan Li Po de Félix B. Caignet, que después realizó *El derecho de nacer*. Fui también locutor de los Noticieros Relámpagos de la radioemisora C.O.C.O. durante la Segunda Guerra Mundial. Trabajé en el cabaret Edén Concert, el antecesor del famoso Tropicana, allí fui locutor y animador. Así fui ascendiendo, la popularidad me llevó a hacer cine. He tenido una carrera sólida y exitosa. Reconozco que además de facultades e inspiración, había que tener suerte. Yo siempre tuve suerte. Cuando escribía un libreto con Albariño marcábamos dónde se iba a reír el público. Algunos decían, cómo puedes saber dónde se reirá la gente, yo les decía. Si yo me río, que soy el que lo escribo, es porque es cómico.

Los años de exilio. ¿Ha sido una etapa difícil para usted?

Yo nunca pensé en irme de Cuba. Allí dejé media vida. Nunca pensé tener que irme de mi patria. Desde que salí de Cuba he vivido en Miami, porque es lo más próximo a la Isla y lo que más se le parece. Aquí también he tenido el respaldo de los exiliados. Llevo 47 años escribiendo Mundo de Estrellas, dos columnas semanales en Diario Las Américas gracias al Dr. Horacio Aguirre. Con Fernando Albuerne, al que yo bauticé como La voz más linda de Oriente, hicimos presentaciones en Nueva York, Boston, Tampa, Chicago y Los Angeles. Juntos hicimos Noche Cubana en Madrid, Buenos Aires, Santiago de Chile y otras plazas importantes. En Miami abrimos el primer teatro cubano con Federico Piñeiro. Fue una época difícil. Yo caminaba por las calles de noche, sin saber qué hacer, ni a dónde dirigirme, ni qué organizar para poder mantener a mi familia. Yo era una figura muy popular y me tuve que ir de Cuba escondido, sin poder sacar nada. Así de dura, aunque también de premios y reconocimientos ha sido mi vida y la de los cubanos exiliados. Pero te digo algo: es muy difícil hacerse la idea de terminar la vida fuera de su propio país.

Se está organizando un homenaje por su 90 cumpleaños. Háblenos de ese evento.
Alguien me propuso despedirme en el teatro, a lo grande. Me pareció una buena idea y se ha organizado un encuentro de humor y música, para el día 1 de junio en el Miami Dade County Auditorium, rodeado de amigos, admiradores y del pueblo cubano del exilio. Creo que va a ser un encuentro muy bonito para recordar todos juntos... como mi frase favorita: ¡Qué bonito, pero qué bonito es recordar!

Usted escribe los jueves y domingos una columna en Diario Las Américas sobre espectáculo. Me dicen que va a dejar de publicarla.
Desde septiembre de 1961 estoy escribiéndola. En ella he contado la historia del exilio cubano y de los momentos brillantes del arte en Cuba. Esas crónicas están recogidas en cinco tomos de *Vida y milagros de la farándula de Cuba*. Pero ya es hora de dejarla. Yo pensaba irme diluyendo poco a poco y terminar a mitad de año ese compromiso de escribir los jueves y domingo en Diario Las Américas, periódico que yo quiero mucho y que me abrió las puertas cuando

llegué aquí. Yo hablé con Helen Aguirre y le dije que quería quitarme esa responsabilidad, pues a veces no duermo, porque me desvelo pensando en una fecha o en lo que voy a escribir. Creo que con el homenaje, también termina mi ciclo en el Diario.

(marzo de 2008)

DESPUÉS DE LA ENTREVISTA, el gran humorista mantuvo hasta su muerte, ocurrida en octubre del 2010, a los 92 años, su columna en Diario Las Américas.

CRISTINA REBULL (cantante y dramaturga)

Compositora, actriz, intérprete de voz muy personal y dramaturga, Cristina Rebull, se entrega de una manera total y abierta lo mismo en un concierto, como el que recientemente ofreció en el Teatro Manuel Artime, que cuando se vuelca en el teatro con sus propias piezas. Y también cuando concede una entrevista. Cristina es energía y esa vitalidad pegajosa la percibe el público como una fuerza positiva, y la disfruta.

La carrera de la Rebull se inició en Matanzas, su ciudad natal, luego prosiguió en La Habana y se ha consolidado en el exilio, fundamentalmente en Miami donde reside. Su trayectoria habla del 3er. Lugar del Festival Internacional de la Canción OTI en Asunción, Paraguay. Fue finalista del Primer Concurso Nacional de Dramaturgia Virgilio Piñera por su obra *Frijoles colorados*. Su voz se ha escuchado en escenarios de Buenos Aires, Montevideo, Quito, Sucre, Barcelona, San Juan y Nueva York. Tiene un público fiel que la sigue en sus dos vertientes artísticas, la música y el teatro. Sobre estos temas conversamos con ella.

Cuéntanos tus impresiones del concierto que recientemente ofreciste en el Teatro Manuel Artime.
Para mí fue muy emocionante la respuesta del público y que estuvieran allí figuras como Olga Guillot, Roberto Lozano, Meme Solís, Marisela Verena y Mario Ernesto Sánchez, entre otros tantos. Pero particularmente por el calor del público, que me recibió con un aplauso abrasador, que me dio toda la oportunidad de sentirme relajada y poder decir: no hay apuros, la noche es enteramente de ustedes. Canté disfrutando cada nota, cada texto, la poesía que de ellos emana, entregándome a un show donde sólo hubo que seguir la cadena emocional que reclamaba el espectáculo. Estoy realmente muy contenta.

Generalmente tus conciertos son muy dramáticos. ¿Cómo armonizas lo teatral con lo musical?
Para mí la canción es una pequeña pieza dramática donde el artista tiene apenas dos o tres minutos para defenderla. En ese corto pero intenso tiempo hay que convencer y hacer triunfar el objetivo de ese

personaje que vive desesperado porque su verdad interior sea escuchada. Después de todo es angustioso y el artista tiene la gran responsabilidad de prestar su energía para que el personaje se defienda en ese par de minutos. Piénsalo bien, el personaje que vive en la canción, igual que los personajes que viven dentro de una obra dramática, tienen que esperar que alguien los escoja para poder contar su historia. Por otra parte, cada canción tiene siempre su misma y repetida historia, por eso hay que tratar de hacerla diferente cada vez, para que la palabra convenza y vaya más allá de una simple bella melodía que alguien recuerda. Pero dentro del drama también está la comedia. La trova tradicional cubana está llena de travesuras como esa que dice… «Ay Aurora… que sufra mucho, pero que no muera…Ay Aurora yo te quiero todavía».

Durante el concierto hiciste una conmovedora simbiosis con tangos y textos de Lorca, uno es un género musical popular y muy latinoamericano, mientras que el otro pertenece a un contexto andaluz y muy español. ¿Qué te motivó esa fusión?
Quizás el silencio de la angustia y la pena que los une. Ese fue un momento escénico que disfruté profundamente. Fue el acento teatral de la noche. Ambos, Tango y Lorca caminaron juntos de la mano por unos siete minutos. Después, cada uno siguió su rumbo, a refugiarse en su verdadero origen… El tango hace mover el alma… ¿Acaso Federico no?

Has afirmado que te sientes muy bien como dramaturga. Háblanos de tu teatro, de las temáticas que lo motiva.
Es cierto, me encanta el teatro y me identifico más con la comedia y el absurdo. Me gusta trabajar la pieza con minuciosidad y elaborar sobre la historia y los personajes. Mi teatro está concebido casi siempre para dos actores, creo que la excepción fue *Esperando a mamá*, que tiene seis actores, lo que lo convierte en una «irregularidad» en mi dramaturgia. Disfruto adentrarme en el tema de la soledad, el desgarramiento familiar, el exilio; no sólo el político, sino el del alma, ese que se lleva por dentro y que muchos lo llevan en Miami. Algunos viven a unas pocas cuadras unos de otros y nunca se ven. Eso para mí es una forma de exilio, por eso es importante pararse y abrazar al que se tiene al lado y decirle que lo quieres, porque no se puede esperar al otro día.

¿En qué proyectos trabajas?
Estoy trabajando en un CD que lleva por nombre *Fugitivo y Eterno*. Como dice Dulce María Loynaz en su poema *Tiempo*, «...quién pudiera como el río ser fugitivo eterno, partir, llegar, pasar siempre y ser siempre el río fresco...». Fugitivos y eternos son los sueños, el universo, los sonidos, el amor, el tiempo. En mi vertiente como dramaturga termino una comedia especialmente escrita para las excelentes actrices Ana Viña y Zulema Cruz. Sé que ellas harán su magia acostumbrada y nos divertiremos mucho en el proceso de montaje. Es una especie de juguete del absurdo que aborda el tema de la soledad en la tercera edad. No obstante, te repito, es una comedia y los que han leído algunas de sus escenas me han regalado unas buenas carcajadas. Se llama *Llévame a las Islas Griegas* y quiero estrenarla a finales de este año. También preparo un material que me ha pedido el grupo Retablo de New York para incluirlo en su próxima temporada, bajo la dirección de Gabriel Garcés, quien hizo mi pieza *Frijoles colorados*, una maravillosa, inteligente y bien pensada puesta en escena, en junio del año pasado. En realidad estoy en una etapa de mi vida muy plena y creativa. Estoy en paz y he tocado puerto dentro de mí misma. He vuelto al estudio del piano y eso alivia muchas de las callejuelas pendientes de mi espíritu. He puesto en práctica algunos presupuestos humanos que sólo alcanzaba a saber que existían y cada vez disfruto más de las bondades que ofrece el silencio. Llegué a este país con el pecho vacío... todo lo había dejado en Cuba... Hoy te puedo decir que mi zurrón está lleno de milagros, renacimientos y un ejército incondicional de ángeles que me protege y no me abandona.

(abril de 2008)

DESPUÉS DE LA ENTREVISTA, la actriz y cantante ha desarrollado una labor en Teatro Prometeo como instructora, escribiendo y llevando a escenas sus obras y ofreciendo conciertos, destacando la serie *Con ciertas mujeres*, un espacio musical de creación femenina.

ODETTE ALONSO (escritora)

Algunos cubanos residentes en México señalan que es un país difícil para abrirse paso y lograr sus objetivos. Sin embargo hay quienes con perseverancia han alcanzado sus metas. Pienso que en ese grupo podría encontrarse la escritora Odette Alonso, quien ha logrado echar raíces y llevar a cabo sus proyectos como poeta, narradora, ensayista y promotora literaria. En su cotidianidad se desempeña como editora de la Universidad Nacional Autónoma de México (UNAM).

Odette Alonso nació en Santiago de Cuba y desde 1992 reside en México. En la Universidad de Oriente, en su país natal, recibió el título de Licenciada en Filología. Su obra poética incluye *Enigma de la sed* (Santiago de Cuba, 1989), *Historias para el desayuno* (Holguín, 1989), *Palabra del que vuelve* (La Habana, 1996), *Insomnios en la noche del espejo* (México, 2000), *Cuando la lluvia cesa* (Madrid, 2003) y *El levísimo ruido de sus pasos* (Barcelona, 2005).Como narradora ha publicado el libro de relatos *Con la boca abierta* (Editorial Odisea, Madrid 2006).

Es compiladora de la antología *Las cuatro puntas del pañuelo. Poetas cubanos del exilio y la diáspora,* proyecto que obtuvo uno de los Premios 2003 de Cuban Artists Fund (Nueva York). Como mujer atenta a su tiempo y la realidad de su país, dirige *Parque del Ajedrez,* un blog de actualidad y comentarios. Sobre su obra y otros aspectos conversamos con ella.

Eres fundamentalmente poeta. Háblanos un poco de tu poesía: motivaciones, simbologías, referencias. Aquello que consideres contribuya a poner en contexto tu labor como escritora.
La poesía es para mí un modo de expresión. Hay cosas que sólo puedo decir de esa manera y a veces, hasta mi forma de pensar lo más cotidiano está regida por un aliento y un ritmo poéticos. Esa impronta esencial está presente también en mi narrativa, aunque ésta sea otra forma de expresión, distinta. Por lo tanto mis motivaciones suelen partir de lo más cotidiano y a veces aparentemente trivial, hasta alcanzar registros y referentes simbólicos clásicos o universales. Soy tan exigente conmigo misma, que mi trabajo con el

verso a veces se asemeja al del orfebre, poniendo cuidado hasta en el más mínimo detalle.

Me gustaría que nos hablaras de las experiencias de una escritora cubana en México.
Es difícil llegar a un país extraño e insertarse en las redes culturales copadas por los artistas nacionales. Ir ganando presencia ha sido un trabajo de mucho tiempo. Aun ahora, al cabo de 16 años, creo que mis logros son apenas incipientes, apenas perceptibles. Entre ellos, hace un par de meses gané el primer premio del concurso de cuentos Mujeres en vida que convoca la Benemérita Universidad Autónoma de Puebla y fui invitada al Festival Latinoamericano de Poesía Ser al fin una palabra. Por iniciativa propia y con el apoyo de sus organizadores, en las dos ediciones más recientes de la Feria Internacional del Libro del Palacio de Minería he coordinado la serie Escritoras Latinoamericanas en Minería. Además, en México se publicaron dos de mis poemarios: *Insomnios en la noche del espejo*, que ganó el Premio Internacional de Poesía Nicolás Guillén en 1999, y *Diario del caminante* (Monterrey, Espejos de Papel, 2003).

A través de tu blog Parque del Ajedrez realizas una labor cultural, de opinión y enfocas de manera directa la problemática cubana actual. Mientras se autoriza el uso de teléfonos celulares, se reprime violentamente a las Damas de Blanco, mientras se aspira a salir de la Isla sin restricciones, se realiza el congreso de la UNEAC sin resultados sólidos. ¿Cómo evalúas la situación cubana en el marco del Raulismo?
En la Cuba actual todo está por verse. No hay lugar todavía para grandes entusiasmos, pero predisponerse negativamente tampoco es la actitud más inteligente. La recomposición de ese país necesitará de sumar fuerzas y no de restarlas, pero ésa es una tarea bastante difícil después de tantos años de atropello y desunión. Hace unas semanas dije en el *Parque del Ajedrez* que cualquier proceso de reconciliación nacional exigirá, como primer presupuesto, la deposición de los odios, las descalificaciones a ultranza y el deseo de venganza, pero los cubanos, tanto los de afuera como los de adentro, estamos gravemente enfermos. Durante medio siglo nos echaron a pelear como a perros rabiosos y el resultado es este panorama de intolerancias sin fin y desconfianzas mutuas. Un reencuentro de

todos los cubanos suena a utopía, pero asumirlo o seguirnos despedazando inútilmente será la disyuntiva de los próximos tiempos.

¿Cómo valoras la literatura cubana que se escribe fuera de la Isla, sobre todo por los autores de Miami?
Como he dicho en otras ocasiones, cuando salí de Cuba a principios de los noventa se abrió ante mí, asombrosa, la otra cara de la literatura cubana, la que permanece oculta dentro de la Isla. Ha sido deslumbrante y apasionante descubrir esa pléyade de escritores y promotores culturales, tanta gente interesada en mantener viva nuestra cultura en cualquier latitud en la que se hayan asentado. Nombrar sólo a algunos sería injusto; nombrarlos a todos requeriría mucho más espacio del que disponemos. Me congratulo de contar a muchos de ellos entre mis amigos y mucho más de que ellos me consideren del mismo modo. Especialmente en Miami se concentra un gran potencial que durante décadas ha ido ganando y marcando sus espacios. Espero que todos estos esfuerzos redunden en que la literatura y el arte en general consigan cada vez más la visibilidad, el respaldo y el respeto que merecen.

¿Cuál es tu opinión sobre el feminismo?
El feminismo, aquella teoría nacida en la década de los setenta del siglo pasado, en su lucha por alcanzar la igualdad de derechos y oportunidades entre ambos géneros sentó las bases de todo el poderoso y multidisciplinario movimiento de mujeres que tiene lugar actualmente en el planeta. Sus herederas, las actuales activistas, académicas, investigadoras, artistas y creadoras, seguimos aquellos pasos e insistimos en la justa misión: que la descomunal labor que llevan a cabo las mujeres en todas las ramas del pensamiento y la acción social se vea recompensada con una presencia pública sistemática y reconocida que permita su crecimiento y aceptación a todos los niveles.

(mayo de 2008)

DESPUÉS DE LA ENTREVISTA, desde México, donde reside, ha continuado escribiendo y preparando antologías poéticas, con énfasis en la literatura feminista. Su blog dejó de actualizarse a partir del 2014.

TONY LÓPEZ (escultor)

Se trata de un hombre sencillo y popular. De manos fuertes por el duro trabajo que demandan la talla en madera, los moldes en masilla, el fundido en bronce, el manejo de grandes y voluminosas piezas. Tony López es prácticamente uno de los cubanos fundadores del Miami moderno y su legado está repartido por todos los rincones de la ciudad, aunque también por todo el estado de la Florida y sitios tan lejanos como New Orleans, New York, New Jersey, Filadelfia o Boston.

El artista tiene su taller desde hace cincuenta años en la 36 calle de noroeste de Miami. Ha sido testigo de la evolución de la ciudad. A punto de cumplir 90 años, ha acumulado muchas vivencias y ha dejado su huella en sitios muy disímiles como la Catedral de Miami o el antiguo aeropuerto. Monumentos como el impresionante memorial del Holocausto en Miami Beach. Tallas de figuras políticas como Claude Pepper, Jorge Mas Canosa o el Apóstol de la independencia de Cuba, José Martí, y hasta de la legendaria cantante Celia Cruz.

Rodeado de moldes, multitud de piezas y sacos de materiales para su trabajo, nos recibe en su atiborrado taller acompañado de su esposa Esperanza y de Pepe, el gallo que le sirvió de modelo para los que decoran varios sitios de la ciudad, sobre todo el corazón de La Pequeña Habana. De sus manos salieron también las placas realizadas en bronce de los compositores cubanos homenajeados en el Paseo de la Estrellas que ideara Pedro Román. La presencia creadora de Tony López se siente y se respira en casi todos los rincones, siendo de alguna manera el testigo artístico de la presencia de los cubanos en los Estados Unidos.

¿Cómo se relaciona usted con el oficio de escultor?
Mi abuelo fue escultor y mi padre, un español que se casó con una cubana de Puentes Grandes [barriada habanera], aprendió el oficio y yo de él. Mi padre, Joaquín López, era muy trabajador y serio. Hizo las esculturas que se encuentran en el interior del Centro Asturiano en La Habana. Papá decía a sus alumnos: tú tienes que comer todos los días y en la escultura, como en la pintura, hay que aprender todo lo relacionado con el oficio sin abandonar el arte. Yo aprendí todo.

En la escuela pública donde asistí, daban clases de artes manuales, siempre destaqué. Tomaba un pedazo de madera y hacía en bajorrelieve a Martí y a Maceo. Esculpir ha sido siempre mi gran pasión. A mí me pagan por hacer el trabajo que realmente me gusta. Y son pocos los que tienen esa dicha. Mi filosofía es que lo mejor que puede pasarle a un ser humano es ganarse el pan haciendo aquello que más le gusta. Yo lo logré. Siendo una persona desconocida presento una pieza a un concurso en el Círculo de Bellas Artes. Recibí el segundo premio, medalla de plata, compitiendo con personas de nombre y con influencias. Poco a poco me hice conocido, me hice famoso, incluso rico. Eduqué a mis hijos en los mejores colegios, tuve chofer, cocinera y todo con mi trabajo de escultor contra todos los vaticinios de mis tías que decían que como escultor no podría mantener a mi familia, que me moriría de hambre.

¿Nos podría nombrar algunas de sus piezas y dónde se encuentran?
Estoy por cumplir 90 años, de manera que he trabajado mucho. Desde mi estudio en Galiano y Trocadero salieron muchas piezas. En La Habana hay esculturas mías en el Museo de Bellas Artes. En la universidad, un busto de Julio Antonio Mella que me encargaron Fructuoso Rodríguez y José Antonio Echeverría. En el Hospital Nacional, en la plazoleta del Cacahual donde se encuentran los restos de Antonio Maceo. En Estados Unidos, donde he vivido y trabajado más de medio siglo, también tengo montones de esculturas en muchos lugares, plazas, parques, colecciones privadas y museos.

Usted ha esculpido a figuras públicas, políticas, patriotas cubanos. Sus Martí son memorables. ¿Cómo combina usted lo artístico, lo comercial y lo patriótico?
Siempre he combinado el arte y lo comercial y he tenido éxito en ambos. Yo he hecho mascarillas de figuras políticas de la Isla como Manolo Castro y Eduardo Chibás. Bustos y tallas de políticos como Claude Pepper y Jorge Más Canosa en Miami. Trabajé en el monumento al holocausto que se erigió en Miami Beach. La escultura sobre la tumba de Emilio Bacardí en el cementerio de la Calles 8 es un trabajo mío. Diseminado por todo el país hay bustos de Martí, pero quiero aclarar algo, cada vez que me encargan un Martí, creo uno nuevo, Nunca utilizo el modelo anterior. La razón es que cada

día uno es distinto, cada día se percibe de una manera diferente lo martiano. Trato de ser cada día un mejor escultor, ser mejor hoy que ayer, ser mejor mañana que hoy. Siempre trato de aprender algo nuevo, trato de superarme a mí mismo. Hay que estar siempre creciendo, porque de lo contrario viene alguien nuevo y tu puesto te lo tumba.

Usted lleva medio siglo fuera de Cuba. ¿Por qué se va de la Isla donde le iba tan bien?
Me voy en 1958. Cuando mejor estaba encaminado el país, viene Batista con un montón de bestias, ladrones y matones, a romper el orden constitucional con el golpe del 10 de marzo echando por tierra la constitución del 40. Batista fue funesto para Cuba. Luego vino la hecatombe total y ya sabemos el precio que ha tenido que pagar el cubano. Yo luché contra Batista, estuve preso y como tenía tanto nombre, me arrestaron y me dieron 48 horas para que me fuera del país. Vine para Miami en 1958 y me dijeron que aquí no había espacio para los escultores, que Miami era asunto de playas, barcos y varas de pescar. Yo me decía: si en esta ciudad no hay espacio para un escultor, Tony López será el primero que vivirá de su trabajo. En esos días abrí el taller y nunca me ha faltado el trabajo.

Le haré una pregunta doble. La primera es pedirle detalles de la exposición que está organizando y la segunda es breve y directa: ¿siente nostalgia por Cuba?
El 10 de octubre quedará inaugurada una exposición en la galería del Colegio de Belén. Será mi primera exhibición en 10 años. El director de la Universidad me invitó a realizar esta muestra en homenaje a la fecha patriótica cubana del 10 de Octubre. Sobre tu otra pregunta. Mira: Yo no puedo olvidar a Cuba. Nunca fui más feliz como cuando vivía en La Habana. A pesar de todos los problemas, La Habana poseía un sabor... tenía una cosa especial, que la hacía una ciudad deliciosa. El cubano lo mismo iba a un restaurante caro y elegante, que se iba para El Chori y más tarde, en medio de la madrugada, con un grupo de amigos a la Plaza. En La Habana había un ambiente muy agradable, con un cubano muy acogedor y tratable... Aquí en Miami sólo se piensa en dinero, en si tienes un carro mejor. Qué va. No hay comparación. La Habana era La Habana.

(junio de 2008)

DESPUÉS DE LA ENTREVISTA, Tony siguió siendo un admirado personaje y un artista muy trabajador. En el 2008, se realizó una muestra homenaje en el Miami Dade College, en el Doral, curada por el coleccionista Gustavo Orta. El escultor falleció en Miami, en agosto del 2011, a los 92 años de edad.

MAY BETANCOURT (escritora)

Hay quienes afirman que cada vida es un libro, y hay mucho de cierto en ello. Si a la suma de las experiencias acumuladas a lo largo de la existencia se le añade una verdadera vocación literaria, entonces encontramos un escritor, que hace de sus vivencias arte. Ese creo es el caso de la escritora cubana May Betancourt, una mujer sorprendente, que arrastra un pasado impactante e intenso y que ha manejado con delicadeza femenina y rigor narrativo esos golpes de la vida.

Sus novelas *La casa vacía* (1993) y *Conspiración* (1995), tienen que ver con una época convulsa en Cuba, tiempos de cambios que han marcado a toda una época y a generaciones enteras. La separación familiar, la prisión, el exilio, son las huellas que se siguen en estos libros. De estos y otros temas relacionados y de su literatura nos habla hoy. Conozcamos mejor a May Betancourt.

Tu vida está llena de impactantes experiencias. ¿Cómo se reflejan en tu obra?
Todo empieza con un tiempo inesperado que cambió la vida a muchos y dejó grandes huellas de dolor, pérdidas irreparables, y caminos distintos y lejanos que recorrer, en un país que no era el nuestro y que muchos años después se convertiría en nuestra patria. Separarse de la familia y después asimilarla idea de que nunca más los veríamos, implica años de adaptación y sobre todo, un sentimiento de resignación que no se llega a alcanzar sino con el tiempo y la búsqueda de otros caminos, de otro futuro. Años después, un 13 de mayo de 1980, desaparecería el padre de mis cinco hijos en un avión privado, piloteado por un amigo y también médico, cuando se dirigían a Aruba. Nunca se supo qué sucedió, ni cómo desaparecieron. Este nuevo desgarramiento, que es así como suelo llamarlo, dejó en mi vida tristes espacios vacíos, que fui llenando con mis hijos, un futuro muy distinto al que había soñado y una vida que se desarrollaba tumultuosa e imprevista. Y así empieza a nacer mi obra, mis libros y mis narraciones; llenas de ausencia, dolor y la búsqueda de lo perdido. Las novelas, *La casa vacía* y *Conspiración*, no son más que el sentimiento de compartir con mi misma familia, amigos y lectores, las experiencias y el dolor que este triste proceso

lleva consigo y esa historia que se abre en ese doloroso capítulo que ha sido el Exilio Cubano. La realización del libro *Conspiración* fue algo que me intranquilizaba y me llevaba a una búsqueda incansable por conocer los hechos, narrados por sus propios protagonistas. Mis deseos se cumplieron y una noche lejana empecé a escuchar de labios de mi hermano y de los compañeros y amigos que combatieron a su lado, el inhumano y atroz relato de los años de lucha contra el régimen de Castro y su encarcelamiento político en Isla de Pinos.

Si tus libros *La casa vacía* y *Conspiración* representan el vívido pasado, tu novela *La ciudad de las magnolias* toma otro derrotero, digamos más norteamericano, ¿a qué se debe ese giro?
La realización de estos dos libros dejó huellas y sentimientos dolorosos que se avivaron a través del proceso de vivir nuevamente la triste historia. Dejé pasar ese tiempo que alivia pesares y empezó a nacer la idea del nuevo libro, del nuevo amanecer que traería esperanzas y purificaría el tiempo pasado. Así surge, *La ciudad de las magnolias*. Mi hijo James, había sido aprobado para empezar en la Universidad de Medicina de Charleston, South Carolina, y tendría que acompañarlo en la realización de la carrera que había escogido. Este primer viaje a esa ciudad legendaria y llena de romanticismo y leyendas, abrió las puertas a un mundo desconocido y fascinante que me inspiró el libro soñado y ayudaría a sanar el resurgir de mis tristes recuerdos. *La ciudad de las magnolias*, está llena de la espiritualidad que brota de la fascinante ciudad y de las historias y leyendas que cuentan sus habitantes. Iglesias con cementerios, muchos de ellos sin más espacios, rodean los vecindarios, dándole ese misterioso encanto que me cautivó desde el primer día que caminé por sus calles de adoquines.

Tu formación es una mezcla entre la cultura cubana y la norteamericana, ¿Cómo se asimilan estas dos realidades y cómo podrías resumir el resultado final?
Llegué a los Estados Unidos muy joven, con una hija de un año y siguiendo a mi marido que había escapado en una pequeña embarcación por la playa de Varadero. Debido a que estábamos involucrados en la lucha contra el régimen comunista, me vi impedida de sacar del país a mi hijo recién nacido y que quedó al cuidado de mis entristecidos padres, que no volví a ver. La reunión con mi hijo fue

diecinueve años después. El fallecimiento de mi familia y la poca esperanza de un regreso, motivaron el deseo de comenzar una nueva vida en los Estados Unidos, buscando nuevos horizontes en otras ciudades y en otro país. Chicago, Illinois, Columbia, South Carolina, Santiago de Compostela, España, fueron parte de este comienzo que se convertiría a través de los años en mi nueva vida, mi nueva patria.

Estás publicando un libro bilingüe, *Dos plumas y un libro*: Cuéntanos de ese nuevo proyecto.
Hacía mucho tiempo que había leído un libro publicado por dos novelistas. Me llamó tanto la atención, que el deseo de crear un libro distinto y escrito con dos plumas no cesó, hasta que al paso del tiempo se realizó este sueño. Siempre digo, «que la fuerza del deseo hace que nuestros sueños se realicen». No pudo ser más verdadero este pensamiento. Mi hija maestra, había publicado escritos y poemas a través de su carrera de pedagogía y sabía que había empezado a escribir un libro. Aquello era un comienzo, quedaba convencerla y poner en práctica el gran proyecto. Unimos las dos ideas, las dos escrituras y esta vez los dos sueños... Fueron meses arduos, en que nacían ideas, historias, poemas y páginas y páginas, que iban llenando el soñado libro. Era un amanecer nuevo, un proyecto atrevido, en que madre e hija quedarían unidas para siempre en las páginas de la literatura. Dividido en dos partes, presenta en sus primeras páginas, historias en español, basadas en hechos reales, y en su segunda parte, un poemario en inglés, inspirado en sentimientos nacidos del amor humano, tragedias vividas por muchos y momentos románticos e intensos que muchos quisiéramos sentir. Así surge *Two Feathers and One Book*.

Cuando miras atrás, ¿qué ves?
Prefiero vivir el presente con toda su intensidad como si no hubiera futuro. El mañana es incierto, impredecible y el pasado está lleno de tristes y añorados recuerdos. Así digo en las celebraciones cuando se reúne la familia, «nuestras sillas vacías». Pero sí, miro a los años transcurridos en estas tierras, con la alegría de haber creado una familia queridísima que llena mi vida de regocijo y que ha agregado nuevos capítulos a los ya vividos.

(julio de 2008)

DESPUÉS DE LA ENTREVISTA, ha seguido trabajando arduamente en el Pen Club de Escritores Cubanos en el Exilio y apoyando la vida cultural de Miami.

ROLANDO MORENO (director teatral)

De los teatristas cubanos en Miami, uno de los que más asiduamente está presentando nuevos proyectos es Rolando Moreno. Escenógrafo de primera y hábil director, ya sea proponiendo una obra de los clásicos, de un contemporáneo o de su propia autoría, Moreno no descansa en su afán de hacer buen teatro en Miami. Y lo logra plenamente.

¿Cómo se inicia tu relación con el teatro?
Profesionalmente se inicia en Cuba en 1961. El gobierno promovía la cultura con fines propagandísticos y la flor y nata de la intelectualidad de izquierda vacacionaba gratis en La Habana. Correcorre, despilfarro y proyectos faraónicos eran ya la tónica dominante y se intentaba llevar teatro hasta el último confín de la Isla, pero como no es lo mismo cortar caña que hacer arte, escaseaban los «obreros de la cultura». Yo era un adolescente sin mucho que hacer con mi tiempo mientras mi padre tramitaba la salida definitiva del país de toda la familia. Me inscribí en un curso sobre diseño teatral próximo a comenzar en la Biblioteca Nacional. Mi padre muere en un accidente poco tiempo después, los planes de emigrar se aplazan, y a mí me contratan como diseñador del recién creado Teatro Lírico Nacional que tendría su sede permanente en el García Lorca, nuevo nombre que le pusieron al histórico teatro del Centro Gallego que acababan de confiscar y del cual desalojaron sin ningún miramiento a la compañía de Leopoldo Fernández. El vodevil de Trespatines era un espectáculo enormemente popular. Montado a todo meter, se presentaba diariamente después de la proyección de una película de moda. El show se renovaba constantemente según la mejor tradición del ya desaparecido teatro de variedades. Tenía figuras de primer orden, un cuerpo de baile numeroso y bien vestido y una orquesta en vivo. Despampanantes coristas en bikini a veces simulaban ser estatuas de carne bañadas por surtidores de agua que coqueteaban con el kitsch sin el menor recato. Un joven apuesto y melenudo, muy popular entre las pepillas, era el solista de un trío de baile, le decían Pototico, diminutivo cariñoso heredado de su padre, el mítico comediante Leopoldo Pototo Trespatines Fernández. Pues sí, señor, debuté por todo lo

alto como diseñador en aquel coliseo que según un cronista del periódico revolución: «ahora, devuelto al pueblo recobrará su perdido esplendor». Durante meses trabajé con entusiasmo en la creación de un palacio parisino, un jardín encantado y la réplica del Maxim, además de lujosos trajes de soirée para que Rosita Fornés deslumbrara a los habaneros de entonces con su inolvidable *Viuda alegre*. Yo no podía creerlo.

¿Qué es para ti el teatro?
Fascinación. Fascinación por el teatro y por el mundo del espectáculo en general. Los recuerdos más felices de mi niñez tienen que ver con las funciones que presencié del circo Ringling, los musicales sobre hielo de Sonja Henie en el Teatro Blanquita, los carnavales habaneros, un señor en malla y pantalones bombachos enamorando a una monjita vestida de blanco, mi primer *Tenorio*. En mi barrio vivía una señora chiflada por el teatro, se llamaba Ester, y estaba casada con un americano adinerado con el que tuvo una hija, Estercita, rubia y de ojos azules. Ester vivía convencida de que la muchachita había venido al mundo predestinada al estrellato y cegada por su amor de madre construyó para ella un teatro en el sótano de su casa con todo y telón de boca. Yo tenía seis o siete años cuando Ester montó *Las aceitunas* de Lope de Rueda y a mí me tocó interpretar un campesino. Después de un largo intermedio para que la niña se cambiara de vestuario la velada concluyó con la *Muerte del cisne* bailada en punta por Estercita acompañada por la música de un tocadiscos portátil. Esta cubana soñadora fue sin proponérselo una pionera doméstica de los populares teatros de bolsillo que proliferaron en La Habana años después y donde con alarmante frecuencia presencié montajes no muy superiores a *Las aceitunas* de Ester.

Acabas de dirigir *Lorca con un vestido verde* de Nilo Cruz, en una versión extraordinaria. Cuando decides montar una obra ¿cuál es el proceso a seguir?
El proceso comienza con el texto, por supuesto, sin un buen texto de nada vale intentar el esfuerzo. Luego viene el trabajo de dramaturgia que consiste en fundamentar la obra y adaptarla a las posibilidades de una puesta en escena. Las compañías teatrales privadas se mueven dentro de un marco de limitaciones y dificultades de

todo tipo, económicas, técnicas, humanas, y mi reto como director es convertir cada obstáculo en un acto de creación. Desde luego, procuro reunir un elenco lo más competente posible. Y comienzo los ensayos, meses de trabajo agotador que paradójicamente todos asumimos como una gran fiesta, para la mente y el espíritu. Por último, lo más importante, el público. Sin público no hay teatro. Si la gente no se interesa ni paga por ver nuestro trabajo todo el esfuerzo se derrumba, se hace incosteable, y se acaba la fiesta. Y no, amigo Luis, yo no decido montar una obra: si acaso, puedo darme ese gusto una vez al año cuando funciono como productor de mi organización no lucrativa Maroma Players y siempre termino perdiendo hasta la camisa. El resto del tiempo me uno a mis compañeros teatreros que funcionamos un poco como meretrices de lujo esperando para ejercer el oficio la llamada telefónica del cliente que solicite nuestros servicios. Pido perdón a ti y a tus lectores por recurrir al cinismo para no ver el panorama desolador del teatro hispano en una ciudad de emigrantes sin tiempo para los placeres del espíritu y lo inconcebible: ¡nativos hostiles a aprender nuestra lengua! Lo siento, no pienso perder mi optimismo.

¿Cuál ha sido tu experiencia más placentera (y la más desagradable, si la hubiera) frente a una obra? ¿Tienes alguna anécdota al respecto?
Una experiencia placentera, eso debe ser en teoría ese tiempo de regocijo entre actores y espectadores que es la esencia del teatro. Siempre que me enfrento a un nuevo montaje mi objetivo es como el de todo creador producir placer a través de la belleza, pero como el teatro es un arte colectivo, y lo que sucede en escena después de abierto el telón está más allá de mis buenas intenciones, a veces el júbilo se vuelve dolor en esas representaciones donde ocurre todo lo que no debió ocurrir. Para colmo, al final de la catástrofe, nunca faltan espectadores entusiastas o amigos consoladores que se acercan a felicitarme. Y yo me muero de vergüenza.

Cuando te llamé para esta entrevista me dijiste que estabas ensayando. ¿En qué nuevo proyecto trabajas?
Estoy ensayando *El médico a palos*, la deliciosa farsa de Moliére, con un elenco de lujo que incluye entre otros a Mario Martín, Marcos Casanova, Jorge Hernández y Vivian Ruiz. Será una fiesta para

divertirnos todos, público y actores, con un guiño especial pues los personajes remedan algunos arquetipos del vernáculo cubano como el «negrito», el «gallego» y la «mulata». Estrenaremos el 10 de octubre en el Teatro Ocho. Yo sé que tú, Luis, no te pierdes un estreno, pero aprovecho esta entrevista que tanto te agradezco para invitar a tus lectores. Para terminar, me gustaría enviar un aplauso simbólico, como testimonio de mi admiración, a cada uno de los integrantes de esa tribu heroica de apasionados artistas cubanos compulsivamente enamorados de la escena.

(agosto de 2008)

DESPUÉS DE LA ENTREVISTA, Moreno ha seguido participando en el desarrollo del teatro en Miami, tanto como director, como escenógrafo. Fueron muy exitosos los estrenos de *Sin vas a comer espera por Virgilio* de José Milián, su versión de *Aura*, basada en el texto de Carlos Fuentes y *Alguien quiere decir una oración* de José Abreu Felippe.

JOSÉ LORENZO FUENTES (escritor)

Nada menos que en los años sesenta, en pleno realismo socialista, mientras la juventud gritaba en París y los tanques rusos aplastaban la Primavera de Praga, aparece el libro *Después de la gaviota*. El relato principal, que es el que da título a la colección de narraciones, es todo un canto a la libertad. Desde entonces, es uno de los cuentos antológicos de las letras cubanas.

A su autor, José Lorenzo Fuentes (Santa Clara, 1928), le ha tocado vivir una época convulsa, de dictadura, revoluciones, tiranías y exilio. Como escritor ha publicado *El lindero* (1953), *Maguaraya arriba* (1963), *El sol, ese enemigo* (1963), *El vendedor de días* (1967), *Después de la gaviota* (1968), *Viento de enero* (1968), *Mesa de tres patas* (1980), *La piedra de María Ramos* (1986), *Brígida quiso soñar* (1987), *Los ojos del papel* (1990), *Meditación* (2001), *La estación de la sorpresa* (2001), *El hombre verde y otros relatos* (2005) y *Después de la gaviota* (2008), en edición conmemorativa por el cuarenta aniversario de su publicación.

Anticipándonos a su participación el próximo martes 11 de noviembre, en la XXV Feria Internacional del Libro de Miami, que organiza el Miami Dade College, tuvimos una amena y rica conversación sobre su trayectoria y su literatura, que queda, apretadamente resumida, en estas 5 preguntas.

Desde su aparición, *Después de la gaviota* se convierte en uno de los relatos más asombrosos de la literatura cubana. ¿A qué le atribuye usted ese éxito tan rotundo?
No nos engañemos. Todo escritor piensa que a partir del momento en que consiga publicar lo que escribe el mundo comenzará a ser distinto. Sin esa cuota de vanidad, de ego desorbitado, nadie se sentaría frente a la máquina de escribir, o frente a su ordenador, para entregarse en cuerpo y alma no sólo a la más solitaria sino a la más desprotegida de todas las ocupaciones. Sin embargo, recuerdo que comencé a escribir *Después de la gaviota* sin el menor propósito de allegarme lectores o de procurarme el favor de las editoriales, sino animado sólo por el simple placer que me proporcionaba su escritura. Si alguien me hubiera preguntado entonces por qué ponía tanto entusiasmo en la elaboración de ese libro, no hubiera sabido qué

responder. Ahora, al cabo de cuarenta años, creo saberlo: porque le iba a procurar a los lectores el mismo placer que experimenté cuando lo escribía. ¿Vanidad de autor? Tal vez. Pero es lo que me han dicho muchos de sus recientes lectores: que les proporciona gran placer su lectura.

En varios de los cuentos de *Después de la gaviota* se puede entrever señales y referencias a la reencarnación y la meditación, algo en lo que profundiza posteriormente en su libro *Meditación*. ¿Qué lo llevó al yoga y las prácticas hinduistas?
Tal vez, como a muchos otros, me condujo al estudio del misticismo y la parasicología, la reflexión acerca del inevitable ciclo de nacimiento y muerte formulado en las tres preguntas clásicas: ¿Quiénes somos, de dónde venimos y hacia dónde vamos? Buscándole respuestas a esas preguntas me interné en el estudio de la cultura oriental y leí todos los libros que encontré sobre el tema, desde los textos de Patanjali hasta los de Krisnamurti. Pero además siempre estuve al tanto de las investigaciones realizadas en importantes universidades como Harvard y Stanford sobre los efectos que ejercían en la salud corporal la práctica de la meditación y otras técnicas de relajación. Tales investigaciones confirmaban que la meditación era efectiva para reducir la presión sanguínea, bajar los niveles de colesterol, fortalecer el sistema inmunológico y colaborar en la curación de numerosas enfermedades, entre ellas el cáncer. También confirmaban que la meditación no sólo era la técnica más eficaz para hacer frente al estrés y para aliviar las tensiones que son fuente de numerosas dolencias, sino para desatar el potencial humano, liberando las inagotables reservas de energía y creatividad que la persona necesita para responder al desafío que le impone el creciente desarrollo tecnológico de la sociedad. A partir de esas ideas empecé a practicar la meditación y muy pronto me di cuenta de los beneficios que esa práctica me aportaba. Decidí por tanto contribuir a que los demás también se beneficiaran de esa técnica. Escribí el libro *Meditación*, que fue publicado en español y en inglés en los Estados Unidos, y posteriormente ha sido editado en Rusia, República Checa, Portugal, Grecia y la India.

Gente que le admira y le quiere ha estado publicando sus libros: Iduna sacó este año 2008 *Después de la gaviota*, otras editoriales

publicaron *La estación de la sorpresa*, *La piedra de María Ramos* y *El hombre verde*. ¿Qué hay en su literatura que interesa a los lectores de distintas generaciones?

Has mencionado uno de mis libros que más amo: *El hombre verde*, publicado por la editorial Renacimiento, de Sevilla, en su colección Espuela de Plata. Es un libro conformado por una novela breve y nueve cuentos que evocan momentos significativos de la vida cubana, desde la fundación de las primeras ciudades y las guerras de independencia hasta nuestros días. Para mí ha sido una agradable sorpresa el interés que mis libros, y de un modo especial *Después de la gaviota,* han despertado en los escritores cubanos de las nuevas generaciones que, por razones obvias, yo siempre pensé que no habían tenido acceso a mis libros. Un importante novelista y ensayista cubano de la más reciente promoción, Alberto Garrandés, ha señalado que *Después de la gaviota* es «una de las historias más extrañas de la literatura cubana contemporánea» y agregó que en ese libro se encuentran «las premisas de una escritura que no se parece a ninguna de las que predominaron, o ejercieron algún influjo, en el panorama del cuento y la novela cubanos a lo largo de aquella época». Por su parte, Amir Valle, un brillante novelista de las últimas generaciones, opina que *Después de la gaviota* «es uno de los libros de cuentos más filosóficamente reflexivos de nuestras letras» y que los cuentos que lo integran «pueden leerse en estos momentos del siglo XXI, es decir cuarenta años después de haber sido publicados, sin que hayan envejecido». Otro escritor joven, residente en Madrid, Jorge Félix Rodríguez, ha dicho: «*Después de la gaviota*, a veinte años de salir a la luz (creo que fue en 1968) seguía siendo un magisterio de escritura; casi cuarenta años después continúa siéndolo». Creo que esas opiniones de jóvenes escritores cubanos responden, mejor que yo, tu pregunta.

Una pregunta doble. Usted es un hombre al que le ha tocado vivir muchas circunstancias diferentes y complejas, entre ellas el comunismo y también el exilio. ¿Cómo valora esos eventos y de qué manera han influido en su concepción de la vida y su literatura?

Cuando vivía en Cuba todos me consideraban un hombre tranquilo. No obstante, mi vida ha estado sembrada de acontecimientos complejos y a veces contradictorios, propios de una persona de índole aventurera. Como la gran mayoría de los jóvenes de mi generación, aunque sin militar en ningún partido político, estuve guiado por las ideas revolucionarias, participé en la batalla de Santa Clara y durante casi dos años me desempeñé como periodista personal de Fidel Castro, pero también sufrí el presidio político y finalmente tuve que salir al exilio. Todo ese proceso lo he asumido como una experiencia literaria, como un abundante proveedor de temas y personajes. Así recién acabo de concluir una novela titulada *Foto a la deriva* en la que relato peripecias enmarcadas entre el asalto al Palacio Presidencial y los acontecimientos más cercanos en el tiempo.

Tanto usted como Ricardo Bofill hablan poco, incluso pienso que prefieren no hacerlo, de la publicación en 1985 de una novela suya bajo el nombre de Bofill, la cual creó un escándalo de plagio. A más de veinte años del problema, tiempo que permite una valorización más desapasionada, me gustaría una reflexión sobre aquel evento.
Ricardo Bofill y yo mantuvimos en Cuba una entrañable amistad de años (todavía recuerdo sus frecuentes visitas a mi casa y nuestros encuentros en el portal de la residencia habanera de Hilda Felipe y Arnaldo Escalona), algo que evitó que acudiéramos a descalificaciones personales durante el diferendo por la potestad de la novela, que provocó todo un escándalo internacional. Ahora, después de tantos años, no es necesario volver sobre el tema, sobre todo porque para mi satisfacción no existe la menor duda de que la autoría del libro me pertenece.

(octubre de 2008)

DESPUÉS DE LA ENTREVISTA, José Lorenzo se mantiene escribiendo, publicando y dedicado a la meditación de manera continua. Entre sus libros recientes se encuentra una antología personal con sus mejores cuentos, y otro esotérico, *Mandala*. Sigue esperando su aparición el anunciado *Foto a la deriva*.

HERIBERTO HERNÁNDEZ MEDINA (escritor)

La fuerza arrolladora de las nuevas voces literarias en el exilio cubano, ya se está haciendo sentir (es inevitable, es necesario). Como las anteriores, llegaron, comenzaron a labrar su propio espacio (incluso su territorio generacional) y de repente toman posición en el escenario que le corresponde (con unos se discrepa, con otros se establece más afinidad), conformándose el panorama artístico que habrá de concretar por los próximos años las nuevas tendencias, hasta que en su momento, otros vengan de relevo. En esa corriente renovadora está Heriberto Hernández Medina, que ya ocupa un lugar destacado entre los escritores cubanos en Miami.

En los últimos meses han aparecido dos nuevos libros tuyos. ¿Son resultado de una repentina explosión creativa o del trabajo acumulado?
Tengo el criterio que un poeta escribe los textos que puede, que necesita, que le hacen la vida más ligera, tolerable. El libro es una contingencia comunicacional, mercantil. Un medio. Las circunstancias le hacen reunir un grupo de textos por afinidad temática, bajo una estructura o en función de una tesis, cuando no intervienen factores más vulgares (los más frecuentes) como las exigencias de un editor, las bases de un concurso o la necesidad de cumplir ciertos parámetros que rigen la comercialización de la literatura como mercancía. *Verdades como templos*, el libro que salió bajo el sello de Iduna Ediciones, recoge una selección de los últimos textos escritos en Cuba, otros escritos en la ciudad de Lima y textos más recientes escritos en Miami, con la intención de dar una idea de lo que he hecho en los últimos años. En *Los frutos del vacío*, publicado bajo el sello de Bluebird Editions, he reunido toda mi poesía escrita desde 1983 hasta el año 2006, conservando el orden y la forma en que se publicaron (en Cuba) mis dos primeros libros, y adicionando tres libros posteriores, publicados parcialmente y de un modo muy disperso. La razón de hacer esto tiene que ver únicamente con la posibilidad de hacer un balance personal. En fin, no se trata de «una repentina explosión creativa», es trabajo acumulado, concebido durante casi 25 años de usar la palabra como medio para estructurar todo cuanto hago.

Has vivido en Cuba, Perú y ahora estás en los Estados Unidos, en Miami, donde destaca lo cubano. ¿Cómo valoras estas tres experiencias?
La experiencia de haber nacido, haberme educado y obtenido una calificación profesional en Cuba es fundamental en mi formación como ser humano. Sustancial. Quizás, el hecho de vivir en un país cuyas estructuras de poder niegan las más elementales libertades y la individualidad misma, potenció en muchos de nosotros una curiosidad y una devoción inusual por el conocimiento y el estudio. Vivíamos en un castillo medieval y los viajes de «la comunidad», y luego el éxodo del Mariel, hicieron caer el puente levadizo. Nuestra generación empezó a madurar la idea de que el mundo era algo diferente y la caída del muro de Berlín fue el detonante. Perú, y Lima en específico, fue la puerta de salida hacia ese mundo exterior. Un entrenamiento intensivo. Como cuando llevan a una bestia que ha vivido en cautiverio toda su vida a un ambiente natural controlado para que se adapte, antes de soltarlo en la selva virgen. El capitalismo del tercer mundo es una experiencia primitiva, esencial, que debería experimentar todo ser humano que ha vivido bajo un régimen totalitario. Desde el punto de vista social y cultural, Lima ha aportado elementos importantes a mi visión actual de las relaciones humanas. Estados Unidos ha generado un capitalismo caprichoso, casi de laboratorio, coartado por la interacción dramática, casi teatral, de los grupos de poder, por proteccionismos, subvenciones y un «checks and balances» cada vez más amordazado. Miami, que no resume en modo alguno esto, se ha ido acomodando, como una mujer inteligente, a los imperativos de sucesivas oleadas de emigrantes. Esto ha hecho de esta ciudad un destino cada vez más flexible, más tolerante y atractivo para los «hijos de la Revolución Cubana»; menos politizados, pero igualmente parricidas. Miami es cada día más Cuba, yo pude verlo apenas llegué acá, decidí quedarme y me alegra no haberme equivocado.

Eres arquitecto. Si existiera alguna relación entre la arquitectura y la poesía, cuál sería el vínculo, y de qué manera se refleja en tu poesía.
Siempre he pensado que un escritor debe tener un oficio del cual vivir. La arquitectura es el mío. Me gusta. Siempre me ha dado para vivir y me ha permitido escribir lo que pienso y decir lo que quiero sin tener que pensar al hacerlo, en la seguridad de los míos. El apor-

te de mi profesión a mi obra podría rastrearse en una visión estructurada de los textos o en algunas temáticas recurrentes, pero no creo que haya aportado otra cosa a la que no hubiese podido acceder por otras vías.

Llevas en Miami unos ocho años, ¿cómo valoras la vida cultural de la ciudad?
La vida cultural de la ciudad ha ido ganando espacios de tolerancia y generando hábitos de consumo que eran impensables, no mucho tiempo atrás. La correlación de fuerzas entre las primeras oleadas de emigrantes cubanos, conservadores y politizados en extremo, y las sucesivas oleadas, masivas o graduales, ha ido cambiando a favor de estas últimas, que han ido imponiendo hábitos de vida, de consumo y una nueva visión de la interacción social. Miami es hoy una ciudad saludable en términos culturales, que va generando sus propias opciones y que ha roto la inercia de un exilio «que nunca deshizo las maletas», y la está cambiando por la agitación de una sociedad que no quiere esperar a mañana para expresar sus ideas, exhibir su arte y hacer su vida en el sitio que, contingencias políticas ajenas a sus voluntades, les han propiciado.

La internet ha crecido y es una fuerte importante de información y divulgación, ocupando los blogs un terreno cada vez más significativo. ¿Qué opinión tiene de las bitácoras?
Los blogs son la muerte de la hegemonía en el uso de la información y en la divulgación del pensamiento y la expresión artística individual. Una metáfora de la libertad.

(noviembre de 2008)

DESPUÉS DE LA ENTREVISTA, el poeta se suicidó de un disparo en el 2012. Había publicado unos días antes de su muerte el libro de poesía, *Otros filos del fuego* que él mismo mandó a recoger por razones desconocidas. No se ha vuelto a reeditar.

AIDA LEVITÁN (promotora cultural)

Conocida en el ámbito empresarial de Miami como exitosa publicista y en los círculos culturales como promotora de eventos y coleccionista de arte, Aida Levitán, ha acentuado su influencia con la creación de la Editorial Ultramar.

Es frecuente verla en presentaciones de libros, inauguraciones de exposiciones, en conciertos y programas de ballet y ópera. Con ella conversamos sobre su carrera y su interés por las artes.

En medio de una crisis económica sin precedentes has creado Hispanic Events Inc, una institución de promoción cultural y la Editorial Ultramar. ¿Qué te propones con estos proyectos?
En realidad Hispanic Events, Inc., organización 501(c)3 –sin fines de lucro– nació en 1995 para producir la segunda Feria de Sevilla en Key Biscayne y la Feria de España en Miami en 1997.Desde entonces nos dedicamos a promover eventos y organizaciones culturales así como a apoyar a artistas hispanos, especialmente en el Sur de la Florida. Fundamos Editorial Ultramar en el 2008 para publicar y divulgar la obra de los mejores poetas de esta zona sin que ellos tengan que pagar por la publicación ni por la promoción. El primer libro de Ultramar, *Poesía viva*, de Rodrigo de la Luz, ha contado con el apoyo de Books & Books, ha tenido muy buena crítica y muchos lo han comprado. Estamos muy satisfechos con los resultados que hemos logrado hasta ahora.

Lanzaste la convocatoria para una recopilación de poemas de autores hispanos del Sur de la Florida. ¿Qué nos puedes decir al respecto?
La *Antología de Poesía Hispana de Miami* ofrecerá una panorámica de algunos de los mejores poemas en español de escritores del Sur de la Florida. La junta editorial, compuesta de conocidos críticos, profesores de literatura y la directora del Centro Literario de Miami-Dade College, nos está ayudando de manera rigurosa a seleccionar los poemas que se incluirán en la antología. Esperamos publicar el libro esta primavera y que tenga tan buena acogida como el primero de Editorial Ultramar. También auspiciaremos eventos con los

poetas y les ofreceremos una campaña de relaciones públicas para dar a conocer su aportación a la antología.

¿Qué opinión tienes del marco cultural de Miami de los últimos años?
No cabe duda de que Miami ha tenido una gran explosión cultural en los últimos años. No sólo tenemos la más importante feria de arte de EE.UU. –Art Basel– sino que también contamos con otras ferias artísticas como Arteaméricas. El Miami Art Museum pronto tendrá un nuevo museo de nivel mundial. El Festival de Cine de Miami y la Feria Internacional del Libro de Miami Dade College son dos de los más importantes eventos culturales de la nación. Estamos presenciando un resurgimiento del teatro hispano en Miami, y el Centro de Bellas Artes Arsht presenta muchos de los mejores espectáculos de ópera, ballet y música del mundo. El New World Symphony y el Miami Symphony Orchestra nos deleitan con sus conciertos. El Centro Cultural Español (CCE) se ha convertido en un lugar de reunión y exposición de importantes eventos culturales. Podemos asistir a presentaciones con grandes escritores locales e internacionales, gracias a Books & Books, CCE, el Instituto de Estudios Cubanos, y otros grupos. En fin, Miami es una ciudad de extraordinaria vitalidad en el campo cultural.

¿Qué habría que hacer para que el movimiento cultural de Miami tenga más bríos?
Es muy importante participar más activamente en las causas culturales y hacer donativos a las instituciones que las apoyan. Los hispanos hemos sido muy generosos en donar dinero y servicios para la educación, la salud, los niños, y causas patrióticas relacionadas con nuestros países de origen, pero debería haber más apoyo para los artistas y escritores, para los creadores de teatro para jóvenes, para los museos de arte y otros proyectos culturales. Los empresarios y profesionales deben comprender que el arte y la cultura pueden ser poderosos instrumentos para dar a conocer y realzar sus marcas así como la imagen de sus compañías. Hace falta ayudar más a los artistas que no hablan inglés ni comprenden cómo usar los recursos de la sociedad norteamericana para avanzar con su obra. También sería excelente celebrar un Festival Internacional de la Poesía en Miami, algo que tenemos como proyecto para el futuro. Cada uno

de nosotros debe poner su granito de arena para que Miami alcance el máximo desarrollo cultural.

Eres una exitosa publicista. ¿Cómo se logra alcanzar el éxito?
El éxito mayor es lograr un equilibrio entre el ámbito personal y el del trabajo de manera que uno pueda disfrutar de la vida y darle a la familia y a los seres queridos todo el amor y apoyo que merecen. En el campo empresarial se logra el éxito casi siempre a base de educarse y entrenarse muy bien, trabajar muy duro y nunca darse por vencido. La tenacidad, habilidad para organizarse (de manera de no desperdiciar nuestro valioso tiempo) y el saber motivar a los que trabajan con uno, son todas cualidades fundamentales para triunfar en el campo empresarial. Hay que mantenerse muy al día sobre la industria en que uno trabaja, planificar estratégicamente nuestro futuro y el de la empresa, y tener una visión muy clara que nos inspire a escalar hacia la cima empresarial o profesional. Finalmente, hay que acordarse de los demás; es decir, aportar algo de valor a la comunidad que tanto nos ha dado en vez de sólo sacar provecho de ella. Creo que debemos dejar el mundo mejor de lo que lo encontramos al nacer.

(febrero de 2009)

DESPUÉS DE LA ENTREVISTA: la publicista y promotora cultural ha mantenido una estrecha relación con el ambiente artístico, a partir del apoyo con donaciones de fondos para exposiciones, autores, eventos culturales y literarios, así como la publicación de libros, entre ellos *La ciudad de la unidad posible y The City of Possible Unity* (colecciones de más de 100 poemas de más de 30 poetas de Miami).

CARLOS PINTADO (poeta)

El escritor Carlos Pintado se va abriendo paso en el marco de la literatura cubana y en particular en la de Miami, donde reside. Desde que ganó el Premio Internacional de Poesía Sant Jordi 2006, en España, por su libro *Autorretrato en azul,* ha destacado como una de las voces jóvenes más interesantes de la poesía cubana. Textos suyos han inspirado a la compositora Pamela Marshall un quinteto para piano, que se estrenará a mediados de mayo.

Nacido en 1974 en Pinar del Río, Pintado ha publicado *El diablo en el cuerpo* (2005), *Los bosques de Mortefontaine* (2007), *Habitación a oscuras* (2007) y el libro de ensayos y cuentos *La Seducción del Minotauro* (2000). La editorial Bluebird publicó *Los nombres de la noche* (2008), una antología de su poesía. Su más reciente libro, *El azar y los tesoros* fue finalista del premio Adonais, 2008, en España, y será publicado próximamente. El escritor es también jefe de redacción de la revista literaria cibernética La Zorra y El Cuervo.

¿Podrías hablarnos un poco de tu formación como escritor?
La formación como escritor es similar a la de lector. De niño me recuerdo leyendo libros de Salgari, Verne, Andersen, Tolkien, Bradbury y Poe. Fui un mitómano incansable que creía vivir en mundos de magos, espadas mágicas, muertos y vampiros. A más de un amigo aterroricé, diabólicamente, con mis cuentos de horror y fantasía hasta que –para no repetirme o repetirlos– decidí ponerlos en el papel. Creo que ahí comenzó a gestarse el escritor. Tiempo después llegaron los románticos ingleses, Verlaine, Rimbaud, Rilke y Paul Valéry diciéndome cosas grandes, cosas bellas que yo quería hacer mías. Un día descubro, en una antología, un soneto a un gato. Acostumbrado como estaba yo a poemas exóticos, a paisajes lejanos, a penumbras insondables, este soneto debió resultarme un sacrilegio. Leí muy sorprendido sus primeros versos: «No son más silenciosos los espejos/ ni más furtiva el alba aventurera;/ eres, bajo, la luna esa pantera/ que nos es dado divisar de lejos». Y fue una gran revelación. Hasta ese momento, que recordara yo, nadie había conseguido decir tanto, con tan poco, con esa suerte de maestría inigualable. En apenas cuatro versos, Borges me daba una lección

sobre la hegemonía del gato en un poema. Salí de ese poema pensando que esa criatura mágica –un ser vivo– podía ser por virtud poética mucho más silencioso y furtivo que los espejos y las albas –cosas silenciosas y furtivas por antonomasia– por obra y gracia de un Borges santo. Me pareció una comparación insolente y magistral. El hechizo estaba hecho.

En el 2006 ganas el Premio Sant Jordi de poesía, en España, con *Autorretrato en azul*, libro que luego es publicado con el título *Habitación a oscuras*. ¿A qué se debió el cambio?
Autorretrato en azul y *Un tapiz donde el bosque se ilumina* fueron siempre dos libros o secciones que, al fusionarse, dieron nombre a *Habitación a oscuras*, que es el título original del libro. Escritos entre 1988 y 1991 los dos debieron compartir ese destino de penumbras y estatuas que tanto abundan en el cuaderno. *Autorretrato* es una palinodia de otro cuaderno náufrago, pero que corrió con buena suerte al ser premiado en un concurso. Preferí que el libro saliera en su integridad y no dividido bajo el efímero esplendor de un rótulo de premio. Justicia poética, creo.

Tradujiste *La rosa de Coleridge*, una antología de poetas americanos e ingleses. Sería interesante escuchar tu opinión sobre el proceso de traducción y en particular de este libro.
El libro permanece inédito y espero que salga en algún momento. Es un modesto homenaje a los poetas ingleses y americanos que me gustaron o influyeron en mí. Recuerdo que al salir de una clase de Historia y Literatura Inglesa, me encerré a traducir *La apología de Aristófanes* de Robert Browning, y luego quedé seducido por el ejercicio de traducción, que no es menos noble que el de escribir un poema en su idioma natural. Hay algo de infidelidad deleitable cuando intentas trasladar un poema de un idioma a otro. Al terminar con Browning empecé con la maravillosa elegía de Thomas Gray, con Keats, con Silvia Plath, con Ginsberg. Traduje mucho bajo ese rapto afiebrado de quien descubre un instrumento de poder en sus manos. Después, como es lógico, deseché algunas traducciones, mejoré otras. Algunos poetas dejaron de ser los preferidos y cedieron ese lugar a otros. La traducción es una conversación con los difuntos como bien aprendió Eliseo Diego de Quevedo.

Eres parte fundamental de la nueva editorial Bluebird, cuyo fondo editorial va creciendo. Cuéntanos sobre el proyecto y las proyecciones para el futuro.
La editorial Bluebird es la fusión de ediciones Bluebird y la revista literaria La Zorra y el Cuervo. Con George Riverón y Heriberto Hernández Medina intentamos la tarea casi quijotesca de publicar libros. Es un proceso que ha ido madurando, que apuesta por la buena literatura y del que ya sobresalen excelentes títulos. Para el futuro casi inmediato estamos preparando un catálogo que promete sorpresas. Habrá autores malditos, premiados y olvidados, autores de Estados Unidos, de España y de Cuba. Yo creo que Heriberto y George son en realidad las partes fundamentales; yo aprendo mucho de ellos: Heriberto tiene una constancia titánica para orquestar cosas; George un ojo avizor, certero. Yo ando entre ellos como el fantasma de *Aura* de Carlos Fuentes, pero alegre de ser parte de ese proyecto.

Recientemente has publicado *Los nombres de la noche*, una antología personal de tu poesía. ¿Qué nos puedes decir sobre ese libro?
En *Los nombres de la noche* agrupo poemas de algunos libros publicados y de otros inéditos. Hay textos que prefiero por diversos motivos y otros que se han quedado escondidos, temerosos de salir a la luz. De alguna manera abro y cierro un umbral con él. Concebí este libro como una galería de retratos o de espejos. Cada poema es la instantánea de una época, una verificación de lo vivido. Con algunos poemas he salvado momentos, ganados efímeros parnasos; con otros he perdido amores, miedos, sueños. Juntarlos es casi una herejía. Siempre pensé que no hay nada más vulnerable que un hombre cuando se sienta a escribir versos, pero publicarlos puede superar esa vulnerabilidad. Un poeta, decía Valéry, es un buscador de instantes privilegiados. Esta antología pretender –no sé si lo consigue– ser un muestrario de instantes y de privilegios.

(abril de 2009)

DESPUÉS DE LA ENTREVISTA, ganó el primer premio del Premio Paz de Poesía en su primera convocatoria, por *Nueve monedas*, que se publicó de manera bilingüe. Bluebird cesó su empeño editorial tras la muerte de Hernández Medina. El libro de las traducciones no ha sido editado.

ARMANDO AÑEL (escritor, editor)

El ciberespacio es cada vez más fascinante... pero también despierta, en algunos aspectos, preocupación. La fascinación la ejerce fundamentalmente la inmediatez, la rapidez con que se puede llegar en imagen, voz e interacción, a casi todos los rincones del mundo. Las preocupaciones estriban, muchas veces, en la velocidad de cambios de la propia tecnología que lo apuntala.

Pero hoy en día la internet marca el paso de la vida diaria, siendo las bitácoras en la red capaces de tocar fibras sociales y despertar debates serios, incluso animar el interés por un libro, un autor, un evento histórico. De temática cubana hay cientos de portales (unos más sensatos que otros), siendo Generación Y, creado en Cuba por Yoani Sánchez, uno de los que mejor refleja la realidad en la Isla. El exilio, donde con más facilidad y recursos se puede administrar un blog, tiene entre los más sobresalientes a Cuba Inglesa, un curioso nombre para un espacio de asunto cubano, creado por el escritor y periodista Armando Añel.

En Cuba, Añel fue periodista independiente, siendo cofundador y vicepresidente del Grupo de Trabajo Decoro. En esa época colaboró en medios como Radio Martí, Cubanet y Cuba Free Press. Tras recibir el premio de ensayo anual de la fundación alemana Friedrich Naumann en la primavera de 2000, viajó a Europa, residiendo en España e Inglaterra hasta radicarse en Miami, en el verano de 2004. Su hoja de ruta lo sitúa también como corresponsal en Londres de la revista madrileña Arte y Naturaleza, y en España, editor del diario digital Encuentro en la Red y la revista Perfiles del Siglo XXI. En Miami, ha sido editor en español de las revistas Islas y Herencia Cultural Cubana. Sus artículos y trabajos literarios aparecen con frecuencia en publicaciones de Estados Unidos, Latinoamérica y Europa, como los periódicos Diario Las Américas, El Nuevo Herald y Libertad Digital, y las revistas Encuentro e Hispano Cubana.

Con Añel hemos querido indagar un poco en su visión sobre la red y la modernidad.

Mantienes en la red la bitácora Cuba Inglesa, tal vez una de las más resonantes entre los exiliados cubanos. ¿Cuál es la concepción de tu blog y cuáles son sus objetivos?

Cuba Inglesa, en su versión actual en blogger, trabaja en tres direcciones fundamentales (de ahí, creo, su relativo éxito): la de la información actualizada, sustentada, entre otras cosas, en un servicio ininterrumpido de *feeds*, o enlaces automáticos a varios periódicos, agencias y blogs; la de la amenidad, según la cual el lector tiene derecho a la recreación en nuestra página; y la de la interacción sin barreras, que posibilita un debate abierto, plural, inclusivo, incluso descarnado. Cuba Inglesa también funciona a la manera de un foro sin moderadores. Libertad es la divisa, y a través de ella buscamos acercarnos a la verdad, o proponer soluciones, o visualizarlas (el objetivo). Y están nuestros colaboradores. Contamos con una gama de colaboradores de primer nivel, o para mejor decirlo: cuentan los lectores. Se trata de gente generosa y profesional.

El fenómeno blogger es algo realmente revolucionario. Tengo entendido que apuestas por lo electrónico, información, libros, etc. Sin embargo lo electrónico está a merced, entre otras cosas, de la tecnología, que hoy puede ser de punta, pero mañana caer en desuso. ¿Crees que lo digital se impondrá a los periódicos y libros impresos?
A los periódicos ya se está imponiendo, aunque no creo que el periodismo tradicional desaparezca completamente. En cuanto a los libros, tienen larga vida. Un libro no es lo mismo en Internet, por muchas razones. Y un libro es, además, un objeto de colección, de manipulación y adicción, prácticamente como el tabaco. Un libro y ciertas revistas. Parafraseando el eslogan publicitario: Hay tradiciones que no mueren.

¿Cómo logras ser serio, profesional y confiable, sin caer en banalidades (tanto en los post como en los comentarios de los lectores), sin perder el prestigio y la sensatez del portal?
No intentamos ser serios, intentamos ser profesionales. Nuestro prestigio, el que intentamos cimentar, tiene mucho que ver con nuestra capacidad de ofrecer un producto deficitario en el ámbito cubano: un espacio abierto, sin restricciones, a la polémica y el debate. Un punto de encuentro verdaderamente plural, cuya pluralidad depende de la voluntad expresa de cada lector-comentarista, e incisivo. Ni censuramos ni nos casamos, informativamente hablando, con ningún postulado o tendencia. No somos casa de nada. Somos, o aspi-

ramos a ser, la vía pública. Una cosa es Armando Añel en tanto articulista, con sus manías y criterios, y otra Cuba Inglesa. Cuba Inglesa tiene una cierta vocación pública, para decirlo aproximadamente. Como pudiera tenerla un boulevard.

Quienes te conocen te señalan como un hombre un poco ensimismado, sin embargo eres desenfadado en lo que escribes, por ejemplo para tu blog. ¿Cómo se combinan esas facetas de la personalidad?
Aprendí de mi abuelo, siendo niño, que es bueno preguntar y escuchar. Mientras más se habla menos se aprende. Sería interesante coordinar algún día un estudio sobre la relación entre la locuacidad del escritor y la calidad de su obra. Va y descubrimos detalles reveladores. Pero he mejorado como comunicador, sobre todo gracias a mi esposa. Cuando eres feliz, por lo general alcanzas un balance, fluyes con más naturalidad. En cualquier caso, la genética acaba haciendo su trabajo.

Eres narrador y poeta. ¿Cuándo saldrá un libro tuyo, y cuál será?
Ya han salido libros, tú mismo reseñaste uno. En cualquier caso, en 2010 van a salir dos, testimonio y ficción, y tal vez un tercero. Precisamente, la historia que dio origen a Cuba Inglesa, como concepto y como denominación, es una novela. *Crónicas del Tercer Éxodo.* Saldrá en los próximos meses. También la historia de un destacado empresario y líder cívico del exilio cubano.

(noviembre de 2009)

DESPUÉS DE LA ENTREVISTA, Cuba Inglesa dio paso a Neo Club Press y a las Ediciones New Club. Coordina el Festival VISTA, dedicado a la literatura cubana de las dos orillas, enfocado en la disidencia interna.

EDDY DÍAZ SOUZA (director teatral y escritor)

Cuando las respuestas que ofrece un entrevistado son tan puntuales, se hacen innecesarias las largas introducciones. Este es el caso Eddy Díaz Souza (Jaruco, Cuba, 1965), quien desde niño se ha dedicado al arte y la creación. Tras cosechar éxitos en Cuba, sale en 1991 a Venezuela, donde de inmediato comienza a recibir reconocimientos, como el Premio Fundarte de Literatura Infantil, por su libro *Bernardino Soñador y la cafetera mágica*. Ya en Miami, donde reside en la actualidad, el nombre de Eddy Díaz Souza, ha alcanzado un sitial importante en los escenarios locales.

Parte de tu trabajo está dirigido al público infantil y juvenil. ¿Qué te ha llevado a escribir ese tipo de literatura y cómo definirías las «reglas» de escribir para menores?
Comencé a escribir desde temprana edad. A los diez años ya fusionaba o interrumpía mis apuntes de materias escolares para darle espacio a mis narraciones y escritos poéticos. Tenía una fantasía desbordante que lograba comunicar a través del juego, la escritura creativa y la representación escénica. Esa primera etapa marcó profundamente mi vocación literaria y artística. Creo que escribo para niños porque nunca me interesó desligarme de aquella primera fuente, porque entendí la manera en que se construían las historias en la infancia y ello me sirvió luego como táctica para el desarrollo de mi discurso literario, y también como recurso aplicable a la escena. Entender la infancia no es igual a escribir desde esa perspectiva ni implica aferrarse a una entelequia, a un niño que fuimos o que nos inventamos. Los tiempos cambian. Yo jugué con botellas de vidrio y papalotes de papel de China; los niños de hoy, los niños digitales, se distraen con otras tecnologías. Han cambiado sus relaciones con los adultos y con el mundo circundante, sus juegos y juguetes, pero la fantasía aún sigue siendo parte esencial de esta etapa. Nada mejor para demostrarlo que el éxito editorial de la serie *Harry Potter*, de la novelista británica J. K. Rowling. Escribir para el público infantil implica exigirse tanto o más que si se escribiera para adultos. Un autor para niños debería pensar que su artefacto literario debe tener misterio, encanto, interés... ser tan atractivo y divertido como el mejor de los juguetes. Esa es la regla.

¿A quiénes consideras de los más representativos exponentes de la literatura infantil de la Isla y el exilio?
Cuando me asomé a la zona de la literatura infantil cubana ya había importantes autores y aportes, comenzando por nuestro primer gran exponente, José Martí (1853-1895), autor del poemario *Ismaelillo* (1882) y de la revista *La Edad de Oro* (1889), entre otros textos para niños y jóvenes. En una extensa lista de creadores cubanos, dentro y fuera de la Isla, no deberían faltar nunca nombres como Dora Alonso (1910-2001), que nos legó a Pelusín, uno de los personajes más arraigados de nuestro teatro de títeres, y también las novelas *El cochero azul* y *El valle de la pájara pinta*. Hilda Perera, que desde joven me impresionó con sus *Cuentos de Apolo*. Nersys Felipe, autora de *Cuentos de Guane* y *Román Elé*. Julia Calzadilla con *Los chichiricú del charco de la Jícara*. Son importantes para mí, igualmente, Mirta Aguirre (1912-1980), Excilia Saldaña (1946-1999), David Chericián (1940-2002), Antonio Orlando Rodríguez, José Antonio Gutiérrez, Joel Franz Rosell, Luis Cabrera Delgado, Ivette Vian, Chely Lima, Daína Chaviano... y entre los dramaturgos que se han acercado a los niños con sus obras, Gerardo Fulleda León, Salvador Lemis y Norge Espinosa Mendoza. Podría continuar la enumeración de autores y títulos tan importantes como los mencionados, pero no dispongo de suficiente espacio aquí para ese ejercicio.

En los últimos tiempos has realizado trabajos como director, en lecturas dramatizadas y puestas en escena. Háblanos de esas labores y de los próximos proyectos.
Mi aprecio por las lecturas dramatizadas se lo debo, en buena parte, a la actriz Laura Zerra, quien desarrolló en Venezuela una serie de programas, con el propósito de difundir la dramaturgia latinoamericana. En aquellas primeras lecturas –en las que había una propuesta de movimientos, elementos de vestuario y utilería, y un esbozo escenográfico– asumimos textos como *La palangana*, de Raúl de Cárdenas, *Gas en los poros*, de Matías Montes Huidobro y *Juego de damas*, de Julio Matas, entre otros. Por eso me conquistó inmediatamente el proyecto del Instituto Cultural René Ariza, enfrascado en la tarea de proyectar la dramaturgia de autores cubanos en el exilio, desde los escenarios de la ciudad de Miami. Al Instituto agradezco la invitación a dirigir dos obras muy especiales para mí: *Las vidas*

del gato, intensa historia de la autoría de Pedro Monge Rafuls, con las memorables actuaciones de Yvonne López Arenal y Orlando Varona; y, luego, *Una rosa para Catalina Lasa*, (re)construcción poética de Rosa Ileana Boudet, que me indujo a elaborar una minuciosa cadena de imágenes. Tiempo después fui invitado por Ollantay Center for the Arts a dictar un taller de dramaturgia, enfocado en la modalidad teatral para niños y jóvenes. También dirigí, por esa época, la pieza de Monge Rafuls, *Soldados somos y a la guerra vamos*, que se presentó en el I Festival de Teatro Cubano en un Acto, cuya puesta hizo posible la nominación del actor Arturo Castro a los Premios ACE de este año. Mi temporada en Nueva York finalizó con la sorpresa, muy emotiva, de la lectura dramatizada de mi obra *Algo cayó del cielo*, dirigida por Mariana Buoninconti para el programa anual de Teatro Leído del Centro Ollantay.En la actualidad tengo varios proyectos, pero la mayor parte de mi tiempo lo dedico a Artefactus teatro, que nació desde un blog y es hoy una propuesta cultural, avocada a la difusión del teatro en Miami, a la investigación y a la formulación de puestas teatrales. Es un proyecto bien ambicioso que irá creciendo, en la medida en que vayamos insertándonos en la comunidad local.

Además de teatro escribes cuento y poesía. Háblanos de tu obra.
De joven me atreví a escribir poesía y, aunque recibí algún que otro premio y algunos elogios, preferí dedicarme finalmente a la narrativa y al teatro. En 1984 obtuve una mención con un cuento para niños que causó bastante revuelo. *Papá y yo*, como se titula, fue considerada una historia «subversiva». Allí trataba sobre la relación entre un niño y su padre, un hombre que mientras avanza hacia la muerte va construyendo un universo mágico, real y poético para dejarlo en herencia a su hijo. El jurado hizo su lectura «política» y decidió retirarle el premio. Por suerte, ni censura ni censores me amilanaron y continué escribiendo cuentos y teatro para niños. En ese mismo año recibí una mención de narrativa del Concurso UNEAC, premios de dramaturgia en 1985 y 1986, y el Premio La Edad de Oro (1989) por mi libro *Cuentos de brujas*, compartido con *El país de dragones* de Daína Chaviano. En el año 1991 me establezco en Venezuela y continúo mi actividad literaria y teatral para niños y adultos. Allí nacen otras historias, algunas recogidas en los libros *40 autores en busca de un niño* y *Teatro para niños: dos obras*.

¿Cómo ves en sentido general del teatro cubano en los Estados Unidos y qué visión tienes en particular del que se hace en Miami?
Miami es la ciudad donde más teatro cubano he podido ver. En Nueva York también aprecié algunas puestas, pero no tengo suficientes elementos como para emitir un juicio de valor. En ambas ciudades creo que es importante, en principio, la labor de las instituciones, legitimadoras e impulsoras de la actividad teatral, como Ollantay Center for the Arts en Nueva York y el Instituto Cultural René Ariza, el Centro Cultural Español, el Centro Literario de La Florida, la Colección de la Herencia Cubana y el Archivo de Teatro Cubano en Miami, por citar las de mayor actividad en estos últimos años. Importantes asimismo, para la ciudad y para los profesionales del sector, el Festival Internacional de Teatro, organizado por el colectivo Avante, y el Festival Latinoamericano del Monólogo, con nueve ediciones lideradas por Havanafama, festival donde presentaré el espectáculo *Pase adelante, si quiere*, el primer texto del dramaturgo cubano Pedro Monge Rafuls que tendrá una puesta en escena en esta ciudad, una ciudad que crece y se explora, como el teatro que actualmente estamos produciendo. En estos dos últimos años han surgido nuevas agrupaciones, se han sumado nuevos directores, otras estéticas... se han diversificado las propuestas y el panorama es muy alentador, aunque los resultados se resienten ante la improvisación y la ausencia de equipos profesionales que contribuyan a los procesos creativos y montajes desde sus respectivas áreas.

(febrero de 2010)

DESPUÉS DE LA ENTREVISTA, Díaz Souza abrió Artefactus Teatro, en el sur de Miami, donde mantiene una activa programación enfocada en teatro de autor y en eventos para los niños, a través de la Fundación Cuatrogatos.

ENA COLUMBIÉ (escritora y fotógrafa)

En su constante renovación de valores artísticos, Miami se ha nutrido de voces literarias cubanas que han llegado al exilio en los últimos tres lustros y que unidas a las que les precedieron, trazan el perfil de la cultura cubana. Una de esas voces es Ena Columbié, poeta, ensayista, narradora y fotógrafa. Entre sus libros se encuentran *Dos cuentos* (1987), *El Exégeta* (1995), *Ripios y Epigramas* (2001) y *Ripios* (2006). Además, destacan sus exposiciones fotográficas, como *Soledades*. Ella nos habla de su trayectoria.

Como artista te mueves entre la poesía y la fotografía, ¿qué resulta más poético, una imagen o un verso?
Ambas son imágenes poéticas, y la semejanza entre ellas es contundente porque las dos plasman un instante único, breve e irrepetible. Claro que en mi caso, busco la poesía en la imagen a fotografiar, si no la encuentro no hago el disparo; de la misma forma una imagen me incita a escribir un verso y a veces un poema completo, puede ser una imagen viva o ya en papel.

Los poemas que integran tu libro *Ripios*, son como epigramas y aforismos. ¿Por qué una mujer como tú, tan conversadora y extrovertida, se expresa literariamente con tanta economía de palabras?
Ripios es un libro tardío, la mayoría de los poemas fueron escritos en los años ochenta en Guantánamo, y luego en California terminé de redondearlo. Había en esa época una adicción casi enfermiza por la poesía críptica, a lo Lezama, y a los poemas largos y rimbombantes, entonces en la aldea, tres figuras nos rebelamos contra esa pose escribiendo poemas cortos: Anselmo Reyes, que les llamaba *Epigramas:* «A las damas renacentistas/ solían aparecérseles/ angelitos en la cama./ Ah... que yo sorprenda a uno de esos/ tratando de revivir épocas». Augusto Lemus que llamaba a sus poemas *Tropismos*: «Ante mis amigos/ jamás soy perfecto,/ no los podría privar/ del placer de superarme». Y el trío se cerraba conmigo y mis *Ripios*. Logramos demostrar que con la brevedad también se podía utilizar el lirismo con majestuosidad y expresar largas ideas, provocando mayores lecturas diferentes; aunque el mérito real no es nuestro,

claro, viene desde los pictogramas que por medio de una escritura breve basada en símbolos y figuras se expresaba un cúmulo de ideas. Pero aunque me gusta mucho escribir poesía brevísima, también tengo otras formas de poesía, en unos meses sale *Solitar*, un libro muy diferente a *Ripios*.

Viviste algún tiempo en Los Angeles, California, y ahora en Miami. ¿Qué experiencias se desprenden de esas dos etapas de tu vida?
Nada que ver una etapa con otra. Todos los años que viví en California estuve al cuidado de mi madre que sufrió una larga enfermedad, detuve mi vida de intelectual activa para cuidarla, y al decir de Boti hacer *arte en silencio*. Fue una etapa dura con poco contacto social y casi ningún abrazo que no fueran los de mi madre, mi abuela, y alguno de otro familiar –casi siempre arrancados por mí–. Para mí no hay nada como un buen abrazo y cuando ellas dos se fueron yo vine a Miami buscando los de mis amigos. También fue una época de crecimiento hacia adentro. Escribí mucho, tengo un colchón enorme de libros finitos para publicar de cuentos, ensayos, poesía, novelas casi terminadas. En realidad fue la etapa más fructífera de mi vida, pude estar al lado de mi madre en sus peores momentos para darle mi amor y apoyo, y a la vez permearme con desespero de toda su savia que siempre me nutrió y que ya estaba convencida de que irremediablemente iba a faltarme. Pude publicar en algunos periódicos y revistas de Los Angeles, Alburquerque y mucho por internet, pero lo más importante fue reflejarme en los ojos de mi madre. Miami me encanta, es sol, calor, abrazos, proyectos, bohemia y cubaneo. Estoy creciendo mucho hacia afuera; hago exposiciones con frecuencia, publico, participo de la vida social intelectual... Nada, que hay que dar gracias a Dios por cada día que podemos ver la luz, siempre algo nuevo pasa en nuestras vidas, y eso está bien para mí.

El pasado año el Centro Cultural Español acogió tu muestra fotográfica *Soledades* ¿Qué te proponías con esas imágenes?
Soledades, fue un proyecto, una muestra fotográfica a cuatro manos junto al también escritor y fotógrafo Germán Guerra, que reúne en una sola palabra dos conceptos y toda su ductilidad semántica: el Sol –siempre vasto y solo–, fotos realizadas por Germán, y la vasta soledad de los hombres que lo habitan –mis fotos de *homeless*–. En

las calles de Miami, y fundamentalmente en zonas que se perfilan como grandes centros comerciales y turísticos –el Downtown, Miami Beach o La Pequeña Habana– el panorama de los desamparados se hace cada vez más común, y la indiferencia hacia esas personas cobra terreno rápidamente. Nosotros pretendimos concientizar tanto a la población como a las instituciones públicas encargadas de la protección y cuidado de los desamparados, sobre la necesidad de proteger y rescatar a ese «hombreciudad» que se hace cada vez mayor.

Como escritora y fotógrafa ¿en qué proyectos trabajas actualmente?
Sería enorme la lista de proyectos, no hay un día en que no me levante con uno nuevo en la cabeza, pero te contaré los más urgentes: Estoy trabajando –también con Germán Guerra, somos una suerte de mitad uno del otro– en la organización y procesamiento de los fondos bibliográficos que dejó como donación Eugenio Florit al Centro Cultural Español. El 23 de abril inauguramos la primera etapa de la Biblioteca Eugenio Florit del CCE, para comenzar a recibir público, ese día tendremos una actividad grande en el Centro. Mi libro *Solitar* ya está en sus últimos pasos antes de impresión, tú conoces cuánto trabajo; va a salir bajo el sello de La Zorra y el Cuervo Editores. El 8 de mayo tengo una exposición personal de pintura en Zu Galería, trabajo en eso como bestia. La editorial Ediciones EntreRíos que dirijo junto a Germán tuvo un receso de dos años para poder nosotros dedicar tiempo a nuestras obras tanto literarias como artísticas, pero ahora volverá con un nuevo programa en el que incluiremos poetas cubanos que viven en la Isla, y un largo etcétera que no se detiene.

(marzo de 2010)

DESPUÉS DE LA ENTREVISTA, publicó *Solitar* y luego *Sepia*, un libro de poesía que ha tenido mucha aceptación. En narrativa, la colección de cuentos *Luces* (2013). Trabaja en el Centro Cultural Español de Miami.

MIGUEL ORDOQUI (artista plástico)

El pintor Miguel Ordoqui forma parte de la larga lista de artistas cubanos que por su posición política han sido censurados en la Isla. Por eso, su lucha por abrirse un espacio en el mundo de la plástica es aún más meritoria. La reciente exposición *Treinta años en el exilio*, que realiza en Obrapía Fine Art Gallery, es una contundente prueba de que la medalla Lorenzo el Magnífico, que le entregó en el 2005 la Bienal de Arte Contemporáneo de Florencia, Italia, en reconocimiento a su trayectoria como artista, fue más que merecida.

Ordoqui nunca pudo exponer en Cuba, sufrió prisión política y alcanzó la libertad en 1980 durante el éxodo del Mariel. Sus experiencias resumen la tragedia del cubano y el sufrimiento y dolor de los exiliados.

Háblame del Miguel Ordoqui, el hombre y el artista.
Bueno, el artista primero... o ambos a la vez. Yo pinto desde niño y si naciera de nuevo quisiera volver a ser pintor. Para mí el dibujo es fundamental en mi vida, es la razón de mi existencia; los trazos, el color, las formar están en mí desde siempre. De niño pintaba cabezas, figuras, caballos, me encantaban los caballos. Hoy en día, en Cuba, mis sobrinas tienen una libreta que guardaba mi madre, con dibujos míos de caballos. Luego estudié en San Alejandro, pero no me gradué, en parte por la asignatura de escultura... después de Miguel Ángel no se pude ser escultor. Poco después me vinculé ala revolución. Hay un refrán que dice que quien no es comunista a los 15 años no tiene corazón, pero quien lo es a los 30 es porque no tiene cerebro. Creo que es una tremenda verdad. Estuve en el Escambray con el Che, en la columna 8. Ahí fue donde empecé a ver cosas que no me gustaron y donde comenzaron los primeros encontronazos. Yo me voy del ejército a principio de los sesenta. Hago varios trabajos, pero el descontento me llevó a preparar una salida ilegal del país. En el grupo hay un infiltrado y caemos presos. Nos acusan de salida ilegal y de posesión de un arma de fuego, que era mi pistola. Nos mandan al Castillo de San Severino [en la provincia de Matanzas], que es un lugar horrible y desolado. Me pidieron 20 años, me sentenciaron a 7 y cumplí 4. Al salir de la cárcel hago un

sinnúmero de labores dispares. Incluso llego a trabajar con los hermanos Currás, que son pintores. Pero donde quiera que estuviera, en lo único que pensaba era en cómo largarme. Entonces presento la salida como preso político, estoy más de un año sin trabajar, vendiendo dibujos que me compraban un gran amigo que era de la UNICEF y otros que trabajaban para la UNESCO. Estuve largo tiempo esperando la salida que no me llegaba. Cuando se arma el altercado en la Oficina de Intereses de los Estados Unidos en La Habana, yo estaba allí. Ya se decía que había barcos en el Mariel. Alguien me comenta que me venían a buscar por medio de un amigo. Yo no entendía bien, pero me voy de Cuba en 1980 durante el éxodo del Mariel.

¿Cómo es tu primera etapa en el exilio?
A los 24 días de estar en Miami sufrí un accidente de tráfico que casi me cuesta la vida. Yo viajaba con un amigo que se quedó dormido y chocamos con un árbol. En el mismo hospital, donde estuve ingresado cerca de un mes, comencé a pintar; hacía dibujos, trazos. En cuanto salgo, otro me invita a hacer una exposición. El primer marielito que hace una exhibición en Miami soy yo. La muestra incluía algunas piezas que había sacado de Cuba. Aquello representó mucho para mí, ya que en Cuba nunca pude exponer. Estuve cerca de hacerlo en Santiago de Cuba, pero me la prohibieron, cuando supieron que había estado preso. En Cuba nunca me dieron un pincel. Sólo una vez conseguí materiales, fue gracias a Carmelo González, el único que me ayudó, con pinceles y pintura. Nadie quería apoyarme por temor a señalarse. Por eso cuando hago mi primera exposición en Miami, en casa de Luis López, me emocioné mucho. Eran tintas, todas se vendieron. Con ese dinero compré mi primer carro. Como éramos del Mariel, para algunos seguíamos siendo unos apestados, la escoria. En esa época un pequeño grupo nos reuníamos y poníamos los cuadros en los centros comerciales. Luego Marta Riera nos hizo una exposición y más tarde en el Hialeah Race Track, se inauguró otra. De esas exposiciones salieron compradores y amigos, grandes amigos, gentes que son mucho más que clientes.

En tu pintura hay elementos muy tropicales y cubanos, pero hay también orishas y hasta geishas. Háblanos de los elementos que habitan en tu pintura.

Quiero que mi obra refleje la diversidad de mi mundo interior, y sea, en parte, un reflejo de lo que me rodea. Por eso aparecen mulatas, arlequines, el guajiro, orishas, gallos, personalidades célebres, curas, geishas. De lo que se ha nutrido mi vida, se han nutrido mis cuadros. Las geishas tienen su razón particular. Un día un cliente me pidió una pieza con motivos japoneses, y para complacerlo se la hice. Eso me sirvió para descubrir en el arte japonés una serie de elementos muy sugerentes, como la transparencia. Luego en los ochenta pinté muchas escenas con geishas y gané mucho dinero con ellas, pero además me satisfacía. En Cuba pinté muchos arlequines, porque tienen la expresión de tristeza de las gentes de la calle. El arlequín es siempre un tema. Mi obra refleja la tristeza de ver cómo está La Habana hoy. Cuba está en casi toda mi obra. Creo que podía decir que mi plástica es arte sobre arte, vivencia sobre vivencia, sentimiento sobre sentimiento, Eso es mi obra, vida. Yo estoy satisfecho con lo que hago. Eso es a lo máximo que puede aspirar un artista.

Ahora que se está conmemorando el 30 aniversario del éxodo del Mariel, ¿cómo ves la contribución al arte de la llamada Generación del Mariel?
Los artistas del Mariel pusieron la cultura cubana en un sitial destacado. No es que no hubiera nada antes, sino que no había alcanzado el impulso que le imprimieron los artistas del Mariel. Hay muy buenos pintores del Mariel: Humberto Dionisio, Bellechasse, Boza, Carlos Alfonzo, por sólo mencionar unos pocos. A principio nos fue muy difícil abrirnos paso, se nos cerraron muchas puertas. Importantes instituciones tuvieron la oportunidad de hacer algo con los marielitos, y no les entusiasmó la idea. El gran impulso a las artes, a la literatura, a una serie de vertientes culturales en Miami, se debe a los marielitos.

¿Cómo se ve Ordoqui en estos momentos de su vida?
Tras 30 años de exilio puedo decir que me he realizado como artista. Tengo la alegría y la satisfacción de decir ésta es mi obra, una obra en la que me río de mí mismo, porque puede ser irreverente y controversial. Sin embargo extraño a Cuba. No tengo nada que ver con ese país que quedó atrás hace mucho tiempo, pero en mi obra siempre está Cuba, se nutre de la Isla. Siento una gran dicha de vivir

en libertad y hacer una obra en la que reflejo mi sentir, que es dolor, nostalgia, sentimiento, amor y pasión.

(mayo de 2010)

DESPUÉS DE LA ENTREVISTA, el maestro se mantiene activo en el 2016, aunque su salud ha sufrido varios golpes. Pero sigue pintando y asistiendo a los eventos culturales de la ciudad.

ALEJANDRO FONSECA (poeta)

Poeta de la llamada Generación de los 80, Alejandro Fonseca (Holguín, 1954) destaca como uno de los escritores más interesantes de la literatura cubana actual, algo que va mucho más allá de un marco generacional. Su obra poética comprende los libros *Bajo un cielo tan amplio* (Premio de la Ciudad, Holguín, 1986), *Testigo de los días* (Premio Adelaida del Mármol, 1988), *Juegos preferidos* (Premio de la Ciudad, Holguín, 1992), *Advertencia a Francisco de Quevedo y otros poemas* (Madrid, 1998), *Anotaciones para un archivo* (La Habana, 1999), *Ínsula del cosmos* (Miami, 2006) y *La náusea en el espejo* (Miami, 2009). Ha sido antologado en numerosas ocasiones y en Miami donde reside actualmente, ha desarrollado una valiosa labor cultural.

Formas parte de lo que se ha denominado en la literatura cubana como la Generación de los 80. ¿Qué define y qué denominadores tienen los escritores de ese grupo?
En los años noventa llegó a mis manos una antología de poesía publicada en Cuba por Ediciones UNEAC, cuyos compiladores eran el poeta Norberto Codina y el narrador y crítico Arturo Arango. Su título: *Los ríos de la mañana*. En el compendio aparecían cuatro textos míos. A partir de ese momento me hicieron miembro, me encasillaron en un grupo que le llamaron «Poetas del 80». Pero sería justo agregar, que antes de *Los ríos...* salieron a la luz algunas publicaciones con autores jóvenes (casi todos de La Habana), que ya comenzaban a anunciar el surgimiento de una nueva hornada de poetas que traían una forma y un mensaje diferentes a la generación que le antecedía, la que fue denominada como los Caimaneros. Arango, al que me suscribo en sus afirmaciones, nos dice que desde Yoel Mesa (1945) a Damaris Calderón (1967), se abre un espacio poético donde se retoma el uso de la tropología, el tono íntimo, rechazando así el énfasis declamatorio y el llamado panfleto político. Es evidente que los autores de ese intervalo de la poesía cubana, regresaran a ciertas voces de los 50 y a los poetas de Orígenes. A mi juicio, también se pudieran añadir dos figuras de la lírica isleña nacidas en los 40, que con sus temáticas un tanto apartadas de los

cánones oficialistas que se nucleaban alrededor del Caimán Barbudo, suministraron una influencia decisiva en los Poetas de los 80. Me estoy refiriendo a Delfín Prats y Lina de Feria. A partir de la poesía recogida en *Los ríos de la mañana* (que sólo es una parte de un gran movimiento), es notable un cambio significativo dentro de la literatura cubana.

Holguín y sus poblados aledaños, han dado muchos escritores (significativamente más que otras provincias con similares características), incluso, algunos muy notables. ¿A qué se le puede atribuir ese interesante hecho?
Realmente no sé a qué se debe ese don misterioso de Holguín en producir escritores, y artistas en general. Y como bien tú dices, los asentamientos étnicos de esta región son similares a muchas ciudades cubanas. Pero sí puedo afirmar, que a principio de los sesenta, Holguín contaba con algunas instituciones culturales importantes como bibliotecas públicas, museos, seis cines, librerías, un teatro lírico y un teatro guiñol, grupos dramáticos aficionados, muchas orquestas y la más vieja de Cuba (Los hermanos Avilés, que su fundación se remonta a la época de los mambises), y entre otras novedades culturales, existía un círculo literario, antes de los llamados «talleres». En los sesenta y setenta, se agrupaban personas en las puertas de las librerías para comprar nuevos títulos. Recuerdo la avidez de esa época por el buen cine, por estudiar otros idiomas, todo a pesar de las consabidas prohibiciones, que aún lastran a la nación cubana en el ámbito cultural. Ya para la década de los ochenta, Holguín contaba con uno de los grupos más importantes de escritores en comparación a otras ciudades de la Isla. Las producciones literarias se daban a conocer a través de revistas y tabloides y de premios literarios que la ciudad había ido instaurando. Puedo mencionar, que algunos de sus eventos serían de carácter nacional. Tal vez este bagaje, que venía procesándose a través de un tiempo fundacional, pusiera a la «ciudad de los parques», en un lugar privilegiado dentro del contexto de la nación. Y para resaltar ciertas curiosidades de los lugares aledaños a Holguín, te señalaré sólo cuatro sitios donde han nacido escritores importantes: en Gibara, Guillermo Cabrera Infante, en Perronales, Reinaldo Arenas, en La Cuaba, Delfín Prats y en Banes, Gastón Baquero.

Recientemente participaste en la Feria del Libro de Santo Domingo, República Dominicana. Háblanos de esa experiencia.
He participado en tres emisiones de La Feria del Libro de Santo Domingo: (2007, 2009 y 2010) con tres libros de mi autoría. He mantenido un vínculo durante estos años con la Dirección General de este evento. Ellos me han dado la posibilidad anual de proponerle autores de aquí, de Miami, y de Cuba, para que sean invitados a presentar sus obras e impartir talleres y conferencias. Durante tres Ferias, han viajado conmigo varios escritores de esta ciudad a presentar sus libros y sus editoriales. Mi experiencia personal en la Feria durante estos años está asociada a un sentimiento de solidaridad cultural que le brinda a los cubanos que vivimos dentro y fuera de la Isla. En este evento dominicano del libro se comprueba que existe un público con una avidez inocente hacia la cultura y el arte. Es un país, que a pesar de sus problemas económicos, dedica parte de su esfuerzo a poner en alto su cultura y la de Latinoamérica mediante ese objeto imperecedero que es un libro.

Te has referido a ti mismo como un poeta impresionista. ¿Cuáles son los elementos que habitan en tu poesía, que te hacen sentir de esa manera?
Desde mis primeros poemas, publicados en la revista holguinera Jigüe, en 1970 mi poesía se fue perfilando con un tono crítico hacia la realidad y a sus entornos. He nombrado las cosas como yo he querido. No me he dejado guiar por otros gustos. Sólo escribo lo que me impresiona. Y en cuanto a mis apreciaciones literarias, prefiero a los artistas que buscan, escarban, sufren en las noches tratando de arrancar del sueño lo insondable. Creo que toda creación tiene que evolucionar y ser consecuente con lo desconocido. Adentrarse en las oscuras praderas. Es decir, no acomodarse a lo manido, a la vanidad de falsos reconocimientos tan usuales en espacios mediocres y faltos de rigor. Yo siempre recuerdo a Girolamo Savonarola cuando le espetó a la Inquisición: «Si me torturan grito».

Entre tus dos libros publicados en el exilio, *Ínsulas del cosmos* y *La náusea en el espejo*, median tres años, cómo ha evolucionado tu poesía en este tiempo fuera de la Isla y en qué proyectos trabajas en la actualidad

Hace diez años que llegué a Miami procedente de Cuba. En la Isla dejaba publicado varios poemarios. Vine con un grupo de poemas y con otros textos escritos acá, armé lo que sería *Ínsula del cosmos*. A esta publicación siguió un conjunto te trabajos que, sin proponérmelo, le daban un giro a mi poesía anterior. Este último poemario (ilustrado con dibujos del excelente pintor holguinero Néstor Arenas) salió con el título *La náusea en el espejo*. Actualmente estoy enfrascado en un nuevo libro. En éste, quizás he ido un poco más lejos con el lenguaje que el anterior, porque en muchas ocasiones la palabra se combina con el flujo constante del pensamiento, lo que pudiera complicar la lectura lógica de un lógico lector. De este libro en ciernes han aparecido algunos textos publicados. Me gusta ir tanteando. Mis primeros tiempos en Miami fueron de reacomodo. Me encontré en esta parte de Estados Unidos con un grupo reducido de cubanos (que siempre será así) interesados en la poesía con los que he ido pasando el aguacero. Viviendo fuera de Cuba pude constatar que Gastón Baquero estaba en lo cierto cuando nos dijo que la nostalgia era sólo falta de imaginación.

(junio de 2010)

DESPUÉS DE LA ENTREVISTA, Fonseca continuó publicando libros y haciendo presentaciones en distintos espacios culturales. En el 2013 dio a conocer *Golpe en la sombra*. En febrero del 2015 falleció en Miami.

MARIELA A. GUTIÉRREZ
(ensayista y profesora)

Hay personas interesantes y personas más que interesantes. La ensayista, conferencista, investigadora, escritora y crítica literaria Mariela A. Gutiérrez, pertenece al segundo grupo. Si tomamos en cuenta que reside en Canadá desde los siete años, sorprende su devoción por lo cubano, su dominio del español, tan es así que fue directora del Departamento de Estudios Hispánicos de la Universidad Waterloo, en Ontario, Canadá, donde se desempeña hoy en día como profesora titular.

Sus estudios sobre la obra de la escritora y etnóloga cubana Lydia Cabrera son profundas valoraciones, de imprescindible consulta para quienes se aproximen a la literatura de Lydia. Entre esas publicaciones se encuentran *Los cubanos negros de Lydia Cabrera: un estudio morfológico* (1986); *El cosmos de Lydia Cabrera: dioses, animales y hombres* (1991); *Lydia Cabrera: aproximaciones mítico-simbólicas a su cuentística* (1997) y *El monte y las aguas: ensayos afrocubanos* (2003), y algunos aparecidos en inglés.

De paso por Miami para asistir al Congreso del Centro de Cultura Panamericano, aprovechamos para conversar con ella.

Usted ha estudiado profundamente la obra literaria de Lydia Cabrera. ¿Por qué ese interés en la etnóloga cubana?
Mucho se ha escrito sobre la persona de Lydia Cabrera y sobre la africanía de su obra; durante los últimos setenta años, en Cuba, en el continente americano, norte y sur, y en la misma Europa, se han publicado un sinnúmero de obras críticas sobre la producción etnográfica y el estudio de las creencias religiosas y la medicina de raíces africanas en la Isla de Cuba que son frutos de la investigación y la recopilación de nuestra brillante escritora y etnóloga cubana. Por mi parte, desde mi infancia me sentí atraída por la africanía de nuestra Isla, tan escondida de nosotros los blancos. Durante mis estudios de doctorado, mi único profesor cubano en la universidad McGill, en Montreal, mi ciudad adoptiva, en Canadá, me sugirió leer los cuentos negros de nuestra gran Lydia. Me enamoré de ellos. De ahí, todo fue una trayectoria hacia descubrir lo íntimo e intrínseco de su obra; ca-

mino que no parece aún tener fin para mí. En la cuentística de Cabrera pululan entre los humanos, sin envidiar un ápice al Olimpo griego, todos los dioses de la mitología africana, como también otros entes sobrenaturales y un sinfín de plantas medicinales, los cuales toman como residencia principal el Monte, lugar sagrado para los afrocubanos. Indudablemente, no es una falacia decir que la narrativa mítica de Lydia Cabrera está saturada de lo sobrenatural de aparentes raíces africanas. No obstante, el cosmos mítico de Lydia Cabrera tiene, en realidad, una base mucho más compleja, más universal, que la mera fuente africana. Yo quise descubrir todos los secretos de la obra de nuestra ilustre autora, y aquí me tienes, todavía, siete libros más tarde (todos sobre Cabrera), involucrada en su universo, sin deseos de jamás abandonar mis estudios sobre su obra.

Su currículo la señala como especialista en literatura femenina latinoamericana del siglo XX. ¿Podría hablarnos de esos estudios?
La literatura femenina latinoamericana es prodigiosa; tantas mujeres, desde Sor Juana Inés de la Cruz en México, han escrito a través de los siglos. No obstante, el siglo XX ha sido un siglo repleto de obras escritas por mujeres de gran intelecto. Los estudios relacionados con la literatura femenina latinoamericana son fascinantes; no debiese haber una división entre la literatura femenina y la masculina, pero, por alguna razón tradicional, existe y la necesidad de poner en evidencia el genio literario de nuestras escritoras ha dado la oportunidad a la crítica de sacar a la luz los estudios sobre la literatura femenina latinoamericana.

¿Se identifica con la corriente feminista? ¿Cómo valora el feminismo en la actualidad?
Personalmente, yo no me identifico con la corriente feminista. Yo me considero una gran humanista. Los hombres y las mujeres formamos el mundo. No obstante, la corriente feminista ha sido importante para que los derechos de la mujer sean vistos, evaluados y puestos en su merecido lugar en este mundo donde lo tradicional masculino impera.

Usted vive en Canadá desde hace muchos años. ¿Qué nos podría contar de la presencia hispana y en particular cubana en ese país?

Yo vivo en Canadá desde los siete años; toda una vida. Canadá, Montreal específicamente, es mi segundo hogar, es mi segunda nación, por falta de la primera, nuestra Cuba. La presencia hispana en Canadá no tuvo un lugar prominente por muchos años; sin embargo, en los últimos veinte años, se ha registrado en las principales ciudades de Canadá una importante presencia de inmigrantes de sur y centro América. Aunque la cantidad nunca ha sido demasiado grande porque al latinoamericano no le gusta el frío tan intenso que caracteriza al país. La presencia cubana siempre ha sido mínima. Hay algunos cubanos exiliados que llegaron en los primeros años de la Revolución castrista; por otra parte, en la actualidad, en grandes ciudades como Toronto y Montreal hay una presencia casi siempre esporádica de cubanos de la Cuba de hoy.

¿Trabaja en algún nuevo proyecto que pudiera compartir con nosotros?
Más bien habría que decir, ¿cuándo no tengo un nuevo proyecto en mi mente? En este momento trabajo en dos proyectos. Un primer proyecto me ha llevado a México a investigar las escritoras del siglo XVII, específicamente las mujeres que tomaron los hábitos con el fin, no siempre exitoso, de poder sentirse con libertad para escribir. El segundo, para mí muy importante, es publicar, espero que pronto, una antología de todos mis ensayos «afrohispanos», incluyendo, por supuesto, todos los relacionados con Afro-Cuba.

(julio de 2010)

DESPUÉS DE LA ENTREVISTA fue electa «Miembro Numerario» de la Academia Norteamericana de la Lengua Española y «Miembro Correspondiente» de la Real Academia Española. Además, en el 2011 le fue otorgado, en Cuernavaca, México, el nombramiento de Líder Académico. También recibió en Miami el Premio a la Educadora del Año. Por último, en el 2013, fue elegida Miembro Fundador del Consejo Editorial de la RANLE (Revista de la Academia Norteamericana de la Lengua).

DELIO REGUERAL (FOTÓGRAFO)

De baja estatura, delgado, larga trenza, risa fácil, suspicacia y un agudo sentido del humor, Delio Regueral es uno de los fotógrafos más talentoso de Miami. Su fotografía comercial (para sobrevivir), tiene la delicadeza de la quinceañera, la novia o algún evento social. Ganada la subsistencia se permite plantearse series y proponerse ambiciosos desafíos artísticos (para vivir). Su local Delio Photo Studio, en Coral Way, es también una galería con fotos de personalidades del ambiente político, social y cultural, lo que habla del respeto y la admiración que le profesan aquellos que lo eligen para sus promociones y campañas publicitarias.

Delio Photo Studio es también un punto de encuentro para los amantes de las artes y de largas tertulias. Una de esas movidas noches, sirvió de trasfondo para explorar las ideas y conocer el mundo artístico de Delio Regueral.

Tu trabajo combina la labor comercial, con agradables fotos a pedido del cliente, y la artística, con interesantes series de fotografías que van desde personajes destacados de Miami, hasta desnudos y el manejo de expresiones y las manos. Háblanos un poco de estas variantes en tu trabajo.
Haber estudiado la fotografía en la academia española EFTI, (Estudios Fotográficos de Técnicas de la Imagen), una de las más prestigiosas de Europa, hizo que el abanico de especialidades a elegir fuera amplio. No solamente trabajo el campo de la fotografía social cubriendo bodas, quinces, grupos familiares, niños y actos sociales en general, también forman parte del diario los eventos corporativos, publicidad, diseño, decoración, arquitectura, etc. Aparte de todo esto, como formulas en tu pregunta, trabajo en varias carpetas: se trata por una parte del retrato psicológico como reflejo de la personalidad donde el fin es no sólo mostrar las cualidades físicas de un individuo sino también las morales. Este reto obliga a seguir el método de la fotografía academicista, que requiere de investigación previa y de una producción usualmente más compleja. He tenido el privilegio de haber retratado a más de 130 figuras locales e internacionales que forman parte de la historia política y cultural contemporánea. El uso de las manos que mencionas en la pregunta, es un

estudio donde busco que la expresión corporal, junto al rostro y en primer plano las manos, se exponga el estado emocional actual del hombre como género atrapado por su entorno. Otra carpeta en la que trabajo actualmente es otro reto: cuando el desnudo busca evitar el erotismo, ha de refugiarse cuidadosamente en la esencia de las formas y la estética, de ahí que esta serie haya encontrado un espacio más armónico que provocador en las paredes de curadores y coleccionistas.

¿Qué es lo que debe ver el ojo del fotógrafo artístico?
Creo que el artista no es consciente de la diferencia que lo hace sobresalir, es el espectador el que nota la diferencia en la obra, es el espectador el que lo reconoce como artista, de todos los artistas que salen de las academias o del estudio autodidacto son muy pocos los que pueden vivir de su arte.

¿Cómo valoras el aporte de la fotografía digital, los programas para trabajar imágenes y las sofisticadas cámaras de hoy? ¿Crees que la tecnología ha hecho desaparecer el verdadero concepto de la instantánea?
La tecnología digital ha aportado un sinfín de posibilidades, la fotografía ha sufrido sin dudas un cambio positivo al que algunos todavía se resisten al percibir una tendencia simplista que sin dudas existe, pero que al final, la eliminación natural se encargará de la selección final. El concepto de la instantánea no desaparecerá jamás. Ya nadie se sorprende cuando observa la superficie del planeta Marte en una revista o en un programa de TV mientras que las primeras imágenes de la Luna asombraron y paralizaron al mundo entero; es sólo cuestión de mostrar lo desconocido que despierta la curiosidad como primer impulso de todo cambio y desarrollo en todos los ámbitos de la vida cotidiana.

Delio Photo Studio es también un punto de encuentro entre los intelectuales de Miami. Allí se presentan libros y exposiciones, pero también transcurren largas veladas bohemias. Cuéntanos algo de una de esas noches.
Esta esquina en el corazón de Miami tiene las características ideales para las actividades culturales que hacemos. Después de cada presentación, la formalidad del evento cede espontáneamente el turno a

la bohemia, rodeados de amigos las guitarras escapan de su estuche, las canciones llenan el espacio, los poetas, pintores, caricaturistas, comediantes, actores, periodistas y escritores añaden ese toque de diversidad cultural que tanto alegra estas veladas inolvidables.

¿En qué proyectos artísticos trabajas?
Además de las temáticas que mencionaba antes, trabajo en una serie de corte político y de crítica social, que pretende denunciar la manipulación a la que está siendo sometida la población a nivel global que cada día más coarta las libertades fundamentales de la humanidad para satisfacer la avaricia desmesurada de un selecto grupo y sus intereses creados. Por otra parte, acabo de terminar una serie donde específicamente resalto la arquitectura Art Deco de Miami Beach; añadiéndole acentos de la historia cultural y la estética propia de las costas, para la decoración de interiores de varios hoteles. Esta es la primera fase, de un proyecto de remodelación y decoración, que un grupo de inversionistas está desarrollando en esta ciudad. Por último, a raíz de una sección que comparto con el poeta Heriberto Hernández Medina en el blog Gaspar el Lugareño que administra y edita el historiador Joaquín Estrada-Montalván, saldrá a fines de este año un libro de fotografía y poesía que recoge las obras publicadas en esta sección bajo el título «La luz reconciliada».

(septiembre de 2010)

DESPUÉS DE LA ENTREVISTA, el estudio del fotógrafo sigue siendo un punto de encuentro de intelectuales y el marco para presentaciones de libros y tertulias.

ELENA TAMARGO (escritora)

Filóloga, poeta, ensayista y traductora cubana, con una vida llena de experiencias sorprendentes. Ella es Elena Tamargo, nuestra entrevistada.

Tu vida ha tocado extremos: el campo en Cuba, La Habana; luego Moscú como parte de la misión cubana en ese país, Alemania, México y ahora Miami donde vive la mayoría de los cubanos como exiliados. ¿Cómo han influido en ti esas etapas?
El campo fue para mí varias experiencias a la vez, la soledad es una de ellas, mis padres tenían una finca en una loma, de donde se veía la Bahía de Cabañas, donde me crié, se veía el astillero, la entrada y la salida de los barcos, y en las noches las luces; todo eso me daba mucha tristeza. En el campo sentí por primera vez el dolor, cuando un majá se comía una rana o una lechuza le robaba un pollito a una gallina sacada; también los dolores humanos, la falta de agua potable o de corriente eléctrica, que tocaran a la puerta a pedirle a mi papá el favor de llevar a un hijo al hospital, o después de una tormenta, que llegaban las noticias de alguien conocido que lo había matado un trueno o de una familia amiga que había perdido el techo de su casita. Ese dolor, que no es el que definitivamente marcó mi poesía, estaba en el origen de mi poesía. La Habana es mi memoria sana, fue mi primera gran sorpresa, el encuentro con la lengua alemana, que es uno de mis grandes amores. La Habana fue Osvaldo [Navarro] y Nazim y nuestra casa de Santos Suárez, por donde pasaba el mundo. Moscú, la grandeza del alma, la aristocracia espiritual y los poetas que llegarían para siempre, mi panteón lírico. Ya los poetas alemanes me habitaban, pero los rusos, la poesía de la Tormenta, Anna Ajmatova, Marina Tsvietaieva, Eszenin, Blok, Mandelstam, Maiakovsky, esos poetas me cambiaron el rumbo. Fue un privilegio para Osvaldo y para mí vivir la Perestroika como escritores, estar muy dentro de una erupción que cambiaría al mundo, y vivirlo con intensidad, en la amistad con los intelectuales y los artistas mayores de esa Rusia. Hace poco vi que Evgeni Stuchenko donó su *datcha* de Peredelkino, la aldea de los escritores rusos, para un museo, y me conmovió recordar cuántas veces estuvimos ahí, en esa misma sala, ante esos

mismos objetos que estaba donando, y con cuántas figuras de la poesía y de la traducción literaria pudimos compartir esa experiencia política. Llevar a mi hijo Nazim a la casita donde vivió y murió Nazim Hikmet, o encontrarme una mañana helada con Anastasia Tsvietaieva en un hotelito ruso, la hermana de Marina, que acababa de escribir un libro sobre su hermana que le daba la vuelta al mundo. En el 89, compartir con Lev Gumiliov, el centenario de su madre Ajmatova, en St. Petersburg, y entrar a Casa de Fontanka y a todos los humildes espacios donde esa gran mujer escribió y sufrió, y así, muchos momentos, que fueron todos experiencias poéticas, eternas. Porque Osvaldo y yo fuimos diplomáticos, pero como poetas, no como políticos. Alemania es un misterio en mi vida, una pasión que me acompaña desde antes de salir de Cabañas. Siempre fui a esa cultura a buscar mis modelos, tal vez porque amo dos cosas que parece que no pegan, la reflexión y lo romántico, y en la cultura alemana ambas conviven naturalmente. El mito que me acompaña es Hölderlin, he vivido para saberlo todo de él, en él he encontrado todo lo que busco. Él me enseñó con qué dios hablan los poetas. Y eso, en definitiva, es lo más importante. México fue donde Nazim creció, donde yo aprendí hermenéutica, que es mi tesoro. En México todo fue lindo, todo, un camino de conocimiento, de escritura, de investigación. Hasta ese día que mi vida se rajó, como una palma por un trueno. Miami, la ciudad que me salva, y donde quiero vivir. Porque quiero vivir.

Tu poesía toca fibras muy sensitivas, creo que va acorde a algo que leí tuyo donde dices que: «la meta de la poesía es compartir la propia interioridad con los demás». ¿Cómo definirías tu poesía?
Hay dos especies de poetas, decía Oscar Wilde. Los primeros aportan las preguntas; los otros, las respuestas. Hay que saber si uno es de los que responden o de los que preguntan, pues el que pregunta nunca es el mismo que contesta. La poesía, en mí, es una cicatriz que no se cierra: la cicatriz de nuestro tiempo. Mi poesía no niega la dignidad del miedo, ni el consuelo de la confianza. En mi poesía, yo intento que resuciten mis muertos; hay vacas, urnas, arena, nombres, centrales azucareros donde transcurrió mi niñez, pero hay sobre todo un rastro, como el de las babosas, y mi alma interrogante: lo que sobrevive en medio de las ruinas, que es lenguaje. Porque el

lenguaje se abre paso hasta donde queda mudo el horror. Intento decir mi verdad, de este modo la poesía está siempre en camino hacia la lengua adánica, que no es sino el idioma de la justicia exacta de las cosas. Pero sin la fortuna dorada de otros tiempos mi poesía no tendría sentido.

Te defines como hermeneuta. ¿Qué relación realmente hay entre la sabiduría como vía de crecimiento espiritual y el arte como sentimiento y la hermenéutica?
Creo que la poesía llega a uno como una botella arrojada al mar. La hermenéutica es procurar comprender lo dado, tratar con humildad cada palabra, cada poema. Abordar el papel lingüístico en su relación con lo lógico. Asumir la comprensión desde la radical ignorancia socrática como quien inicia una conversación. El momento más genuino de la hermenéutica es divinatorio, porque leer es juntar dos almas. La hermenéutica a mí me enseñó a privilegiar la reflexión por encima del análisis, creo que nos educaron sólo con análisis. Hay un poema de Paul Celan en *Cristal de aliento*, por ejemplo, que trata del asesinato de Rosa Luxemburgo y Karl Liebknecht, he leído críticas sobre ese poema, en algunas, un suministro vasto de información acerca del horrible crimen, y yo me pregunto, ¿acaso tanta fidelidad al reconocimiento de los hechos no significa una traición al poeta? Porque roto el misterio ¿dónde está la poesía? Por eso la hermenéutica me parece una herramienta tan discreta y apropiada, para comprender la obra de arte y también la vida. En poesía nada se gana con el saber privado, la poesía es el modelo por excelencia del lenguaje, y el lenguaje muestra la finitud de la experiencia humana.

Eres una de esas personas que es querida por todos. ¿Qué hay en Elena Tamargo que toca a los demás?
Pido a gritos que me quieran, creo que lo hago todo porque me quieran, y las personas me son imprescindibles. Me gusta devolver todo lo que me han dado, lo que he aprendido, lo que he estudiado, me gusta enseñar. Y en el fondo, yo he sido muy feliz, así es que algo de eso doy. Nunca pido nada a cambio, ni se me ocurre.

Vuelvo a la primera pregunta, pero con una intención más personal. Has recibido golpes muy duros. ¿Cómo logras la entereza y la razón de vida para continuar?

Yo creo que el secreto de mi vida es vivir poéticamente, y no es un secreto, es una lección, una fidelidad, dice Hölderlin, «es poéticamente que el hombre habita esta tierra», y yo de Hölderlin y de Osvaldo, lo he aprendido casi todo. Saco fuerzas porque quiero mirar la carita de Nazim por muchos años, y porque tengo que publicar los extraordinarios libros de Osvaldo Navarro que quedaron inéditos. Saco fuerzas de la vida de otros poetas que han sufrido mucho más. Anna Ajmatova es un modelo de vida para mí, no creo que haya una poeta que haya sufrido más que ella, y siempre pudo. Sabes, hay un texto de ella muy crudo, es el prefacio de su extraordinario poema *Requiem*. Ella tenía que hacer largas filas bajo la nieve para acercarse a la puerta de la cárcel donde estaba preso su hijo Lev Gumiliov, porque ni siquiera era para visitarlo, esas filas eran para saber si aún seguía vivo, ella cuenta esto: EN LUGAR DE PREFACIO. *En los terribles años de Yezhov pasé diecisiete meses en las colas de las cárceles de Leningrado. En una ocasión, alguien, de alguna manera, me reconoció. Entonces, una mujer de labios azules que estaba tras de mí, quien, por supuesto, nunca había oído mi nombre, despertó del aturdimiento en que estábamos y me preguntó al oído (allí todas hablábamos en voz muy baja): –Y esto, ¿puede describirlo? Y yo dije: Puedo. Entonces, algo parecido a una sonrisa asomó por lo que antes había sido su rostro.*

(octubre de 2010)

DESPUÉS DE LA ENTREVISTA. El fallecimiento de la escritora en noviembre del 2011, golpeó la continuidad de su obra. En el 2012, Ediciones Bluebird dio a conocer *Días ya vacíos*, una antología de la escritora, con algunos poemas escritos en sus difíciles momentos de enfermedad.

OMAR SANTANA (caricaturista)

Sin lugar a dudas Omar Santana es uno de los grandes caricaturistas cubanos (él prefiere con justo rigor el término humorista gráfico). Los que seguimos sus agudos dibujos en la prensa, de inmediato nos identificamos con la sagacidad del artista, que en unos pocos trazos, teje toda una historia, que conmueve, despierta la sonrisa o sobrecoge.

Aunque lo conocemos como humorista, Omar Santana es graduado de la prestigiosa Academia de Bellas Artes de San Alejandro, en La Habana, y ha ilustrado libros infantiles. Tras salir de Cuba en el año 2000, pasó una temporada en España, donde se desempeñó como impresor de serigrafía artística, hasta que se unió a la gran comunidad de exiliados de Miami, donde hoy disfrutamos de su maestría.

¿Qué cualidades tiene que tener un caricaturista?
Quizás sea más exacto el término humorista gráfico porque *caricaturista* viene siendo una modalidad, por decirlo de alguna manera, dentro del humor gráfico. De hecho la mayoría de las personas que he visto dedicarse a la caricatura no hace, por ejemplo, *gags* cómicos, o *comics*. Lo primero que tiene que tener un caricaturista es la capacidad –y es un don– de ver a la persona ya caricaturizada. Si no –porque todo el mundo no es caricaturizable igual– saber llegar a verla caricaturizada. Lo otro es tener la «mano» o el talento como dibujante. Es un arte que requiere de mucha práctica, de saber sacar por la mano esa imagen «deformada» que se tiene en la cabeza. Existen verdaderos maestros. Pero incluso dentro de esta caricatura hay dos tipos: la caricatura rápida y la caricatura más estudiada. En la primera se tarda, como mucho, quince minutos en hacerla. Y es en la que por supuesto se requiere de una mayor práctica. Además ésta se hace normalmente con la persona delante. La otra es más estudiada y se puede partir de una o más fotos y da la posibilidad de elaborarla y experimentar más. Yo he realizado caricaturas de este tipo pero no continuamente sino más bien de forma esporádica. Me gusta más el dibujo de humor porque es donde de verdad puede uno expresar una idea, ya sea de algo que te interese en el aspecto existencial o como caricatura editorial, que es lo que

más he publicado. En esta última es importante estar bien informado porque se trata de «comentar» la noticia de forma dibujada. Hay que resumir la idea en un dibujo con poco texto o incluso sin texto alguno. Pero, además, es un trabajo que se hace contra reloj porque como sabes hoy en día la información o noticia se hace vieja muy pronto. Para el caricaturista editorial lo más importante quizás sea el poder de síntesis. Además del nivel de información que te mencionaba antes, claro. Y sobre todo tener una independencia total de opinión, ser verdaderamente libre. Hay que cuestionar constantemente a los poderosos. El día de mañana, cuando tengamos la suerte de que no exista ya la dictadura en Cuba, los que vengan, sean quienes sean, no van a escapar de mis caricaturas, te lo aseguro.

Muchos de tus dibujos recogen temas sociales y políticos. ¿Consideras la caricatura un arma política poderosa?
Sí lo es siempre y cuando no se quede en la mera burla a la persona. En primer lugar sería simplista y un facilismo. Una burla, además, no transmite idea alguna y de lo que se trata es precisamente de expresar algo más complejo y contundente. Lo poderoso del humor es la cantidad de recursos sutiles que te brinda, como la ironía. Soy un amante de la sutileza y es lo que más disfruto. Sin embargo en el aspecto formal creo que el dibujo debe ser simple. El abarrotamiento de cosas –a no ser en algún caso muy puntual y justificado– es innecesario y hasta contraproducente la mayoría de las veces. No se puede pretender decirlo «todo» en un dibujo.

¿Cómo valoras el humor de los cubanos de la isla y los del exilio? ¿Crees que haya diferencias?
El humor lo lleva el cubano siempre. Lo que pasa, a mi modo de ver, es que en Cuba la misma sociedad te obliga –a casi todos– a estar en la calle, literalmente. La falta de aire acondicionado con un calor desesperante, los apagones, la necesidad de estar «luchando» constantemente fuera de tu casa la comida y todo lo que necesitas, hace que haya un mayor roce de la gente. El vocabulario cambia más rápido y los chistes populares brotan constantemente, no sólo por ese «roce» sino como defensa ante la situación cotidiana tan precaria. Pero en esencia es el mismo.

Estudiaste en la Academia de San Alejandro y al final has desarrollado tu carrera como caricaturista. ¿Hubo alguna razón para ese cambio?
Cuando tenía doce años ingresé en la escuela vocacional de arte, en Santa Clara. A esa edad, como sabemos, uno no tiene respuestas, sólo preguntas. Yo estaba inmensamente feliz porque me fascinaba pintar y estaba deseoso por aprender. La enseñanza era intensa aunque muy académica. Sin embargo, fuera de los ejercicios de clase hacía caricaturas. No eran ideas de nada, sólo personajes caricaturizados: El guagüero, una vieja, un tipo con pantalones campana –que aún se usaban en aquella época– y un *espendrum* inmenso... en fin, lo que veía a diario. Ni siquiera se lo mostraba a los profesores, porque allí la caricatura ni se mencionaba. No me perdía jamás –ni me lo perdí nunca mientras viví en Cuba– el DDT, el Melaito y Palante, los periódicos humorísticos que más circulaban en el país. El primer día que salían, ahí estaba yo para comprarlos. Luego viene la etapa de San Alejandro, donde no sólo continúas la formación académica como pintor, sino que ya entras en el mundo del arte y las ideas. Enfrascado en todo eso no pensaba en la caricatura como fin ni mucho menos, aunque, inevitablemente, muchos de los trabajos denotaban ya una inclinación por el humor en el dibujo en muchas ocasiones. Estaba yo en mi casa de Centro Habana, recién graduado, cuando se me ocurrió una idea, y la realicé, con una figuración y concepto ya de humor gráfico propiamente dicho. Sigue siendo para mí un misterio, pero salió sola, de una manera muy fluida. Todavía hoy sigo recordándolo con cariño, porque aunque siempre hay cambios, tenía la figuración que aún hoy creo que me caracteriza. Y mirándolo en retrospectiva me alegra muchísimo porque no podemos ir contra natura. Para resumir: nunca me lo propuse, salió solo.

Has publicado en el portal Neo Club de Armando Añel, varias caricaturas de figuras del mundo cultural de Miami. ¿Responden a algún proyecto en particular?
No, hasta ahora. Me gusta de vez en cuando realizar alguna caricatura personal, pero sólo por el simple placer de hacerla. Sin embargo llegó el momento en el que acumulaba unas cuantas y decidí enviárselas (a quién mejor) a mi amigo Añel. Sin embargo seguiré haciéndolas siempre que el tiempo me lo permita. Es, además, un

aprendizaje constante, un ejercicio. En la caricatura editorial tienes la necesidad de realizar caricaturas de personajes reales, sobre todo políticos, aunque desde otra perspectiva. Me gusta que se parezcan lo suficiente para no verme en la necesidad de ponerles un cartelito con el nombre. Sería otro elemento más que evito. Pero el fin en este caso es la idea que transmites en el dibujo, no la caricatura personal en sí. Es un interés personal, de gusto, porque no tengo nada en contra de los que le ponen ese cartelito con el nombre del personaje. Muchos caricaturistas norteamericanos (muy buenos) lo usan. Quizás en algún momento tenga la cantidad suficiente y haga una exposición, o algo así. Quién sabe.

(abril de 2011)

DESPUÉS DE LA ENTREVISTA, sus caricaturas, agudas y precisas, se publican en El Nuevo Herald de Miami.

FÉLIX LUIS VIERA (escritor)

Poeta, cuentista y novelista, Félix Luis Viera (Santa Clara, 1945), tiene una larga y sólida trayectoria como escritor. Ha recibido varios premios en Cuba donde residió hasta que se exilió en México en 1995, donde ha continuado su labor como escritor.

Entre sus libros se encuentran *Una melodía sin ton ni son bajo la lluvia* (Premio David, 1976), *Las llamas en el cielo* (1983), *En el nombre del hijo* (Premio de la Crítica 1983), *Con tu vestido blanco* (Premio Nacional de Novela de la UNEAC 1987 y Premio de la Crítica 1988), *Cada día muero 24 horas* (1990), *Y me han dolido los cuchillos* (1991) y *Poemas de amor y de olvido* (1994), *Un ciervo herido* (Editorial Plaza Mayor, Puerto Rico, 2003) y *La patria es una naranja* (Editorial Iduna, Miami, 2010).

En sus libros, hay un encuentro con su tiempo, que aborda con agudeza y sin reticencia. En esas páginas el desgarramiento vivencial, da paso a un encuentro entre el escritor en control de su relato y sus propios fantasmas, que se posesionan de la narración.

A nuestras preguntas, respuestas breves y precisas, para entender un poco el paso del tiempo, el camino del exilio, la pérdida de una nación.

Cuando llega el castrismo al poder tienes 14 años y cuando decides quedarte en México ya tienes 50. ¿Cómo concretas esos dos extremos y sobre todo la larga etapa bajo el socialismo cubano?
Trece años. Son las maromas de la vida; creo que de casi todas las vidas. Durante un lapso no precisamente breve me comprometí con la que ya ninguna persona decente llamaría la «Revolución Cubana». Si alguien quiere decir que esto fue candor o estupidez, o ambas condiciones, tendría razón. Lo deleznable es el oportunismo. Lamentablemente, uno no tiene dos vidas: una para probar y otra para rectificar. De cualquier manera, fui lo que fui, soy lo que soy.

En *Un ciervo herido* escribes sobre los tristemente célebres campamentos de la UMAP. ¿Es una novela catarsis?
No. La pensé mucho, muchos años; sobre todo para hallar el narrador adecuado, o que yo aún sigo considerando adecuado. Creo que en la poesía es posible hacer algo o mucho de catarsis; pero en la

narrativa, por su propia razón de ser, lo catártico pasa a un segundo plano.

En *La patria es una naranja*, ese largo, intenso y desgarrado libro de poesía, veo como en *Un ciervo herido*, precisamente eso, a un ser herido. ¿Logras a través de la literatura reponerte de los golpes de la vida?
La literatura más bien –creo yo– es un producto social, de consumo, como otros –aunque la literatura que nos ocupa no tenga muchos consumidores–. Esto no niega que en ocasiones esté concebida a partir de grandes dolores, ni tampoco que sea una razón existencial obsesionante, un arte difícil que, como todas las artes, le agradece sobre todo al oficio.

Llevas en México 15 años, donde, pienso, tal vez una esquina, un espacio, los consideres ya algo «tuyo». ¿Cómo enfocas tu vida en México?
Dieciséis. No, no considero nada «mío». Y mi vida en México creo que se podría resumir con aquel verso del peruano genial: «La soledad, la lluvia, los caminos».

Hay una literatura cubana en el exilio que el castrismo pretende desconocer. ¿Cómo valoras la literatura cubana en el exilio?
Uno de los grandes problemas de la mayoría de los escritores cubanos que viven y hacen su vida literaria en la Isla, es que reciben premios que no existen, tienen lectores que no existen, y en fin, reconocimientos que no existen. Todo es ficticio. Fatal. Cierto, el castrismo niega la literatura cubana del exilio. Nosotros debemos negar el castrismo, pero no a la literatura que escriben los compatriotas que viven allá. Claro, yo no he leído toda la literatura cubana del exilio –nadie podría hacerlo– ni tampoco toda la que se ha publicado de los autores residentes en Cuba. Pero no hay dudas de que el número de valiosos escritores cubanos que radican fuera de su patria es superior al que aún habitan en ella. Pero crear dos parcelas sería terrible: la literatura cubana es una sola.

(mayo de 2011)

DESPUÉS DE LA ENTREVISTA, dio a conocer *La patria es una naranja*, *El corazón del rey*, *Precio del amor*, así como una nueva edición de *Un ciervo herido*. Desde el 2015 reside en Miami.

YOSHVANI MEDINA (director teatral)

De la larga carrera de Yoshvani Medina *(Pinar del Rio, 1967)*, hay bastante que escribir: *dramaturgo*, director, profesor de teatro y empresario. Posee una sólida carrera por la que ha recibido numerosos reconocimientos. En apenas un año ha consolidado la sala ArtSpoken y tienen muchos proyectos que poco a poco espera canalizar.

Sin duda eres un exitoso hombre de teatro. ¿Cuáles han sido tus pilares en esa carrera?
El éxito siempre ha sido hijo de la audacia y de la disciplina, y sólo puede ser logrado después de una larga serie de fracasos; en realidad el éxito representa el 1% del trabajo de un artista, que conlleva un 99% de fracasos. Ahora bien: el éxito genera éxito, como el dinero genera dinero. Hay ciudades donde el único éxito que se reconoce es el comercial. En Miami, a pesar de su fama de meca de la superficialidad y el mal gusto, el contexto es diferente. Aquí hay muchos artistas viviendo, gente que conoce la diferencia entre el arte y la cultura, entre literatura y mecanografía, entre teatro y «trateo», y poco a poco vamos avanzando en el camino del Arte. Como en todas partes, aquí hay obras que tienen éxito sin tener mucho mérito y obras que tienen mérito sin tener mucho éxito. El mérito siempre envidia al éxito y el éxito suele creerse que es el mérito. Si algo me da tristeza es el precio que hay que pagar en Miami para tener éxito. Para hacer mi teatro y decir mis verdades no puedo depender del éxito, yo he decidido hablarle al corazón de las personas y no a sus orejas, y es que no todo el mundo tiene orejas, pero todos tenemos un corazón. Más que un hombre de éxito, me interesa ser un hombre de valores.

Recientemente has ganado en Nueva York el Premio Nuestras Voces por *Probation*, un tema de actualidad social; y tu obra *Sinfonía en Do mayor (y La menor)*, que aborda un tema de familia, tuvo buena acogida en México. ¿Cómo valoras estos reconocimientos?
ArtSpoken nació en junio del 2010, ha sido un primer año muy prolífico, a pesar de las dificultades que enfrentan las compañías teatrales que comienzan y deben sobrevivir sin otra ayuda que la de sus segui-

dores. Estamos produciendo una treintena de espectáculos en catorce meses, lo que parece una cifra de ciencia ficción. Cuando empezaron a caer los premios, comprendimos que estábamos recogiendo una gran cosecha. Primero *Sinfonía...* fue programada en el Festival Internacional de Teatro de la Ciudad de Mérida, en México, y de pronto nos vimos catapultados a otro país, otro público, en un evento de primerísimo nivel, y los aplausos que recibimos nos parecieron caricias de ángeles. Después obtuvimos nueve nominaciones en la categoría de teatro en los Miami Life Awards, donde arrasamos al ganar cuatro de las más importantes estatuillas. En ese contexto llegó la noticia del Premio en New York: la compañía Repertorio Español, sin dudas la más importante de teatro hispano en los Estados Unidos, nos confería su codiciado premio «Nuestras voces» por *Probation*, y como si no fuera suficiente, me invitaba a dirigirla. En ese momento pensábamos que era la mejor noticia de la temporada, pero hace unos días nos llegó la invitación para participar, en calidad de dramaturgo y director, en el Festival Internacional de Teatro de Cádiz, en España, una de las referencias de Europa, lo que asegura la continuidad de nuestra proyección internacional, y nos compromete a seguir adelante en el sendero del teatro de arte hispano en Estados Unidos.

Artspoken es un referente no sólo teatral, sino también cultural, con eventos tales como la Noche de la Poesía Erótica y el Desalmuerzo Literario. ¿Cuál es el propósito de ese espacio cultural y qué es lo que te propones alcanzar?
Cuando pensamos en abrir un espacio de creación contemporánea como ArtSpoken, nunca quisimos reducir nuestro radio de acción exclusivamente al teatro. Era muy importante posicionarnos en el terreno literario, sabíamos que si impulsábamos a los escritores del patio terminaríamos por hacernos de un equipo de propulsores del arte vivo. La literatura toma vida de dos maneras: cuando se le lleva a escena o cuando es confrontada a un público que la oye, la otea, la compara, la critica, la condena o la absuelve. Ya se puede hablar en Miami de una generación del Desalmuerzo Literario, esos escritores que llevan cincuenta domingos reuniéndose en una tertulia que se filma, se graba, se expande, se pasa de pecho a boca como la leche de la ternura materna. Nuestro gesto fue claro a favor de los escritores del patio: valorizar todos los esfuerzos en pos de la literatura, elogiar a los que presentaron trabajos brillantes, y alentar a los que

tuvieron menos suerte con sus escritos. La Noche de la Poesía Erótica se está convirtiendo en un fenómeno de sociedad, un show que se vende con semanas de antelación y que reúne a una veintena de poetas, humoristas, bailarines, cantantes y actores del patio, entre los que han brillado individualidades

En estos momentos tienes en cartelera *Rosita* con Alba Raquel Barros y *La Madriguera*, con John Chávez y Fernando Vieira. Háblanos, por favor, de estas propuestas y de los planes para lo que resta de año.
El estreno mundial de *Rosita* ha sido un gran momento de teatro, tanto por el texto de Ulises Cala, un referente de la literatura dramática cubana, como por la actuación de Alba Raquel Barros, que encontró un dispositivo escénico a la altura de su inmenso talento. *Rosita* partirá de gira a Puerto Rico y New York el invierno próximo, Por su parte, el estreno mundial de *La Madriguera*, del venezolano Augusto Cubillán, es la prueba de que estamos a la escucha de lo que se escribe, que leemos lo que se nos envía y lo montamos. *La Madriguera* es una introspección atenta y desenfadada en el ámbito de la pareja gay contemporánea. La obra procede por tópicos, como si Cubillán tuviera una lista de cuentas que saldar con los que ignoran los mecanismos del amor entre un hombre y un hombre. John Chávez encarna a Albert, un burgués cuarentón que trata de salvar su relación con Ray, veinteañero picaflor en busca de sensaciones fuertes y dinero fácil, interpretado por el ecuatoriano Fernando Vieira. Para el futuro tenemos una serie de unipersonales defendidos por grandes actores de Miami y por otros que debutan en este medio, así, la conocida actriz venezolana Sonia Smith, protagonizará *Las hijas*, el nuevo unipersonal de Ulises Cala. Para agosto se proyecta el estreno de la tercera temporada del show atómico de ArtSpoken: Esta Noche se Improvisa, donde la cabeza de afiche es el premiado comediante colombiano Orlando Arias. Luego Tómatelo Personal, la ola de monólogos de los jóvenes valores de ArtSpoken.

¿Cómo valoras el marco actual del teatro de Miami? ¿Cómo lo vislumbras en los próximos cinco años, diez años?
El teatro de Miami está viviendo un cambio de generación, un pase de relevo en el que las personalidades de referencia están tendiendo la mano a la pujante hornada, que ha irrumpido a golpe de sacrifi-

cios y espectáculos inusitados. A Max Ferrá se le ve en los estrenos de ArtSpoken, sonriente y jovial, como en los tiempos en que dirigía en New York; Matías Montes Huidobro es uno de los mentores de Akuara Teatro, que no se medirá la mano con el estreno de *El banquete infinito*; Eddy Díaz Souza dirigió unos cuantos espectáculos de excelente factura en Havanafama; mientras que Teatro en Miami Estudio le confirió sus premios TEMFest a los históricos Teresa María Rojas y Mario Ernesto Sánchez. En general los teatreros de Miami se pasean de una escena a otra, y aunque los años han pasado y el Teatro 8 de Marcos Casanova sigue presentando obras comerciales de calidad, y Teatro Avante sigue estrenando una gran obra al año, y los alumnos de Prometeo siguen brillando en su escuela y menos en la escena profesional, se siente una nueva ola, «la jugada de Miami», encabezada por creadores con una larga hoja de vida al servicio de esta profesión, y que al mismo tiempo rondan los cuarenta y cinco años, lo que es en realidad bien poco. Creo que la verdadera proyección del teatro de Miami ha comenzado, ya no sólo es Teatro Avante quien sale al extranjero y recibe distinciones de alto nivel. Pronto le seguirán los más jóvenes, que arremeterán con todas sus fuerzas contra el muro del aislamiento y lo monotemático, porque la historia de nuestro teatro seguirá escribiéndose en el tiempo y el espacio, como una cadena de acciones físicas.

(julio de 2011)

DESPUÉS DE LA ENTREVISTA. Ha sido tan activo y continuo el trabajo de Medina, que sólo apuntaré lo que ha estrenado en el año 2015, cuando se escribe esta nota *Matemática del deseo (de su autoría); Huelga de sexo, Ay Giovanni; Sueño en Barbecho* y *Flores de papel*.

CARLOS ALBERTO MONTANER
(escritor y periodista)

Además de ser una de las voces más lúcidas y respetadas del pensamiento latinoamericano, Carlos Alberto Montaner (La Habana, 1943), es también un notable narrador, que se ha desarrollado como cuentista, ensayista y novelista.

Después de un receso de varios años como narrador, Montaner regresa a la novela con *La mujer del coronel*, un impactante, intenso y sorprendente relato, que ha despertado el interés del público y ha sido recibido de manera muy elogiosa por la crítica especializada. El autor con su libro estará el próximo noviembre en la Feria Internacional del Libro de Miami, que organiza el Miami Dade College. El tema de su novela es ineludible cuando se conversa con él.

En *La mujer del coronel*, hay todo un derroche de erotismo, abundantes referencias culturales y un hábil manejo de la sexualidad. ¿Qué fue lo que te resultó más difícil a la hora de la escritura?
Lo más difícil es siempre atrapar al lector. Narrar de manera que el lector desee, necesite pasar la página, pero, al mismo tiempo, tema que la obra llegue a su fin. No hay mejor elogio que el del lector que confiesa, con cierta ingenuidad, que no quería llegar al final del libro. Eso se logra con una combinación de una historia interesante, protagonizada por personajes interesantes, rodeados de información interesante. La buena literatura no tiene por qué ser aburrida ni barroca. Debe entretener al lector, tocarle el corazón, hacerlo reír, llorar, y, por qué no, ocasionalmente estimularle la libido. El lector tiene como objetivo explorar sus emociones, vivir intensamente experiencias nuevas.

¿Qué papel juega la creación literaria en la vida de un hombre tan inmerso en la política y el periodismo?
Disfruto mucho la ficción. El proceso de acercarme a una historia, enriquecerla con la imaginación y mezclarla con anécdotas laterales hasta convertirla en una novela, es algo muy agradable. No sufro escribiendo. Gozo. Las madrugadas más gratas de mi vida las he pasado escribiendo. Si la Cuba de la que me exilié hubiera sido un

país normal y predecible, probablemente no me hubiera acercado a la política. Me hubiera dedicado enteramente a la literatura, pero eso, claro, incluye el periodismo. También amo escribir columnas de opinión.

¿Crees que este libro podría molestarle a las autoridades castristas, por todo el trasfondo político que se maneja?
En realidad no es una novela política convencional. Todos los personajes son comunistas. No hay discusiones doctrinales. Pero, precisamente por eso, al régimen le es muy difícil defender las barbaridades que ha hecho en el terreno de la libertad afectiva. Espiar a las esposas de los dirigentes comunistas para comunicarles sus infidelidades es una canallada que no tiene perdón. ¿Qué hace la policía política hurgando en la entrepierna de las mujeres? Perseguir y encarcelar a los homosexuales porque amaban o se relacionaban con personas de su mismo género es una conducta repugnante en unos tipos que presumen de tener una mentalidad progresista. ¿No era eso lo que hacía la Inquisición contra quienes cometían el «pecado nefando»? Imponerles a los cubanos que dejaran de tratar a sus familiares porque habían abandonado el país, o porque no simpatizaban con el gobierno, es un inconcebible atropello. ¿Cómo pueden defender estas monstruosidades contra el derecho de las personas a querer o a detestar a quienes les dicte su corazón? Lo que harán con mi novela es callar, tratar de ignorarla, pero algunos la leerán y quizás comprendan el nivel de vileza en el que han incurrido.

¿Cómo vislumbra el final del castrismo?
El castrismo ya desapareció como emoción patriótica. Quedan la rutina, las consignas, los dogmas vacíos de una revolución en la que ya sólo creen cuatro descerebrados profundos, aunque miles de cubanos aplauden o cumplen órdenes mecánicamente. Probablemente, el castrismo terminará poco después del entierro de los Castro, cuando alguien del entorno del poder, de los llamados reformistas, acepte que llegó el momento de comenzar una verdadera transición a la libertad y pacte un cambio real con los demócratas de la oposición. Todo eso, como ha ocurrido en una docena de países, puede llevarse a cabo pacífica y ordenadamente. Eso es lo que desea casi toda la sociedad.

¿Podrías adelantarnos algo sobre el próximo proyecto literario?
Sí. Es una historia que se inicia en Viena, en los años treinta del siglo XX, y el protagonista es un joven pintor que le hará a Sigmund Freud su último retrato. A partir de ahí ocurren muchas cosas. No será una historia erótica, por supuesto. Pero ya la verás escrita cuando se publique.

(septiembre de 2011)

DESPUÉS DE LA ENTREVISTA, la labor periodística y ensayista de Montaner brinda lucidez a la realidad mundial. En el 2013 dio a conocer *Otra vez adiós* y el 2014, *Tiempo de canallas*, ambas novelas de inmediata resonancia en los medios de prensa y en el público.

MODESTO AROCHA (editor)

Es grato sentarse a conversar con Modesto Arocha (que se siente relajado cuando se le llama por su apodo Kiko). Con sentido práctico y crítico, se refiere a su vida, a su condición de testigo y protagonista de momentos de euforia y también de frustración en Cuba, primero apoyando al castrismo, luego repudiándolo; más tarde dejando atrás su carrera de ingeniero eléctrico, para convertirse, ya en el exilio, en editor de libros, especialista en computadoras y páginas en la internet.

Poseedor de un agudo y sutil sentido del humor (tan es así que es autor de un libro de chistes), la conversación nos lleva a puntos claves en su vida.

Usted luchó contra Batista, colaboró con la revolución castrista, en 1968 se opone al régimen, intenta irse clandestinamente en dos ocasiones y fracasa. En 1995 finalmente sale al destierro. ¿Qué huellas personales han dejado esas etapas?
Comencé a combatir a Batista en la universidad, donde jóvenes amistosos y cultos me introdujeron por los oídos, solapadamente, el marxismo, que se alojó en el espacio de compasión que la pobreza y el humanismo cristiano de mi familia había desarrollado en mí. Milité en el 26 de Julio, y en 1959 ingresé en la Juventud Socialista. Mi formación fue martiana y seudomarxista. No simpaticé con Castro, aunque lo apoyé por considerarlo provechoso para las reformas sociales que respaldaba. Seis dolorosos años costó el desencanto. En 1968 fracasé en una salida ilegal. Ese mismo año caí preso por divulgar el primer documento disidente de la revolución. Dos meses en Villa Marista y un año de trabajo esclavo en Isla de Pinos fue la gran patada pedagógica por el culo que me convirtió de desafecto en enemigo. Después de otro intento frustrado de salida clandestina en 1970, en el que casi pierdo la vida, comprendí que mi intención de fugarme para regresar a buscar a mi familia era fantasiosa. Me quedé a criar a mis hijos. Durante los próximos 25 años fui un enhiesto ciudadano de tercera categoría. Pudimos emigrar entre 1994 y 1996. ¿Huellas? Las feas cicatrices y el recuerdo del tiempo de vida útil perdido en aquel humilladero.

Su libro *Chistes de Cuba sobre la revolución* ha tenido ya varias ediciones (siempre ampliadas). ¿Qué papel juega el humor político bajo un régimen dictatorial y carente de sentido del humor como el cubano?
En 1959, antes de cerrar Diario de la Marina, decano del anticomunismo cubano, Castro cerró Zig-Zag, la revista humorística más popular de Cuba. Y suspendió a Trespatines, el personaje cómico más popular de la Isla porque en escena señaló a un retrato del máximo y dijo: «a este tenemos que colgarlo bien alto». El humor político se dirige a la inteligencia para ridiculizar la rigidez, insensibilidad e inconsistencia del dictador y sus compinches. Castro sabía lo que hacía al prohibir el humor. Los chistes del libro que usted menciona fueron recopilados clandestinamente en Cuba, con ayuda de mi familia, y enviados a Juan Manuel Salvat en Miami, que los publicó bajo un seudónimo en 1994. Hay una versión en inglés: *Laughing Under Castro*. Próximamente aparecerá la cuarta edición en español, con 1000 chistes: «¿Por qué Cuba se ha llenado de marabú?». «Porque el comandante no ha hecho un Plan Marabú».

Durante más de 15 años la editorial Alexandria Library ha publicado un número considerable de títulos. ¿De qué manera su editorial ha contribuido al desarrollo cultural del exilio cubano?
Hemos publicado aproximadamente 250 títulos, de ellos 200 en los últimos 4 años. Las pequeñas y económicas ediciones salvan obras importantes que no estimulan el apetito comercial de editoriales tradicionales. El libro *Fenomenología*, de Hegel, 22 años después de publicado no había vendido los 750 ejemplares impresos, lo que no impidió su notable influencia en el desarrollo del pensamiento filosófico. Alexandria Library ha publicado obras de autores como Carlos Ripoll, Carlos Alberto Montaner, Luis Aguilar León, el padre José Conrado, Armando Añel, Raúl de Cárdenas, Reinaldo Bragado, Leonel de la Cuesta, Emilio Herrero, César Reynel Aguilera, Frank de Varona, Eduardo Lolo, Emilio de Armas, Pablo Pérez Cisneros, Josefina Leyva, Manuel Gayol y muchos otros.

Su editorial se ha dedicado en los últimos años a los libros por demanda, donde prácticamente el requisito es disponer de fondos económicos. ¿No cree que eso incida en la proliferación de cierta literatura chatarra?

No nos hemos dedicado a ello, pero ciertamente no rechazamos lo que usted califica como «literatura chatarra». Si un poeta aficionado quiere ver publicado el cuaderno que ha alimentado y acariciado durante cuarenta años, si un abuelo cualquiera quiere dejar su impronta en blanco y negro, si una persona inculta quiere explicar en un libro qué significa haber estado preso 25 años; y ninguno de ellos puede pagar a un escritor para que pula su texto, Alexandria Library les da la bienvenida contando con la indulgencia de los lectores cercanos al autor y con aquellos que pueden leer más allá de la prosa. La tecnología moderna, que posibilita ediciones cortas, rápidas, económicas y decentes, ofrece a muchas personas la oportunidad de ampliar su derecho a la libre expresión. Además, nadie está obligado a leer libros que considere «chatarra» y todos sabemos que grandes editoriales publican y venden «chatarra» bien escrita.

¿Qué papel cree que juega la tecnología de punta, para el futuro de los medios impresos (libro, periódicos, revistas)?
La industria editorial atraviesa por cambios tecnológicos acelerados debidos a la Internet; a la «tinta electrónica» (eInk), que ha hecho posible lectores (eReaders) como Kindle y Nook; y a las comunicaciones digitales, que permiten descargar y leer textos hasta en los teléfonos inteligentes (smart phones). En Estados Unidos la mitad de los títulos ya se leen en aparatos electrónicos. El libro en papel no desaparecerá, pero la balanza seguirá inclinándose a favor del libro electrónico (eBook), que por práctico y económico estimulará la lectura. Lo mismo puede decirse de revistas y periódicos. Aunque las editoriales hispanas están a la zaga (si no a espaldas) del progreso, ya Alexandria Library se montó en el carro del eBook, si me permite el comercial.

(octubre de 2011)

DESPUÉS DE LA ENTREVISTA, las ediciones de Alexandria Library continúa fortaleciendo el catálogo de la editorial. A nivel personal, Arocha publicó el libro *Chistes de Cuba de la Revolución*.

ROLANDO JORGE (poeta)

El escritor Rolando Jorge (San Antonio de los Baños, Cuba, 1955), conduce su obra por senderos donde la ironía, el humor y el hermetismo, marcan la cadencia de sus poemas, sus reflexiones y sus notas que califica de Diario. Es un autor difícil, pero como decía Rilke «que algo sea difícil debe ser un motivo más para realizarlo». Así, con perseverancia y disciplina, me he acercado a su poesía que percibo como desafiante (con los peligros que estos retos encierran). No obstante, hay en este poeta, en sus laberintos expresivos, un camino de ruptura y confrontación, que me identifica con su obra.
El propio autor sitúa su poesía «dentro del trobar clus (trobar ric) por su entramado», señala. Al conectarla con el estilo y las formas cerradas y complejas creadas por Marcabrú (1130-1150), Jorge coloca su poesía (al igual que ocurrió con la del trovador del siglo XII y sus seguidores), en un marco bastante elitista.

Entre sus libros se encuentran *Admoniciones*, *El linchamiento de los caballos expósito*, *La ciencia de los adioses*, *Sombras viajeras*, *Toda la belleza del viaje*, *La cantante se va de gira*, así como su más reciente publicación *Ido a hurgar*. Leer a Rolando Jorge es toda una experiencia; entrevistarlo, otra.

En vez de comenzar preguntándote por tu más reciente libro, lo haré por el anterior, *La cantante se va de gira*, donde reúnes ocho cuadernos, con poemas escritos entre 1994 (poco antes de salir al exilio) y el 2009. ¿Qué te propusiste con ese volumen?
Bueno, en *La cantante se va de gira* (título que extraigo de un poema escrito a raíz de la muerte de mi amigo Carlos Victoria) no me propongo nada. Ese libro es el simple discurrir de la poesía a través de diversas maneras de decir. El libro está dividido en ocho partes o cuadernos, y cada parte representa una etapa distinta de la otra pues a mí no me gusta repetirme.

Tu poesía es hermética, pero no pasa inadvertida. Háblanos, por favor, de las formas, de cómo percibes la poesía.
No, mi poesía no es hermética: éste último es un término más bien alquímico. Creo que al rememorar la vieja escuela provenzal, lo que escribo cae dentro del trobar clus (trobar ric) por su entramado, las

búsquedas en el lenguaje, el humor, el sufrimiento, los mensajes velados para la inteligencia del lector, los ripios para influir o descocar a otros escritores en fin, la riqueza de estilo.

Alguien escribió que «adentrarse en la poesía de Rolando Jorge es nadar en aguas profundas... pobladas de vida vivida y leída». Cuéntanos de esas aguas profundas y de esa poesía vivida y leída, que parece ser, en esencia, tu poesía.
Esa frase es de José Abreu Felippe, de quien admiro su cultura y un puñado de poemas con alta (harta) calidad. Realmente no soy un escritor libresco aunque las mejores atmósferas de mis libros deben su existencia, en parte, a mis lecturas. Pero yo creo fundamentalmente en la exaltación y la locura, la observación y la paciencia aunque parezcan contrarios que se unen a la hora de vencer a la página en blanco. *Ripeness is all*.

Tratas tu nuevo libro, *Ido a hurgar*, como un diario, en el que anotas reflexiones y elaboras ideas, creando una firme atmósfera poética. Háblanos del concepto del libro.
Este nuevo libro que sale ahora bajo el sello de la Editorial Silueta de Rodolfo Martínez Sotomayor y la inefable Eva M. Vergara no es como un diario, *es* un Diario que comencé en los años setenta en Cuba y luego de cientos de páginas se extravía (o me lo extraviaron) porque alguien creyó peligroso el testimonio de la realidad registrada allí... Estos son unos fragmentos de lo anotado aquí en estos años.

Resides en Miami donde la comunidad cubana lleva el peso de la vida cultural. Cómo ves el ambiente artístico de Miami, que algunos tildan de páramo cultural.
Sí, la comunidad cubana lleva el peso de la vida cultural en Miami, gran peso. Nuestro ambiente artístico es rico y pleno pero adolece de unidad. Los minúsculos clanes conspiran contra la salud del conjunto. Miami no es ningún páramo, es un campo de batalla.

(febrero de 2012)

DESPUÉS DE LA ENTREVISTA, la publicación de *Tercera persona*, con la casi totalidad de su poesía, resume en gran medida la labor de este poeta e incansable trabajador. Además, el libro *No te lleves esa palabra* (2016).

EDUARDO PADRÓN (educador)

El «Centennial Academic Leadership Award» de Carnegie Corporation; el «Premio Nacional de Servicio Ciudadano 2012» que otorga Voices for National Service; el «Sand in my Shoes 2012» que otorga la Cámara de Comercio del Gran Miami; el «2008 Charles Kennedy Equity Award» de la Asociación de Fideicomisarios de Community College;el «Citizen Service Award»; el«2008 Reginald Wilson Diversity Leadership Award» del Consejo Americano para la Educación; «2008 Innovator of the Year» de la Liga para la Innovación;«2005 Paul A. Elsner Award for International Excellence» de The Chair Academy, son apenas algunos de los reconocimientos recibidos por el Dr. Eduardo Padrón, presidente del Miami Dade College, con toda seguridad la más prestigiosa e hispana institución académica de su tipo en los Estados Unidos.

Eduardo Padrón, cubano, orgulloso de sus raíces y poseedor de una lúcida visión de futuro, ha logrado (es sin lugar duda un éxito personal), convertir a Miami, en una urbe artística, cultural y una potencia educacional.

Usted dirige una institución de gran energía y dinamismo, sin embargo parece ser un hombre muy calmado. Cómo logra mover tan eficazmente las enormes poleas de la institución desde una postura, aparentemente, tan sosegada.
«La procesión va por dentro», dice el refrán. Es una batalla entre los apasionados genes cubanos y el raciocinio empresarial que te impone el sistema para tener éxito. Hay un biculturalismo muy eficiente en el proceso. No reniego de ninguno de los dos universos. Suelo ser una persona calmada pero conozco de desbordamientos cuando la ocasión lo amerita.

El College (entiéndase todos sus campos) es por excelencia un centro educativo, pero usted le ha impreso una enorme fuerza cultural. ¿Cómo valora el aporte de la cultura a la educación?
Las culturas más antiguas y formativas, la griega y la romana, no concebían la educación divorciada del cultivo de la cultura artístico literaria. Pobre del médico o del programador de computadora que no hayan disfrutado una buena novela, la obra de teatro, la exposi-

ción de arte o la película enriquecedora. La cultura es la savia nutricia de la sociedad y un pilar fundamental de la educación, que estaría incompleta sin su activa presencia.

En las últimas semanas usted ha sido galardonado, promovido y convocado a importantes foros educacionales en el país. ¿Qué significa para usted representar a los cubanos, a los hispanos, a los miamenses, en esos proyectos?
Orgullo, orgullo y orgullo... Decirle a mis padres en el cielo: valió la pena tanto sacrificio. Los tributos que he merecido se transfieren, inmediatamente, a los cubanos, los hispanos y los miamenses y es con esa condición que los acepto.

El pasado septiembre las operaciones del Koubek Center pasaron al control del Miami Dade College. ¿Cuáles son los planes para el centro y para cuándo comenzaría a funcionar nuevamente como centro educacional y cultural?
Sé que existe el apremio por poner a funcionar esa joya de centro que hemos heredado y nos honra, pero vale la pena tomarse el tiempo necesario para que todo funcione como el Teatro Tower de La Pequeña Habana, uno de los cines de arte más importantes de la nación, y la Torre de la Libertad, hoy por hoy un centro de exposiciones y de otros eventos de categoría internacional.

¿Qué se propondría hacer si tuviera la oportunidad de fundar y dirigir un centro educacional en una Cuba democrática y plural?
Sería el más grande desafío de mi vida de educador. Abriría las compuertas, los cerrojos oxidados, para que el admirable talento de mis conciudadanos se uniera, por fin, como un río impetuoso, a la corriente mundial de libertad que disfrutan otras naciones.

(marzo de 2012)

DESPUÉS DE LA ENTREVISTA, la trayectoria del Dr. Padrón se mide por los importantes éxitos cosechados para una comunidad. En el 2016 recibió la Medalla Presidencial de manos del presidente Barack Obama.

JUAN SÍ GONZÁLEZ (artista plástico)

Sin dilación dejemos que el artista cubano Juan Si González, exponga sus ideas sobre la libertad y el arte.

Formaste parte de Ritual Art-De Cuba, en Cuba, cuyo mayor y sólido legado fueron películas realmente sorprendentes. Háblanos de ese movimiento artístico y de sus propósitos.
Fui cofundador y miembro del grupo hasta el final. El grupo surgió luego de que la seguridad del estado y la policía censuraran nuestras acciones independientes como grupo Art-De (arte y derecho), en el parque de 23 y G. Me reencontré con mi amigo Marco A. Abad y decidimos juntar el grupo de cineastas Ritual integrado por él, Inés Otón, Ricardo Acosta, Ramón García, Santiago Yanes y Alejandro Robles más los integrantes que quedaban del grupo, Jorge Crespo y yo. El propósito era burlar la censura y hacer una obra independiente que circulara entre la gente sin intermediarios. En 1990 la pieza del grupo *Ritual para una Identidad*, basada en un conjunto de *performances* que yo había realizado en el parque en el 88, dirigida por Marco, editada por Ricardo y filmada por Santiago, fue seleccionada para un ciclo de cine titulado Cinema Cubain de Tous le Temps, en el Centre Georges Pompidou de París. Ese suceso nos estimuló y nos dio coraje para seguir produciendo y enviando nuestro trabajo al exterior. Esa misma pieza, fue enviada clandestina al Festival Latino New York, y gracias al apoyo de Néstor Almendros fue expuesta como cine cubano independiente. Eso creó tremendo alboroto en Cuba y aumentó la repercusión sobre nosotros. El grupo se desintegró en 1991, luego de la detención y encarcelamiento de Jorge Crespo y Marco A. Abad quién estaba filmando clandestinamente la golpiza a María Elena Cruz Varela, en Alamar.

Sobre el mismo tema de Ritual Art-De. En los cortos se tiene a la libertad como eje central. Cómo confrontaban en aquel entonces el deseo de libertad y el miedo.
Creo que el movimiento de arte alternativo confrontacional de esos años 80's nace de la desilusión de toda una generación de artistas nacida y formada dentro de los perímetros ideológicos de la llamada

revolución. Creo que fue una respuesta al vacío de la palabra libertad convertida en slogan y su abismal divorcio con la realidad. El miedo nos acompañaba en cada acto, cada acción, en cada estrechón de mano o gesto de solidaridad que manifestábamos abiertamente con respecto a algún disidente o grupo político independiente.

En el exilio te desempeñas como un artista multidisciplinario. ¿Cómo enfocas tu arte en la actualidad?
Cómo siempre lo he enfocado, de una manera experimental y alternativa. Más que un artista siempre me he identificado con la idea de ser un comunicador. En mi obra, lo primero es la idea. Luego, cuando está clara dentro de mí, empiezo a pensar en las técnicas y los recursos materiales posibles que la puedan traducir de la mejor manera. No todas las ideas pueden realizarse con pinceles sobre lienzo. Por ejemplo, las ideas y el simbolismo que manejamos en los Rituales serían imposibles de traducir con otra media que no fuese el video. Por otro lado, el entorno también juega un factor importantísimo en el carácter y naturaleza de la obra. En los 5 primeros años en este país no hice *performances* debido a mi limitación con el idioma. En 1997 junto al *boom* de la era digital, empecé a incursionar más en la fotografía y el arte digital. Ahora uso Facebook y otras herramientas en la red como plataforma comunicativa. Hace poco realicé un proyecto de residencia en Spaces Gallery en la ciudad de Cleveland, utilizando las respuestas enviadas por cientos de personas alrededor del mundo respecto a la necesidad y condición migratoria a la que han sido expuestos, tanto personal como familiar.

Resides en Ohio, lejos de Cuba y de lo más parecido a Cuba, que es Miami. ¿Cómo han influido esos espacios geográficos en tu obra, y en tu vida?
Ha sido duro y doloroso. En los primeros años me sentía sumamente perdido y aislado. A la larga me ha permitido insertarme en la cultura de mi país adoptivo, en las instituciones de arte y sus centros académicos. Eso ha impactado mi obra muchísimo, he realizado muchos proyectos con el tema del lenguaje y los aspectos sicológicos del desplazamiento y la pérdida que eso conlleva. También he realizado una serie de instalaciones multimedia de carácter crítico,

donde he expuesto mi apreciación con relación al incremento de un racismo y un fundamentalismo religioso en la región.

Eres un hombre libre, vives hoy en libertad, y pienso, sin mayores miedos. ¿Cómo vives esa libertad?
Pienso que la libertad siempre es relativa. Allá, aquí y en otros lugares del mundo he conocido o he leído sobre personas que han vivido encarceladas, aisladas de su familia y de su sociedad por años y han sido libres debido a sus convicciones y libertad interior. He conocido a otros que viven supuestamente en libertad y están más presos que un reo, de sus propias necesidades materiales, sus apegos y sus ambiciones. Para mí la libertad que disfruto hoy consiste en saber elegir, desde lo que como, lo que tengo, lo que digo, lo que hago, lo que escucho, lo que leo, lo que miro, lo que comparto, lo que creo. Hoy para mí la libertad consiste en discernir. Creo que a la larga eres el único que determina quién puede elegir qué perdura, qué se renueva y crece dentro de ti. De los miedos no he podido librarme, son otros, son diferentes, menos obvios... pero no por ello asustan menos.

(abril de 2012)

DESPUÉS DE LA ENTREVISTA, la lista de exhibiciones personales y colectivas se han sucedido una tras otra, con resultados que se pueden medir por los reconocimientos que ha recibido por esas muestras. Trabaja con otros artistas en la serie fotográfica *Exilio*.

MANUEL BALLAGAS (escritor y periodista)

El escritor y periodista Manuel Ballagas (La Habana, 1948), hijo de Emilio Ballagas, uno de los más importantes poetas cubanos del siglo XX, ha tenido una larga y complicada vida. Estuvo vinculado a las míticas Ediciones El Puente en los años sesenta, en Cuba, donde fue perseguido por sus ideas y encarcelado. Salió de la Isla durante el éxodo del Mariel en 1980, y en el exilio ha estado relacionado con medios como The Wall Street Journal y The Tampa Tribute. En los últimos años ha publicado dos polémicas novelas, *Descansa cuando te mueras* y *Pájaro de cuenta*.

En *Pájaro de cuenta* haces un retrato muy terrenal y brutal de Virgilio Piñera. No hay duda de que se trata del «padre del teatro moderno cubano», pues entre otras alusiones usas casi toda su obra y puntos clave de su biografía, como su estancia en Argentina, por ejemplo. Es un personaje que no queda muy bien parado. Háblanos de la concepción del protagonista de tu novela.
No sé de dónde sacas que Virgilio Piñera sale mal parado en mi libro. Se escapa de los esbirros de la Seguridad del Estado, y a pesar de la vigilancia se las arregla para escribir lo que quiere. Es tremenda candelita, y además, simpático. Pero ojo: no confundas al Piñera de mi libro con el Virgilio de la realidad. Comparten características, pero uno es ficticio, y el otro fue de carne y hueso. Si hubieras conocido al segundo, te darías cuenta de que uno tiene poco que ver con el otro en cosas fundamentales. En este Virgilio ficticio quise resumir todas las ambivalencias de muchos intelectuales cubanos de esa época. Llenos de ilusiones y resentimientos antiburgueses, se postraron ante el poder comunista y acabaron sumidos en la persecución y el terror. Así que mi novela no es brutal; brutal es el homenaje que le están dando a Virgilio en Cuba todo ese montón de hipócritas y cobardes, después de haberlo acosado hasta la muerte.

La novela es también un ajuste de cuentas con una época y sus figuras, incluso aparece «el fantasma» de tu padre, el poeta Emilio Ballagas. En general, qué te proponías con este libro.

Pájaro de cuenta y no ajuste de cuentas. ¿Estamos? Mi novela es la sátira de una época negra de la historia cubana que algunos se empeñan ahora en llamar Quinquenio Gris. El tema tenía que entrar en la literatura y yo tuve la audacia de hacerlo. ¿Qué querían? ¿Perseguirnos, meternos en la cárcel y que nadie se enterara? El fantasma de mi padre lo incluyo muy a propósito. Irrumpe en esa asfixiante atmósfera como el soplo fresco de una época en que no se vigilaba a los escritores cubanos ni se les arrestaba de madrugada bajo cualquier pretexto. Él no conoció eso, porque tuvo la suerte de morir antes. Es un espectro limpio, intacto. Por eso se permite recriminar a Virgilio en cierto momento por haber vendido su libertad por un mero plato de lentejas.

En otra de tus novelas, *Descansa cuando te mueras*, recoges el mundo miamense de los años ochenta. Pero tanto en ésta, como en *Pájaro de cuenta*, ya sea ambientada en La Habana o en Miami, recurres al lenguaje calificado como realismo sucio. ¿Qué piensas al respecto?
El realismo sucio no es cuestión de malas palabras y sexualidad, como algunos piensan al oír la palabra «sucio». Es más que eso; es un movimiento literario. Se da en sus personajes prosaicos y en su aparente superficialidad descriptiva, en que el contexto dicta el significado muchas veces. Charles Bukowski, uno de sus grandes exponentes, recurría a un lenguaje soez y a temas desfachatados, pero Raymond Carver y Richard Ford, por ejemplo, no pueden ser de un idioma más pulcro. Aunque *Descansa cuando te mueras*, a juicio mío, pertenece de cierta forma al llamado realismo sucio, me atrevería a decir que *Pájaro de cuenta* no encaja en esa escuela. Es más bien un experimento donde se retuerce la verdad para arrojar nueva luz sobre la realidad histórica. Es decir, miento para no engañarte. Eso sí, yo no tengo la culpa de que mis personajes sean tan mal hablados.

Has anunciado la publicación de la poesía completa de tu padre, Emilio Ballagas. Háblanos de ese proyecto.
Desde que se publicó completa en una edición póstuma de 1955, la obra poética de mi padre ha sido objeto de una explotación descarada por parte de editores inescrupulosos de este lado, y las editoriales gubernamentales cubanas de otro. No sé ni cuántas veces, en todos

esos años, mi madre y yo tuvimos que amenazar con abogados a todos estos aprovechados. Era una batalla casi imposible. Por falta de tiempo y medios estuve dando largas a este proyecto, hasta que al fin, después de mucho escanear y editar, di los toques finales a la *Obra poética de Emilio Ballagas, Edición autorizada,* la única que tiene el visto bueno del patrimonio y los herederos del poeta. Se atiene casi al pie de la letra a la edición de hace 57 años y está disponible en Internet.

Tienes un blog en la red y es evidente que eres un trabajador constante. ¿En qué nuevo proyecto trabajas?
Trabajo mucho en mi obra, es verdad, para compensar por los largos años de bregar periodístico durante los que tuve que posponer demasiados proyectos y tragar muchos buches de sangre. Es casi una batalla contra reloj, contra la muerte que a todos nos acecha, una peleíta imposible y vana. El blog es sólo una vitrina donde expongo garabatos literarios, avanzo fragmentos de obras en progreso, y además, me promuevo como Dios manda. Actualmente trabajo en una continuación de *Descansa cuando te mueras,* una novela que he titulado provisionalmente *Chivo loco,* cuyo personaje central es Manny, el buscavidas que tú ya conoces, y en un libro de relatos que se llamará *Malas lenguas,* cuyos personajes y anécdotas tienen mucho que ver con el ir y venir, el irnos, llegar y volver, que tanto caracteriza a los cubanos de hoy, los de allá y los de acá.

(junio de 2012)

DESPUÉS DE LA ENTREVISTA. Destacan las crónicas publicadas regularmente en su blog Descansa Cuando te Mueras, cuyas actualizaciones son menos frecuentes. En el 2015 publicó el libro de cuentos *Malas lenguas*. Además, compiló *Ensayos escogidos* (2014), con una importante selección de los ensayos de su padre, el poeta Emilio Ballagas.

CARMEN KARIN ALDREY
(escritora y pintora)

Se define a sí misma como artista, escritora, poeta, promotora cultural y aficionada a la fotografía. En realidad Carmen Karin Aldrey (Central Preston, Holguín, 1950), es de esas personas que lleva el arte, en todas sus manifestaciones alcanzables, muy cerca de ella. Una visita a su estudio virtual traza el perfil de esta artista cubana y nos permite ver sus cuadros de técnica mixta sobre tela, sus sugerentes fotografías y sus obras en formato digital. Con ella hablamos de su multifacética carrera artística y de sus proyectos.

Te expresas a través de la poesía y la narrativa. También como fotógrafa y artista plástico. Además, eres promotora cultural. ¿Cómo manejas todos estos resortes que convergen en ti?
En realidad todo va surgiendo sobre la marcha, es decir, dependiendo de las circunstancias, hay ocasiones en que se hace necesario priorizar un proyecto y entonces enfoco todas mis energías en su realización, pero usualmente me muevo mucho entre todas estas tareas. La fotografía es solo un descanso, no lo hago profesionalmente, sino como una manera de ampliar mi visión artística y encontrar motivaciones externas para enriquecerme por dentro. La observación detallada es una de las herramientas del artista y la fotografía lo requiere.

Eres directora y diseñadora de la revista literaria La Peregrina. Háblanos de ese proyecto y sus propósitos.
La Peregrina es un espacio virtual orientado a la promoción de las artes, surgió hace más de una década y ha contado esporádicamente con excelentes asistentes editoriales y editores ejecutivos a través de su trayectoria, como David Lago González, José María Cepeda, Ena Columbié, Juan Cueto-Roig y María Eugenia Caseiro, y la entrega especial en homenaje a Elena Tamargo fue posible gracias al apoyo de Manuel A. López. Cuenta con una aportación sistemática de autores y artistas del exilio cubano, y también de otras nacionalidades. Ahora mismo nos encontramos María Eugenia y yo en la etapa de selección de textos para la entrega en papel, un sueño que hemos tenido desde hace mucho. Yo creo que el mejor homenaje que puedo ofrecer a mis raíces cubanas, es crear, apoyar a nuestros autores,

cruzar fronteras, dar la bienvenida en nuestra revista a todos los peregrinos del mundo, de cualquier país, con amor, sensibilidad, desde nuestra casa. La de Gertrudis Gómez de Avellaneda, porque gracias a ella somos La Peregrina.

En *Aceite* presentas tu poesía y tus cuadros. Es un libro preciosista en su edición y en su conjunto muy humano. ¿Qué ha significado ese libro para ti?
Por ser mi primer libro publicado por una editorial, siento que sirvió de impulso revelador, motivacional, es una especie de resumen de una etapa, a partir de ahí se convierte en inspiración para seguir ahondando a posteriori en temas neurálgicos para mí, como la ecología, la identidad, el sentir del emigrado, el arte clásico. Fue más importante aún por venir ilustrado con mis pinturas, las que también están aspectadas hacia algunas de estas temáticas. Me gustó mucho el formato que Linden Lane Press escogió para diseñarlo, el resultado fue gratificante, es un libro muy hermoso, editado impecablemente. Lo siento como «el hijo» primogénito, el parto feliz, y como una deuda pagada a nuestra madre naturaleza, siempre merecedora de nuestras reverencias. Yo siento que *Aceite* soy yo, en mayúsculas, desde el principio hasta el fin de la lectura, el espejo de Carmen.

Algunos de tus libros están únicamente en formato digital. ¿No ves cierto peligro en esas publicaciones que dependen de tecnologías que cambian muy rápido?
De todos mis libros publicados en formato digital tengo copias en PDF, incluso tienen sus albaceas para en caso de, porque también soy previsora. Diría que el destino de esos archivos será alguna vez publicarlos en papel, algo en lo que estoy trabajando, pero de todas maneras mi intención es llegar a la mayor parte posible de lectores, e internet es un recurso magnífico para lograrlo. Pienso que las tecnologías futuras nos abrirán más espacios, independientemente que la publicación en papel tiene lo suyo, no hay nada más estimulante que un libro, el olor a imprenta que despide, es el amigo de cabecera.

¿En qué nuevos proyectos trabajas en la actualidad?
Me he sonreído al leer esta pregunta. Es que soy generadora voraz de proyectos, sentí que no sabía cómo responderte, soy como Belkis

Cuza, que trabajo todo el tiempo y descanso poco. Como te decía antes, estamos en la organización de La Peregrina en papel, aparte de eso trabajamos en la creación de nuestra propia editorial, Imagine Cloud Editions, que por ahora solo es digital pero con perspectivas en papel. Y luego mis libros, mi arte, algo aplazado últimamente por esas prioridades de las que te hablaba. He dedicado mucho tiempo en los últimos meses a sacar a la luz digitalmente mis poemarios, incluyendo en algunos mi trabajo fotográfico, y otras cosas que he escrito, como fragmentos de una novela que al parecer se ha eternizado, así como también en diseñar mi nueva galería virtual y actualizar mi Blog, Soligregario. Es decir, el trabajo creativo es la vida, mi vida, y espero que eso nunca cambie, ni en este mundo ni en los otros por venir.

(agosto de 2012)

DESPUÉS DE LA ENTREVISTA: la revista La Peregrina sigue su curso. Como escritora ha publicado *Noctibus* (2012), *El fuego de la lluvia* (2013), *Soy un dinosaurio* (2015), *Numeria: veinte sentencias apocalípticas* (2016), entre otros.

ERNESTO DÍAZ RODRÍGUEZ (poeta)

Cuba es un país de grandes contrastes, donde muchos de sus hijos han sabido estar a la altura de su tiempo. Uno de ellos es el escritor, ex preso político y defensor a ultranza de los Derechos Humanos, Ernesto Díaz Rodríguez (Cojímar, La Habana, 1939).

Por enfrentar a la tiranía castrista pasó 22 años en prisión. En esa época comenzó su labor literaria, escribiendo en las difíciles condiciones carcelarias, lo que ha sido su más emblemático libro *La campana del alba*, un texto para niños, lleno de ternura y amor. Tras salir al exilio gracias, entre otros, a las gestiones de Of Human Rights, el PEN Club francés, el PEN Club de Inglaterra y el de New York, ha continuado su labor como escritor, destacando *Un testimonio urgente* (1977); *Mar de mi infancia* (1991); *El carrusel* (1994); *Rehenes de Castro* (1995); *Piedra por piedra* (2008) y *A contra viento* (2012).

En medio del rigor extremo de la prisión política escribe *La campana del alba*, un libro lleno de ternura. ¿Cómo lo concibió en esas circunstancias y cómo logra sacarlo de la cárcel?
La campana del alba fue un canto impostergable al amor; un grito de libertad de la conciencia humana en momentos de asfixiante agonía. Representa, si queremos valorarlo en el significado de una más amplia intención, un triunfo generalizado de la fortaleza de espíritu del Presidio Político Cubano. Lo escribí en circunstancias difíciles, muy difíciles, durante una prolongada huelga de hambre, bajo un régimen de ensañamiento carcelario inimaginable. Considero que fue, además, una sublevación del alma ante tanta injusticia. Una respuesta necesaria ante tanta violencia y maldad por parte de la tiranía comunista de Cuba, que se ensañó con nosotros simplemente por negarnos a hincarnos de rodillas, a claudicar de nuestros principios. Para salvar los manuscritos y sacarlos de la cárcel, donde por varios años se nos mantenía bajo un riguroso régimen de total aislamiento, fue necesario acudir a todas las artimañas que el prisionero inventa y a la colaboración de buenos amigos.

Tantos años después de haber sido publicado, el libro sigue siendo su mejor carta de presentación. ¿A qué le atribuye el éxito de *La campana del alba*?
En primer lugar, diría yo, porque se trata del más espontáneo de mis libros y porque fue escrito bajo la sombra de la muerte, por una urgencia de mi alma ante la orfandad que la cárcel impuso a mis pequeños hijos. Era la forma de mayor transparencia para acercarme a ellos. De susurrarles al oído cuánto los amaba. ¿El éxito de este poemario? Simplemente es el triunfo del amor contra la fealdad del odio. Eso así, tan sencillo. Ya la sensibilidad de los lectores, desde luego, que gustan de la poesía abierta a la imaginación dentro de esa exquisita fantasía del mundo de los niños. Es la capacidad de fértil ensoñación lo que les permite transitar nuevamente por la infancia y entender, como nos enseñó Martí, cómo nacen «entre espinas flores».

En usted convergen el escritor y el activista político al frente de la organización Alpha 66. ¿Cómo afronta estos dos contextos tan distintos?
Ambas cosas para mí significan una afilada espuela punzándome el espíritu, que me obliga a multiplicar las horas. La poesía me ayuda a destrenzar los días. Es como si tuviera una ventana abierta a las estrellas, y al rocío y al canto de los pájaros. Y es mi constante anhelo de hacer que brote sobre la roca viva esos verdes retoños de mi alma. Alpha 66 es algo muy importante en mi vida, fundamentalmente por el sacrificio y por el heroísmo de sus mártires. Su trayectoria histórica es un ejemplo de lo que puede hacerse con escasos recursos en defensa de la libertad y la lucha de cada día por reconquistar en nuestro país los valores perdidos bajo el yugo de la tiranía castrista. Siendo estos dos contextos como un eje magnético donde gira mi vida... ¿cómo no afrontar ambas responsabilidades y aceptarlas con satisfacción cuando se trata de un honroso privilegio que el destino me ha concedido?

Aunque ha publicado testimonios, la poesía ha sido su principal medio de expresión para llevar su mensaje social. Háblenos de lo que significa la poesía en su vida.
La poesía, ya lo he dicho en ocasiones anteriores, si nace de un ideal de amor, con la fuerza de la razón y la transparencia necesaria,

suele ser más poderosa que el fusil y los cañones que defienden las causas injustas. Son como una lanza incandescente apuntando a la maldad, o como una ola embravecida golpeando sobre los arrecifes del odio y del despotismo. Y tiene la poesía el poder de transformar el polvo en luz multicolor, poner alas a la sombra, hacer que nazcan rosas en la espiral de un caracol. Por eso y por ser una fuerza vital que alimenta mi espíritu, la poesía ha sido a través de los años mi medio de expresión preferido.

Se ha trasladado a Connecticut, ¿cómo ve Miami, y cómo ven Miami desde un estado tan al norte?
Aunque paso días en Miami con bastante frecuencia, desde hace poco más de 20 años he tenido mi hogar en Ridgefield, Connecticut. Aquí tengo una hermosa familia con quien comparto inquietudes y alegrías. Y estoy cerca de New York, esa ciudad de ensueños donde al igual que en Miami tengo buenos amigos y siempre tareas importantes que cumplir. La experiencia me ha demostrado que en los días actuales la ubicación geográfica no es determinante. Pero Miami es la capital del exilio cubano, el corazón de la diáspora y eso tiene una gran importancia. Desde lejos a veces suelo recordarla con no poca alegría, otras con una mezcla de tristeza y nostalgia. Allí nacieron y se hicieron hombres mis hijos. Allí se extinguió la vida de mis padres, luego de haber pagado por su amor a Cuba más de 40 años de destierro. Sin embargo, aunque no tuvieron la dicha de ver libre a su Patria, la libertad ya está empinándose por el horizonte. Nadie puede dudarlo: la tiranía comunista de Cuba está al borde del abismo. Es un muerto insepulto, para definirla de una forma concreta. Irremediablemente tiene ya sus días contados.

(septiembre de 2012)

DESPUÉS DE LA ENTREVISTA: y la aparición del poemario *Contra viento,* escrito en prisión, y la edición bilingüe de *Piedra por piedra,* la revista universitaria Mar, publicó una amplia selección de sus poemas. Continúa en su lucha frontal contra el castrismo y por la libertad de Cuba

.

GEORGE RIVERÓN (poeta y actor)

Creador multidisciplinario, George Riverón (Holguín, Cuba, 1972), destaca fundamentalmente como poeta, con una obra bastante amplia y premiada en certámenes literarios tanto en Cuba como en España. Entre sus libros de poesía destacan *Contra la soledad de la sombra* (1994); *El último dios* (1997); *Los días del perdón* (1998), *Extraños seres de la culpa* (1999); *Escritos invernales* (2003) y *Señal de vida* (2008). Es además, fotógrafo, diseñador y actor. Recientemente participó en las puestas de *Bernarda* y *La orgía*, ambas bajo la dirección de Juan Roca, en roles que se puede catalogar de memorables.

Afirma que lo define «la perseverancia»; de esa cualidad, su trayectoria y proyectos, habla a los lectores de Diario Las Américas.

Tienes una sólida carrera en distintos renglones del arte. ¿Cómo se define George Riverón a sí mismo?
Constantemente me muevo en diferentes aguas, por lo que me es un poco difícil definirme como algo específico. Creo que todo lo que hago viene provocado por una necesidad de expresión y las circunstancias son las que me hacen expresarme en uno u otro medio. Mis primeros pasos fueron en el teatro y en la radio. Aún puedo recordar textos del primer personaje que interpreté cuando apenas tenía 9 años, *El conejito descontento* de Freddy Artiles. Gracias a ese personaje conocí el mundo fascinante de la radio. La radio fue mi casa por casi 23 años, en Holguín y luego en La Habana. Pude haber cometido el error de hacerme médico, pero gracias a Dios, me di cuenta a tiempo de que ése no era el camino. Fue ahí cuando se me despertó la pasión por las artes plásticas. Estudié en la Escuela Profesional de Arte de Holguín, donde aprendí mucho de lo que ahora soy. Tuve profesores excepcionales que me enseñaron a ver el mundo de otra manera. Gracias a lo que aprendí allí y la experiencia que en ese entonces ya había adquirido en la radio, me sentí seguro para presentarme a los exámenes del Instituto Superior de Arte y me aprobaron. Estudié dirección de medios de comunicación audiovisual: cine, radio y televisión. Es una de las etapas de mi vida que más añoro. Al llegar a Miami, me propuse estudiar y actualizarme. Me concentré en ampliar mis conocimientos de fotografía en Photo

Art Academy y luego en el New York Institute of Photography, y me hice fotógrafo profesional. Ahora puedo decir que vivo de la fotografía. Si algo me define, es la perseverancia. Cuando algo se me mete en la cabeza, no hay nada ni nadie que me detenga.

¿Cómo entiendes la poesía?
La poesía es la base de todo lo que hago, y ella me rige. Hubo una etapa en la que sólo escribía y de ahí salieron mis primeros libros. Eran otros tiempos, donde no tenía una urgencia, y mucho menos una preocupación, más allá de mí mismo. Me dedicaba a hacer lo que quería y eso me bastaba para ser feliz. Ahora he aprendido a encontrar la poesía a través del lente de mi cámara, donde las palabras se traducen en imágenes. La poesía está en el aire, en lo que puedes ver y en lo que tocas; en lo que te hace bien, pero también en lo que no te hace bien, en lo que te hace feliz y en lo que te entristece. La poesía salva, hasta del desamor.

¿Cómo ha afectado el vivir fuera de Cuba tu obra literaria y tu visión de la vida?
Actualmente no escribo mucha poesía. Estoy por terminar un libro hace más de tres años y no he podido por mil razones. Hace unos días me invitaron a leer poemas inéditos en el Centro Cultural Español y mientras escogía los poemas para la lectura, me di cuenta de que el libro está casi terminado, sólo es cuestión de darme tiempo para pulirlo. En Miami se vive muy de prisa y a veces no tengo tiempo para hacer todo lo que quiero. He aprendido a racionar las horas, pero aun así no es suficiente. He aprendido que nada es color de rosa y que todo tiene su lado bueno y su lado malo. Yo siempre he creído en mí y eso me ha hecho enfrentarme a los obstáculos sin miedo. También creo en el mejoramiento humano, y que la patria es lo que llevas contigo siempre: tu familia, tus amigos, los recuerdos, todo lo que te conmueve y añoras.

Diría que eres una persona retraída y sobria, sin embargo, en tus incursiones como actor asumes los personajes con entrega y asombroso desdoblamiento. ¿Cómo conviven el hombre y el actor, el actor y el hombre?
El hombre y el actor tienen una relación un tanto peligrosa. El uno le exige al otro de la misma manera que lo hace un matrimonio. El

hombre es el que decide si al actor le conviene o no el personaje que le han propuesto. El actor se encarga entonces de aprenderse el texto, comenzar a experimentar cómo se va a mover, cómo va a hablar, cómo se va a ver ese personaje. Luego, hombre y actor, le inyectan vida, sentimiento, la pasión necesaria para que sea creíble.

¿Qué opinas de la vida cultural y artística de Miami?
Mi primera impresión de Miami, no fue la mejor. Cuando llegué aquí en 2004, la ciudad no era lo que es ahora, desde el punto de vista cultural, al menos para mí. Desde hace dos o tres años para acá, Miami ha ido despertando y eso ha ido cambiando aquella primera visión. El teatro, por ejemplo, ha cogido una fuerza impresionante, con propuestas arriesgadas y de alta calidad. La llegada de Microteatro, como una opción diferente y muy interesante de hacer teatro. El Festival Internacional de Ballet. La creación cinematográfica, sobre todo por jóvenes hispanos, es cada vez más fuerte. Art Basel cada diciembre convierte a Miami en la capital de las artes visuales, reuniendo a los más importantes y reconocidos artistas y galerías del mundo; evento que ha impulsado un movimiento creativo en Wynwood, Bird Road, Coconut Grove, Calle Ocho, Miami Beach. Los eventos y tertulias literarias, el surgimiento de nuevos sellos editoriales. Creo que a todo este movimiento artístico y cultural ya no hay quien lo pare.

(noviembre de 2012)

DESPUÉS DE LA ENTREVISTA, el actor se ha mudado a Nueva York donde ha impresionado al público de la Gran Manzana y recibido importantes premios por su labor teatral. En el 2014 creó la agrupación Teatro del Aire.

MAGALI ALABAU (poeta)

Quizás muchos consideren memorable y sobrecogedora la lectura que ofreció la escritora cubana Magali Alabau (Cienfuegos, 1945) en la Feria del Libro de Miami del 2012. Su decir, y la forma de transmitir poemas que parecen alimentarse de sus propias vivencias, conmueven al lector.

Magali Alabau, además de escritora, ha sido actriz y directora de teatro. Tiene ganado un sitial entre las voces poéticas más sólidas cubanas de Hispanoamérica. Entre sus obras destacan *Electra y Clitemnestra*, *La extremaunción diaria*, *Hermana*, *Hemos llegado a Ilión*, *Liebe*, *Dos mujeres* y *Volver*. Reside en la memorable Woodstock, ciudad que marcó un giro en la sociedad norteamericana.

¿Quién es, cómo es, Magali Alabau?
Yo soy la que no canta a la esperanza...digo en uno de mis poemas. El escrutinio de mis acciones o las de otros me mantiene despierta. El insomnio magnifica todo. Soy afortunada porque la causa de esta cierta acritud proviene de mi afán de obtener consciencia de lo que observo, pienso y siento. Uno no puede aspirar a una identidad espiritual sin sentir el sufrimiento de otros (incluyendo el del reino animal, por supuesto). No soy pesimista. Siempre frente a mí se presenta la posibilidad de cambio.

Tu libro *Volver* tiene una fuerza vivencial aplastante. Háblanos de ese libro, que creo el más personal de todos.
Volver trata de exilio. Uno o una puede sentirse exiliado de un país y también del mundo. Es un desajuste, la persona no es feliz donde se encuentra. No hablo de ser, hablo de sentir. Este sentimiento puede ser temporal o permanente. *Volver* trata del regreso a través de la memoria de hechos reales, su persistencia. Es un testimonio de alguien que se fue de su país porque no existía futuro, porque tenía miedo, porque la oficialidad la calificó de enferma, de desviada y hasta le hicieron tomar un *test* en Mazorra, el lugar donde su hermana enferma residía hacía años con el propósito infame de intimidarla. Dentro del poemario no sólo examino los eventos en Cuba, sino mis primeras experiencias en Miami y Nueva York. He vivido más tiempo en los Estados Unidos que en Cuba. ¿Cómo es posible

que me sienta ajena a esta cultura y tan cercana al lugar donde nací? Creo que la respuesta estriba en el lenguaje. Nunca lo abandoné. No lo pude abandonar. En *Volver* se percibe ese malestar.

Estuviste un tiempo sin publicar poesía y en los últimos años ha habido un marcado regreso. ¿Qué te alejó y qué te hizo volver?
Visitar a Cuba en los 90's, después de más de 20 años de ausencia, suscitó un cambio de percepción, me volví más vulnerable. Vi tanta desolación, ruinas. Escribí *Hemos llegado a Ilión* atestiguando lo que vi. Observar tanta desesperanza despertó una etapa en mi vida que persiste y que me ha hecho, creo, mejor persona. Al mismo tiempo, mi compañera y yo comenzamos a recoger animales abandonados, fuera ya porque los dueños no los querían o porque los encontrábamos en la calle. Tuvimos que mudarnos a Woodstock, al campo, y, aunque seguíamos trabajando en oficinas, ajustamos nuestras vidas a estas adopciones. No escribí más. Además, tenía un trabajo entre abogados y computadoras que no me permitía realizar nada con excepción de aprender programas de computación. Me retiré a los 62 años. Un día comencé a soñar con una amiga poeta, Maya Islas, que siempre me recordaba mi vocación poética. No la veía desde hacía muchos años, y nos conectamos. Comencé a escribir *Dos Mujeres* y desde entonces escribo.

Llevas años lejos del teatro, donde te desempeñaste como actriz y directora. ¿Has pensado en regresar a las tablas?
No. Es historia pasada.

Vives en Nueva York, pero no en ese Nueva York agitado, idílico y urbano, sino bien en las afueras, en el campo. Cuéntanos de tu vida *off New York*.
Viví 28 años en Manhattan. Desde el 1996 vivo en Woodstock. Escogí el lugar, porque llegué de Cuba en el año del Festival de Woodstock, en esa era. Hay referencia a Janis Joplin en un poema de *Volver*. Pero más que todo porque es un pueblo liberal y se aprecian a los animales. Los *shelters* cercanos son *No Killshelters*. Woodstock es un pueblo muy pequeño. Hay varias librerías, una biblioteca, un festival de cine que cada año presenta nuevos films de jóvenes directores, restaurantes vegetarianos, cafés donde te puedes sentar con un laptop por horas y sobre todo prevalece cierta filoso-

fía anárquica que me gusta. Hay un *Farmer's Market*todos los miércoles y un famoso *flea market* los domingos. *Boutiques*, turistas. Se cultiva la metafísica. Hay lecturas de Tarot en las calles y hay clases de *chanelling*, yoga, *reiki* y todos sus derivados. Existe un monasterio budista en lo alto de una montaña que el Dalai Lama ha visitado. Es un pueblo oficialmente dedicado a las artes. Frente a nuestra puerta llegan ciervos, *oposums,* pájaros, entre ellos cardenales y colibríes, ardillas y *chip monks*. Los *racoones* nos visitan todas las noches menos en invierno y les damos avena con leche. También hay un oso negro que nos visita, creo que es el mismo, llega a principio de julio y se va exactamente el 31 de agosto. Por supuesto, le servimos sándwiches de *peanut butter* y miel pero nos mantenemos a cierta distancia. Esta es la fachada del pueblo donde resido. Ahora bien, realmente no tomo ventaja de estos beneficios. Me gustaría vivir en Cienfuegos, en el último caserón de madera, en la misma punta de Punta Gorda, rodeada por el mar.

(enero de 2013)

DESPUÉS DE LA ENTREVISTA. Tras el silencio de casi dos décadas sin publicar, aparecieron *Dos mujeres* y *Volver*. Su regreso a la poesía incluye también *Mujer fatal*. Aunque no ha hecho más teatro, sus presentaciones son como grandes performances, emotivos e intensos.

ULISES REGUEIRO (fotógrafo)

Nuestro entrevistado es un hombre de poco hablar, pero es de esas personas que logran mucho con lo que saben hacer mejor. Su gran pasión y su mayor destreza, la expresa como fotógrafo, especializado en espectáculos teatrales. Sus imágenes intentan captar «el sentimiento de una expresión», y en muchas ocasiones lo logra.

Fue actor, vivió en Cuba los difíciles años setenta y luego los no menos dificultosos años noventa. En Miami donde reside, es habitual en tertulias y eventos culturales, donde, cámara en mano, se deja sentir. Con él conversamos sobre su vida y desde luego sobre fotografía.

Cuéntanos de tus experiencias como actor.
Más que actor pienso que fui teatrista, y si tengo que contar mis experiencias, nombraría siempre a Berta Martínez y Mayra Marrero, que fueron muy importantes en mi relación con el teatro. Llegué al teatro como consecuencia de un salto inexplicable de los actos cívicos de los viernes en la escuela, a los Grupos de Teatro de Pinar del Río. Ese salto me llevó a una lucha desgarradora por la superación profesional. Luego fui llamado a cumplir el Servicio Militar y eso marcó una ruptura con el teatro que duró más de una década. Mi estancia en el mundo militar dañó también drásticamente mi vida, al igual que lo que ocurría a nivel social y político en la Cuba de los años 60 y 70, en especial con la tristemente célebre parametración, que tanto daño hizo a la cultura cubana, en particular en la televisión y el teatro. Cuando regreso, viene otra crisis, la de los noventa, y eso era mucho para mí. Era regresar a otra crisis. En realidad mi estancia en el teatro fue muy accidentada.

¿Qué es lo que intentas alcanzar como fotógrafo?
El gozo que me produce una buena toma. Es un gozo efímero, que dura el instante en que se establece la relación mágica entre el lente, el objetivo y el obturador que finalmente decide la intensidad de la imagen. A veces me paralizo, incluso llego a llorar en el proceso de tomar las imágenes. Como me especializo en fotografiar a actores en plena labor dramática, la misma intensidad del actor me estreme-

ce, ya que se relaciona de alguna forma con el actor que estuvo en mí, que aún habita en mí.

Sé habla del ojo del fotógrafo. ¿Qué busca tu ojo?
La semilla de la fotografía. Mi ojo intenta retratar a la gente por dentro, me interesa que la cámara capte el sentimiento de una expresión, algo que me gusta llamar la semilla de la esencia, porque lo que siempre vemos es la cáscara, yo busco la semilla. Mis fotos son un viaje profundo al interior del objetivo.

Eres parte del proyecto Exilio. ¿Cómo te vinculas con el mismo y cuál es el alcance del proyecto?
Vi en los muros de Facebook las primeras fotos de Juan Sí González y Frank Guiller sobre el proyecto y me impactaron mucho. Desde un primer momento me identifico con la trascendencia y la idea del proyecto Exilio. Le escribí a Juan Sí y le pedí con humildad que se me permitiera intentarlo desde Miami. Desde entonces he fotografiado a 52 personalidades. Gracias al escritor Joaquín Badajoz, que me ha servido de enlace para conectar con algunas personas importantes de Miami, y estas a su vez con otros, he podido contribuir al proyecto con más de 80 imágenes. La idea del proyecto es crear un archivo visual permanente de figuras del exilio cubano, a las que se les retrata en su ambiente creativo, doméstico o interactuando con su entorno, siempre junto a un cartel itinerante con la palabra Exilio. Del alcance, mejor que hablen los que posan, incluso los que se niegan a posar, que es otra forma de reconocer la importancia, y los que contemplan.

¿Cuáles son tus próximos proyectos?
Siempre estoy lleno de proyectos, pero también soy realista y sé de las dificultades que a veces se presentan para llevarlos a cabo. De momento elaboro una exposición de fotos de actores en plena efervescencia dramática, el tema de las fotos es la intensidad dramática. El material está listo, pero aún en formato digital. Sólo me falta el mecanismo para colgarlo en una galería. Son fotos con las que me siento muy bien. Son actores en movimiento, en plena acción. Desde luego, continuar en el Proyecto Exilio, y seguir tirando fotos y más fotos.

(febrero de 2013)

DESPUÉS DE LA ENTREVISTA, Ulises ha seguido fiel a su expresión última: «seguir tirando fotos y más fotos». La gente de teatro, en particular los actores, desean ser retratados por él, pues nadie captura el alma de un actor como Ulises Regueiro.

Índice alfabético de entrevistados

Abreu Felippe, José / 31
Abreu Felippe, Nicolás / 104
Acevedo, Nena / 278
Alabau, Magali / 402
Albertini, José A / 63
Aldrey, Carmen Karín / 393
Alejandro, Ramón / 28
Alonso, Odette / 311
Álvarez Bravo, Armando / 190
Anhalt, Nedda G. de / 89
Añel, Armando / 339
Aragón, Uva de / 266
Armas, Armando de / 69
Arocha, Modesto / 380
Ballagas, Manuel / 390
Baserva Soler, José / 15
Bauta, Yovani / 131
Bedia, José / 53
Betancourt, May / 318
Bordao, Rafael / 144
Botifoll, Luis J. / 123
Bragado Bretaña, Reinaldo / 101
Buttill, Elio Alba / 197
Campa, Eddy / 127
Cárdenas, Esteban Luis / 111
Cárdenas, Raúl de / 201
Castillo, Amelia del / 107
Cazorla, Roberto / 49
Chaviano, Daína / 12
Columbié, Ena / 346
Consuegra, Hugo / 163
Costa, Octavio R. / 80
Cruz Varela, María Elena / 138

Cuadra, Ángel / 21
Cueto, Juan / 173
Díaz Rodríguez, Ernesto / 396
Díaz Souza, Eddy / 342
Díaz, Manuel C. / 223
Dovalpage, Teresa / 234
Dumé, Herberto / 18
Encinosa, Enrique / 86
Fernández, Daniel / 285
Fonseca, Alejandro / 353
Fortún Bouzo, Denis / 292
Gálvez, Joaquín / 238
García Ramos, Reinaldo / 159
García, Ernesto / 187
González Llorente, José Manuel / 250
Gutiérrez, Mariela A. / 357
Hernández Medina, Heriberto / 330
Hernández Miyares, Julio / 166
Islas, Maya / 219
Jorge, Rolando / 383
Lastres, Rina / 212
Lázaro, Felipe / 147
Levitán, Aida / 333
Leyva, Josefina / 274
Llopis, Rogelio / 227
López Morales, Humberto / 209
López, Tony / 314
Lorenzo Fuentes, José / 326
Luz, Rodrigo de la / 194
Manet, Eduardo / 205
Manfugás, Zenaida / 35
Mario, Luis / 258
Martín, Mario / 262

Martínez Sotomayor, Rodolfo / 246
Matas, Julio / 169
Medina, Yoshvani / 373
Michaelsen, Eduardo / 141
Mijares, José María / 155
Monge Rafuls, Pedro / 114
Montaner, Carlos Alberto / 377
Montes Huidobro, Matías / 66
Morelli, Rolando D. H. / 296
Moreno, Rolando / 322
Morín, Francisco / 216
Navarrete, William / 118
Noguer, Eduardo G. / 179
Ordoqui, Miguel / 349
Orta de Varona, Lesbia / 176
Padrón, Eduardo / 385
Pellón, Gina / 230
Peña, Pedro Pablo / 42
Pintado, Carlos / 336
Rebull, Cristina / 308
Regueiro, Ulises / 405
Regueral, Delio / 360
Remos, Ariel / 289

Ríos, Alejandro / 72
Riverón, George / 399
Robles, Mireya / 95
Roca, Juan / 281
Rojas, Teresa María / 98
Ros, Enrique / 135
Rosell, Rosendo / 304
Rossardi, Orlando / 270
Salinas, Baruj / 83
Salvat, Juan Manuel / 151
Sánchez Boudy, José / 254
Sánchez, Mario Ernesto / 59
Santana, Omar / 367
Santiago, Héctor / 39
Serrano, Pío E. / 76
Sí González, Juan / 387
Tamargo, Elena / 363
Torres, Asela / 301
Touzet, René / 24
Vázquez Portal, Manuel / 242
Victoria, Carlos / 56
Viera, Félix Luis / 371
Zalamea, Luis / 46

Índice onomástico

A

Abad, Marco Antonio 74, 387
Abdala, Manuel Lorenzo 283
Abella, Rosita 176
Abreu Felippe, José 31, 77, 114, 165, 169, 172, 249, 286, 325, 384
Abreu Felippe, Nicolás, 104, 113
Abreu, Juan 155, 160
Acevedo, Carmen (Nena) 278
Acevedo, Maruja 279
Achebe, Chinua 298
Acosta León, Ángel 141
Acosta, Agustín 107, 109, 192
Acosta, Iván 87
Acosta, Ricardo 387
Águila, Gorki 293
Aguilar León, Luis 381
Aguilera, César Reynel 381
Aguilera, Manuel 8
Aguirre, Helen 307
Aguirre, Horacio 7, 8, 306,
Aguirre, Mirta 343
Ajmátova, Anna 363, 364, 366
Alabau, Magali 402
Alarcón, Norma 276
Alarcón, Ricardo 275
Alba Buffill, Elio 124, 197, 200
Albariño, Jesús 305
Albemarle, Conde de 177
Albertini, José Antonio 63
Alberto, Eliseo 13
Albuerne, Fernando 306
Alcántara Almanza, José 251
Aldrey, Carmen Karin 393, 394
Alejandro, Ramón 28, 30
Alfonzo, Carlos 351
Allende, Isabel 47
Almendros, Néstor 169, 205, 387
Alomá, René 40
Alonso, Odette 311
Álvarez Bravo, Armando 29, 78, 90, 190
Álvarez, Fernando 26
Álvarez, Osvaldo 51
Alzola, Concepción T. 167
Amaro, Blanquita 301
Amaro, Nelson 153
Andersen, Hans Christian 336
Anhalt, Nedda G. de 10, 89
Anouilh, Jean 98
Anreus, Alejandro 87
Antigua, Francisco 163
Antínoo, Roberto 283
Antuña, Vicentina 205
Antuñano, Maru 8
Añel, Armando 339, 341, 369, 381
Aragón, Uva de 107, 266
Arango, Ángel 227
Arango, Arturo 353
Arco, Jorge de 240
Arco, Juana 20
Arcos, Jorge Luis 149
Arenas, Néstor 356

Arenas, Reinaldo 33, 64, 90, 106, 142, 147, 151, 160, 166, 167, 183, 184, 185, 192, 197, 244, 287, 288, 297, 300, 354
Arias, Orlando 375
Ariza, René 64, 112, 271
Armas Marcelo, J. J. 79
Armas, Armando de 69
Armas, David de 26
Armas, Emilio de 381
Arnaz, Desi 24
Arocha, Modesto 380, 382
Arrabal, Fernando 18
Arriola, Juan José 227
Arrufat, Antón 218, 245
Artiles, Freddy 399
Ávila, Leopoldo 228
Ávila, René 163
Avilés, Hermanos 354
Avilés, Manuel, 354
Avilés, Wilfredo 354
Avilés, Segundo 354
Ayala, Dinorah 15

B

Bacardí, Emilio 315
Bachiller y Morales, Antonio 124
Badajoz, Joaquín 406
Balart, Waldo 240
Baldor, Aurelio 260
Ballagas, Emilio 390, 391, 392
Ballagas, Manuel 390
Banderas, Quintín 255
Baquero, Gastón 64, 77, 89, 119, 147, 149, 150, 184, 191, 354, 356
Baralt, Luis Alejandro 279
Barceló, Randy 177

Barnet, Miguel 159, 245
Barrios, Renée 26
Barros, Alba Raquel 375
Basulto, José 139
Batista Falla, Víctor 122, 272
Batista, Fulgencio 86, 126, 164, 263, 316, 380
Baudelaire, Charles 259
Bauta, Yovani 131
Baserva Soler, José 15
Beckett, Samuel 18
Becquer, Gustavo Adolfo 196
Bedia, José 53
Beethoven, Ludwig van 35, 36
Bellechasse, Jaime 351
Benítez Rojo, Antonio 167
Berbrich, Frank 70
Bermúdez, Cundo 156
Bermúdez, José Ignacio 163, 164
Bernal, Emilia 296, 299, 300
Betancourt, James 319
Betancourt, May 318
Beyle, Henri-Marie (Stendhal) 70
Bierce, Ambrose 91
Bjørnson, Bjørnstjerne 217
Blanco, Orlando 84
Blanco, Rafael 98, 279
Blanco, Teté 51
Blanco, Zoé 176
Blok, Aleksandr 363
Bofill, Ricardo 329
Bolet, Jorge 36
Bolívar, Simón 275
Boothe, Clare 278
Bordao, Rafael 144
Borges, Fermín 18
Borges, Jorge Luis 198, 240, 251,

252, 336, 337
Borrero, Juana 107
Bosch, Juan 251
Boti, Regino 347
Botifoll, Luis J. 87, 123, 126
Boudet, Rosa Ileana 344
Boughedir, Ferid 95
Boza, Juan 351
Bradbury, Ray 253, 336
Bragado Bretaña, Reinaldo 101, 103, 381
Brahms, Johannes 36,
Bravo de Varona, Esperanza 176
Brecht, Bertolt 18
Bretón, André 196
Brito, Rodolfo 26
Britos Serrat, Alberto 23
Brouwer, Carlos 224
Brown, Dan 238
Brown, Ricardo 87
Browning, Robert 337
Bucay, Jorge 238
Buero Vallejo, Antonio 264
Buesa, José Ángel 147, 250
Bujones, Fernando 44
Bukowski, Charles 391
Buonarroti, Miguel Ángel 349
Buoninconti, Mariana 344
Burke, Elena 26
Bustamante, Alberto 122
Busto, Jorge del 218
Butor, Michel 84

C

Caballero, Luisa 278
Cabell, René 26
Cabell, Néstor 264
Cabrera Delgado, Luis, 343
Cabrera Infante, Guillermo 13, 153, 156, 167, 229, 354,
Cabrera, Lydia 64, 77, 82, 119, 123, 167, 177, 183, 287, 357, 358
Caignet, Félix B. 305
Cala, Ulises 375
Caldera, Rafael, 275
Calderón, Damaris 353
Calviño, Aurora 77
Calzadilla, Julia 343
Camín, Alfonso 256
Campa, Eddy 112, 113, 127, 130
Camus, Albert 18, 66, 217, 248
Cancio, Arcadio 156
Canel, Fausto 180
Caña, Juan 51
Capó, Roberto 26
Cárdenas, Agustín 163, 164
Cárdenas, Esteban Luis 29, 111, 128
Cárdenas, Raúl de 169, 201, 281, 282, 343, 381
Carpentier, Alejo 167
Carreño, Mario 163
Carrión, Miguel de 18
Carver, Raymond 391
Casal, Julián del 166, 167, 183, 184, 185, 242, 250
Casanova, Marcos 280, 324, 376
Casanova, María Julia 278
Casañas, Marta 15
Caseiro, María Eugenia 393
Castellanos, Jesús 167
Castelnuovo-Tedesco, Mario 24
Castillo, Amelia del 90, 107
Castro, Arturo 344

Castro, Fidel 33, 39, 50, 51, 78, 79, 86, 99, 105, 115, 125, 126, 135, 136, 138, 146, 151, 152, 153, 218, 234, 245, 263, 272, 279, 285, 287, 319, 329, 380, 381
Castro, Javier de 121
Castro, Manolo 315
Castro, Raúl 139
Cazorla, Roberto 49, 52
Celan, Paul 240, 365
Cepeda, José María 393
Cernuda, Luis 240
Cervantes, Ignacio 26
Cervantes, Miguel de 197, 218, 278, 279, 305
Cervera, Elvira 281
Dumaine, Chantal 142
Chávez, John 375
Chaviano, Daína 8, 9, 12, 23, 66, 343, 344
Chejov, Antón 251
Chericián, David 343
Chibás, Eduardo 315
Chopin, Frédéric 36
Cid, José 177
Cocteau, Jean 217
Coelho, Paulo 238
Cofiño, Manuel 248
Collazo, Aurora 301, 303
Collazo, Miguel 227
Collier, John 228
Colón, Cristóbal 15, 268
Columbié, Ena 346, 393
Conrado, José 381
Conroy, Pat 223
Consuegra, Hugo 163, 164
Coratgé, Salvador 163

Córdoba, Arturo de 90, 263,
Corrales, José 114, 177, 203
Cortázar, Julio 227, 251
Costa, Octavio R. 80, 82, 123
Cremata, Alfonso 201
Crespo, Jorge 74, 387
Crosby, Bing 25, 26
Cruz Álvarez, Félix 90
Cruz Varela, María Elena 138, 244, 387
Cruz, Celia 16, 120, 156, 314,
Cruz, Nilo 100, 169, 278, 280, 323
Cruz, San Juan de la 195
Cruz, Sor Juana Inés de la 358
Cruz, Zulema 310
Cuadra, Ángel, 21, 23, 63, 64, 90, 109, 272
Cubillán, Augusto 375
Cuesta, Leonel de la 381
Cueto-Roig, Juan 173, 175, 393
Cugat, Xavier 24, 26
Cummings, E.E. 175
Currás, Hermanos 350
Currás, Nelson 350
Currás, Ronald 350
Cuza Malé, Belkis 89, 107, 159, 394

D

D'Annunzio, Gabriele 20
Dalai Lama 404
Darío, Rubén 259
Desnoes, Edmundo 227
Díaz Ayala, Cristóbal 119
Díaz Balart, Lincoln 87
Díaz de Villegas, Néstor 29, 113
Díaz Martínez, Manuel 244

Díaz Peláez, José Antonio 164
Díaz Quesada, Enrique 180,
Díaz Rodríguez, Ernesto 109, 396
Díaz Souza, Eddy 342, 345, 376
Díaz, Jesús 76
Díaz, Manuel C. 223
Díaz, Olga 26
Dickinson, Emily 220
Diego, Eliseo 337
Dionisio, Humberto 351
Domínguez, Frank 302
Dostoievski, Fedor 248
Dou, Benigno 128
Dovalpage, Teresa 234, 235
Duarte, Juan Pablo 198
Dumé, Herberto 18, 20, 39, 43, 287

E

Echeverría, José Antonio 315
Eiriz, Antonia 164
Elliot, George 93
Encinosa, Enrique 86
Enríquez, Carlos 155, 156
Escalona, Arnaldo 329
Espino, Juan Miguel 112
Espinosa Mendoza, Norge 343
Espinosa, Viredo 164
Espronceda, José de 250
Esquivel, Jorge 43
Esquivel, Laura 47
Estefan, Gloria 120
Estorino, Aberlardo 18, 287
Estorino, María 176
Estrada Montalván, Joaquín 362
Eszenin, Serguéi 363
Eurípides 18, 170

F

Fagundo, Ana María 107
Farach, Irene 26
Farrés, Osvaldo 15
Felipe, Carlos 18
Felipe, Hilda 329
Felipe, León 18
Felipe, Nersys 343
Feria, Lina de 354
Fernández Bonilla, Raimundo 272
Fernández Morrell, Luisa 232
Fernández Porta, Mario 177
Fernández, Daniel 180, 285
Fernández, Fernando 26
Fernández, Gerardo 202
Fernández, Leopoldo 322
Fernández, Mauricio 272
Fernández, Pablo Armando 227, 245
Ferrá, Max 376
Ferreira, Ramón 167
Ferrer, José 109
Ferrer, Rolando 18
Figueroa, Esperanza 184,
Florit, Eugenio 64, 89, 191, 348
Fondevila, Orlando 240
Fonseca, Alejandro 353, 356
Ford, Richard 391
Fornés, Rosita 323
Fortún, Bouzo Denis 292
Fradera, Dennis 26
Franco, Francisco 195
Frayde, Martha 89
Freud, Sigmund 379
Freyre de Andrade, María Teresa 176
Fuentes, Carlos 197, 325, 338
Fulleda León, Gerardo 343

G

Galilei, Galileo 40
Galindo, Sergio 89
Gálvez, Joaquín 238
Gandía, Zeno 197
Garcés, Gabriel 310
García Lorca, Federico 18, 250, 309, 322
García Márquez, Gabriel 251
García Menocal, Armando 155
García Ramos, Reinaldo 159, 162, 297
García Tudurí, Mercedes 123, 260
García Tudurí, Rosario 123
García Vega, Lorenzo 29, 89, 167
García, Chamaco 26
García, Daniel 264
García, Ernesto 187, 189, 249
García, Gay 155, 156
García, Ramón 387
Garrandés, Alberto 229, 328
Gatica, Lucho 24, 26
Gayol, Manuel 381
Gaztelu, Ángel 89
Genet, Jean 18, 286
Gil, Blanca Rosa 15
Gimferrer, Pere 84
Ginsberg, Allen 337
Giral, Sergio 180
Giraudoux, Jean 20
Godel, Vahe 85
Gogh, Vincent Van 97, 157
Gógol, Nikolái 66
Gómez de Avellaneda, Gertrudis 39, 83, 197, 300, 394
Gómez, Gladys 176
Gómez, Juan Gualberto 80
Gómez, Máximo 92, 177, 255
Gómez, Víctor 155
Góngora, Luis de 196
González Cuevas, Ramón 279
González Llorente, José Manuel 250
González Montes, Yara 66, 68
González, Carmelo 350
González, Eduardo 205
González, Elián 234
González, Juan Si 74, 387, 406
González Rubiera, Vincente (Guyún) 24
Gramatges, Harold 36
Granados, Ignacio T. 292
Grandy Jr., Miguel de 15, 264
Grau San Martín, Ramón 125
Greiff, León de 271
Grieg, Edvard 35
Grishnan, John 238
Guastavino, Carlos 36
Guerra, Germán 347, 348
Guerra, Ramiro 42
Guevara, Ernesto (Che) 74, 121, 137, 349,
Guillén, Nicolás 96, 190, 207, 286
Guiller, Frank 406
Guillot, Olga 24, 26, 119, 308
Gumiliov, Lev 364, 366
Gutiérrez Alea, Tomás 75, 169, 181, 205
Gutiérrez, José Antonio 343
Gutiérrez, Julio 36
Gutiérrez, Mariela 77, 357

H

Hasson, Liliane 57
Hayter, William 84
Hegel, Friedrich 381
Hemingway, Ernest 228
Henríquez Ureña, Pedro 198
Hernández Catá, Alfonso 167, 266
Hernández Catá, Sara 266
Hernández López, Armando (Armand) 177
Hernández Medina, Heriberto 330, 338, 362
Hernández Miyares, Enrique 167
Hernández Miyares, Julio 166, 251
Hernández, Gilberto 287
Hernández, Jorge 280, 324
Herrera Reissig, Julio 229
Herrera, Paloma 43
Herrero, Emilio 381
Hikmet, Nazim 364
Hita, Arcipreste de 305
Hitler, Adolf 195
Hölderlin, Friedrich 364, 366
Hostos, Eugenio María de 198
Hoz, León de la 149
Hugo, Víctor 259
Hurtado, Oscar 227
Hurtado, Rogelio Fabio 112, 128
Husseim, Sadam 195

I

Ibsen, Henrik 20, 170, 217
Iglesia, Julio 301
Inclán, Josefina 123
Islas, Maya 219, 403

J

James, Henry 170
Jamís, Fayad 163
Jaume, Adela 185
Jiménez, Carmita 15
Jiménez, José Olivio 77
Jiménez, Manuel (Lico) 36
Jiménez, Violeta 51
Joplin, Janis 403
Jorge, Andrés 13
Jorge, Rolando 383, 384

K

Kafka, Frank 66, 169
Keats, John 337
Kennedy, John F. 136
Klerk, F. W. de 96
Krisnamurti 327
Kundera, Milan 248
Kunsmann, Ulrich 70

L

Labrador Ruiz, Enrique 64, 82, 91, 119, 153, 160, 167, 177, 197, 287
Lafayette, *Madame*, 93
Lago, David 297, 393
Lam, Wifredo 141
Landaluce, Víctor Patricio de 177
Lanza, José Ignacio 15, 16
Laplante, Eduardo 177
Lara, Nicolás 112
Lastres, Rina 212
Lázaro, Felipe 147, 150, 240
Leal, Aleida 264
Leal, Rine 18, 203
Lecuona, Ernesto 26, 301

Lee, Peggy 26
Lemis, Salvador 343
Lemus, Augusto 346
León, Fray Luis de 195
Leontieva, Ana 42
Levitán, Aida 333
Lew, Salvador 63
Leyva, Josefina 274, 276, 381
Lezama Lima, José 18, 64, 76, 77, 148, 160, 167, 184, 190, 191, 229, 244, 250
Liebknecht, Karl 365
Lescano, Soledad Blanquita 43
Lima, Chely 343
Llinás, Guido 163, 164
Llopis, Rogelio 227
Llovio, Marta 280
Lolo, Eduardo 381
London, Jack 227
López Arenal, Yvonne 115, 344
López Morales, Humberto 209, 211, 272
López, Armando 142
López, Joaquín 314
López, Luis 350
López, Manuel A. 393
López, Marga 263
López, Esperanza 314
López, Tony 314, 316, 317
Lorenzo Fuente, José 326, 329
Loynaz, Dulce María 13, 185, 186, 310
Lozano, Roberto 308
Luis, Adolfo de 170
Luis, Carlos M. 155
Luxemburgo, Rosa 365
Luz, Rodrigo de la 194, 333

M

Maceo, Antonio 80, 177, 255, 315
Machado, Antonio 270
Machado, Gerardo 86, 125, 228, 234
Machado, Luis 124
Macías, Gilbert 26
Maiakovsky, Vladímir 18, 363
Malaparte, Curzio 51
Mandela, Nelson 96
Mandelstam, Osip 363
Manet, Eduardo 114, 122, 169, 205, 208
Manferrer, Rolando 227
Manfugás, Zenaida 7, 35, 36, 301
Mantero, Manuel 107
Manzanero, Armando 301
Mañach, Jorge 23, 64, 82, 125, 155, 156, 260
Mao, Zedong 195
Mara y Orlando 26
Marge, Pleine 232
Margo, Ana 301
Marinello, Juan 125
Mario, Luis, 8, 258, 261
Márquez Ravelo, Bernardo 244
Márquez Sterling, Carlos 198
Marrero, Leví 91, 153
Marrero, Mayra 405
Marshall, Pamela 336
Martí, José 41, 64, 112, 151, 177, 192, 198, 201, 248, 250, 255, 256, 285, 314, 315, 343, 397
Martí, Tania 26
Martín, Baltasar Santiago 38
Martín, Manuel 201, 203
Martín, Mario 262, 279, 301, 324
Martínez Sotomayor, Rodolfo 246,

252, 384
Martínez, Armando 51
Martínez, Berta 263, 405
Martínez, Raúl 164
Martins, Alzira 57
Mas Canosa, Jorge, 314, 315
Masa, Gaetano 272
Matas, Julio 114, 169, 172, 343
Matilla, Julio 163
McCourt, Frank 223
Medina, Luis 282
Medina, Rita 16
Medina, Yoshvani 373, 376
Mella, Julio Antonio 315
Ménard, Robert 205
Menchaca, Edelmiro 276
Mendiola, Víctor Manuel 89
Mendoza, Beatriz 8
Menéndez y Pelayo, Marcelino 81
Mesa, Yoel 353
Mestre, Ramón 87
Michaelsen, Eduardo 141, 143
Mijares, José María 155, 156
Mikoyan, Anastas 151
Miller, Arthur 170
Milián, José 325
MongeRafuls, Pedro 114, 117, 169, 203, 344, 345
Montaner, Carlos Alberto 153, 251, 377, 379, 381
Montenegro, Carlos 119, 167
Montes Huidobro, Matías 13, 18, 23, 66, 68, 114, 167, 169, 249, 280, 343, 376
Moradillos, Dagmar 43
Moravia, Alberto 251
Morejón, Nancy 159

Moreno, Rolando 43, 262, 322, 325,
Morillo, Irma 16
Morín, Francisco 216, 218, 262, 279
Muñiz, Marco Antonio 26
Muñoz, Matilde 262

N

Naumann, Friedrich 339
Navarrete, William 118, 122, 205, 232, 252
Navarro, Nazim 363, 364
Navarro, Osvaldo 363, 364, 366
Navarro, Rita 7
Negrete, Jorge 25,
Neruda, Pablo 50, 174, 240
Nervo, Amado 196
Novas Calvo, Lino 64, 90, 167
Nieve, Bola de 24, 26
Nin, Joaquín 24
Noguer, Eduardo G. 179, 182
Núñez, Ana Rosa 107, 152, 153

O

O'Neill, Eugene 170
Obama, Barack 386
Ochoa, Arnaldo 139
Oliva, Tomás 164
Oliveira Salazar, Antonio de 195
Oquendo, Luis 264
Ordoqui, Miguel 349
Orizondo, Rafael 304
Orrego Salas, Juan 36
Orta de Varona, Lesbia 176
Orta, Gustavo 317
Ortega y Gasset, José 165, 198, 272
Otón, Inés 387

Overtone, Hal 24

P

Padilla, Heberto 118, 192, 227, 287
Padrón, Eduardo 73, 99, 385, 386
Palacios, Gonzalo de 177
Patanjali 327
Patterson, Enrique 128
Pau Llosa, Ricardo 143
Paz, Luis de la 10, 90, 325
Paz, Octavio 19, 89,
Peláez, Amelia, 163
Pellón, Gina 230,
Peña, Pedro Pablo 42
Peón, Ramón 180
Pepper, Claude 314, 315
Peraza, Fermín 123
Perdomo, Araceli 109
Pereira, Manuel 146
Perera, Hilda 167, 343
Pérez Cisneros, Pablo 381
Pérez, Fernando 75
Pérez, Marta 26, 264
Pérez Sentenat, César 24
Petrarca, Francesco 240
Petronio, Cayo 47, 249
Piard, Tomás 179, 180, 286
Picasso, Pablo 157
Pico, Armando 26
Pierre, José 232
Pinochet, Augusto 195, 260
Pintado, Carlos 336
Piñeiro, Federico 306
Piñera, Humberto 198, 260
Piñera, Virgilio 64, 116, 160, 167, 170, 191, 217, 228, 245, 262, 286,

390, 391
Piroh, Julio Miguel 112
Pita, Juana Rosa 90, 107
Plath, Silvia 337
Plisetsky, Azari 42
Poe, Edgar Allan 91, 251, 336
Ponce de León, Cuqui 278
Ponte, Antonio José 29
Pool, Pedro de 262
Popieluzco, Jerzy 102
Portal, Herminia del 90
PortelVilá, Herminio 124
Porter, William Sydney (O. Henry) 91
Portocarrero, René 163
Portuondo, José Antonio 228
Pound, Ezra 240
Poveda, José Manuel 160
Prado, Adela 281
Prado, Pura del 107
Prats, Delfín 354
Pumarejo, Gaspar 15, 16

Q

Quevedo, Francisco de 337
Quiroga, Horacio 251

R

Rasco, José Ignacio 123
Rebull, Cristina 282, 308
Regueiro, Ulises 9, 405, 407
Regueral, Delio 360
Remos, Ariel 26, 289, 291
Remos, Juan J. 123, 260, 290
Revuelta, Raquel 187
Revuelta, Vicente 187, 263

Reyes, Anselmo 346
Riera, Marta 350
Rilke, RainerMaria 336, 383
Rimbaud, Arthur 161, 336
Riolobos, Daniel 26
Ríos, Alejandro 72
Ripoll, Carlos 381
Rivero, Isel 159
Rivero, Raúl, 147, 244
Riverón, George 338, 399
Roberts, Nora 238
Robinson, Pat 262
Roblán, Armando 201
Robles, Alejandro, 387
Robles, Mireya 95, 107
Roca, Juan 281, 399
Rodó, José Enrique 198
Rodríguez Cáceres, Armandina 123
Rodríguez Santana, Efraín 77
Rodríguez Santos, Justo 89
Rodríguez, Antonio Orlando 343
Rodríguez, Arturo 155
Rodríguez, Fructuoso 315
Rodríguez, Jorge Félix 328
Rodríguez, José Ignacio 124
Rodríguez, José Mario 159
Rodríguez, Luis Felipe 167
Rodríguez, Nelson 191
Roig, Gonzalo 35
Rojas, Gustavo 26
Rojas, María Teresa 123
Rojas, Teresa María 98, 301, 376
Rolando D. H. Morelli 296, 300
Rolland, Romain 248
Roloff, Carlos 92
Román, Agustín 123

Román, Pedro 280, 314
Romañach, Leopoldo 155
Romero, Zenaida 43
Roos, James 37
Ros, Enrique 135, 151
Rosales, Guillermo 113
Rosell, Joel Franz 343
Rosell, Rosendo 255, 304
Rossardi, Orlando (Rodríguez Sardiñas), 149, 270, 271, 273
Rotterdam, Erasmo de 106
Rousseau, Henri 142
Rowling, J. K. 342
Rueda, Lope de 323
Ruiz del Vizo, Hortensia 256
Ruiz, Vicky 212,
Ruiz, Vivian 324
Russell, Andy 26

S

Saco, José Antonio 124, 256
Safo, 93
Sagué, Michel 212,
Salas, Brindis de 36, 205, 207
Saldaña, Excilia 343
Salgari, Emilio 336
Salinas, Baruj 83
Salvat, Juan Manuel 81, 113, 151, 153, 252, 256, 381
Sánchez Boudy, José 254, 256
Sánchez, Mario Ernesto 59, 279, 308, 376
Sánchez, Yoani 339
Sánchez, Zilia 163
Sanguily, Manuel 80
Santana, Omar 367

Santayana, Manuel 90
Santiago, Héctor 39, 114, 169
Sarduy, Severo 167, 183
Sarmiento, Domingo Faustino 197
Sarraín, Alberto 43
Sartre, Jean Paul 66, 256,
Saumell, Manuel 26
Saura, Antonio 84
Savonarola, Girolamo 355
Scheler, Max 290
Schumann, Robert 36
Serrano, Pío E. 76
Shajowicz, Ludwig 279
Shakespeare, William 228
Shaw, Bernard 18, 170
Sica, Vittorio de 18
Sillampaa, Franz Emil 274
Silva, Mirta 16
Simo, Ana María 160
Sinatra, Frank 24, 25, 26
Sirgo, Otto 15
Smith, Sonia 375
Solís, José Manuel (Meme) 308
Sørense, Villi 298
Soriano, Rafael 156
Sosa, Rebeca 87
Soto, Leandro 133
Soto, Reinaldo 22
Sotuyo, Carlos 77
Stalin, Joseph 195
Steel, Danielle 240
Stein, Gertrude 93
Stewerman, Edward 15
Stuchenko, Evgeni 363
Suárez, Ramón 205
Suárez, Rosario (Charín) 43

Suárez, Virgil 66
Sunskind, Patrick 66

T

Taillacq, Evelio 301
Tamargo, Elena 363, 365, 393
Tamayo, Olga 92
Tamayo, Pedro 87
Tapia Ruano, Juan 164
Tàpies, Antoni 84
Tarragó, Rafael 124
Tawson, William 27
Tellado, Corín 240
Thomas, Gray 337
Tolkien, John Ronald Reuel 336
Torres, Asela 301, 303
Torres, Eduardo 230
Torriente, Mateo de la 230
Touzet, René 16, 24, 25
Trápaga, Luis 42
Triana, José 18, 77, 114, 115, 142, 169, 218
Trigoura, Jorge 114, 169
Trujillo, Rafael Leónidas 195
Tsvietaieva, Anastasia 364
Tsvietaieva, Marina 363

U

Ugarte, Salvador 201
Ulacia, Manuel 89
Ulibarri, Eduardo 87
Urbay, Marlene 36

V

Vaccaro, Hugo Leonel 15
Valdés, Miguelito 16, 24, 25, 26

Valdés, Vicentico 24, 25
Valdés, Zoé 13, 47, 57, 70
Valdivia, René 221
Valdivia, Ysla Omara ver Maya Islas 219
Valente, José Ángel 84
Valéry, Paul 336, 338
Valladares, Armando 109
Valle, Amir 328
Valle-Inclán, Ramón de 18, 20
Vallejo, César 18
Vallejo, Gaby 107
Valls, Daisy 274
Valls, Jorge 109,
Varela, Félix 124, 255, 256
Vargas Gómez, Andrés 260
Vargas Llosa, Mario 223
Vargas, Pedro 24, 26
Varona, Enrique José 121, 198
Varona, Frank de 381
Varona, Manuel Antonio de 260
Varona, Orlando 344
Vasconcelos, José 155
Vázquez Montalbán, Manuel 79
Vázquez Portal, Manuel 242
Vecino Alegret, Fernando 71
Velazco, Carlos 113
Verena, Marisela 308
Vergara, Eva M. 384
Verlaine, Paul 336
Verne, Julio 248, 336
Vian, Ivette 343
Victoria, Carlos 56, 151, 383
Vidal, Antonio 164
Vidal, Manuel 163

Viera Trejo, Fernando 153
Viera, Félix Luis 371
Vieira, Fernando 375
Villa, Álvaro de 255
Villar, Arturo 153
Villaverde, Cirilo 64
Villaverde, Fernando 114
Villaverde, Mercedes 25
Viña, Ana 310
Vivekananda 276
Weirup, Torben 231

W

Whitman, Walt 18, 240
Wilde, Oscar 364
Williams, Tennessee 170, 279
Wotzel, Danian 43

Y

Yamamoto, Masafumi 84
Yanes, Santiago 387
Yánez, Pedro 272
Yezhov, Nikolai 366
Ysla, Olga 221

Z

Zalamea, Luis 9, 46, 48
Zaldívar, Gladys 90, 183
Zambrano, María 84
Zamora, Bladimir, 149
Zerra, Laura 343
Zúñiga, Norma 264
Zweig, Stefan 69

www.ingramcontent.com/pod-product-compliance
Lightning Source LLC
Chambersburg PA
CBHW070124080526
44586CB00015B/1550